Peter Russell

Der menschliche Computer

Deutsche Erstveröffentlichung

Wilhelm Heyne Verlag
München

KOMPAKTWISSEN Nr. 122
im Wilhelm Heyne Verlag, München

Titel der englischen Originalausgabe:
THE BRAIN BOOK

Deutsche Übersetzung: Gottfried Feidel

Umschlaggestaltung: Atelier Heinrichs & Schütz, München
Printed in Germany 1982
Druck und Verarbeitung: Ebner Ulm

ISBN 3-453-53135-3

kompaktwissen

Kraft seiner geistigen Fähigkeiten und Agilität ist das menschliche Gehirn jedem bisher konstruierten Computer haushoch überlegen. Es ist das komplizierteste und am schwersten durchschaubare System, das auf unserem Planeten existiert. Bis heute hat es noch nicht einmal ein so genialer Geist wie Einstein verstanden, dieses Potential auch nur annähernd auszuschöpfen.
Im ersten Teil dieses Buches schildert der Autor die Entwicklung und den Aufbau des Gehirns. Im zweiten und wichtigsten Teil werden Funktionen und Potential untersucht und zu Gedächtnistraining, Lernfähigkeit und Vorstellungskraft mit Hilfe der Mnemonik (der Methode, sich durch besondere Lernhilfen einen Gedächtnisstoff leichter einzuprägen) wie auch der holographischen Theorie viele Hinweise und Ratschläge gegeben, von denen auch der Vorgang des Lesens und Erkennens profitiert.
Der tiefer Interessierte wird auch in einige weniger bekannte Gebiete eingeführt. So wird er mit dem Lesen und Erkennen von Musterbildern und »Gehirnkarten« anhand von graphischen Darstellungen, Schlüsselwörtern und organischen Strukturen vertraut gemacht. Ein besonderes Verdienst des Autors ist es, daß er mit der gängigen Vorstellung aufräumt, die Leistungsfähigkeit unseres Gehirns nehme etwa ab dem vierzigsten Lebensjahr ab.

»Jede Bibliothek braucht ein Exemplar davon – doch man wird es an die Kette legen müssen!«

Company

»Ein spannendes Buch für jeden, der sich mit dem menschlichen Gehirn befassen will, nach Russells Darstellung der kompliziertesten und potentiellste Informationsprozessor, über den die Menschheit verfügt. Das Buch ist besonders wichtig für jeden, der einen umfangreichen Lesestoff möglichst schnell bewältigen will, oder auch für die Besucher von Vorlesungen und Seminaren, die sich Notizen machen müssen. Es wird den Leser anregen, seine Fähigkeiten zu entwickeln und sein Gehirn zu schulen.«

Nursing Times

Inhalt

Vorwort

In unserem Kopf liegt eines der kompliziertesten Systeme verborgen, das uns aus dem bisher erforschten Universum bekannt ist. Seine Kraft und seine Potenz sowie seine Wendigkeit übersteigen bei weitem die Fähigkeiten eines von Menschenhand gebauten Computers. Wie der russische Gelehrte Anokhin einst bemerkte, hat bisher noch kein menschliches Wesen das Potential seines Gehirns voll ausgeschöpft. Dafür aber gibt es zwei wichtige Gründe. Das Gehirn des Menschen wird überwiegend durch Müdigkeit und Streß lahmgelegt. Von einem Gehirn, das matt und erschöpft ist, darf man weniger erwarten, als von einem hellwachen, streßfreien Nervensystem. Die zunehmende Erkenntnis der Notwendigkeit, sich von tiefgehendem Streß und negativer Konditionierung zu befreien, findet ihren Niederschlag in einem immer mehr um sich greifenden Interesse an Meditation, Entspannung, Streßreduktion, Psychotherapie, Gestaltung, Bioenergie, biologischer Rückkopplung, Streben nach Rat und Hilfe, Massage, Yoga und was es dergleichen mehr gibt.

Doch reicht es nicht aus, sich selbst von den aufgestauten Spannungen zu befreien. Wir müssen auch wissen, wie man das enorme Potential nutzen kann, das uns hierdurch zur Verfügung gestellt wird. Leider gibt es kein Handbuch über das Gehirn, und keiner sagt uns, wie wir das Beste daraus machen. Wir haben den Umgang mit unserem Gehirn einfach dadurch lernen müssen, daß wir es »auf gut Glück« versuchten. Im Lauf der letzten zwei Jahrzehnte hat uns die Hirnforschung aber viel deutlicher gemacht, wie das Gehirn funktioniert. Durch die Anwendung dieser Erkenntnisse auf die Probleme des täglichen Lebens können wir nunmehr alle von der natürlichen Funktionsweise des Gehirns profitieren und unser unglaubliches Potential besser ausnutzen.

Das vorliegende Buch befaßt sich mit dem Aspekt der Selbstförderung und stellt insofern eine Ergänzung meines Buches über Meditation und Streßreduktion dar. In dieser Hinsicht habe ich Tony Buzan sehr viel zu verdanken, der auf diesem Gebiet bereits beachtliche Arbeit geleistet hat. Meine erste Begegnung mit Tony fand durch eine jener synchronistischen Verkettungen von Ereignissen statt, in deren Verlauf jedes Töpfchen sein Deckelchen zu finden scheint und sich alles zum anderen fügt. (Denn allmählich ist man dahintergekommen, daß nichts auf dieser Welt dem Zufall überlassen wird.) Am selben Tag, als ich die Reinschrift meines Manuskripts zu meinem Buch *The TM Technique* beendet hatte, saß ich gemütlich in einem Sessel. Da ich beschlossen hatte, abzuschalten und auszuspannen, stellte ich den Fernseher an – was selten genug vorkommt. Man brachte eine Sendung mit dem Titel »Der zauberhafte Webstuhl« (The Enchanted Loom), die sich mit dem riesigen, brachliegenden Potential des Gehirns und den Methoden befaßte, mit deren Hilfe der Mensch dieses Potential besser ausschöpfen könnte, insbesondere über ein tiefergreifendes Verständnis für die Rolle der rechten und der linken Hemisphäre. Ich erkannte sofort, daß die Methoden, die zur Sprache kamen, meine Studien und mein Interesse an der Meditation ergänzten – sie stellten nämlich die relative oder besondere Seite der geistigen Entwicklung im Gegensatz zur absoluten Methode dar.

Mir wurde klar, daß sich die beiden Methoden keineswegs widersprachen, sondern sich vielmehr ergänzten, weil jede Methode für die andere manches zu bieten hatte. Ich beschloß, mit dem Autor der Sendung Kontakt aufzunehmen, ebenso mit einer der Schlüsselfiguren der Sendung, mit Tony Buzan.

Drei Tage später suchte mich ein gewisser Mark Brown auf, der sich für Meditation interessierte. Während unseres Gespräches erfuhr ich, daß er einen gewissen Mr. Buzan kannte! Er gab mir Tonys Telefonnummer, und als ich eine Woche später in London war, nahm ich die Gelegenheit wahr, mich mit ihm in Verbindung zu setzen. Inzwischen hatte Tony durch Mark über meine Arbeit erfahren, und an jenem Abend, an dem ich anrief, hatte er gerade einen amerikanischen Kollegen zu Besuch, der mich in Meditationsfragen konsultieren wollte. Als ich mich also vorstellte und sagte: »Sie kennen mich zwar nicht, aber…«, begrüßte er mich mit folgenden Worten: »Doch, ich kenne Sie sehr gut. Wir haben soeben über Sie gesprochen. Kommen Sie doch einfach mal rüber.« Wir unterhielten uns bis spät in die Nacht und noch sehr oft im Lauf der nächsten Woche, wobei wir uns gegenseitig ergänzten und jeder von der Arbeit des anderen profitierte.

Seit dieser ersten Begegnung im Jahre 1974 ist so manch kreativer Funke hin- und hergeflogen, und wir haben bei zahlreichen Projekten, einschließlich dem Verfassen dieses Buches, zusammengearbeitet. Eins der Ziele des Buches ist die Präsentation und

Ergänzung des von Buzan benutzten theoretischen Hintergrunds, um die praktischen Methoden zu unterstützen, die er in seinem Buch *Use Your Head* (Benutze Deinen Kopf) vorschlägt (aufgrund der gleichnamigen Fernsehserie der BBC, die in Amerika unter dem Titel *Use Both Sides of Your Brain* [Nütze beide Gehirnhälften] veröffentlicht wurde), und um manche Erkenntnisse der experimentellen Psychologie bei der täglichen Benutzung des Gehirns einzubauen.

Hinweise zur Benutzung

Das Buch wurde in zwei Abschnitte unterteilt. Im ersten Teil finden sich einige grundlegende Informationen über das menschliche Gehirn, seine Entwicklung und seinen Aufbau. Nun ist es schier unmöglich, ein solch umfangreiches Gebiet auf etwa 100 Druckseiten zu behandeln – da würden 1000 Seiten kaum ausreichen. Zweck dieses ersten Teils ist es, Grundlagen für den zweiten Teil zu legen, in dem die spezifischen Gehirnfunktionen und die Methoden zu ihrer Verbesserung behandelt werden. Aspekte der Gehirnforschung, die in diesem Zusammenhang irrelevant sind, mußten natürlich ausgespart werden.
Jedes Buch, das bestimmte Wege der Forschung beschreitet, mag als voreingenommen oder einseitig gelten, und das vorliegende Buch bildet keine Ausnahme. Die Hirnforschung ist bis auf den heutigen Tag zum Großteil darauf ausgerichtet, die verschiedenen Stufen der Fähigkeit und Leistungsfähigkeit zu messen – um festzustellen, wie gut oder wie schlecht das Gehirn bei den suboptimalen Bedingungen funktioniert, unter denen wir alle leben müssen, ebenso unter den weitgehend suboptimalen Bedingungen eines Versuchslabors. Dabei wurde dem Umstand nur wenig Aufmerksamkeit gewidmet, auf welche Weise wir unsere Fähigkeiten maximal nutzen können.
Im vorliegenden Buch habe ich für einen gesteigerten Optimismus hinsichtlich des Gehirnpotentials plädiert. Mich interessieren eher jene erstaunlichen Dinge, die das Gehirn leisten *kann* und die Methoden, die zur Förderung solcher Leistungen beitragen, als die Art und Weise, auf die sich das Gehirn gegenwärtig nutzen läßt. Also mußte ich selektiv sein. Doch die Tatsache, daß man ein Buch mit optimistischen Neuigkeiten über das Gehirn füllen kann, stellt für mich eine Quelle des Optimismus an sich dar.

Wie bei den meisten Büchern, braucht der Leser auch diesmal dieses Buch nicht von vorn bis hinten durchzulesen. Zunächst kann man jenes Kapitel aufschlagen, das vielleicht von Interesse ist, weil es ausgerechnet diesen Punkt behandelt (S. 251 – 57), eventuell auch gleich das letzte Kapitel, das eine Übersicht über den Gesamtinhalt bietet, oder je nach Belieben jedes andere Kapitel, das den Leser erfreut oder ihm relevant vorkommt. Wenn man das Buch einfach durchblättert, kann man einen ungefähren Überblick bekommen. Das bedeutet eine wertvolle Hilfe für später, wenn man das Buch genauer unter die Lupe nimmt. Im zweiten Teil findet man jeweils am Schluß der einzelnen Kapitel so manchen Hinweis, wie man sein Gehirn am besten einsetzt. Vielleicht möchte sich der Leser zunächst mit der praktischen Seite befassen, bevor er dann später zur Theorie übergeht. Egal wie man an das Buch herangeht – man sollte es auf die Weise tun, die Spaß und Freude vermittelt.

Die Zusammenfassungen am Ende der einzelnen Kapitel sind optisch in sog. Geisteskarten niedergelegt. (Entwicklung und Anwendung solcher Karten wird in Kapitel 13 erläutert.)

Die Hauptpunkte lassen sich am besten organisieren, indem man jeweils von einem allgemeinen Konzept in der Mitte der Karte ausgeht und dann mit Hilfe von Linien, Pfeilen, Kästchen und Farben die Einzelheiten und die Wechselbeziehungen markiert. Solche Karten können jeweils verschieden aussehen. Sie tragen aber allesamt dazu bei, die Einengungen zu durchbrechen, die durch eine lineare Prosa auferlegt werden.

Indem man solche Karten überfliegt, gewinnt man eine Übersicht über das jeweilige Kapitel und wird sich der Bedeutung des jeweiligen Stoffes eher bewußt. Noch besser ist es allerdings, wenn man sich solche Karten selbst anfertigt. Anleitungen hierzu finden sich auf (S. 222 – 230).

Außerdem würde ich jede Art Rückfrage, Anregung und Diskussion begrüßen. Sie können mich stets über den Verlag erreichen.

Danksagungen

Mein besonderer Dank gilt Tony Buzan für die zahlreichen Diskussionen, die schließlich dazu führten, dieses Buch zu verfassen, sowie für seine wertvolle Kritik während der Entstehung dieses Buches. Ebenfalls Dank an Mark Brown und Brian Helweg-Larsen für ihre Kommentare und Anregungen sowie für die zahlreichen Ideen, die unbewußt in den Text einflossen. Dank auch an Fru Segal und Ruth Walmsley für ihre Einsatzbereitschaft, wenn es darum ging, das Manuskript zu einem schier unmöglichen Termin fertigzustellen.

Teil I

Entwicklung und Aufbau

1. Der Gipfel der Evolution

Wo liegen die Grenzen des Gehirns?
Funktioniert das Gehirn wie ein Computer?
Warum wird unser Gehirn nicht voll ausgeschöpft?
Was macht ein Genie aus?
Wirkt sich die Umwelt auf das Kind aus?

Es gibt Gehirne, die selbst die geringste Veränderung von Licht, Schall, Duft und Berührung wahrnehmen, die Tätigkeit mehrerer Muskeln fein und präzis integrieren und das Funktionieren der verschiedenen Körperorgane regeln können, so daß die optimalen Lebensbedingungen erhalten bleiben. Solche Gehirne lernen aus Erfahrung und haben Wege gefunden, sich durch einfache »Sprachen« zu verständigen und auf diese Weise gegenseitig von ihrem Wissen zu profitieren. Sie sind auch für magnetische und elektrische Felder und ultraviolettes Licht empfindlich. Sie können die Polarisation des Sonnenlichts analysieren und es zur Richtungsbestimmung verwenden. Sie können konstant die Zeit verfolgen, selbst bei Nacht. Diese Gehirne funktionieren wie präzise Leitsysteme. Sie kompensieren den Wind und die Richtung, bringen den schnellen Schlag von vier winzigen Flügeln in Wechselbeziehung und landen ihre kleinen Körper genau im Mittelpunkt einer schwankenden Blume. Solche Gehirne haben die Größe eines Salzkörnchens, bestehen aus etwa neunhundert Neuronen und sitzen z.B. im Kopf einer Biene. Was können wir dann von unserem eigenen Gehirn alles erwarten, das millionenmal so groß und viele milliardenmal so kompliziert ist?
Natürlich muß das menschliche Gehirn einen weitaus größeren Körper steuern. Dies jedoch ist nur ein Teil der Antwort. Auch ein viel kleineres Gehirn wäre durchaus in der Lage, alle notwendigen Funktionen zur Zufriedenheit auszuüben. Ein Hai zum Beispiel besitzt einen großen Körper und sehr präzise Sinnesorgane, doch sein Gehirn ist bedeutend kleiner als das unsere.
Was uns von den Bienen und Haien – und von allen anderen Lebewesen – grundsätzlich unterscheidet, ist die hochentwickelte

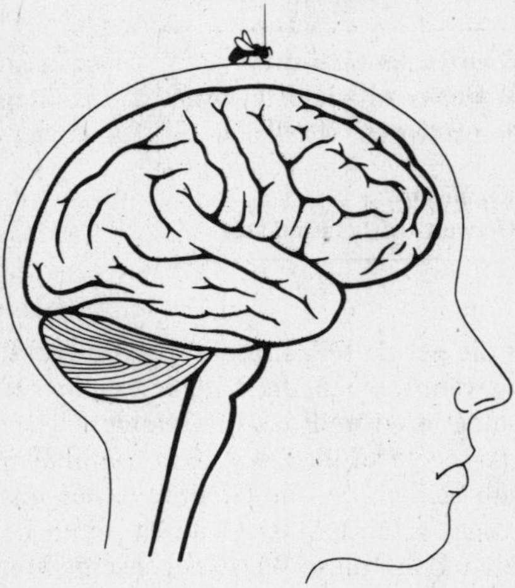

Bild 1:
Das Gehirn der Biene
und das menschliche
Gehirn

Verwendung der Sprache, unsere Fähigkeit, nicht nur aus eigener Erfahrung, sondern auch aus der Erfahrung anderer zu lernen, ferner die Fähigkeit, die Umwelt unseren eigenen Bedürfnissen anzupassen.

Ein menschliches Wesen besitzt die Gabe des Selbstbewußtseins in dem Sinn, daß es sich seiner eigenen Erfahrungen und seiner selbst als vernunftbegabtes Wesen bewußt ist. Dieser Zustand geht mit der Freiheit des Willens einher und mit der Fähigkeit, spontan zu reagieren. Gleichzeitig ist der Mensch ein intelligentes Wesen. Intelligenz läßt sich im weitesten Sinn als die Fähigkeit definieren, die instinktive Verhaltensweise im Lichte früherer Erfahrungen zu modifizieren, allgemeine Elemente aus Situationen zu abstrahieren, die scheinbar nichts gemeinsam haben und diese Einsichten bei zukünftigen Tätigkeiten anzuwenden. Intelligenz und Selbstbewußtsein verleihen aber einem menschlichen Wesen die Fähigkeit, sich im Laufe seines Lebens zu entwickeln und zu wachsen.

Die geringste Entwicklung in der physischen Evolution geht über Tausende von Generationen. Die Evolution des Geistes geht jedoch viel schneller vor sich. Das Nervensystem eines Einzelwesens ändert sich ständig und paßt sich ein Leben lang laufend seiner Umwelt an. Das Wissen über uns selbst und die Welt um uns verändert sich mit phantastischer Geschwindigkeit. Die Zahl neuer Bücher und wissenschaftlicher Veröffentlichungen verdoppelt sich alle acht Jahre.[1] Je mehr wir dieses Wissen zu unserem Vorteil anwenden, um so schneller entwickeln wir uns und können Fortschritte sowohl als Einzelwesen wie auch als Rasse verzeichnen.

Der Gipfel von Jahrmillionen der Evolution wurde durch die Entwicklung des menschlichen Gehirns erreicht. Nicht nur das menschliche Gehirn ist sich seiner eigenen Existenz bewußt, auch das Universum hat durch das Gehirn zu seinem eigenen Selbstverständnis gefunden. Unser Geist wurde zum Gipfel der Evolution, und der Grad unseres Fortschritts hängt von jenem Maße ab, in dem wir dieses unglaublichste Produkt der Natur verwenden – jenem Maß, in dem wir unsere Intelligenz und unser Bewußtsein ausschöpfen.

A) Unbegrenztes Potential

Das komplizierte Netzwerk des menschlichen Nervensystems wiegt nur etwa dreieinhalb Pfund, dennoch ist es wahrscheinlich das komplizierteste System, das wir im Universum kennen. Und in Anbetracht der Ehrfurcht und Bewunderung vor dem, was es hervorbringt, ist es für manchen auch das Schönste.

Je mehr wir über das menschliche Gehirn erfahren, um so mehr müssen wir feststellen, daß seine Kapazität und sein Potential alle bisherigen Überlegungen übersteigen. So reicht beispielsweise die Speicherkapazität des Gehirns aus, um von der Wiege bis zum Grabe in jeder Sekunde Tausende von neuen Informationen zu speichern, wobei immer noch ausreichende Speicherkapazität übrigbleibt. Nach neuesten Versuchen darf man annehmen, daß der Mensch sich praktisch an alles erinnern kann, was ihm jemals begegnet ist.

Bei der Verarbeitung von Informationen ist das Gehirn außerordentlich schnell. So kann es beispielsweise das visuelle Bild eines Gesichts in Bruchteilen von Sekunden erfassen, die Einzelheiten in einer Viertelsekunde aufnehmen, die verschiedenen Informationen zu einem Ganzen zusammenfassen, ein bewußtes dreidimensionales farbiges Erfahrungsbild dieses Gesichts erzeugen und es unter Tausenden anderer Bilder, die im Gedächtnis gespeichert sind, sofort wiedererkennen – selbst dann, wenn man dieses Gesicht nie vorher in dieser Position, dieser Beleuchtung, dieser Umgebung oder mit diesem Ausdruck erblickt hat – und aus dem Gedächtnis Einzelheiten über die Person nebst verschiedenen Ideen, Assoziationen und zugehörigen Bildern abrufen, alles das in weniger als einer Sekunde. Gleichzeitig wird aber auch der Gesichtsausdruck interpretiert, wobei emotionelle Gefühle gegen die betreffende Person wach werden, über mögliche Aktionen entschieden und unter Umständen eine komplizierte Muskeltätigkeit im Körper ausgelöst wird, die dazu führt, die Hand auszustrecken, zu lächeln und die Stimmbänder in komplizierte Schwingungen zu versetzen (die von subtiler Intonation erfüllt sind) und schließlich in der Anrede »Hallo, Sam« gipfelt. Während alles andere durchsickert, analysiert und verarbeitet das Gehirn weitere Daten anderer Sinnesorgane, wobei es einige dieser Informationen, wie etwa Laute oder Düfte verwendet, um das Gesicht zu identifizieren. Auch die Körperhaltung wird entsprechend überwacht und eingestellt, der Körper im Gleichgewicht gehalten oder sanft bewegt. Dabei wird der Körper aufgrund von Hunderten interner physiologischer Parameter kontrolliert, wie etwa Temperatur und chemische Beschaffenheit des Blutes, während alle Normabweichungen ausgeglichen werden, um dem Körper seinen optimalen Funktionsstatus zu bewahren. Und das tut das Gehirn ständig in jeder Sekunde unseres Lebens; es nimmt wahr, erinnert sich, überwacht und integriert Myriaden von Funktionen.

Das Wahrnehmungsvermögen des Menschen ist sehr genau. Die Nase kann beispielsweise ein einziges Gasmolekül wahrnehmen, eine einzelne Zelle in der Netzhaut des Auges ist für ein einzelnes Photon empfänglich, und wäre das Ohr nur annähernd so empfindlich, könnte es die Schwingungen seiner eigenen Moleküle wahrnehmen. Das Gehirn empfindet die magnetischen und elektrischen Felder, die Mondphasen, und wahrscheinlich nimmt es auch die Position der Planeten wahr.[2] Wir haben neuerdings immer mehr Beweise dafür, daß wir auch die geistigen Aktivitäten anderer Leute empfinden, indem uns ihre Launen und Gedanken direkt beeinflussen.[3]

Um mit den Problemen des Überlebens Tag für Tag fertig zu werden, scheint das Gehirn seine Wahrnehmungsfähigkeit zu begrenzen, indem es einen Großteil seiner sensorischen Eingänge ausfiltert. Der Physiker Leonid Wasiljew berichtet über einen Mann, der in der Lage war, kleine Objekte auf große Entfernung auszumachen. Er starb innerhalb von 24 Stunden, und auf der rechten Seite seines Sehhügels wurde ein Blutgerinnsel entdeckt. Schizophrene zeigen eine abnormale sensorische Schärfe. Bei der Addison-Krankheit (Verringerung der Nebennieren-Hormonproduktion) wird der Geschmackssinn um das *150fache* gesteigert und der Geruchs- und Gehörsinn geschärft.[4]

Es wird oft behauptet, daß wir nur 10% unseres geistigen Potentials nützen. Das ist aber, wie es neuerdings scheint, sehr hoch gegriffen. Wahrscheinlich wird nicht einmal 1% genutzt – eher 0,1% und weniger. Die scheinbaren Grenzen des menschlichen Gehirns werden durch die Anwendungsgebiete gesetzt, auf denen man das Hirn einsetzt bzw. durch die Anwendungen, die wir für möglich halten.

Im Sinne seiner Komplexität und Wendigkeit übertrifft das menschliche Gehirn alle Computer dieser Welt. Zwar sind Computer bei mathematischen Berechnungen und schrittweisen logischen Prozessen sehr schnell, doch dies stellt nur einen kleinen Teil der zahlreichen Fähigkeiten des Gehirns dar.

Der wichtigste Unterschied zwischen Gehirn und Computer besteht darin, daß das Gehirn nicht nur linear Schritt für Schritt arbeitet, sondern auch eine parallele Verarbeitung durchführt, indem es die Informationen integriert, synthetisiert und allgemeine Schlüsse daraus zieht. Während das menschliche Gehirn ein Gesicht in weniger als einer Sekunde erkennen kann, gibt es keinen Computer auf der Welt, der die gleiche Leistungsfähigkeit aufweist. Es gibt Computer, die ein einfaches Objekt, wie etwa eine Tasse unter zehn verschiedenen Gegenständen identifizieren können, doch sie brauchen dafür mehrere Minuten. Obendrein kann ein Computer keine Einzelgegenstände, sondern nur allgemeine Klassen von Objekten erkennen.

Ein transistorisierter Computer, der die Funktionen des menschlichen Gehirns nachvollziehen kann, würde nicht in die Carnegie Hall passen. Die neuesten Fortschritte in der Miniaturisierung auf dem Gebiet der Elektronik machen es möglich, die gedruckte Schaltung für einen komplizierten Taschenrechner auf einem Chip von wenigen Quadratmillimeter Oberfläche unterzubringen. Aber selbst bei Verwendung solch winziger Schaltelemente würde ein

Computer, der über das gleiche Potential verfügt wie unser Gehirn, mehr als 10 Tonnen wiegen. Andererseits entspricht das gesamte Fernsprechnetz der Welt nur etwa einem Gramm unserer Gehirnmasse – also etwa der Größe einer Erbse!
Trotz allem aber, was man über die phantastische Kapazität des Gehirns mittlerweile herausgefunden hat, ferner über die Art und Weise, wie das Gehirn funktioniert, gibt es ein paar Leute, die es verstehen, ihr Gehirn zu nützen. Ein Hauptgrund liegt darin, daß wir in unserer Kindheit kaum etwas über die geistigen Funktionen als solche erfahren haben. Vielleicht hat man uns beigebracht, verschiedene Fakten zu behalten und uns an diese zu erinnern, nicht aber, wie das Gedächtnis funktioniert und wie man sich am besten erinnern kann. Man hat uns beigebracht, Bücher zu lesen und den Stoff zu verarbeiten, doch kein Mensch hat uns je gesagt, wie man sich ein Buch zu Gemüte führt, um daraus auf bestmögliche Weise zu profitieren, wie Auge und Gehirn beim Lesen zusammenwirken. Man hat uns gelehrt zu beobachten, aber nichts über den Vorgang der Aufmerksamkeit, man hat uns gelehrt, Notizen zu machen, nicht jedoch, in welcher Form Informationen vom Gehirn vorteilhaft assimiliert werden. Man darf sich also nicht darüber wundern, daß solche Leute ständig über mangelhaftes Gedächtnis, Schwierigkeiten beim Lesen und einen Mangel an Konzentration klagen.
Es gibt zahlreiche Handbücher über Gartenbau, Basteln, Reparatur von Fernsehgeräten, Reisen, Kraftfahrzeugpflege, Solargeneratoren und Windmühlen sowie viele Handbücher über den Körper, Gesundheit, Ernährung und Sex. Aber es gibt so gut wie nichts über das Gehirn, wie es funktioniert und wie man es am besten nutzt. In diesem Buch werden die neuesten Forschungsergebnisse über das Gehirn und sein Potential zusammengetragen, um aufzuzeigen, wie man das Hirn effizient nützen und es am besten pflegen kann.

B) Ein geborenes Genie?

Bis vor kurzem wurde angenommen, daß ein Schimpanse nicht sprechen lernen kann. Entsprechende Studien, die in den USA durchgeführt wurden, haben bewiesen, daß diese Annahme falsch ist. Die Unzulänglichkeit des Schimpansen liegt nicht an seinem Gehirn, sondern an seinem Kehlkopf. Er besitzt keinen geeigneten Stimmapparat. So haben sich die Forscher anstatt auf die Sprache auf die Verwendung verschiedener Zeichensprachen konzentriert, um die sprachlichen Fähigkeiten des Schimpansen zu ergründen.

In den späten 60er Jahren haben Allen und Beatrice Gardner an der Universität von Nevada einer Schimpansin die Zeichensprache der Taubstummen beigebracht. Innerhalb von drei Jahren verfügte sie über ein Vokabular von mehr als achtzig Wörtern und war in der Lage, diesen Wortschatz von sich aus zu kombinieren.[5]

In der Folgezeit lehrte David Premack an der Universität von Los Angeles in Santa Barbara einem Schimpansen eine Sprache unter Verwendung einfacher Plastikteilchen von verschiedener Farbe. In diesem Fall erwarb der Affe nicht nur einen Wortschatz von 120 Wörtern, er begann auch zu abstrahieren und aus seinem Wortschatz Begriffe zu bilden.[6] Ein weiteres beeindruckendes Werk gelang im Stanford Research Institute, wo ein Gorilla einen Wortschatz von mehr als tausend Wörtern errang.[7] Tausend Wörter aber entsprechen dem alltäglichen Wortschatz eines Durchschnittsamerikaners. Wenn ein »dummer« Gorilla sowas fertigbringt, was kann dann ein menschliches Gehirn bei entsprechender reeller Chance leisten?

Zahlreiche Studien an Genies und begabten Kindern haben gezeigt, daß unsere geistigen Fähigkeiten nicht auf gleiche Weise vererbt werden, wie etwa rote Haare, blaue Augen oder Ohrmuscheln. Unsere geistige Begabung scheint eher durch die Qualität unserer frühen Kindheit bestimmt zu werden, insbesondere die Zeit unmittelbar vor und nach der Geburt. Ein gemeinsames Merkmal nahezu aller begabten Kinder ist der Umstand, daß sie in einer glücklichen und abwechslungsreichen Umgebung aufgewachsen sind, die eine Fülle von Lernmöglichkeiten bot.

Im Jahre 1800 beschloß ein deutscher Arzt namens Witte, seinem Sohn Karl eine so reiche Umwelt wie nur möglich zu bieten. Zunächst entwickelte sich Karl etwas langsam, doch er holte ziemlich schnell auf. Mit sechs Jahren wurde er als »frühreif« bezeichnet, mit neun wurde er an der Universität von Leipzig immatrikuliert, mit vierzehn machte er seinen Doktor der Philosophie und mit sechzehn promovierte er als Doktor der Rechtswissenschaften. Dr. Wittes Programm wurde zum Modell vieler ehrgeiziger Eltern im 19. Jahrhundert. Professor Berle an der Tufts University in der Nähe von Boston bot allen seinen vier Kindern eine glückliche und abwechslungsreiche Umwelt, und alle vier entwickelten beachtliche geistige Fähigkeiten. Die Chance für alle vier, sogenannte »geborene Genies« zu sein, stehen eins zu Millionen.

In England wandte ein Mr. Thompson dieses Prinzip bei seinen beiden Söhnen an, und beide waren in ihrem späteren Leben äußerst erfolgreich. Der zweite Sohn wurde im Alter von nur zehn Jahren an der Universität von Glasgow immatrikuliert und wurde einer der größten Physiker des 19. Jahrhunderts: Lord Kelvin. Er führte ein erfülltes Leben bei bester Gesundheit bis ins hohe Alter von 83 Jahren und strafte damit die allgemeine Ansicht lügen, daß Menschen dieses Schlages bereits in jungen Jahren ausgebrannt und verbraucht sind.

John Stuart Mill, wahrscheinlich einer der größten Philosophen des 19. Jahrhunderts, wurde auf die gleiche Weise erzogen und begann bereits im Alter von drei Jahren Griechisch zu lernen. Mozart, in eine Musikerfamilie hineingeboren, hörte die Musik seines Vaters und war von frühester Kindheit an von Musikinstrumenten umgeben. Mit fünf Jahren spielte und komponierte er bereits für die Violine und hatte mit acht Jahren seine erste Sinfonie geschrieben. Viele Jahrhunderte vor ihm begann Julius Cäsar taktische Erfahrungen zu sammeln, indem er im zarten Alter von drei Jahren hinter seinem Onkel auf dem Pferd sitzend in die Schlacht ritt. Dasselbe trifft auf Alexander den Großen zu. Immer wieder können wir feststellen, daß die Großen der Geschichte stets von einer stimulierenden Umwelt während der frühen Jahre ihrer Kindheit profitiert haben.

Georg Gurdgieff, der mystische Lehrer, hat einst geschrieben, daß ein Mensch dreierlei Nahrung braucht: Luft, Speise und Erfahrung. Wenn man ihm eins von diesen drei Voraussetzungen entzieht, so stirbt er. Daß Luft und Essen von wesentlicher Bedeutung sind, ist seit langem bekannt, aber der Wert der Erfahrung wurde erst kürzlich erkannt. Ein Mensch, der weder sehen, hören, tasten, schmecken und riechen kann, beginnt zu halluzinieren, verliert den Anschluß an die normale Realität und wird extrem schreckhaft und eingeschüchtert. Es gibt nur wenige, die unter solch extremen Bedingungen mehr als nur ein paar Stunden existieren konnten.[9]

Das Neugeborene befindet sich in einem besonders sensitiven Zustand, und selbst der geringste Nahrungsentzug kann sich katastrophal auf seine weitere Entwicklung auswirken. Heute erkennen wir die Notwendigkeit, daß ein Kind genügend Luft haben und entsprechend ernährt werden muß, doch was die Erfahrung angeht, sind die meisten Kinder arm dran. Kein Wunder also, wenn Genies so dünn gesät sind.

C) Die Umwelt in der frühesten Kindheit

Wenn man ein Kind nach der Geburt auf die Füße stellt, tut es so, als würde es versuchen zu laufen. Wir hier im Westen neigten stets dazu, diesen Umstand zu verniedlichen, weil wir der Meinung waren, daß ein Kind erst mit etwa 14 Monaten laufen lernen soll. In Uganda jedoch, wo die Mütter diesen Reflex fördern, fangen die Kinder schon im Alter von sieben bis zehn Monaten zu laufen an. Dies ist nicht etwa eine besondere Eigenschaft der Rasse.
Ein Kind aus Uganda setzt sich im Alter von sechs Wochen von sich aus auf und nimmt aktiv an seiner Umwelt teil. Ein Einjähriges spricht bereits und weist einen umfangreichen Wortschatz auf. Die Mutter aber hilft ihrem Kind mit allen Mitteln, die ihr zur Verfügung stehen, indem sie es in allen seinen Tätigkeiten und Unternehmungen fördert: beim Spiel, beim Greifen und beim Sprechen.[10] Leider wird ein solches Kind im Alter von vier Jahren von der Mutter allein gelassen, so daß diese Frühentwicklung recht bald wieder verloren geht.
Ein Kind wird mit einer natürlichen, unersättlichen Wißbegier geboren, die es anregt, die Welt, in der es lebt, zu erkunden, eine Eigenschaft, Erfahrungen und Wissen zu sammeln. Wir aber stellen ihm keine Aufgaben, die es lösen muß, sondern bringen ihm abfragbares Wissen bei, und wenn man dieser intensiven Neugier nicht entgegenkommt, kann sie für immer verlorengehen. Kleinkinder, mit denen man vernünftig und nicht in einer Babysprache spricht, haben viel mehr Gelegenheit, die Grundlagen der menschlichen Sprache zu erlernen. Sie fangen früher zu sprechen an und machen im allgemeinen auch in ihrer Entwicklung eher Fortschritte. So hat man zum Beispiel festgestellt, daß Kinder, die in professionellen Familien aufwachsen und in einer wortreichen Umwelt leben, viel schneller sprechen lernen und ihre sprachlichen Fähigkeiten schneller entwickeln als Kinder aus dem Arbeitermilieu.
Wie dem auch sei – wir bauen unseren Kindern selbst ein Hindernis

aus Fallen und Fußangeln, wenn es versucht, sprechen zu lernen. Zu dem Zeitpunkt, wo sein Gehirn die Sprache wie ein Löschblatt aufsaugt, sagen wir ihm, daß ein bestimmtes vierbeiniges Wesen »wuff-wuff« heißt. Etwas später muß das Kind lernen, daß es sich um ein »Hunderl« handelt, und später noch einmal, daß es ein »Hund« ist. Bis das Kind die zweite und dritte Hürde genommen hat, ist eine Menge Zeit verstrichen, viel Energie verpulvert und ein Großteil der potentiellen Lernkapazität verloren. Man behandle ein Kleinkind wie ein Dummerchen, und es wird als ein solches reagieren. Behandelt man es aber als ein bewußtes, aufnahmebereites, entwicklungsfähiges Zentrum kreativer Intelligenz, so wird es sich als solches erweisen.

Winifred Stoner hat versucht, diese Theorien in die Praxis zu übersetzen, indem sie ihre Tochter wie eine Erwachsene behandelte und ihre natürliche Neugier von Geburt an förderte. Im Alter von drei Jahren konnte sie bereits mit einer Schreibmaschine umgehen und schrieb Gedichte, und mit fünf Jahren sprach sie acht Sprachen, einschließlich Esperanto.[11]

Im Jahre 1952 beschloß Aaron Stern in New York, Überlebender eines deutschen Konzentrationslagers, seiner neugeborenen Tochter Edith vom Augenblick der Geburt an eine glückliche Umwelt voller Anregungen zu bieten. Das Radio wurde tagtäglich auf klassische Musiksendungen eingestellt. Er sprach mit ihr so viel wie möglich, wobei die Babysprache verpönt war und zeigte ihr Karten, auf denen Zahlen und Tiere abgebildet waren. Im Alter von einem Jahr konnte das Kind bereits einfache Sätze bilden, mit viereinhalb las sie den ersten Band der Encyclopaedia Britannica von Anfang bis Ende, mit sechs täglich zwei Bücher und die *New York Times.* Sie übersprang einige Klassen der Grundschule, besuchte überhaupt keine Mittelstufe und kam im Alter von 12 Jahren aufs College. Mit 15 lehrte sie höhere Mathematik an der Michigan State University und bereitete sich auf ihren Dr. Phil. vor. Ihr Intelligenzquotient lag stets bei 200 auf der Skala, wo 150 bereits als »genial« gilt.[12] Ediths Ausbildung war keine Allgemeinbildung, vielmehr war sie auf intellektuelles Lernen ausgerichtet, sehr trocken und nicht unbedingt das, was man sich für seine Kinder wünscht. Trotzdem handelt es sich hier um jene Art Erziehung und Bildung, die einem Kind zu einer beachtlichen Entwicklung verhilft, wenn man es von frühester Kindheit auf intensiv stimuliert und ermutigt.

Interessant bei solchen Kindern ist die Tatsache, daß sie im allgemeinen auf keinem Spezialgebiet besonders begabt sind. Sie sind nicht nur glänzende Mathematiker ohne jede Ader für Kunst und Literatur. Sie sind vielmehr von Natur aus vielseitig und auf verschiedenen Studiengebieten, im Sport, in der Kunst, in der Führung, gleichermaßen begabt, je nachdem, welchem Gebiet sie ihre Aufmerksamkeit widmen. Sie sind für die Gesellschaft weder schädlich noch wenig anpassungsfähig, eher das Gegenteil, sofern ihre Ausbildung nicht forciert wird.
Dies sollte jedenfalls das Normalmuster für die geistige Entwicklung unserer Kinder sein.
Eine erfüllte Umwelt in frühester Kindheit ist auch die Erklärung dafür, daß das älteste Kind einer Familie oft auch das klügste und erfolgreichste ist. Eine Untersuchung, die bei namhaften Wissenschaftlern durchgeführt wurde, hat ergeben, daß 70% zu den Erstgeborenen gehörten.[13] Eltern neigen im allgemeinen dazu, ihren Erstgeborenen die meiste Aufmerksamkeit zu widmen. Sobald das zweite und dritte Kind kommt, wird ihre Aufmerksamkeit geteilt und der Reiz des Neuen verliert seinen Glanz.
Merkwürdigerweise ist dieser Trend in kinderreichen Familien oft umgekehrt, wobei die späteren Nachkommen ein gesteigertes intellektuelles Wachstum aufweisen. Die Theorie besagt, daß die große Anzahl älterer Geschwister die Umwelt der kleineren bereichert und den Mangel an elterlicher Zuwendung ausgleicht – ein Umstand, der als der »Große-Bruder-Effekt« bezeichnet wird.[14]

D) Erziehungsprogramme für die frühe Kindheit

Maria Montessori hat ein weites Netz von Schulen geknüpft, die alle auf dem Gedanken beruhen, die natürliche Lernfähigkeit von Kindern zu fördern – ihre unersättliche Neugier und ihre endlosen Fragen. In dem Glauben, daß die Fähigkeit des Kindes, seine Umwelt zu assimilieren, praktisch keine Grenzen kennt, wurde ein weit gefächertes Erfahrungsfeld angeboten. Die meisten Kinder, die ihre Schulen besuchten, konnten im Alter von drei oder vier Jahren mühelos lesen. Im Lauf der Jahre nahm sie sich sechs mongoloiden Kindern an, die sonst wahrscheinlich geistig behindert aufgewachsen wären. Frau Montessori behandelte sie in ihrer Schule nicht anders als andere Kinder. Am Ende waren sie, was

ihre geistigen Fähigkeiten betraf, »normalen« Kindern in herkömmlichen Schulen durchaus gewachsen.
Im Jahre 1965 wurde in den USA das Programm *Head Start* ins Leben gerufen, ein Spezialprogramm für die Erziehung sozial minderbemittelter Kinder. Natürlich war dieses Programm nicht so intensiv wie diejenigen, die bisher geschildert wurden. Im Rahmen eines typischen Programms sollte den Kindern lediglich gesteigerte Aufmerksamkeit gewidmet werden nebst einem Angebot von Mitteln und Einrichtungen, die daheim nicht zur Verfügung standen. Doch selbst diese geringe Bereicherung ihrer Umwelt zeigte eine positive und bleibende Wirkung. Bisher sind 96 Studien durchgeführt worden, die allesamt günstig ausfielen. Die Zahl der Head-Start-Kinder, die eine Sonderschule besuchen müssen, ist bedeutend zurückgegangen. Bei einer dieser Studien waren es nur 1% im Vergleich zu 30% jener Kinder, die an diesem Programm nicht teilgenommen haben. Der Intelligenzquotient stieg auf ansehnliche Weise von 92 auf 100%, wobei dieser hohe Wert aufrechterhalten werden konnte. Die mathematischen und sprachlichen Fähigkeiten nahmen zu, und die Head-Start-Kinder zeigten mehr Vertrauen und soziale Kompetenzen als die Kontrollgruppen.[15]
Bei einer anderen Studie wurden 40 Babies, deren Mütter einen IQ von 70 oder weniger mitbrachten, in zwei Gruppen eingeteilt. Die eine Gruppe wurde täglich intensiv und persönlich betreut. Im Alter von vier Jahren wies diese Gruppe einen IQ von 130 auf – also begabt nach normalen Kriterien. Die andere Gruppe, der keine besondere Betreuung zuteil wurde, erreichte bei demselben Test einen IQ von 80 (wobei gewöhnlich die Tendenz einer Verschiebung zum Mittelwert von 100 zwischen Eltern und Kind vorhanden ist).[16] Ähnliche Programme, die in England und Europa durchgeführt wurden, zeitigten ähnliche Ergebnisse.
Eine weitere bemerkenswerte Neuerung in dieser Richtung ist die Fernsehserie Sesamstraße. Hier wurde ein Großteil der Theorien bei Millionen Kindern mit tiefgreifenden Ergebnissen angewandt. Die Leistung dieser Kinder in der Schule im Lesen, Schreiben, Buchstabieren, Mathematik und Allgemeinbildung haben so manchen Lehrer in Staunen versetzt.
In manchen anderen Ländern hat man mittlerweile den Wert des Vorschulunterrichts erkannt. Die Schulung beispielsweise in Rußland beginnt eher im Alter von drei als fünf Jahren, und es

wird behauptet, daß russische Kinder im Schnitt Kindern aus dem Westen bis zu zwei Jahren voraus sind.

Eine abwechslungsreiche Umwelt in frühester Kindheit ist also notwendig, und wenn man es versäumt, einem Kind diese Möglichkeit zu bieten, kann ein Schaden entstehen, der nicht mehr gutzumachen ist. Unser gegenwärtiges Schulsystem ist für solche Ziele nicht besonders geeignet, und es ist eine bedauernswerte Tatsache, daß ein begabtes Kind in seiner Entwicklung durch traditionelle Ansichten gehindert wird, was den Begriff der Normalität betrifft.

Da wäre der typische Fall eines Mädchens, dessen Mutter stets für eine günstige Umwelt gesorgt und ihr Kind immer als Erwachsene behandelt hat. Das Mädchen begann sich auf jene Weise zu entwickeln, die für solche Kinder kennzeichnend ist. Im Alter von drei Jahren hatte es die Grundlagen der Arithmetik begriffen und war im Kopfrechnen so gut wie eine Neunjährige. Sie war in der Lage, sich fließend mit Erwachsenen zu unterhalten. Sie stellte dauernd und unermüdlich Fragen, nahm ihre Umwelt wahr und lernte erstaunlich schnell.

Mit fünf Jahren wurde sie zusammen mit anderen Kindern eingeschult, doch das geltende Ausbildungssystem ist einfach nicht auf Kinder dieser Art zugeschnitten. Das arme Kind, nun total verwirrt, versuchte sein Wissen zu unterdrücken. Innerhalb weniger Monate hatte es sich angepaßt, war »normal« geworden und begann seine Fähigkeiten einzubüßen. Das Kind fand, es wäre viel einfacher gewesen, dem Schulbetrieb zu folgen, wenn es nicht gewußt hätte, was ellenlange Wörter bedeuten, wenn sie weniger gut hätte rechnen und nur bis zehn zählen können, wie alle anderen Mitschülerinnen. Nun ist es aber so, daß wenn Kinder mit solchen Vorkenntnissen auch noch klug sind, ihre Fähigkeiten auch noch erfolgreich verstecken können, daß sie selbst ihre Lehrer täuschen, die dann über die Kapazitäten eines solchen Kindes nicht Bescheid wissen.

In einer seiner jüngsten Studien hat das *Social Research Council* in England untersucht, wie weit solche Kinder durch die verschiedenen Schulsysteme benachteiligt werden. Es wurde festgestellt, daß begabte Kinder im Durchschnitt um zweieinhalb Jahre hinter ihrem geistigen Alter herhinkten. Obwohl die Kinder, die man untersucht hatte, nur etwa achteinhalb Jahre alt waren, besaßen sie die geistige Reife von vierzehnjährigen, gemessen an ihrem IQ. Ihre Leistungen aber entsprachen nur etwa denen von elfeinhalbjährigen.[17] Im Vergleich zu anderen Kindern ihrer Altersstufe waren sie immer noch begabt, im Sinne ihrer echten Kapazität jedoch deutlich zurückgeblieben.

Doch selbst ohne jede Behinderung dürften die meisten begabten Kinder lediglich Leistungen aufweisen, die nur einem Bruchteil ihres vollen Potentials entsprechen. Die Möglichkeiten, die sich eröffnen, sobald wir begriffen haben, wie wir unser Gehirn richtig trainieren sollen, sind in der Tat phantastisch.

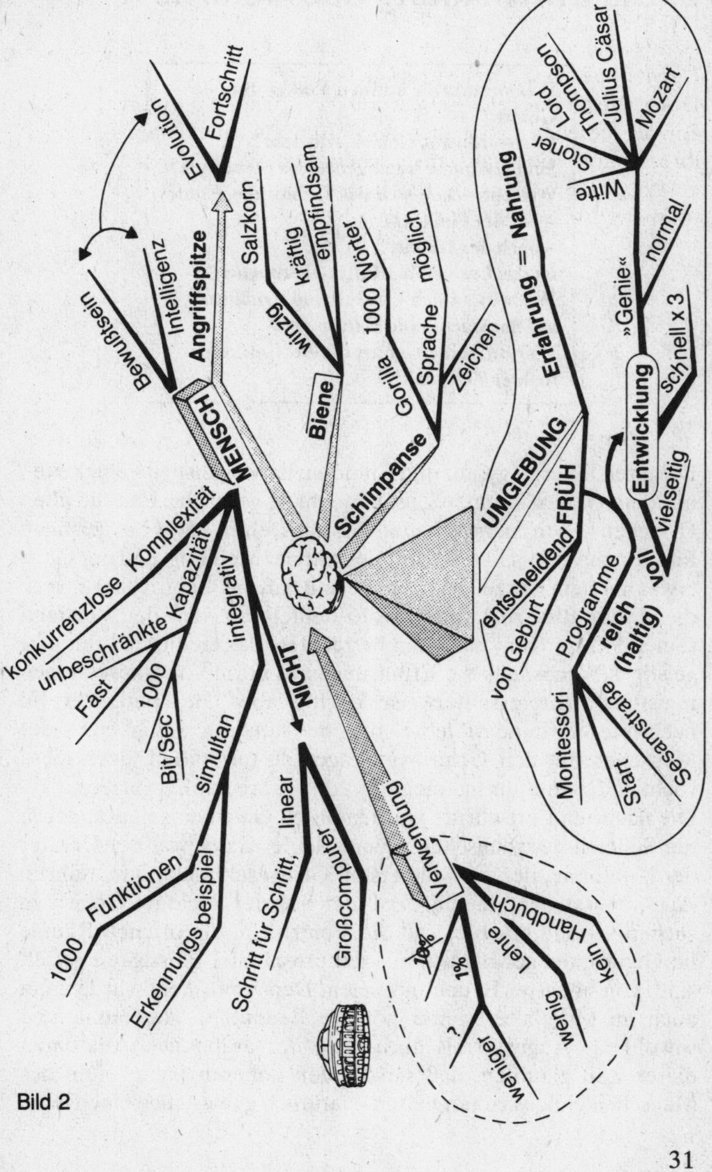

MENSCH
Angriffspitze
Bewußtsein
Intelligenz
Evolution
Fortschritt
Biene
winzig
kräftig
empfindsam
Salzkorn
1000 Wörter
Schimpanse
Gorilla
Sprache
möglich
Zeichen
konkurrenzlose Komplexität
unbeschränkte Kapazität
Fast
1000
Bit/Sec
integrativ
simultan
1000
Funktionen
Erkennungs beispiel
NICHT
Schritt für Schritt, linear
Großcomputer
Verwendung
10%
1%
?
weniger
Lehre
wenig
Handbuch
kein
UMGEBUNG
Erfahrung = Nahrung
entscheidend FRÜH
von Geburt
Programme
reich (haltig)
Montessori
Start
Sesamstraße
voll
vielseitig
Entwicklung
Schnell x 3
»Genie«
normal
Witte
Stoner
Lord Thompson
Julius Cäsar
Mozart

Bild 2

2. Die Entwicklung des Gehirns

Was wußten die antiken Völker über das Gehirn?
Wie wurde das Gehirn erforscht?
Sind Delphine intelligenter als Menschen?
Wie entwickelt sich das Gehirn des Kindes
– vor der Geburt?
– nach der Geburt?
Ist das Lernen im Mutterleib möglich?
Wie wirken sich Umwelt und Ernährung auf das wachsende Gehirn aus?
Warum ist die Geburt für das Gehirn ein heikler Zeitpunkt?

Die alten Inder, Ägypter und Chinesen haben geistige Fähigkeiten mit dem Gehirn kaum in Zusammenhang gebracht. Erst die alten Griechen haben zuerst erkannt, daß das Gehirn etwas mit geistigen Funktionen zu tun hat. Aristoteles war der Meinung, daß der Geist etwas mit dem Herzen zu tun habe und daß das Gehirn dem Zweck diene, das Blut zu kühlen. Plato deutete an, daß der Verstand seinen Sitz im Kopf habe und betrachtete das Gehirn als eine Art geistiges Wachs, das die Erfahrungen in Form von Impressionen registriert. Interessanterweise dachte aber Herophil, der im nächsten Jahrhundert lebte, daß die höheren Fähigkeiten des Menschen mit den Gehirnwindungen zu tun hätten, doch diese wichtige Erkenntnis hat mehr als 2000 Jahre auf Eis gelegen.
Die nächsten Fortschritte wurden durch Galen eingeleitet, der in der Spätzeit des römischen Reiches lebte. Galen war der Urvater der Anatomie, der auch die ersten Gehirnsektionen durchführte. Auch er war der Meinung, daß der Sitz der Seele im Gehirn zu suchen sei und glaubte, daß die Ventrikeln, die offenen Räume im Gehirn, die gewöhnlich mit zerebrospinaler Flüssigkeit gefüllt sind, von höchster Bedeutung seien. Den Ventrikeln wurde dann auch im Mittelalter weiter höchste Bedeutung zuerkannt, und sowohl St. Augustin als auch viele der arabischen Anatomen dieser Zeit glaubten, daß sie mit den höheren Fähigkeiten des Menschen einiges zu tun hätten. Natürlich gab es auch eine Reihe

von Denkern, die den Geist mit dem Herzen in Zusammenhang brachten. In Indien aber wurde angenommen, daß der Geist im Körper nicht zu lokalisieren sei, sondern daß es sich um eine Funktion des gesamten Organismus handelt – eine Theorie, die in bestimmten indischen Lehren bis heute verbreitet wird.
In 1500 Jahren war kaum ein Fortschritt zu verzeichnen, und die praktische Forschung wurde durch die Annahme verhindert, daß man durch die Untersuchung des Gehirns den Sitz der Seele beschädigen könnte. Erst im 19. Jahrhundert kam man darauf, daß bei den geistigen Funktionen das ganze Gehirn mitspielt. Mittlerweile hatte man nämlich die Hauptnervenbahnen entdeckt und die allgemeine elektrische Aktivität des Gehirns festgestellt.
Im frühen 19. Jahrhundert war man dahintergekommen, daß spezifische Funktionen verlorengehen, wenn gewisse Gehirnfelder beschädigt werden. Nach dem Studium verschiedener Hirnschäden erstellten Forscher, wie etwa Franz Gall, der deutsche Anatom und Physiologe, sogenannte Gehirnkarten über die Hirnfläche, wobei sie den einzelnen Feldern bestimmte Funktionen zuwiesen. Aus diesen Erkenntnissen erwuchs die Wissenschaft der Phrenologie, die behauptete, daß man aus der Schädelform, insbesondere aus den Wölbungen des Schädels, auf die geistigen Fähigkeiten einer Person schließen könnte.
Am Anfang des 20. Jahrhunderts wurde jedoch deutlich, daß sich geistige Funktionen nicht so glatt lokalisieren lassen. Hughlings Jackson, der berühmte englische Neurologe, wies darauf hin, daß komplizierte geistige Prozesse das ganze Gehirn in Anspruch nehmen. Sir Charles Sherrington, ein Pionier der Neurophysiologie, bemerkte, das Gehirn wäre »ein zauberhafter Webstuhl, in dem Millionen von Schiffchen hin und her sausen und ein stets sich veränderndes Muster weben, das zwar nicht von Bestand, doch jederzeit sinnvoll ist und eine Harmonie verschieblicher Sekundärmuster überlagert. Es ist, als würde die Milchstraße eine Art kosmisches Ballett aufführen.« (Siehe auch Goethe Faust I, Vers 1920–1930: »Zwar ist's mit der Gedankenfabrik / wie mit einem Webermeisterstück / wo ein Tritt tausend Fäden regt / die Schifflein hinüber herüberschießen / die Fäden ungesehen fließen / ein Schlag tausend Verbindungen schlägt.« Anm. des Übersetzers)
Während der letzten fünfzig Jahre haben wir eine ganze Menge über das Gehirn erfahren. Die Psychologie aber wurde zu einem

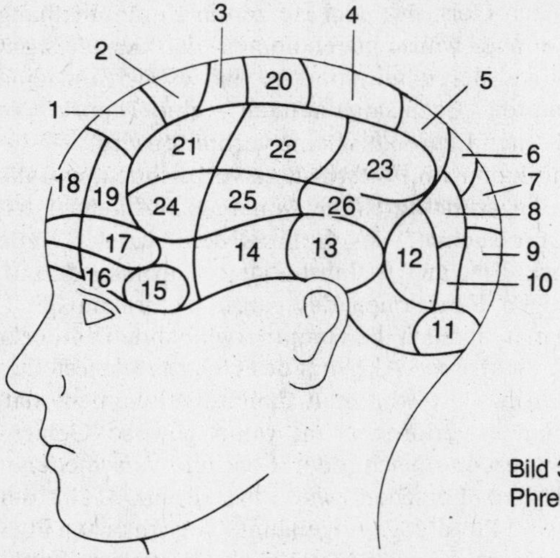

Bild 3: Gehirnkarte der Phrenologen

1 Aggression	10 Heirat/Ehe	19 Verstand
2 Mimikri	11 Sex	20 Hoffnung
3 Vertrauen, Zuversicht	12 Mut	21 Perfektionismus
4 Bewußtsein	13 Zerstörung	22 Selbstachtung
5 Ambition	14 Schmecken	23 Bescheidenheit
6 Loyalität	15 Zahlen	24 Kreativität
7 Patriotismus	16 Ordnungssinn	25 Vorsicht / Warnung
8 Freundschaft	17 Zeitgefühl	26 Höflichkeit
9 elterliche Gefühle	18 Kausalität	

Wissensgebiet, das am schnellsten am Umfang zunahm. Mittlerweile bedient man sich der Biochemie, der Mikrotechnologie, der Kybernetik und ähnlicher Wissenschaften und hat sich in den Disziplinen der Neuropsychologie, der physiologischen Psychologie, der Entwicklungspsychologie und der klinischen Psychologie spezialisiert.

Das menschliche Gehirn ist zu einem der interessantesten Wissensgebiete geworden, und die Gehirnforschung schlägt pro Jahr mit mehr als einer halben Million Veröffentlichungen zu Buche. Nun sind es aber nicht die Psychologen und die Neurophysiologen allein, die daran interessiert sind, das Gehirn und sein Potential zu ergründen. Der Chemiker interessiert sich für die hunderttausend verschiedenen chemischen Reaktionen, die jede Sekunde im Gehirn stattfinden, der Molekularbiologe bewundert die hochkomplizierten Transformationen, die in den einzelnen Nervenzellen stattfinden, der Kybernetiker bedient sich der Informationstheorie, um das Gehirn und sein schier endloses Potential und seine Speicherkapazität zu ergründen, der Mathematiker muß Computer einsetzen, um seine verhältnismäßig einfachen Modelle der Gehirnprozesse zu erforschen, und der Quantenphysiker forscht nach der Möglichkeit, ob die Gehirntätigkeit nicht vielleicht eine Superleitfähigkeit und eine Art »elektronisches Tunnelieren« in sich birgt.

Trotzdem stehen wir erst am Anfang aller Dinge. Das alte Sprichwort, das da heißt »je mehr man etwas über ein Thema weiß, um so öfter kommt man dahinter, was man noch nicht weiß«, trifft ganz besonders auf das Gehirn zu. Wir wissen, daß die einzelnen Funktionen nicht einfach zu lokalisieren sind, und wir wissen auch, daß das Gehirn nicht wie eine einfache Telefonzentrale arbeitet, indem es Nachrichten von einem Anrufer zum anderen überträgt. Wir wissen auch, daß es sich nicht wie ein Elektronenrechner verhält, indem es auf gewisse Reize auf vorgegebene Art reagiert. Dennoch wissen wir immer noch nicht, wie das Gehirn richtig funktioniert. Wir wissen bedeutend mehr darüber, was in der Welt um uns vor sich geht, als was in diesem komplizierten System in unserem Kopf abläuft.

A) Die Evolution des Gehirns

Das erste Nervensystem entwickelte sich aus den einfachen sensorischen Rezeptoren an der Oberfläche primitiver mehrzelliger Organismen. Diese Rezeptoren übertrugen Informationen über Wärme, Licht, Säuregehalt usw. ins Innere dieser Organismen. Im Verlauf von Äonen entwickelten sich weitere Zellen, die Informationen aus dem Inneren an die Oberfläche vermittelten, und auf diese Weise entstanden dann die einfachen Nervensysteme. Bei den ersten fischähnlichen Wesen wurde dieses elementare Nervensystem zu einem losen Netz von Nervenzellen, das sich über den ganzen Organismus ausdehnte, und bei der Evolution einfacher Mollusken begannen sich die Nervenzellen zusammenzuklumpen und eine Anzahl kleinerer Gruppen zu bilden, die als Ganglien bezeichnet werden. Ringwürmer waren die ersten Lebewesen, die ein ausgeprägtes Vorder- und Hinterteil entwickelten und bei denen die Sinnesorgane und die dazugehörigen Ganglien nach vorn, d.h. in Richtung Kopf strebten. Im Lauf der Zeit bildeten die Ganglien ein immer komplizierteres und verwobeneres Netz, bis dann bei den frühen Fischarten das erste einfache Gehirn auftauchte. Von dieser Zeit an besaßen alle Wirbeltiere – das heißt alle diejenigen, die ein Rückgrat hatten – ein gut entwickeltes Gehirn und eine Wirbelsäule, von der aus die Nervenbahnen sich in sämtliche Körperteile verzweigen.

In mancher Beziehung haben sich die unteren Teile des Gehirns und der Wirbelsäule seit der Zeit der ersten Fische vor 100 Millionen Jahren nicht wesentlich verändert. Die großen Veränderungen die stattgefunden haben, führten vielmehr zu einer massiven Erweiterung und Vergrößerung am oberen Ende des primitiven Gehirns. Die ersten Anzeichen einer Gehirnrinde konnten bei den Reptilien festgestellt werden, obwohl diese Schicht sehr dünn war und etwa aus einer einzigen Zellenschicht bestand. Als die ersten Säugetiere auftauchten, etwa vor 50 Millionen Jahren, hatte sich diese einfache Schicht bereits so weit entwickelt, daß sie die Hälfte des Gehirnvolumens einnahm und weitgehend mit dem Geruchssinn beschäftigt war. Auf dieser Schicht begann eine neue Zellschicht, die Neocortex, zu wachsen. Beim Menschen besteht die Neocortex aus sechs Zellschichten, die die ganze Oberfläche des Gehirns bedecken. In Wirklichkeit ist sie viel größer als die gesamte Hirnfläche und vielfach in sich gefaltet – ausgestreckt würde sie eine Fläche von mehr als einem Quadratmeter bedecken. Obwohl nur drei Millimeter dick, ist unsere hochentwickelte Neocortex für viele unserer höheren Kapazitäten verantwortlich, z.B. Sprache, Entwicklung von Fähigkeiten, nahezu unbegrenzte Speicherkapazität und unsere höheren Denkprozesse.

Es gibt viele Tiere, die ein größeres Gehirn haben als wir, Elefanten (und man sagt, Elefanten sind nachtragend, sie vergessen nie etwas), Wale und Delphine. Wale und Delphine haben auch eine flächenmäßig größere Hirnrinde, die eine größere Anzahl Windungen aufweist als die des Menschen, und im allgemeinen wird angenommen, daß die Anzahl der Hirnwindungen den Intelligenzgrad anzeigt. Mit Walen sind nur wenige Experimente durchgeführt worden, um so mehr aber mit Delphinen, und es scheint, als wäre der Verstand von Delphinen in mancherlei Hinsicht dem des Menschen überlegen. Die rechte und die linke Gehirnhälfte

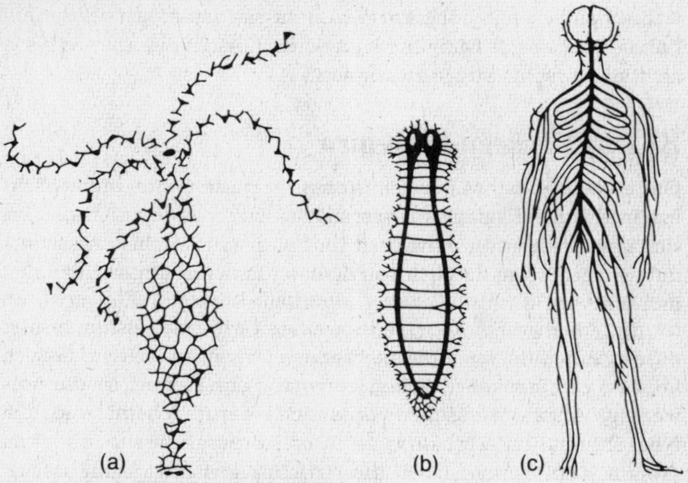

Bild 4: Evolution des Nervensystems
(a) einfaches Netz (b) Wurm (c) Mensch

scheinen sogar mehr spezialisiert zu sein als unsere. Sie können in Stereo sprechen, indem sie den linken und rechten Luftkanal getrennt steuern und zwei oder sogar drei Gespräche gleichzeitig führen, indem sie sich verschiedener Frequenzbänder bedienen. Bei einem Versuch, in dessen Verlauf die Delphinsprache studiert werden sollte, hatten die Delphine begonnen, die Schnauze aus dem Wasser zu strecken und menschenähnliche Laute in der Luft zu erzeugen – ein recht merkwürdiges Verhalten für freilebende Delphine – als wollten sie sich mit den Experimentatoren verständigen. Und das geschah zu einem Zeitpunkt, lang bevor die Experimentatoren auch nur die leiseste Ahnung von der Sprache der Delphine hatten.[1] Bei einem anderen Versuch wurde festgestellt, daß Delphine ihren Artgenossen beizubringen versuchten, auf Englisch bis zehn zu zählen, und dies auf eine weitaus wirksamere Art, als es die Menschen fertiggebracht hätten. Es dürfte auch interessant sein zu erfahren, daß das Leben der Delphine eher auf Liebe als auf Rivalität beruht – es scheint, sie haben es gelernt, miteinander und mit ihrer Umwelt in Frieden und Harmonie zu leben. Als John Lilly, einer der Pioniere der Delphinforschung sich der Tatsache bewußt wurde, daß er es wahrscheinlich mit höheren Wesen zu tun habe, schloß er sein Labor, weil er der Meinung war, seine Forschungsarbeit ethisch nicht mehr rechtfertigen zu können.

B) Das wachsende Gehirn

Das Gehirn ist bei weitem das komplizierteste Organ im menschlichen Körper. Es dauert länger als bei jedem anderen Organ, bis sich das Gehirn voll entwickelt hat, und sein Wachstumsschema unterscheidet sich deutlich von dem der anderen Organe. Bei den meisten wird die Entwicklung innerhalb kürzester Zeit noch im Mutterleib abgeschlossen. Jedes weitere Größenwachstum erfolgt durch Zellteilung im heranwachsenden Organismus. Beim Gehirn aber ist es umgekehrt. Schon lange vor der Geburt ist die notwendige Anzahl von Zellen vorhanden – darum scheint es so, daß Neugeborene im Verhältnis zu ihrer Körpergröße einen viel zu großen Kopf haben. Doch die strukturelle Entwicklung dauert ein Leben lang, sobald die Nervenzellen immer enger miteinander verknüpft werden.
Das Menschenkind kommt in einem verhältnismäßig hilflosen Zustand auf die Welt. Im Gegensatz zu anderen Tierarten, die innerhalb von Minuten oder Stunden nach der Geburt bereits für sich selbst sorgen können, ist das Menschenkind jahrelang auf die

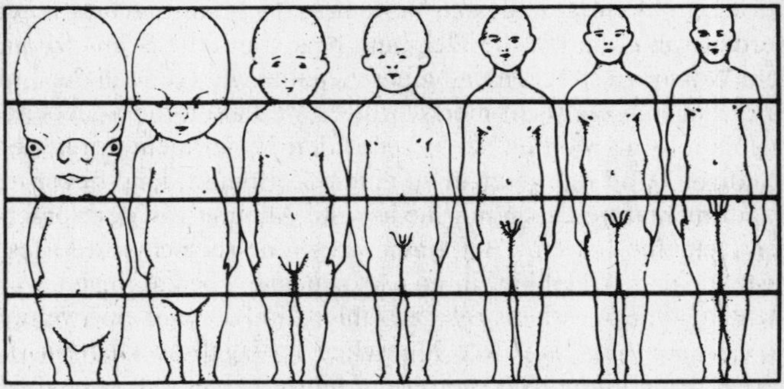

Bild 5: Größenverhältnis Gehirn / Körper bei verschiedenen Altersstufen

Fürsorge und Obhut der Eltern angewiesen. Allerdings bietet dieser Umstand einen bedeutenden Vorteil gegenüber allen anderen Tierarten. Das Menschenkind ist nicht auf seine Instinkte angewiesen, um zu überleben. Es ist vielmehr flexibel, kann aus Erfahrung lernen, sich seiner Umwelt anpassen, Fähigkeiten entwickeln und sprechen lernen.

Der wachsende Fetus durchläuft ähnliche Entwicklungsstufen von der Einzelzelle zum menschlichen Wesen, wie es bei anderen Spezies während der 4 Milliarden Jahre der Evolution der Fall war. Wie auch bei den ersten primitiven Organismen setzt die Entwicklung des Gehirns beim Embryo an der Oberfläche an. Zunächst erscheint an der Oberseite eine kleine Platte, die sich dann einbuchtet und eine Grube bildet. Die Ränder dieser Grube vereinigen sich dann und bilden eine Röhre, die an einem Ende verschlossen wird. Diese ergibt eine rudimentäre Wirbelsäule, aus deren verschlossenem Ende sich das übrige Gehirn entwickelt – wobei eine Sekunde in der Entwicklung des Fetus einem Jahrtausend der Evolution entspricht. Fünf Wochen nach der Empfängnis hat sich das Oberteil der Röhre erweitert und wie ein Fragezeichen gebogen. Und acht Wochen später setzt einer der beiden Gehirnspurts ein.

Mit *Gehirnspurt* bezeichnet man jene Perioden, während denen eine sehr rasche Entwicklung des Gehirns stattfindet. Zunächst findet ein solches Wachstum 8 bis 14 Wochen nach der Empfängnis statt, wobei die Vermehrung von Milliarden von Zellen, der sogenannten Neuroblasten gefördert wird. Aus diesen Neuroblasten entwickeln sich dann die Neuronen, wobei jedes Neuroblast jeweils zu einem Neuron wird. Also wird die Gesamtzahl der Nervenzellen durch die Anzahl der Neuroblasten bestimmt, die sich auf dieser Stufe entwickeln.

Die Ernährung spielt auf dieser Stufe eine gewichtige Rolle. Es wurde festgestellt, daß wenn die Mutter unterernährt ist, insbesondere wenn sie an einem Mangel gewisser Aminosäuren leidet, die Gesamtzahl der Neuroblasten, und infolgedessen auch die der Neuronen, beachtlich reduziert wird. Studien an Kindern der Dritten Welt, deren Mütter unterernährt waren, haben ergeben, daß viele von ihnen nach der Geburt nur 40% Neuronen aufweisen, die man bei Kindern der westlichen Welt festgestellt hat.[2]

Es wurde auch vermutet, daß der Grund, warum bei Kindern, die im Westen in den Monaten Januar, Februar und März geboren werden, häufiger eine Verzögerung zu verzeichnen ist, weil ihre Mütter in der kritischen Phase der Gehirnentwicklung im Juni, Juli und August mehr Gemüse als Fleisch zu sich nehmen.

Trotz der Bedeutung, die der Anzahl der Neuronen im Gehirn zukommt, ist ihre Zahl bei der Bestimmung der geistigen Fähigkeiten nicht ausschlaggebend. Der Grad ihrer Verknüpfung hat entschieden weitere Konsequenzen. Diese Verknüpfung der Neuronen findet während des zweiten Gehirnspurts statt. Sie setzt etwa 10 Wochen vor der Geburt ein und dauert etwa zwei Jahre nach der Geburt an. Dies ist die Zeit, in der die grundlegenden Lerninhalte aufgenommen werden.

Während des zweiten Spurts streckt jedes Neuron zahlreiche fein gefiederte Fasern in alle Richtungen aus. Dadurch werden Tausende weiterer Neuronen angeschlossen, die ganz entfernt liegen, oft sogar auf der anderen Seite des Gehirns. Die Zellkörper an sich

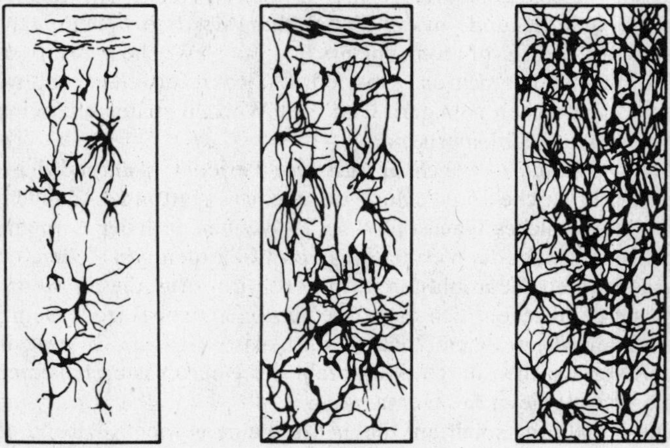

Bild 6: Hirnrindenschnitte von Kindern bei der Geburt, im Alter von 3 und 15 Monaten, die eine Zunahme und eine Verdickung der Fasern zeigen. Bilder dieser Art werden erzeugt, indem man zunächst das Gewebe einfärbt, wobei der Farbstoff von ca. 1 % der Zellen aufgenommen wird. In jedem Bild erscheinen daher 100mal mehr Zellen als in diesem Bild dargestellt. (Aus R. H. Lindsay und D. A. Norman, **Human Information Processing** New York, Academic Press 1972. Nachdruck mit Erlaubnis.)

werden größer und die Hirnrinde bedeutend dicker. Auf dieser Stufe werden viele der längeren Fasern, die das Gehirn durchqueren, mit einer Art Isolierstoff umhüllt, der als Mylein bezeichnet wird und die Übertragung von Nervenimpulsen beschleunigt. Diese Vorgänge rufen ein rasches Wachstum des Gehirns hervor. Bei der Geburt wiegt das Gehirn 350 Gramm, 25% seines späteren Gewichts, aber es wächst um 1 Milligramm pro Minute. Mit 6 Monaten hat es 50%, mit zweieinhalb Jahren 75% und mit fünf 90% seines späteren Gewichts erreicht. Auf dieser Stufe hat sich der größere Teil der intellektuellen Entwicklung eines Kindes bereits vollzogen.

Während dieses zweiten Gehirnspurts stellen die Neuronen ihre Trillionen von Verbindungen her, und zu dieser Zeit findet ein Großteil der grundlegenden Lernvorgänge als auch der geistigen Entwicklung statt. Doch bereits vor dieser Zeit reagiert der Fetus auf seine Umwelt im Mutterleib und besitzt die Fähigkeit, aus seiner Umgebung zu lernen. Einfache Reflexkonditionierungen, die in der Wirbelsäule schon nach acht Wochen stattfinden, wurden festgestellt, lange bevor die Entwicklung der Gehirnrinde einsetzt. Ärzte haben eine dünne optische Faser in die Gebärmutter eingeführt und das Embryo beobachtet, wie es mit zehn Wochen auf die Veränderungen seiner Umwelt reagiert. Im Alter von fünf Monaten zeigt das EEG (Elektroencephalogramm), daß das Gehirn des Fetus' auf Lichtreize ebenso reagiert wie das Gehirn eines Erwachsenen. Später aber reagiert es sogar auf Töne, die durch die Bauchdecke der Mutter dringen.

Pränatale Psychologie

In unserem Jahrhundert ist man immer mehr dahintergekommen, daß die ersten Lebensjahre für die Entwicklung entscheidend sind. Wir haben erforscht, daß das, was einem Kind im Alter von ein oder zwei Jahren zustößt oder begegnet, sich auf den Rest seines Lebens auswirken kann. Neuerdings hat man sogar festgestellt, daß sich dieser Zeitpunkt immer weiter zurückversetzen läßt, bis hin zu den ersten paar Monaten, ja sogar bis zu den ersten Tagen nach der Geburt. Mittlerweile haben die Psychologen erkannt, daß alles, was vor der Geburt geschieht, ebenfalls nicht zu unterschätzen ist. Die Erziehung und Ausbildung beginnt nicht im Alter von fünf, drei, zwei oder einem Jahr, sondern schon bei der Empfängnis – ein Standpunkt, den die Chinesen schon seit langer Zeit vertreten, indem sie annehmen, daß ein Kind bei der Geburt bereits neun Monate alt ist. Wahrscheinlich hat uns die Gewohnheit, das Alter von der Geburt und nicht von der Empfängnis an zu rechnen, dazu gebracht, die kritischen ersten neun Lebensmonate zu vernachlässigen. Die pränatale Psychologie wurde erst in den 70er Jahren zu einem anerkannten Zweig der Psychologie.

Es ist nunmehr bewiesen, daß die Sinne bei der Geburt bereits gut entwickelt sind, daß Babies Muster und Bilder deutlich erkennen können. Früher dachte man, daß das Neugeborene nur helle und dunkle Flecken unterscheiden kann. Doch durch einfache Messung der Zeit, in der Babies verschiedene Muster und Bilder betrachteten, wurde nachgewiesen, daß Neugeborene über eine gut entwickelte Sehschärfe verfügen und Linien in einem Abstand von drei Millimetern in einer Entfernung von fünfundzwanzig Zentimetern unterscheiden können.[3]

Tom Bower, der an der Universität von Edinburgh beachtliche Forschungen über das kindliche Wahrnehmungsvermögen durchführte, hat diese Arbeit weitergeführt und nachgewiesen, daß das Kind von Geburt an eine dreidimensionale Welt erlebt. Unter Verwendung polarisierter Brillen, durch die das rechte und das linke Auge jeweils zwei verschiedene Bilder erblickt, erzeugte er die visuelle Illusion eines festen Gegenstandes, das vor dem Baby stand. Er stellte fest, daß sogar Neugeborene die Hände ausstreckten, um den vermeintlichen Gegenstand zu berühren. Doch sobald die Hände in die Luft griffen, anstatt einen festen Gegenstand zu greifen, begann das Kind zu weinen. Dieser Umstand beweist, daß das Kind bei der Geburt erwartet, daß ein Gegenstand, den es erblickt, greifbar ist, das heißt, daß Gesichts- und Tastsinn eine einfache Einheit bilden.[4]

Weitere Experimente in Edinburgh haben gezeigt, daß Gehör und Gesicht ähnlich integriert sind, weil das Neugeborene den Kopf in Richtung eines Geräusches dreht, um zu sehen, wo es herkommt. Ferner haben diese Versuche erwiesen, daß ein Kind mit der Fähigkeit geboren wird, Gerüche als angenehm oder unangenehm zu empfinden, weil es bei unangenehmen Gerüchen den Kopf von der Duftquelle abwendet.[5] Das beweist, daß das sensorische System bei der Geburt soweit entwickelt ist, um Gegenstände durch Anblick, Betasten, Geräusch und Geruch zu lokalisieren.

Das Neugeborene kann auch das Gesicht eines Menschen

Bild 7: Das unerreichbare Objekt wird durch einen Schattenwerfer erzeugt, wo zwei gegensätzlich polarisierte Lichtstrahlen ein doppeltes Schattenbild auf einem Durchprojektionsschirm erzeugen. Ein Kind betrachtet die Doppelschatten durch eine Polarisationsbrille, die für jedes Auge ein anderes Bild bietet. Durch den angeborenen Vorgang der Stereopsie werden die beiden Bilder überlagert, wobei das Kind meint, einen festen Körper vor dem Bildschirm zu erblicken. Wenn aber das Kind versucht, den Gegenstand zu fassen, wundert es sich, warum es in die Luft greift. Innerhalb von Bruchteilen einer Sekunde fängt das Kind zu weinen an, während sein Gesicht Überraschung ausdrückt. Wird ein realer Gegenstand vor den Schirm gehängt, sind die Kinder nicht überrascht, wenn sie diesen Gegenstand berühren. Ein Beweis dafür, daß Kinder erwarten, daß ein Gegenstand, den sie erblickt haben, massiv und greifbar sein muß. (Co) 1971 *Scientific American*, Inc. Alle Rechte vorbehalten. Nachdruck mit Erlaubnis der *Scientific American.*

erkennen. Robert Fantz, Forscher an der Western Reserve University in Cleveland ließ einen Tag alte Säuglinge die Abbildung eines Gesichts, ein Bullauge, einen Zeitungsdruck und Kreise von verschiedener Farbe betrachten, wobei er eine besondere Vorliebe für das menschliche Antlitz feststellte, da die meisten Babies ihre Aufmerksamkeit viel lieber und länger einer solchen Abbildung als den anderen Objekten zuwandten.[6]

Während der nächsten zwei Lebenswochen lernt das Kind jene Gesichter zu erkennen, die es am häufigsten erblickt.
Ein Großteil dieser komplizierten perzeptuellen Organisation findet während der letzten zwei Monate im Mutterleib statt. Dann, nach der Geburt, werden die grundlegenden perzeptuellen Rahmen entsprechend der Erfahrungsarten, denen das Kind begegnet, verfeinert und entwickelt. Studien, die mit neugeborenen Kätzchen durchgeführt wurden, haben die kritische Rolle der frühen Erfahrung bei der Entwicklung der Wahrnehmungsfähigkeit demonstriert. Ein Katzenkind, das in einer Umwelt aufwuchs, in der nur horizontale Linien vorhanden waren, war als erwachsene Katze nicht in der Lage, vertikale Linien zu erkennen. Es stieß gegen Stuhlbeine, als wären sie nicht vorhanden, während es glücklich auf einen horizontalen Stuhlsitz hüpfte.[7] Eine Analyse der visuellen Hirnrinde ergab, daß die entsprechenden Zellen für vertikale Linien weitaus weniger entwickelt waren als diejenigen, die für die Erkennung von horizontalen Linien erforderlich sind. Ob dies dem Umstand zuzuschreiben ist, daß sich die relevanten Systeme nie entwickelt haben, oder ob sie vorhanden, aber durch Mißbrauch geschrumpft sind, ist immer noch ein Gegenstand von Kontroversen. In jedem Fall steht aber fest, daß sich das Gehirn des Neugeborenen nach der Geburt modifiziert, und zwar auf eine Art und Weise, die der Umwelt, in der es sich befindet, am ehesten entspricht.
Um die Auswirkungen einer günstigen und abwechslungsreichen Umwelt zu demonstrieren, haben Mark Rosenzweig und seine Mitarbeiter an der Universität von Kalifornien in Berkeley eine Gruppe von Jungratten in einem Käfig voll von Rampen, Leitern, Rädern, Tunnels, Trapezen und sonstigen Stimuli aufwachsen lassen, während sie eine zweite Gruppe in gewöhnlichen Käfigen hielten. Dabei wurden die Veränderungen des Enzymspiegels beobachtet, und als man nach 105 Tagen das Gehirn der Ratten untersuchte, stellte sich heraus, daß die Hirnrinde derjenigen Versuchstiere, die in einer abwechslungsreichen Umgebung aufgewachsen waren, ein größeres Wachstum aufwies als das der »minderbemittelten« Ratten. Die Anzahl der Ganglienzellen (s. Kapitel 3) war um 15% höher, und obwohl die Anzahl der Neuronen nicht zugenommen hatte, waren die Neuronenkörper um 15% größer, die Fasern reichhaltiger, und es wurden mehr Verbindungen zu anderen Neutronen festgestellt.[8]

D) Ist das Lernen im Mutterleib möglich?

Eins der Gebiete, dem in neuester Zeit großes Interesse gewidmet wurde, ist das Erlernen der Sprache. »Normale« Kinder – d. h. solche, denen in frühester Zeit keine besonders anregende Umgebung geboten wurde – beginnen gewöhnlich nach dem ersten Lebensjahr zu sprechen. Mit 18 Monaten verfügen sie über einen Sprachschatz von etwa einem halben Dutzend Wörtern, der sich bis zum Alter von zwei Jahren auf mehr als hundert steigert. Die traditionelle Ansicht lautete bis vor kurzem, daß Babies während des ersten Lebensjahres nicht reif genug sind, um sprechen zu lernen. Das Sprechen ist jedoch nur die äußere Manifestation der sprachlichen Entwicklung. Lange bevor das Kind das erste sinnvolle Wort hervorbringt, kann man beobachten, daß es auf Sprache anderer reagiert.

Studien haben gezeigt, daß das Kind *selbst bei der Geburt* definitiv und spezifisch auf die Laute der menschlichen Sprache reagiert. Die Filmaufnahme eines Neugeborenen zeigt bei der Untersuchung Bild für Bild, daß kleine Gesten des Kindes mit verschiedenen Lauten und Silben der Eltern synchron verlaufen. Andere Laute, Töne oder Geräusche jedoch rufen eine solche Reaktion nicht hervor.[9] Die Tatsache, daß solches bei der Geburt geschieht, legt nahe, daß solche einfachen sprachlichen Fähigkeiten bereits im Mutterleib erworben werden, wahrscheinlich, weil der Fetus die Sprache aus der Außenwelt vernimmt und sie benützt, um sich die grundlegenden Laute und Rhythmen der Sprache anzueignen.

Im Mutterleib erfährt das Kind Ton und Rhythmus des Herzschlags der Mutter, und nach der Geburt übt der Schlag eines Menschenherzens eine beruhigende Wirkung auf das Baby aus. Es wurde sogar behauptet, daß rhythmische Musik bei Erwachsenen eine ähnliche Wirkung erzielt. Ein solcher Rhythmus liegt gewöhnlich im Bereich des Herzschlages, und je schneller der Rhythmus, um so »aufregender« die Musik. Ein ungewöhnliches Beispiel für die Lernmöglichkeit und Lernfähigkeit im Mutterleib lieferte eine Mutter, die während der Schwangerschaft in einem Bach-Chor mitsang. Nach der Geburt des Kindes gab sie das Singen auf, stellte aber fest, daß sooft im Radio ein Bach-Chor zu hören war, ihr Töchterchen ganz in der Musik aufging und sich für gar nichts mehr interessierte, nicht einmal fürs Fläschchen.

E) Die Verletzbarkeit des jungen Gehirns

Obwohl der zweite Gehirnspurt zwischen der Zeit zwei Wochen vor der Geburt und zwei Jahren nach der Geburt liegt, ist der Höhepunkt dieser Entwicklungsphase während der ersten paar Monate nach der Geburt zu suchen. Auf dieser Stufe, so heißt es, ist das Gehirn besonders formbar – formbar in dem Sinn, daß es sich am ehesten durch seine Umwelt modifizieren läßt. Neueste Forschungen über das Neugeborene deuten darauf hin, daß das Gehirn den Gipfel der Formbarkeit etwa zum Zeitpunkt der Geburt erreicht. Nun ist aber nicht nur die Lernfähigkeit des Gehirns auf dieser Stufe am größten, denn auch seine Verletzbarkeit erreicht zu diesem Zeitpunkt den höchsten Grad.

Nunmehr häufen sich die physiologischen Nachweise, die jene Behauptung der Psychoanalytiker belegen, daß so manches Problem im späteren Leben auf Traumas in frühester Kindheit, insbesondere auf ein Geburtentrauma zurückzuführen ist. Sigmund Freud hat aufgezeigt, wie die Erfahrungen aus der frühesten Kindheit unsere Verhaltensweise im späteren Leben beeinflussen können. Melanie Klein, die ausgezeichnete Kinderpsychologin, hat diesen Gedanken aufgegriffen und gezeigt, wie wichtig die ersten Lebensmonate eines Kindes sind. Arthur Janov, der Urheber der Geburtstherapie, hat nahegelegt, daß die Erfahrungen, die bei der Geburt gesammelt werden, von tiefgreifender psychologischer Wirkung sein können. Neuerdings vermutet R. D. Laing, daß wir durch unser Fetalleben, ja sogar durch die Empfängnis konditioniert sind, wobei diese Zeit in unserem späteren Leben eine bedeutende Rolle spielt.[10]

Ähnliche Ideen haben sich auf der Grundlage verschiedener moderner Versuche entwickelt, die Geheimnisse der Geburt zu lüften. Frederick Leboyer beispielsweise empfiehlt, daß das Neugeborene nicht mit grellem Licht, einem Klaps auf den Po und durch die Trennung von der Mutter begrüßt werden soll. Vielmehr sollte man ihm einen vorsichtigen, liebevollen Übergang aus seinem Leben im Mutterleib ins Leben in der Außenwelt bieten. Solche Kinder fangen nach der Geburt selten zu schreien an, und ihre Sterberate wird um die Hälfte reduziert. Eine Nachstudie, die an 120 »Leboyer-Babies« durchgeführt wurde, hat gezeigt, daß diese Kinder im Durchschnitt zwei Monate früher zu laufen begannen und sich im allgemeinen viel schneller entwickelten.

Darüber hinaus waren solche Babies weitaus fröhlicher, hatten kaum Schlafprobleme, und ihre Mütter hatten auch keine Schwierigkeiten, über »Sauberkeitsprobleme« zu berichten.[11]
In der letzten Zeit hat man sich so manchen Gedanken über das Rauchen während der Schwangerschaft gemacht, wobei deutliche Warnungen nicht zu überhören waren. Das Rauchen reduziert die Sauerstoffzufuhr zum Fetus, und es wurde festgestellt, daß die Leistungen von Kindern beim Lesen, deren Mütter während der Schwangerschaft geraucht hatten, bedeutend niedriger waren als bei solchen, deren Mütter während der Schwangerschaft aufs Rauchen verzichtet hatten. Darüber hinaus gibt es noch eine Vielzahl anderer Faktoren, die sich ebenfalls nachteilig auf den wachsenden Fetus auswirken. Alkohol, Bleigehalt der Luft, gewisse Lebensmittelfarben, die emotionelle Stabilität der Mutter und deren soziale Gewohnheiten, das Verhalten des Vaters, Ermüdung, Geräusche usw. zeigen meßbare Wirkungen. Bei der Geburt ist das Kind besonders verwundbar, und dies ist der Zeitpunkt, wo die Mutter am meisten unter der Einwirkung von Medikamenten steht. Kinder, die von Müttern geboren werden, die mit Medikamenten versorgt wurden, um die Geburtsschmerzen zu lindern, sind oftmals meßbar »benebelt« bei der Geburt – oft aber auch einen Monat später.
Nachweislich ist das Aminosäure-Taurin für die Entwicklung des Gehirns von äußerster Wichtigkeit. Das Kind besitzt nur eine beschränkte Fähigkeit, das Taurin zu synthetisieren, nimmt aber während der aktiven Wachstumsphase große Mengen Aminosäure auf, wobei es seinen Bedarf aus der Milch deckt. Die Muttermilch hat einen doppelt so hohen Tauringehalt als Kuhmilch, ein Umstand, der darauf hindeutet, daß das Stillen weitgehend zur psysiologischen als auch zur psychologischen Entwicklung des Kindes beiträgt.[12]
Unzureichende Ernährung ist ein Faktor, der dem heranwachsenden Gehirn am meisten zusetzt. Normalerweise wird das Gehirn durch einen Vorgang vor Unterernährung geschützt, das als »brain sparing« bezeichnet wird. Beim Mangel wichtiger Vitamine, Proteine, Aminosäuren, Sauerstoff usw. sind es zunächst die anderen Körperorgane, die unter solchem Mangel leiden – der Organismus sorgt dafür, daß das Gehirn mit dem Wichtigsten so lange wie möglich versorgt wird. Für die Entwicklung des Gehirns werden weit mehr an Energie, Zeit und

Ressourcen des einzelnen eingesetzt als bei allen anderen Organen. Es ist unser wichtigstes Organ, das vor allen anderen Organen geschützt werden muß. Während der ersten zwei Jahre jedoch kann sich Unterernährung trotz aller Schutzmaßnahmen katastrophal auf das wachsende Gehirn auswirken.

Bei Unterernährung über die ersten beiden Lebensjahre hinaus wird die Entwicklung des Gehirns ernsthaft beeinträchtigt. Das Gehirn ist kleiner, die Anzahl der Gliazellen (s. Orig. S. 40-41) vermindert, die Myelinierung der Fasern (s. Orig. S. 23) ist geringer und die Enzympegel reduziert.[13] Es wurde auch festgestellt, daß das Kleinhirn weitaus mehr in Mitleidenschaft gezogen wird als das übrige Gehirn, was die Reduktion der Größe betrifft (wahrscheinlich, weil das Kleinhirn sich zuletzt entwickelt. Die Entwicklung setzt erst drei Monate vor der Geburt ein und ist etwa ein Jahr nach der Geburt abgeschlossen.). Unter anderem ist das Kleinhirn für die Integration der Bewegung von Gliedmaßen verantwortlich, ein Umstand, der deutlich macht, warum eine Unterernährung in frühester Kindheit für die körperliche Koordination nachteilig ist.

Die wichtigste Auswirkung einer mangelhaften Ernährung ist die Reduktion der Anzahl von Verbindungen zwischen den Nervenzellen. Um diesen Effekt zu studieren, haben Wissenschaftler eine Gruppe neugeborener Ratten einem Muttertier unterschoben, das bereits selbst neun Rattenbabies aus eigenem Wurf zu betreuen hatte. Auf diese Weise wurde die Ration für die einzelnen Rattenkinder um einiges gekürzt. Nach dem Entwöhnen wurden sie bei gleich knapper Ration gehalten. Als man dann später die Gehirnrinde unter dem Elektronenmikroskop untersuchte, stellte sich heraus, daß die gesamte Hirnmasse um 23% zurückgegangen war und, was von besonderer Bedeutung ist, die Verbindungen zwischen den Neuronen im Schnitt um 41% reduziert waren. Die Anzahl der Verbindungen zwischen den Neuronen ist aber ausschlaggebend, und aller Wahrscheinlichkeit nach wurden alle Aspekte der nervlichen und geistigen Entwicklungen durch die mangelhafte Ernährung weitgehend geschädigt.[14]

Die Situation wird durch die schädliche Einwirkung einer armseligen Umwelt weiter kompliziert. Zwei Studien, durchgeführt an Kindern in Mexico City und an Kindern auf Jamaica, bewiesen, daß Kinder, die nicht nur unterernährt waren, sondern auch aus einer Umwelt stammten, die ihnen wenig oder gar nichts anzubieten hatte, bedeutend mehr gelitten hatten als solche, die nur einfach unterernährt waren.[15] Andererseits zeigten Kinder, die stark unterernährt waren und im Alter von etwa 18 Monaten von Familien des amerikanischen Mittelstandes adoptiert wurden, einen bemerkenswerten Erholungsgrad im Sinne physikalischer und intellektueller Entwicklung. Bei der Gesamtentwicklung des Gehirns spielen zahlreiche Faktoren eine bedeutende Rolle. In diesem Fall war die »reichere« Umwelt ausreichend, um die Unterernährung in frühester Kindheit auszugleichen.[16]

F) Anlagegeprägt oder umweltgeprägt?

Bisher lag die Betonung auf den kritischen Effekten der frühen Umwelt einschließlich jener ersten neun Monate, die von lebenswichtiger Bedeutung sind. Dennoch steht immer noch die Frage im Raum, wie weit sich geistige Fähigkeiten vererben und ob nun die *Umwelt* oder die *Anlage* für die weitere Entwicklung eines Kindes von Bedeutung ist. Hier handelt es sich um die weit verbreitete Kontroverse über die Frage, ob nun die Anlage oder die Umwelt einen Menschen prägt.

Die Verfechter der Theorie, ein Mensch sei vor allem anlagegeprägt, würden sagen, daß Mozarts musikalische Begabung weitgehend vererbt ist, weil es in den Genen bereits vorprogrammiert war. Die andere Gruppe dagegen besteht darauf, daß der junge Mozart in eine musische Familie hineingeboren wurde, von Kind auf – ja bereits im Mutterleib – in einer musischen Umgebung heranwuchs, und daß seine große musische Begabung eben diesem Umstand zu verdanken sei.

Ein dritter Faktor, der die individuellen Unterschiede bestimmt, dürfte von geringen Schwankungen der Chemikalien innerhalb der Zellen herrühren. Wenn eine gewisse chemische Substanz nur in ganz kleinen Mengen vorhanden ist und nicht dauernd synthetisiert wird, könnte es vorkommen, daß sie sich zur Zeit der Zellteilung nur ungleich auf die Tochterzellen verteilt und wahrscheinlich später zu verschiedenen Verhaltensweisen führt. Ein solcher Effekt wäre weder von der Anlage noch von der Umwelt her geprägt. Die tragende Evidenz für diesen dritten Faktor stammt von der Feststellung, daß genetisch identische Bakterien, die unter identischen Bedingungen gezüchtet werden, individuelle

Variationen in ihrer Verhaltungsweise zeigen können.[17] Möglicherweise dürften ähnliche Faktoren eine Rolle bei der Entwicklung des heranwachsenden menschlichen Embryos spielen, weil sämtliche Zellen des Körpers in einer einzigen Zelle ihren Ursprung haben.

Bei der Hauptkontroverse geht es aber immer noch um die Frage der Anlage- bzw. Umweltprägung. Ein Großteil der Forschungen auf diesem Gebiet haben sich auf das Studium von Zwillingen konzentriert. Eineiige Zwillinge zeigen dasselbe genetische Bild, während zweieiige Zwillinge verschiedene Gengruppen aufweisen.

Durch die früheren Studien wurde nahegelegt, daß die Anlage bei der Entwicklung geistiger Fähigkeiten eine tragende Rolle spielt. Nach neuesten Erkenntnissen jedoch wird der Umwelt eine weitaus größere Bedeutung zugeschrieben als bisher angenommen.

Die Frage ist aber bis heute noch nicht im entferntesten entschieden und wird wahrscheinlich die emotionelle Seite objektiver Psychologen auf den Plan rufen. Eine der wohl interessantesten Studien auf diesem Gebiet ist jene, die eine signifikante Korrelation zwischen der Verhaltensweise und den Backgrounds der Forscher und den Ergebnissen ihrer Forschung aufzeigt.[18] Forscher, die in einer ländlichen Umgebung aufgewachsen sind, neigten zu der Feststellung, daß die Differenzen angeboren sind, eine Richtung, der auch die Forscher der jüngeren Generation geneigt sind.

Erst seit den späten 60er Jahren sind die Psychologen allmählich dahintergekommen, in welchem Maße das sehr junge Gehirn seine Umwelt aufnehmen und sich ihr anpassen kann. Viele Faktoren, von denen man früher annahm, daß sie sich nur wenig oder gar nicht auf das Kleinkind auswirken, zeigen immer mehr, in welch bedeutendem Maße sie zur Entwicklung des Kindes beitragen. Angesichts dieser Erkenntnisse wird der Umwelt eine immer gewichtigere Rolle zuerkannt, was die individuellen Unterschiede betrifft, wobei sie als Primärfaktor der geistigen Entwicklung gilt.

Bild 8

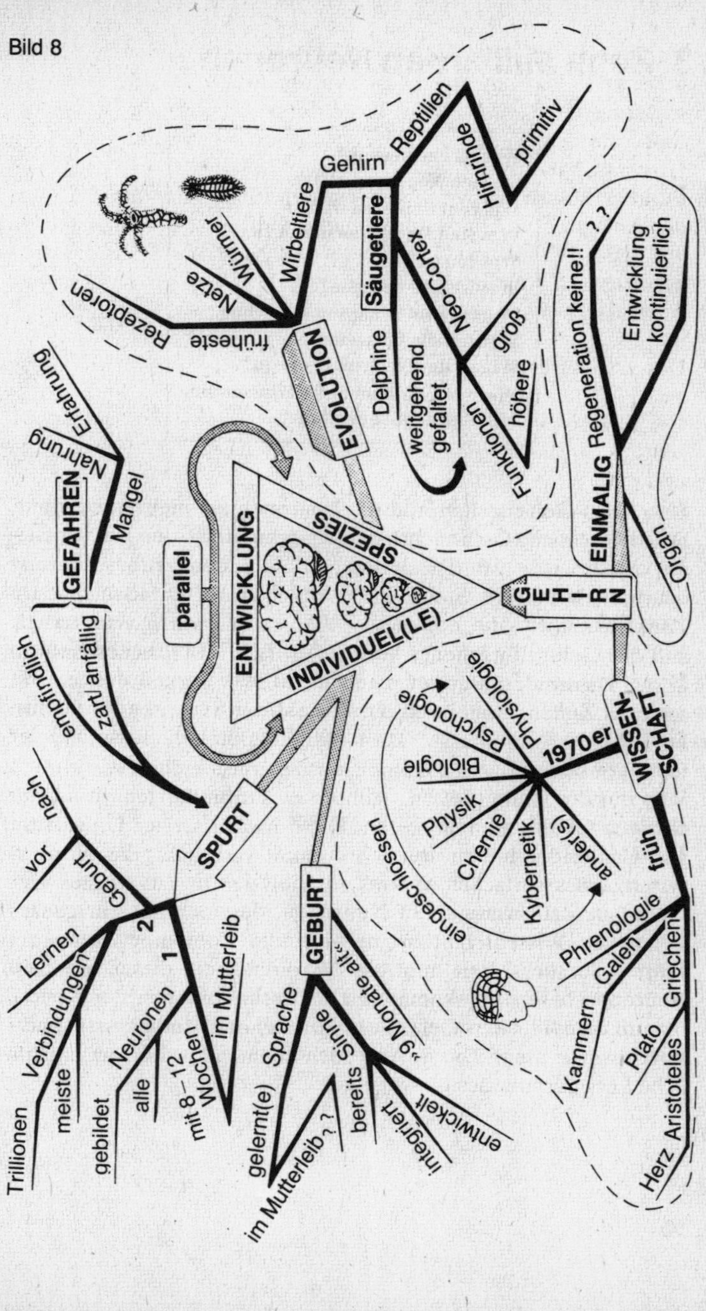

GEHIRN
ENTWICKLUNG
SPEZIES
INDIVIDUEL(LE)
parallel
EVOLUTION
früheste
Rezeptoren
Netze
Würmer
Wirbeltiere
Gehirn
Reptilien
Hirnrinde
primitiv
Säugetiere
Delphine
Neo-Cortex
weitgehend gefaltet
groß
höhere
Funktionen
EINMALIG
Regeneration keine!!
??
Entwicklung kontinuierlich
Organ
WISSEN-SCHAFT
1970er
Physiologie
Psychologie
Biologie
Physik
Chemie
Kybernetik
ander(s)
eingeschlossen
früh
Phrenologie
Galen
Kammern
Griechen
Plato
Aristoteles
Herz
GEBURT
Sprache
gelernt(e)
im Mutterleib ??
Sinne
bereits
integriert
entwickelt
„9 Monate alt"
SPURT
1
2
im Mutterleib
mit 8–12 Wochen
Neuronen
alle
gebildet
Lernen
Verbindungen
meiste
Trillionen
Geburt
vor
nach
GEFAHREN
empfindlich
zart/anfällig
Mangel
Nahrung
Erfahrung

3. Zehn Milliarden Neuronen

Was ist ein Neuron?
Sterben Neuronen ab?
Wie funktionieren sie?
Was sind Dendriten und Axone?
Was tun sie?
Was ist eine Synapse?
Warum sind Synapsen so wichtig?
Was tun die Gliazellen?
Wie ist das Gehirn aufgebaut?
Was versteht man unter Hirnstamm, Mittelhirn und Hirnrinde?

Unter den Gehirnzellen sind die Neuronen am meisten bekannt. Das menschliche Gehirn enthält etwa zehn Milliarden Neuronen – das entspricht etwa der dreifachen Zahl der Erdbevölkerung oder der Anzahl der Sterne in der Milchstraße. Diese ungeheure Zahl legt sofort nahe, daß diese Zellen an sich winzig sind, ferner, daß das Gehirn ungeheuer kompliziert ist. Ein typisches Neuron in der Hirnrinde unterhält mehr als 10.000 Verknüpfungen mit anderen Zellen, wobei sich die Anzahl der Synapsen im Gehirn auf etwa 10 Trillionen – 10.000.000.000.000 beläuft, so daß der Geist vor seiner eigenen Kompliziertheit zurückschrecken muß.

Wir dürfen kaum hoffen, sämtliche Verbindungen in einem einzigen Gehirn zu analysieren. Die Forscher an der Universität von Cambridge haben drei Jahre damit verbracht, das Nervensystem eines einfachen Wurms zu analysieren. Ein solches Geschöpf besitzt zwar nur 23 Neuronen, dennoch hat ein ganzes Team von Wissenschaftlern nebst einem Computersystem drei Jahre gebraucht, nur um die Verbindungen dieser wenigen Neuronen herauszubekommen. Die Verknüpfungen der Neuronen im menschlichen Gehirn mit Hilfe dieser Methode zu analysieren würde mehr Zeit in Anspruch nehmen als die voraussichtliche Lebensdauer des Universums.

A) Sterben Neuronen ab?

Neuronen sind fast jeder anderen Zellenart unähnlich, die sich im menschlichen Körper findet, indem sie sich gewöhnlich nicht selbst vermehren. In jedem anderen Organ des Körpers findet ein ständiger Austausch von Zellen statt, wobei einige Zellen alle paar Stunden, andere alle paar Wochen und wieder andere alle paar Jahre erneuert werden. Doch die Neuronen, mit denen man geboren wird, oder vielmehr die Neuronen, die der Mensch drei Monate nach der Empfängnis besitzt, sind dieselben wie bei einem Achtzigjährigen.

Es heißt, daß Neuronen, obwohl sie sich gewöhnlich nicht regenerieren, dennoch ständig absterben, und zwar bei einer Rate von etwa 1000 Neuronen pro Tag. Dennoch gibt es kaum einen Nachweis dafür, diese Annahme zu erhärten. Während der letzten 100 Jahre wurden insgesamt nur 20 Studien über den Schwund von Neuronen mit zunehmendem Alter durchgeführt, wobei 10 Studien am Menschen und 10 mit Tieren durchgeführt wurden. Im allgemeinen sind diese Studien alles andere als konklusiv: Die Hälfte der Studien, die am Menschen durchgeführt wurden, zeigt einen Schwund von Neuronen mit zunehmendem Alter, die restlichen ergaben das Gegenteil. Selbst jene Studien aber, die einen Schwund aufweisen, sind mit Vorsicht zu genießen. Die beiden wichtigsten Studien wurden 1919 und 1928 durchgeführt, wobei das untersuchte Hirngewebe einigen Museumsmustern entnommen wurde.[1] Obendrein waren diese Proben nicht repräsentativ – zwei der Patienten waren im Krankenhaus in geistiger Umnachtung gestorben. Aus dieser sehr begrenzten Studie kann man keinen Schluß auf die ganze menschliche Rasse ziehen. Was die Tierversuche betrifft, so waren die Tiere, bei denen ein Schwund von Neuronen festgestellt wurde, allein und isoliert. Wenn die Tiere in der Gemeinschaft lebten und ein normales Stimulationsniveau erfuhren, ließ sich kein Schwund feststellen.[2]

Selbst wenn die Neuronen in der Größenordnung von angenommen mehreren tausend pro Tag absterben, hätte ein Achtzigjähriger einen Verlust von 1000 x 365 x 80 Neuronen zu verzeichnen, das sind lediglich etwa 29,2 Millionen. Ich sage »lediglich«, weil die Gesamtzahl der Neuronen etwa 10 Milliarden beträgt, das wäre also ein Verlust von knapp 1%. Da im Nervensystem eine enorme Redundanz vorhanden ist, wäre es unwahrscheinlich, daß sich ein solch geringer Verlust irgendwie auf die Funktionen des Geistes auswirken könnte. Weil aber die Anzahl der Verknüpfungen zwischen den Neuronen während des ganzen Lebens zunimmt, ist eher mit der Zunahme als mit einer Abnahme der geistigen Fähigkeiten zu rechnen, und wie wir in Kapitel 5 sehen werden, gibt es immer mehr Beweise dafür, daß diese Annahme richtig ist.

B) Axone und Dendriten

Das typische Neuron besteht aus einem zentralen Zellkörper von wenigen Tausendstel Millimeter Durchmesser. Seine Hauptfaser, Axon genannt, gewöhnlich eine der längsten, dient als Informationsträger für ausgehende Informationen vom Zellkörper zu den anderen Neuronen. Normalerweise ist ein Axon pro Neuron vorhanden, das sich in der Länge teilen und Abzweigungen bilden kann, die in verschiedene Richtungen abgehen. Ein Axon ist fast auf seiner ganzen Länge von einer dünnen, fettigen Myelinschicht umgeben, die sowohl als Isoliermaterial als auch zur schnellen Übertragung elektrischer Impulse dient. Auf das Ende

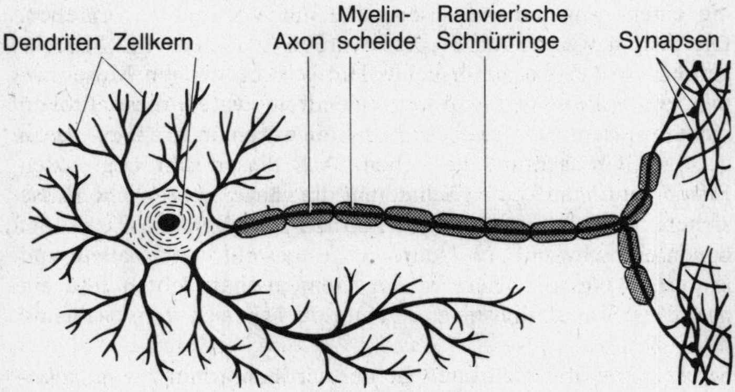

Bild 9: Vereinfachtes Diagramm eines typischen Neutrons. Elektrische Ladungen werden von anderen Zellen kommend von den Dendriten empfangen. Ihre Gesamtwirkung auf den Zellkern bestimmt die Geschwindigkeit, mit der Impulse über das Axon ausgesandt und auf die Dendriten anderer Zellen in den Synapsen übertragen werden.

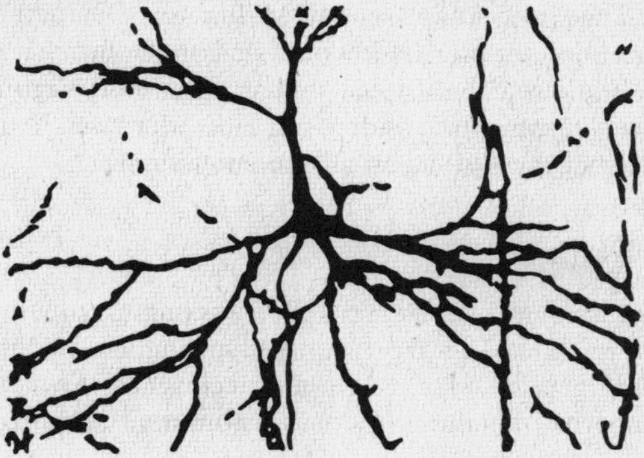

Bild 10: Foto eines Neurons von der Hirnrinde (1000fach vergrößert). Die dünne vom Zellkörper in der Mitte nach unten verlaufende Linie ist das Axon. Die Tausende kleiner knotiger Höcker auf den Dendriten sind die Dendritegrate, wo die Verbindungen geknüpft werden.

zu verjüngt sich das Axon und verzweigt sich in ein dünnes Faserwerk, das dann bei anderen Neuronen endet, wobei es sowohl am Zellkörper eines anderen Neurons enden als auch eine Verbindung zu einem weiteren Fasertyp herstellen kann, der als Dendrit bezeichnet wird. (Das griechische Wort *dendron* bedeutet »Baum«, und die Dendriten eines Neurons werden wegen ihrer baumähnlichen Gestalt so bezeichnet – wobei Hunderte aus einer einzigen Zelle ausgehen können und sich in zahlreiche feine federähnliche Fasern verzweigen.)

Während die Axone Impulse von der Zelle übertragen, stellen die Dendriten den rezeptiven Teil des Neurons dar, obwohl bei der Gehirnstruktur ein solcher Unterschied nicht einwandfrei festgestellt werden kann. Die meisten Dendriten sind mit tausenden, ja millionen Beulen, sog. Dendritegraten besetzt. Diese Punkte sind es, wo die Verbindungen zum Axon manchmal auch zu den Dendriten anderer Zellen hergestellt werden. Die Gesamtlänge der Dendriten im menschlichen Gehirn kann bis zu ca. 150.000 km betragen.

Die Neuronen sind von einem Teil des Gehirns zum anderen sehr verschieden. Einige besitzen Hunderte von Dendriten, wieder andere verfügen nur über eine geringe Anzahl. Bei einigen beträgt die Faserlänge nur knapp einen Millimeter, bei den anderen mehrere Zentimeter bis Meter wobei sie vom Gehirn bis zur Basis der Wirbelsäule reichen. Einige stellen zigtausend Verbindungen zu anderen Neuronen her, andere nur eine oder zwei. Trotz dieser Vielfalt ist aber ihr Aufbau im allgemeinen identisch.

C) Die Synapse

Der Punkt, an dem zwei Nervenzellen zusammenstoßen, wird als *Synapse* bezeichnet. Das Wort wurde ursprünglich von Sir Charles Sherrington geprägt, der es vom griechischen *Synapto* (etwa »festklammern«) ableitete. Genau genommen darf man jedoch

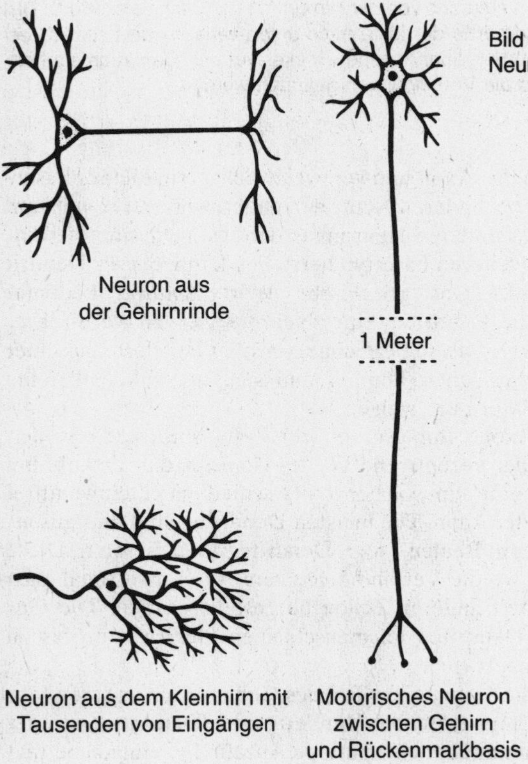

Bild 11: Einige Neuronenarten

nicht von einem Zusammentreffen zweier Nervenzellen sprechen, schon gar nicht von »festklammern«, weil im allgemeinen zwischen den beiden Seiten ein winziger Spalt von etwa einem fünftausendstel Millimeter vorhanden ist. Zwar handelt es sich nur um einen mikroskopischen Spalt – weitaus kleiner als die Dicke eines Buchstabens auf dieser Seite – dennoch stellt dieser Spalt einen der wichtigsten Punkte im Nervensystem dar. Die Synapsen entscheiden nämlich, ob ein Impuls von einer Zelle zur anderen übertragen wird. Demzufolge sind sie die essentiellen Modulatoren der Gehirntätigkeit und dürften beim Verkoden des Gedächtnisses eine bedeutende Rolle spielen.

Gewöhnlich treten Synapsen an der Verbindungsstelle zwischen Axonen und Dendriten auf, doch hat man im Gehirn auch schon andere Arten von Synapsen festgestellt. Axone können direkt mit anderen Axonen oder mit der Zelle an sich synaptische Verbindungen eingehen. Man hat auch schon Synapsen entdeckt, wo zwischen den beiden Zellen kein Spalt vorhanden ist. In diesem Fall dürfte zwischen den Neuronen eine direkte elektrische Übertragung stattfinden. Es gibt aber auch Verbindungen, bei denen überhaupt keine Synapsen vorhanden sind. Solche Verbindungen werden als ephatische Verbindungen bezeichnet und treten an jenen Stellen auf, wo sich sehr feine Dendriten ohne

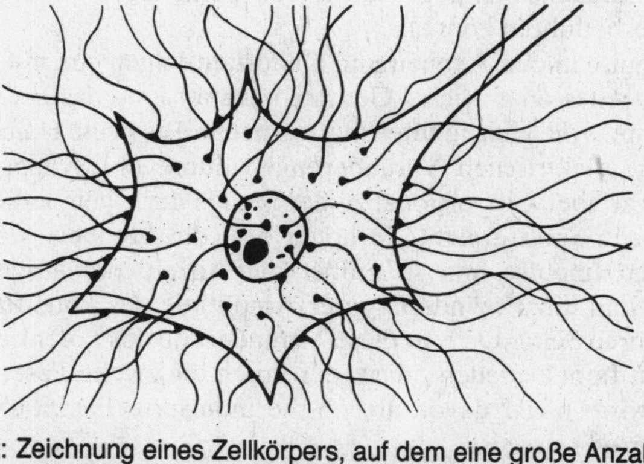

Bild 12: Zeichnung eines Zellkörpers, auf dem eine große Anzahl Axone von anderen Zellen endet. Man beachte die Kleinheit des synaptischen Knotens im Vergleich zum Zellkörper – der Durchmesser der Zelle selbst beträgt nur wenige Hundertstelmillimeter.

Myelinschicht miteinander verbinden oder verfilzen. Auch in diesem Fall erfolgt die Übertragung direkt.
Die Enden der Axonen werden, was ihren Durchmesser betrifft, immer dünner, wenn sie sich in Richtung anderer Zellen verzweigen. Folglich werden auch die Nervenimpulse verlangsamt und ihre Amplitude in Richtung Synapse bedeutend reduziert. Das heißt, daß die elektrische Aktivität einer gewissen Zelle nicht mehr ausreicht, um die gleiche Aktivität in der nächsten Zelle anzuregen. Dafür werden verschiedene Chemikalien freigesetzt, die sich über den synaptischen Spalt in die nächste Zelle ergießen.
Bevor der Impuls ankommt, werden diese Chemikalien in winzigen Gefäßen am synaptischen Ende der ersten Zelle aufbewahrt, wobei es mehrere hundert Zellen gibt, die auf Abruf warten. Sobald der Impuls ankommt, werden einige dieser Gefäße aufgerissen wobei ihr Inhalt in den Spalt entleert wird. Eine dieser Chemikalien, die man als Transmittersubstanz bezeichnet, fließt durch den Spalt und bewirkt eine Entpolarisierung der nächsten Zellmembran. Sobald diese Membran ausreichend entpolarisiert ist, wird ein neuer Impuls ausgelöst, der dann durch die zweite Faser zu fließen beginnt. Interessant dürfte hier sein, daß es sich bei dieser Transmission um einen Einweg-Prozeß handelt. Die Gefäße, welche die Transmittersubstanz enthalten, sind an der Synapse nur axonseitig vorhanden, wobei elektrische Veränderungen, die im Dendritenhügel stattfinden, keinerlei Änderungen im Axon herbeiführen können.
Die Impulse in den Axonen und Dendriten folgen einem Gesetz, das als »Alles-oder-Nichts-Gesetz« bekannt ist – das heißt, daß jeder Impuls die gleiche Intensität besitzt und es keine Halbheiten gibt. Die elektrischen Veränderungen durch die Synapse sind jedoch variabel, proportional zu der Menge der Chemikalien, die sich in den Spalt ergießt. Je höher also die Frequenz der eingehenden Impulse, um so größer die Anzahl der ausgelösten Gefäße und die Veränderung der Amplitude des Potentials auf der anderen Seite. Ob nun diese Veränderung des Potentials sich in einem Impuls niederschlägt, der durch die zweite Faser übertragen wird, hängt davon ab, ob die induzierte Potentialveränderung groß genug ist.
Neuere Untersuchungen der Synapse unter dem Elektronenmikroskop haben ergeben, daß die Oberfläche nicht eine einfache Membran, sondern ein regelmäßiges Gitterwerk ist. Die Kreu-

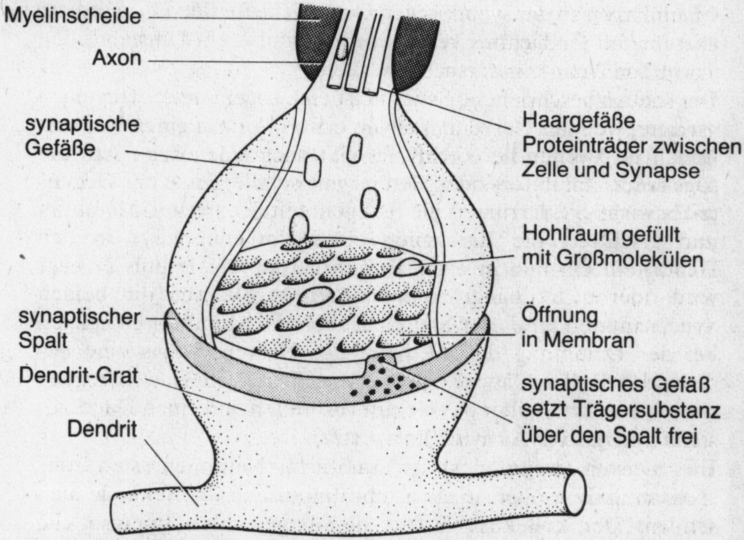

Bild 13: Vereinfachtes Diagramm der feinen Synapsenstruktur. Die Gefäße ruhen in einem Hohlraum an der synaptischen Membran, und bei der Ankunft des Impulses das Axon hinunter ergießen sie ihren Inhalt in den synaptischen Spalt. Die Menge der Transmittersubstanz, welche die zweite Membran empfängt, entscheidet darüber, ob der Impuls in den Dendriten des zweiten Neurons weitergeleitet wird.

zungspunkte des Gitters bilden kleine Hügel, dazwischen liegen Hohlräume von etwa 1/20 Mikron Durchmesser (1 Mikron gleich 1/1000 Millimeter).[3] Dies entspricht genau der Größe der Gefäße, die die Transmittersubstanz enthalten, und man nimmt an, daß dieses Gefäß seinen Inhalt nur dann in den Spalt entleeren kann, wenn es fest in diesen Hohlräumen sitzt. Eine typische Synapse enthält etwa 150 Hohlräume, doch viele können bereits mit Großmolekülen gefüllt und daher für die Gefäße unzugänglich sein. Demnach hängt die Anzahl der Gefäße, die zur Verfügung stehen, wenn ein Impuls ankommt und daher die Wahrscheinlichkeit, daß der Impuls durch den Spalt weitergeleitet wird, von der sehr feinen Molekularstruktur dieses Gitters ab, das seinerseits durch die chemischen Veränderungen im Neuron gesteuert wird. Man nimmt an, daß einige solche geringfügige Veränderungen der

Chemikalien an der synaptischen Oberfläche für den Lernvorgang und für das Gedächtnis verantwortlich sind – ein Umstand, den wir in Teil 2 näher untersuchen wollen.

Die soeben beschriebene Synapse ist eine sogenannte Erregungssynapse, weil der Nervenimpuls im ersten Neuron einen Nervenimpuls im zweiten hervorruft. Es gibt noch eine zweite Art, die sogenannte Inhibitor- oder Hemmsynapse, die genau das Gegenteil bewirkt. Sie verringert die Erregbarkeit der zweiten Membran und erschwert die Erzeugung eines Nervenimpulses in den Dendriten. Ob nun in einer Dendritleitung ein Impuls erzeugt wird oder nicht, hängt vom Nettoeffekt ab, den die beiden Synapsenarten an dieser Stelle ausüben. Die Inhibitoren spielen bei der Dämpfung der Aktivität des Nervensystems eine bedeutende Rolle. Gäbe es sie nicht, würde sich eine Erregung wie ein Lauffeuer über das Gehirn verbreiten und einen Dauerzustand konvulsiver Aktivität hervorrufen.

Die meisten, wenn nicht gar sämtliche Neuronen, sind stets spontan aktiv, wobei sie etwa zehn Impulse in der Sekunde aussenden. Der kollektive Effekt der eingehenden Impulse von Tausenden, in manchen Fällen von einer Viertelmillion Synapsen ist also nicht ausschlaggebend dafür, ob die Zelle erregt wird, vielmehr wird dadurch die pausenlose Aktivität entsprechend moduliert. In jeder Sekunde schießen also Hunderte Milliarden von Impulsen durch das Gehirn und erzeugen unvorstellbar komplizierte Wellen einer schimmernden Aktivität, »als würde die Milchstraße eine Art kosmisches Ballett aufführen.«

D) Gliazellen

Nach allem, was bisher aufgeführt wurde, könnte man erwarten, daß das Gehirn mit 10 Milliarden Neuronen und all ihren Fasern bis zum Überlaufen vollgepackt ist. Es gibt aber auch noch Milliarden anderer Zellen, die als Gliazellen bezeichnet werden. In der Tat dürften schätzungsweise 100 Milliarden Gliazellen im menschlichen Gehirn vorhanden sein – d.h. etwa zehnmal soviel Gliazellen als Neuronen. Im Gegensatz zu den Neuronen besitzen die Gliazellen weder Axonen noch Dendriten, ihre Form ist eher rundlich. Die Glia liegen zwischen den Neuronen eingebettet und überziehen alle ihre Körper, Axone und Dendriten. Der einzige Teil eines Neurons, der freiliegt, ist der Spalt an der Synapse. In

der Tat, *glia* ist das griechische Wort für »Kleber«, und die Glia sind es, die das Gehirn zusammenkitten.
Anscheinend sind Gliazellen an fast sämtlichen Aspekten der neuronalen Aktivität beteiligt. Sie sorgen für die Ernährung der Neuronen und bilden die Nahtstelle zwischen Blutgefäßen und Neuronen. Sie agieren als Räumkommandos, indem sie Abfallprodukte beseitigen, insbesondere die Transmittersubstanzen und sonstigen Chemikalien, die in die synaptischen Spalten zwischen den Neuronen entleert werden. Sie dienen als Isolatoren zwischen den Neuronen, wobei sie sowohl als chemische als auch als elektrische Isolatoren dienen und bilden die Quelle für den Myelinüberzug, der sämtliche längeren Fasern umhüllt. Im Gegensatz zu den Neuronen kann sich die Glia durch Teilung vermehren. Das ist wichtig, weil durch die Teilung nicht nur die Population der Glia erhalten bleibt, sondern weil sich an der Stelle, wo die Zellteilung stattfindet, den Axonen die Möglichkeit geboten wird, durchzustoßen und Verbindungen zu anderen Zellen herzustellen. Also kann die Teilung der Gliazellen ein Teil des Lernvorganges sein.
Glia sind auch elektrisch sensitiv, und es liegt nahe, daß sie wie Flüssigkristalle in Resonanz mit den sie umgebenden elektrischen Feldern agieren. Das heißt demnach, daß sie die Eigenschaften von Halbleitern besitzen. In diesem Fall könnten sie geringfügige elektrische Veränderungen im Nervensystem aufspüren und diese viele tausendmal verstärken, und zwar auf gleiche Weise, wie ein Transistor schwache Signale in einem elektronischen Schaltkreis verstärkt.[4] Man stelle sich einmal 100 Milliarden Transistoren in seinem Kopf vor!

E) Axon-Transport

Daraus ist zu ersehen, daß die Neuronen außer der einfachen Übertragung elektrischer Impulse zahlreiche weitere Funktionen ausüben. Im Jahr 1963 wurde beobachtet, daß dort, wo ein Axon aus irgendwelchen Gründen beengt war, eine Schwellung zellseitig auftrat, als ob das »Transportgut«, das durch das Axon hinabfloß, irgendwie gestaut würde. Sechs Jahre und 100.000 Fasern später wurde die Hypothese bestätigt.[5] Unter Verwendung kinematografischer Techniken wurde beobachtet, daß sich der ganze Inhalt des Axons auf die Spitze zubewegte. Unter den Partikeln, die durchs Axon strömten, befanden sich Mitochondrien, die gewöhnlich als »Kraftwerke« der lebenden Zelle und Gefäße bezeichnet werden und die Proteine, Enzyme und die Transmittersubstanzen enthalten, die in den synaptischen Spalt entleert werden. Es sieht fast so aus, als würden die Stoffe, die an der Synapse Verwendung finden, im Zellkörper hergestellt und dann über das Axon zur Synapse befördert.

Andere Versuche, wobei winzige Mengen einer speziellen Aminosäure, die Silbermoleküle enthalten, eingespritzt werden und die nach dem Festwerden unter dem Elektronenmikroskop sichtbar werden, haben den Neurologen dazu verholfen, die Transportgeschwindigkeit genauer zu messen. Die meisten Stoffe scheinen sich mit einer Geschwindigkeit von einigen Millimetern pro Tag fortzubewegen. Zunächst mag dies sehr langsam vorkommen, doch wenn man sich das winzige Format einer Zelle vorstellt, handelt es sich um eine relativ schnelle Bewegung. Was die Mitochondrien betrifft, so sind es etwa 1.000 pro Tag, die durch das Axon hinabfließen, und wenn man die übrigen Partikel und Gefäße berücksichtigt, stellt sich heraus, daß die Gesamtmenge der Stoffe, die pro Tag befördert wird, das dreifache Volumen der Zelle ausmacht. Daher muß jedes einzelne Neuron das Dreifache seines Eigengewichts pro Tag produzieren! Außerdem, da das Axon nicht weiterwächst, müssen die Stoffe, die entlang des Axons transportiert werden, von der Synapse auf irgendeine Weise verbraucht werden.

Nun ist dieser Hauptstrom zwar schnell genug, aber es wurde festgestellt, daß einige Proteine viel rascher durch das Axon befördert werden, und zwar mit einer Geschwindigkeit von ungefähr 2,8 Meter pro Tag. Das heißt, daß die Proteine, die in der Zelle erzeugt werden, die Synapse innerhalb ein oder zwei Stunden, oder wenn das Axon sehr kurz ist, innerhalb von Minuten, erreichen. Dieser Umstand ist für das Gedächtnis von größter Wichtigkeit, da durch diesen Vorgang ein Mechanismus bereitgestellt wird, mit dessen Hilfe die Zelle die Synapsen am Ende ihrer Axone modifizieren kann.[6] Proteine, die bei ihrem Eintreffen leere Räume im synaptischen Gitter füllen, wirken sich unmittelbar auf die Menge der Transmittersubstanz aus, die sich durch den Spalt ergießen kann, gleichzeitig also auch auf die Transmissionseigenschaften der Nahtstelle.

F) Gehirnfelder

Nun haben wir die feine Struktur des Gehirns, die Neuronen und einige der schier unglaublichen Prozesse, die unter ihnen stattfinden, einer kurzen Betrachtung unterzogen und wollen uns nun ein allgemeines Bild über die Organisation des Gehirns machen. Die Neuroanatomie ist eins der kompliziertesten biologischen Wissensgebiete; denn es gibt Tausende und Abertausende verschiedener Gruppen von Nervenzellen, die jeweils verschiedene spezifische Funktionen durchführen. Für unsere Zwecke dürfte es aber reichen, wenn wir das Gehirn in einige grundlegende charakteristische Felder einteilen und diese betrachten.

Rückenmark: Der älteste Teil des Gehirns ist das Rückenmark, das sich vom Genick aus durch die Wirbelsäule bis zum Rückenende erstreckt. Wie bereits festgestellt, bildet das Rückenmark zunächst eine Röhre, ein Umstand, der auch noch beim Erwachsenen deutlich zu erkennen ist. Entlang des Rückenmarks verläuft ein Hohlraum, der mit der zerebrospinalen Flüssigkeit gefüllt ist. Das Rückenmark erfüllt zwei Hauptfunktionen: Es sorgt für einfache Reflexe, wie etwa für den Kniereflex, und funktioniert als Kommunikationskanal zwischen Kopf und dem übrigen Körper. Die Körpersteuerung erfolgt über das Rückenmark, das auch alle Wahrnehmungen des Körpers zum Gehirn leitet, bis auf diejenigen, die den Kopf selbst betreffen und durch den Hirnstamm ein- und ausgehen.

Hirnstamm: Der Hirnstamm sitzt auf dem Rückenmark auf. Er hat auch die tubuläre Struktur des Rückenmarks und kann bis zu einem gewissen Grad als dessen Verlängerung angesehen werden. Der Hirnstamm birgt ein verzweigtes Nervennetz etwa von der Größe unseres kleinen Fingers, das als Retikulärformation bezeichnet wird. Dort gehen Nerven aus allen Gehirnfeldern ein und Nerven in jede Richtung wieder hinaus. Die Retikulärformation spielt eine bedeutende Rolle beim Wachbleiben, und sobald sie vom Rest des Gehirns isoliert wird, verfällt der Organismus in einen Dauerschlaf. Hier werden auch die Informationen überwacht und gefiltert, die über die Sinnesorgane eingehen. Befindet man sich beispielsweise in einem Raum, in dem eine Uhr steht, die leise vor sich hintickt, gewöhnt man sich schnell an dieses Geräusch, so daß man es nach kurzer Zeit schon gar nicht mehr hört. Das Geräusch wird aber vom Gehirn weiter verfolgt, und wird die Uhr plötzlich abgestellt, oder verändert sich ihre Laufgeschwindigkeit oder ihre Lautstärke, so wird eine solche Veränderung sofort bemerkt, und sofort Alarm geschlagen.

Kleinhirn: Das Kleinhirn ist an den Hirnstamm angeschlossen, und seine Struktur erinnert an die Hirnrinde, was die neuronale Struktur betrifft, obwohl es bedeutend älter ist als dieses. Zwar spielt es bei einer Vielfalt von verschiedenen Funktionen mit, doch hat es vor allem etwas mit der Koordination der Bewegungen zu tun.

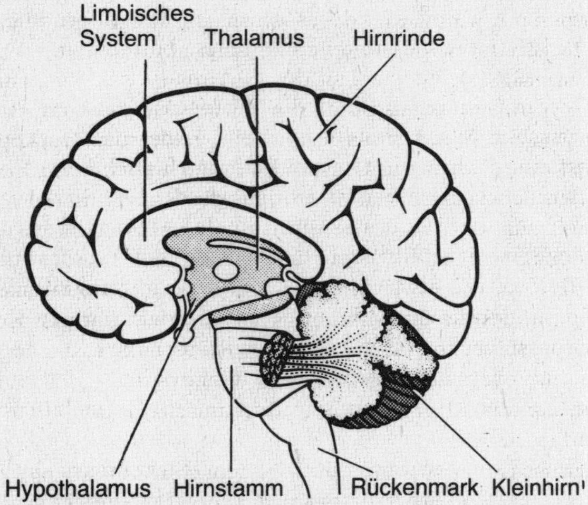

Bild 14: Gehirnfelder – Hauptregionen des Gehirns

Zwischenhirn: Oben auf dem Hirnstamm befindet sich der Thalamus, ein breites Feld von Kernen, die teilweise Informationen von den Sinnesorganen zur Hirnrinde übertragen, teilweise für die Übertragung von Informationen von einem Feld der Hirnrinde zum anderen sorgen, teilweise aber auch Wechselbeziehungen zwischen der Retikulärformation und dem limbischen System unterhalten. Bei dem limbischen System handelt es sich um eine Gruppe von Strukturen im Mittelpunkt des Gehirns, die bei der Emotion und Motivation eine wichtige Rolle spielen.

Unmittelbar unterhalb des Thalamus sitzt der Hypothalamus,

eine nur erbsengroße Struktur, dennoch ein kritischer und bedeutender Teil des Gehirns. Dieses kleine Organ ist weitgehend für die Aufrechterhaltung der Homöostase verantwortlich, die sicherstellt, daß all die verschiedenen Parameter der Körperfunktion im Gleichgewicht sind und optimal arbeiten. Der Hypothalamus überwacht laufend das Blut. Ist zu viel oder zu wenig Kohlendioxyd vorhanden, wird die Atmung entsprechend beschleunigt oder verlangsamt. Bei zu niedrigem Blutzuckerspiegel erzeugt er ein Hungergefühl; ist die Körpertemperatur zu hoch oder zu niedrig, beginnt der Mensch zu frösteln oder zu schwitzen. Ist das Blut zu salzhaltig, wird ein Durstgefühl erzeugt. Auch spielt dieses Organ bei der Steuerung des Schlafes, des Sexualverhaltens und der Emotionen eine bedeutende Rolle.

Hirnrinde: Das ganze Mittelhirn wird von der Hirnrinde (Neocortex, Cortex) bedeckt, wie dieser Teil des Gehirns allgemein bezeichnet wird. Obwohl sie nur ein Viertel des gesamten Gehirnvolumens ausmacht, enthält die Hirnrinde 75% der 10 Milliarden Neuronen. Sie wird auch als graue Substanz bezeichnet, da ihr die Dichte der Blutzellen eine graue Farbe verleiht. Das übrige Gehirn enthält bedeutend mehr von einem Hirnfeld zum anderen gehende myelinumhüllte Fasern, wodurch diese Teile eher weißlich gefärbt sind.

Einige Felder der Hirnrinde spielen spezielle Rollen bei der sensorischen Aktivität. Der Rückenteil der Hirnrinde zum Beispiel ist der Verarbeitung visueller Informationen gewidmet, ein kleines Feld an der Seite der akustischen Information, und ein Streifen, der sich von oben aus der Mitte der Hirnrinde nach beiden Seiten abwärts erstreckt, dient dem Tastsinn und gleichzeitig der Muskelsteuerung. Bei großen Teilen der Hirnrinde scheint es, als würden sie keine spezifischen Funktionen ausüben, eher sieht es danach aus, als würden sie für die Integration von Informationen der verschiedenen Sinnesorgane verantwortlich sein, d.h. mit dem Aufbau einer allgemeinen »Weltanschauung«. Diese Felder werden als Assoziationsfelder bezeichnet.

Als Beispiel dafür, wie die einzelnen Gehirnfelder zusammenarbeiten, wollen wir einmal kurz betrachten, wie ein optisches Signal analysiert wird. Die vom Auge eingehenden Informationen gelangen zunächst zum lateralen Geniculatkörper, eine kleine Zellengruppe im Thalamus, und von dort aus zur visuellen Gehirnrinde, wobei einige Informationen auch zur Retikulärformation gesandt werden. Der optische Teil der Hirnrinde beginnt mit der Analyse des Signals, wobei zunächst Linien und Umrisse spezifischer Orientierung aus der Information entnommen werden. Dann folgen Linien, die sich bei einer bestimmten Geschwindigkeit bewegen, wobei jede Zelle auf verschiedene Kombinationen von Länge, Winkel und Geschwindigkeit ansprechen. Auf der nächsten Stufe werden dann diese Einheiten summiert, um Winkel und Ecken zu erzeugen, die sich mit spezifischer Geschwindigkeit bewegen. Diese Information wird dann zu jenen Feldern weiterbefördert, die als visuelle Assoziationsfelder bezeichnet werden, wo wahrscheinlich eine weitere Analyse stattfindet, und wahrscheinlich ist es diese Stufe, wo wir die Umrisse einer Hand als »Hand« erkennen – wobei Experimente mit Affen Zellen zum Vorschein gebracht haben, die im optischen Feld genau auf diese Form reagieren. Diese Information wird dann weiter auf die Assoziationsfelder übertragen, wo sie mit weiteren Informationen integriert wird, die vom Hören, Tasten, Riechen, Schmecken und aus dem Gedächtnis stammen.

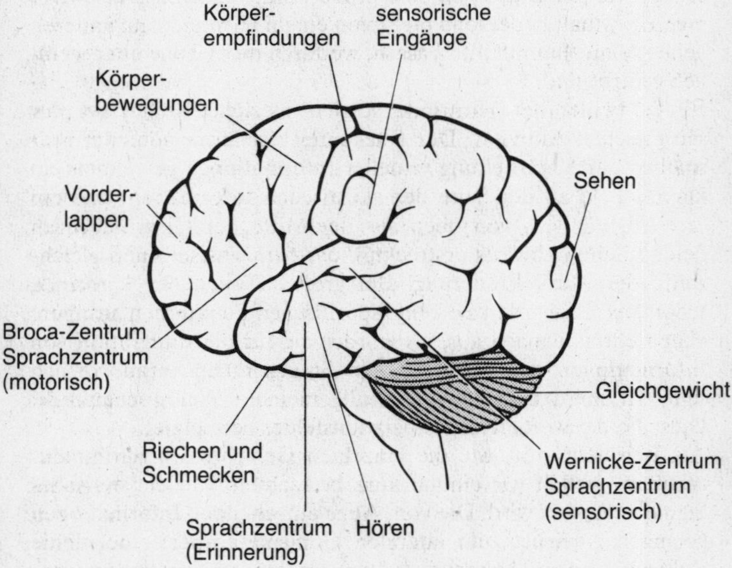

Bild 15: Felder der Hirnrinde

Eine der erstaunlichsten Tatsachen, die die menschliche Hirnrinde betreffen, folgt aus der Beobachtung jener Großfelder, die im allgemeinen als Vorderlappen bezeichnet werden. Man hat versucht, diesen Feldern jede nur denkbare Funktion zuzuweisen – besonders höhere Funktionen, wie etwa Emotionen, Intelligenz, Gedächtnis, ja sogar den Willen als solchen. Trotz aller Aufmerksamkeit aber, die diesen Feldern gewidmet wird, ist über deren Funktion bis heute so gut wie nichts bekannt.
In den 40er und 50er Jahren wurde die Frontallobotomie (d.h. das Kappen der Fasern, die zum Vorderlappen des Gehirns führen) eingesetzt, um die geistigen Fähigkeiten psychisch Kranker zu restaurieren, ohne bleibende Schäden für die intellektuelle Fähigkeit, der Problemlösung, der Kreativität usw. Der einzig konsistente Effekt, der zu erzielen war, bestand in der Herabsetzung der Reaktionen auf chronische Schmerzzustände. Die Patienten berichteten, daß sie zwar immer noch Schmerzen spürten, daß sie aber durch diese Schmerzen nicht weiter beeinträchtigt würden. Aus diesem Grunde wird eine solche Operation immer noch angewandt, um unstillbare Schmerzen im Endstadium von Krebserkrankungen zu stillen.
Selbst wenn die Vorderlappen immer noch einige Rätsel aufgeben, darf man ihren Wert keineswegs unterschätzen. In diesem Zusammenhang soll daran erinnert werden, daß noch vor ein paar Jahrhunderten dem Gehirn keinerlei Bedeutung zugemessen wurde, sofern es sich um Denkprozesse handelte.
Hirnhaut: Das Gehirn wird von einer Reihe Membranen bedeckt, die als Hirnhaut bezeichnet werden. Die äußeren Schichten haben eine protektive Funktion zu erfüllen, während die anderen über eine Profusion von Arterien und Venen verfügen, die das Blut zum Gehirn tragen. Im Gehirn findet die meiste Umsetzung von Chemikalien im Vergleich zum ganzen Körper statt. Die Neuronen sind stets damit beschäftigt, Proteine zu synthetisieren, und je höher die geistige Aktivität einer Person, um so schneller geht die Synthese vor sich. Dies alles braucht Energie, und das Gehirn verfügt über die reichhaltigste Blutversorgung aller Körperorgane. Es gibt buchstäblich Millionen kleiner Blutgefäße im Gehirn, die die Zellen mit Nahrung und Sauerstoff versorgen, wobei das Gehirn, das nur 3% des Körpergewichts ausmacht, allein 25% der Sauerstoffzufuhr verbraucht.
Das menschliche Gehirn ist ein hochkompliziertes, verknüpftes

Netz aus Milliarden von Neuronen. Millionen Fasern verbinden die einzelnen verschiedenen Regionen mit anderen Regionen, und der vereinfachte Aufbau, der hier im Bild geboten wird, kann der Wirklichkeit in der Endanalyse nicht gerecht werden. Die meisten der verschiedenen Felder sind womöglich an fast allen Vorgängen im Gehirn beteiligt, wobei das Ganze ein dynamisch-neurologisches Gleichgewicht bildet, von dem die Wissenschaft gegenwärtig nicht den leisesten Schimmer hat.

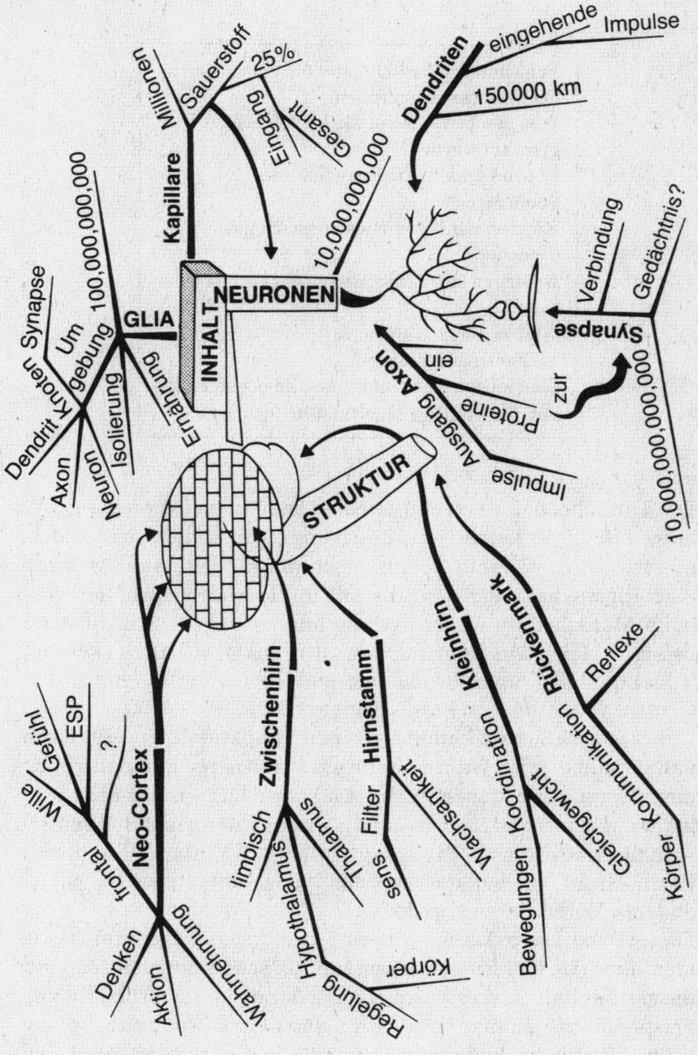

NEURONEN
INHALT
STRUKTUR
Kapillare
Millionen
Sauerstoff
25%
Eingang
Gesamt
10,000,000,000
Dendriten
eingehende
Impulse
150 000 km
GLIA
100,000,000,000
Synapse
Um
gebung
Knoten
Dendrit
Axon
Neuron
Isolierung
Ernährung
Synapse
Verbindung
Gedächtnis?
10,000,000,000,000,000
Axon
ein
Proteine
zur
Ausgang
Impulse
Neo-Cortex
Wille
Gefühl
ESP
?
frontal
Denken
Aktion
Wahrnehmung
Zwischenhirn
limbisch
Thalamus
Hypothalamus
Regelung
Körper
Hirnstamm
Filter
sens.
Wachsamkeit
Kleinhirn
Koordination
Bewegungen
Gleichgewicht
Rückenmark
Reflexe
Kommunikation
Körper

Bild 16

4. Die beiden Seiten des Gehirns

**Funktioniert die linke und die rechte Seite des Gehirns verschieden?
Was geschieht, wenn die beiden Seiten getrennt werden?
Warum scheint die linke Seite zu dominieren?
Können wir beide Hälften gleich gut brauchen?
Bedienen sich Linkshänder eher der rechten Seite?
Gibt es einen Unterschied zwischen Männern und Frauen?
Sind kulturelle Symbole von links und rechts auf die jeweilige Gehirnhälfte bezogen?**

Die Tatsache, daß das Gehirn in eine linke und eine rechte Hälfte aufgeteilt ist, ist keine Neuentdeckung. Sobald die Schädeldecke entfernt wird, ist diese Teilung auch mit bloßem Auge sichtbar, eine Eigenschaft, die man überall im Tierreich vorfindet. Was beim Menschen an dieser Teilung interessiert, ist der Umstand, daß jede Hälfte anscheinend spezielle Funktionen entwickelt hat, wobei die linke Seite für die eine und die rechte für eine andere Gruppe von Aufgaben besser geeignet ist.
Der offensichtlichste Unterschied beim Funktionieren liegt darin, daß die linke Seite Wahrnehmungen von der rechten Seite übernimmt und diese steuert und umgekehrt. Der Grund hierfür ist immer noch unklar. Trotz einer Anzahl interessanter Theorien scheint eine solche Kreuzung keinerlei Vorteile zu bieten. Dennoch ist sie bei den meisten Säugetieren und bei vielen anderen Wirbeltieren vorhanden.
Dieser Überkreuz-Effekt war eine der ersten Erkenntnisse, die man über das Gehirn gewonnen hat, da schon die alten Ägypter festgestellt hatten, daß Verletzungen der einen Gehirnhälfte eine entsprechende Lähmung auf der anderen Körperseite hervorrufen. Zu Beginn dieses Jahrhunderts war bereits bekannt, daß eine Beschädigung gewisser Felder der linken Hemisphäre mit dem

Verlust der Sprache, Schwierigkeiten beim Lesen und einer allgemeinen Beeinträchtigung des logischen Denkvermögens einherging, während eine Beschädigung der entsprechenden Felder der rechten Hemisphäre eine Verringerung der visuellen und räumlichen Funktionen, wie etwa das Wiedererkennen eines Gesichts oder der Fähigkeit, sich selbst anzuziehen, nach sich zieht.
Die Tatsache, daß die Beschädigung der linken Hemisphäre weitaus ernsthaftere Defekte verursacht, führte zu der weit verbreiteten Meinung, daß die linke Hälfte dominiert. Oft wurde die linke Hemisphäre als »Primäre Hälfte« und die rechte als die »Sekundäre Hälfte« bezeichnet. Neueste Forschungsergebnisse haben die Psychologen jedoch gezwungen, diese Ansicht in zweierlei Hinsicht zu revidieren. Erstens wurde festgestellt, daß die rechte Gehirnhälfte ebenso wichtig und ebenso aktiv ist wie die linke, zweitens, daß jede Hemisphäre bis zu einem gewissen Grad an den Funktionen teilnimmt, die der anderen Hälfte zugeordnet sind, ein Umstand, der es erschwert, eine feste funktionelle Grenze zu ziehen.

A) Die Experimente am durchtrennten Gehirn

Die rechte und die linke Hälfte der Hirnrinde ist, obwohl es sich um zwei getrennte Strukturen handelt, durch ein massives Nervenbündel verbunden, dem Balken (corpus callosum), der etwa 200 Millionen Fasern enthält. Im Jahre 1940 beschlossen zwei Ärzte, den Balken bei Patienten, die an schwerer Epilepsie litten, operativ zu durchtrennen. Dieser Schritt wurde damit begründet, daß, wenn es gelänge, die Anfälle auf die eine Hälfte zu beschränken, die andere in der Lage wäre, normal zu funktionieren, wodurch dann der Patient für eine medikamentöse Behandlung oder sonstiger ärztlicher Hilfe eher zugänglich wäre. Bei der Behandlung von Epileptikern schien diese Methode auch zu funktionieren, wobei zunächst keinerlei Nebenwirkungen oder Verhaltensstörungen festgestellt werden konnten.[1] Dies hat einige Psychologen dazu verleitet, zu behaupten, daß der Balken keine andere Funktion hat als die beiden Hemisphären zu stützen!
Weitere Tierversuche haben jedoch ergeben, daß nach einer solchen Operation mit bleibenden Funktionsstörungen zu rechnen ist, und dies war der Anlaß, die postoperativen Folgen beim Menschen erneut zu untersuchen. In den 60er Jahren begann

Roger Sperry am California Institute of Technology mit extensiven Studien an einer Reihe von Epileptikern, bei denen der Balken durchgetrennt worden war. Dabei förderte er eine Reihe interessanter Anomalien zu Tage. Sobald einem Patienten ein Gegenstand in die rechte Hand gegeben wurde, um das Objekt festzuhalten, konnte er den Gegenstand beschreiben, weil die Information zur linken Hemisphäre geleitet wurde. Sobald er jedoch den Gegenstand in der linken Hand hielt, konnte er ihn nicht mehr bestimmen, sondern nur raten – obwohl er später mit der linken Hand auf den Gegenstand deuten konnte und dadurch den Beweis lieferte, daß die rechte Gehirnhälfte den Gegenstand erkannt hatte und sich an ihn erinnern konnte.[2]

Die Kreuzung im visuellen System ist etwas komplizierter als im übrigen Körper. Die Augen selbst sind nicht direkt gekreuzt, doch ist die rechte Seite der Retina bei jedem Auge an die rechte Gehirnhälfte angeschlossen. Da nun aber das retinale Bild verkehrt ist, schließt die linke Seite des Gesichtsfeldes an die rechte Gehirnhemisphäre an und umgekehrt. Dieser Umstand hat bei Patienten mit durchtrenntem Gehirn einige interessante Phänomene ergeben. Wurde vor dem Patienten das Wort *Hermann* kurz aufgeblendet, so daß der Brennpunkt zwischen dem *r* und dem *m* lag, gingen die ersten drei Buchstaben an die rechte und die drei letzten an die linke Hemisphäre. Wurde der Patient aufgefordert, das *auszusprechen,* was er erblickt hatte, so sagte er »man«. Wurde er aber gehalten, mit der linken Hand darauf zu deuten, was er gesehen hatte, so deutete er auf das Wortfragment *her.*[3]

Warum solche Differenzen bei früheren Studien nicht festgestellt wurden, liegt darin begründet, daß die beiden Gehirnhälften in der Lage waren, auf anderem Wege zu kommunizieren. Bei einem von Sperrys Versuchen wurde das linke Gesichtsfeld durch einen Lichtblitz erregt, und zwar auf eine Weise, daß der Impuls in der rechten Hemisphäre landete, wobei der Patient bestimmen mußte, ob es sich um ein rotes oder um ein grünes Licht handelte. Zunächst einmal mußte der Patient raten, weil die linke Hälfte nicht wußte, was die rechte erblickt hatte, doch nach einigen weiteren Versuchen begann der Patient seine Fehler zu korrigieren. Wenn auch die linke Hälfte bei Grün falsch geraten und das Rotlicht verkannt hatte, schüttelte der Patient, nachdem er die falsche Antwort vernommen hatte den Kopf und runzelte die Stirn. Die linke Hälfte, die auf diese Information reagiert, würde

sofort melden: »Oh nein, ich habe Grün gemeint.«[4] Sobald solche zusätzliche Informationsquellen gesteuert wurden, wurden die verschiedenen Funktionen der beiden Hemisphären deutlich.
Eine der interessantesten Feststellungen bestand darin, daß die rechte Hand zwar ihre Schreibfähigkeit bewahrte – wie zu erwarten wäre, wenn die linguistischen Fähigkeiten in der linken Hemisphäre sitzen – jedoch nicht mehr in der Lage war, ein Bild zu zeichnen. Bei der linken Hand aber war genau das Gegenteil der Fall. Sie konnte überhaupt nicht mehr schreiben, konnte aber immer noch Würfel und einfache Formen zu Papier bringen. Die linke Hand war der rechten beim Ordnen farbiger Würfel überlegen, wenn diese zu einem Muster zusammengesetzt werden sollten, obwohl ein solcher Versuch wahrscheinlich vorher nicht unternommen worden war.[5]

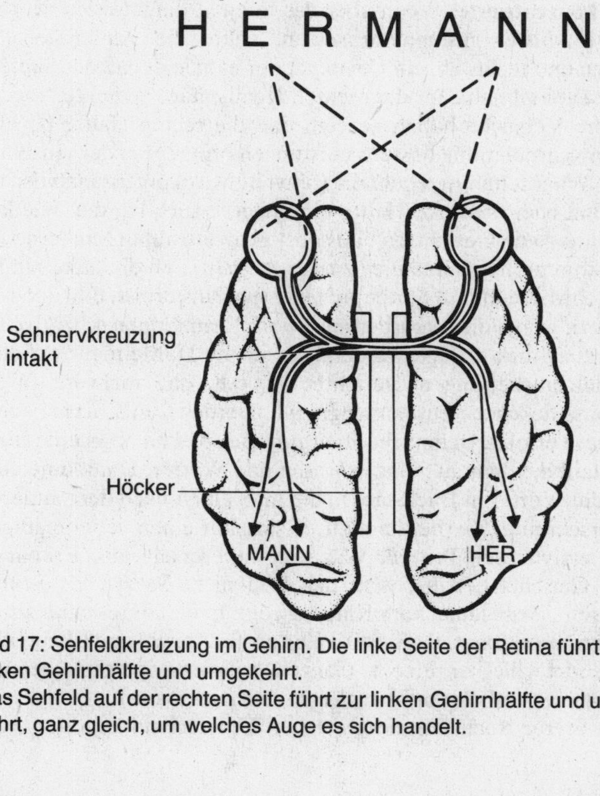

Bild 17: Sehfeldkreuzung im Gehirn. Die linke Seite der Retina führt zur linken Gehirnhälfte und umgekehrt.
Das Sehfeld auf der rechten Seite führt zur linken Gehirnhälfte und umgekehrt, ganz gleich, um welches Auge es sich handelt.

B) Spezialisierung der Funktion

Die verschiedenen Funktionen der beiden Hemisphären wurden dadurch erhärtet, daß man die elektrische Aktivität der beiden Gehirnhälften miteinander verglich. Wenn sich das Gehirn einigermaßen entspannt fühlt, neigt es dazu, einen Alpharhytmus aufzuweisen – d.h. Wellen von ca. 8–10 Hz. Robert Ornstein in San Francisco hat die relativen Alphaniveaus der beiden Gehirnhälften bei verschiedenen geistigen Aktivitäten verglichen und festgestellt, daß, wenn er dem Subjekt eine mathematische Aufgabe zu lösen gab, der Alphawert in der rechten Hemisphäre zunahm, ein Zeichen dafür, daß diese Hälfte entspannt war, und daß dieser Wert in der linken Hälfte sich verringerte, wiederum ein Zeichen dafür, daß sich die Aufmerksamkeit mehr auf diese Seite konzentrierte. Wenn aber das Subjekt aufgefordert wurde, farbige Muster zusammenzusetzen, nahm die Alphaintensität links zu und rechts ab, ein Umstand, der nahelegt, daß das Subjekt in diesem Fall sich eher der rechten Hemisphäre bediente.[6]

Weitere Versuche haben gezeigt, daß die rechte Hälfte bei der Tiefenwahrnehmung bessere Leistungen bringt,[7] bei der musikalischen Wahrnehmung ebenfalls (obwohl Musikprofis analytischer sind und eher die linke Hälfte einsetzen)[8], auch bei der Wiedererkennung von Gesichtern und sonstigen vertrauten Mustern.[9]

Also kommt man allmählich zu der Ansicht, daß die linke Hälfte des Gehirns mehr auf Serienprozesse spezialisiert ist, d.h. auf eine Analyse, wobei die Verarbeitung von Informationen schrittweise, Stück für Stück erfolgt, während die rechte Hälfte mehr auf eine Parallelverarbeitung ausgerichtet ist, d.h. daß mehrere Informationsstückchen zusammengefaßt werden und dabei eine Synthese erfolgt. Beim Schreiben zum Beispiel hat man eine Idee, unterteilt die dann in Sätze, Phrasen und Wörter. Dann unterteilt man die Wörter in Buchstaben, die man einen nach dem anderen niederschreibt. Hierbei handelt es sich um einen serienmäßigen oder analytischen Prozeß. Was nun andererseits das Erkennen eines Gesichts betrifft, wird das Bild nicht Schritt für Schritt analysiert, wobei man vom Kinn ausgeht, und das Gesicht bis zum Haaransatz aufbaut. Dafür wird eine große Anzahl von Elementen verwendet, die zu einem Ganzen zusammengesetzt werden. Das ist ein paralleler oder auch synthetischer Prozeß.

Ein weiterer Nachweis einer solchen Unterscheidung oder Aus-

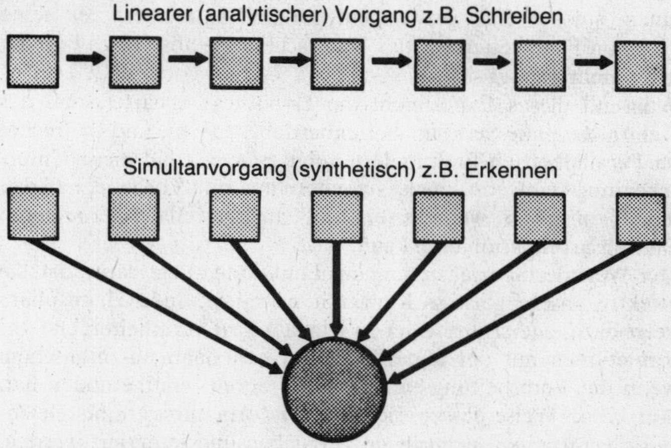

Bild 18: Unterschied zwischen linearem und simultanem Vorgang.

leseprozeß ergibt sich aus den Studien über die perzeptuelle Diskriminierung. Eine Person braucht gewöhnlich länger, um zu entscheiden, ob zehn Buchstaben identisch sind, als sie bei zwei Buchstaben benötigt. Das legt nahe, daß die Buchstaben einer nach dem anderen bewertet werden, d.h. daß es sich um einen Serienablauf handelt. Wenn es sich aber andererseits um Formen handelt, ist die Zeit, die das Subjekt braucht, von der Anzahl der Vergleiche unabhängig, ein Umstand, der nahelegt, daß bei nicht verbalen Stoffen die Verarbeitung parallel verläuft. Wenn allerdings die Buchstaben nur von einer Gehirnhälfte verarbeitet werden (indem man diese dem entgegengesetzten Gesichtsfeld präsentiert), nimmt die Zeit, die man braucht, um zu entscheiden, ob die Buchstaben identisch sind oder nicht, mit der Anzahl der Buchstaben zu, die der linken Hemisphäre vorgelegt werden, jedoch stets gleich bleibt, wenn man dieselbe Aufgabe der rechten Gehirnhälfte stellt. Diese Tatsache erhärtet die Behauptung, daß die linke Hälfte serienmäßig vorgeht, während die rechte parallel arbeitet. Dies jedoch ist nur bei verbalen Stoffen der Fall. Sobald es sich um Formen handelt, arbeiten beide Hemisphären anscheinend parallel.[10] Wahrscheinlich wird die linke Hälfte in

einem solchen Fall gezwungen, parallel zu arbeiten, da seine verbalen Fähigkeiten bei der Unterscheidung abstrakter Formen nicht mehr gefragt sind.
Während dieses Experiment die Hypothese erhärtet, daß das Gehirn die linke Seite für Serienbetrieb vorzieht, und die rechte im Parallelbetrieb funktioniert, zeigt es auch, daß diese Unterscheidung keine absolute ist – sondern nur eine Vorliebe, und daß jede Hemisphäre, wenn es sein muß, auch jeweils in der anderen Betriebsart funktionieren kann.
Der Wert der Spezialisierung der Funktionen liegt darin, daß sie effektiv unsere geistige Kapazität erweitert. Jede Hemisphäre neigt dazu, zuerst ihre eigenen Eingaben zu verarbeiten und Informationen mit der anderen Hälfte erst dann auszutauschen, wenn die Verarbeitung zum Großteil bereits stattgefunden hat. Auf diese Weise lassen sich zwei Informationsströme gleichzeitig verarbeiten, wonach sie verglichen und integriert werden, um einen breiteren und besseren Eindruck zu gewinnen.[1] Durch die Spezialisierung der Funktion wird auch die Last der einzelnen Hemisphären geteilt, ein natürlicher Vorgang, den man auch bei anderen organischen Systemen feststellen kann, wo verschiedene Zellen und Organe auf verschiedene Aufgaben ausgerichtet sind, sowie auch bei jeder sozialen Organisation, wo verschiedene Gruppen verschiedene Aufgaben übernehmen, um die Wirksamkeit des Systems durch Arbeitsteilung zu steigern.

C) Die Frage der Dominanz

Obwohl die sprachlichen und linguistischen Fähigkeiten im allgemeinen bereits seit langem einem bestimmten Gehirnfeld in der linken Hemisphäre (Broca-Zentrum, Sprachzentrum in der temporalen Cortex hinter dem Ohr) zugeordnet wurden, scheint es nach jüngsten Versuchen naheliegend, daß auch die rechte Gehirnhälfte mit wohlentwickelten verbalen Fähigkeiten ausgestattet ist.
Eine Beschädigung der rechten Hemisphäre führt zwar gewöhnlich kaum zu einer totalen Blockade der linguistischen Fähigkeiten, obwohl sie diese beeinträchtigen kann. Eine Anzahl Patienten mit rechtsseitigem Gehirntrauma hatten Schwierigkeiten beim Kopieren und Schreiben zu verzeichnen, und bei

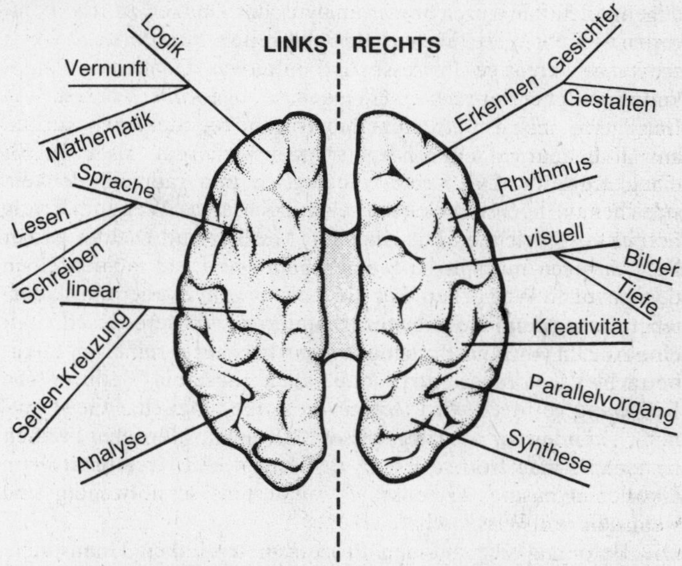

Bild 19: Spezialisierung der linken und der rechten Gehirnhälfte.

vielen waren auch grammatikalische Schwierigkeiten zu beobachten, gingen aber der Sprache nicht ganz verlustig.[12]
Durch Einspritzung einer Natriumlösung in die Arterien auf der linken Nackenseite ist es möglich, die linke Hemisphäre total zu betäuben, während die rechte weiter richtig funktioniert. In diesem Fall läßt sich feststellen, daß das Subjekt immer noch in der Lage ist, die Sprache zu verstehen, Gegenstände auszusuchen, die man ihm beschrieben hat und einfache Anweisungen zu befolgen.[13] Andere Versuche an der rechten Hemisphäre haben ergeben, daß sie anscheinend über einen gewissen Grad von Syntax verfügt, etwa über die eines Fünfjährigen und den Sprachschatz eines etwa Vierzehnjährigen.
Die linke Hemisphäre mag vielleicht nicht in dem Sinn dominieren, daß sie wichtiger ist als die rechte, doch zumindest in den westlichen Kulturen nehmen die Fakultäten, die der linken Hälfte zugeordnet werden, eine dominantere Position in unserem Leben ein. Wir scheinen einen größeren Wert auf rationelles Denken, auf die Fähigkeit, uns verbal auszudrücken, gute Lesefähigkeiten und

allgemein auf ausgezeichnetes analytisches Denken zu legen, dagegen weniger Wert auf spezielle Fähigkeiten, künstlerische Wertschätzung, kreative Prozesse und intuitives Denken – Fähigkeiten, die eher der rechten Hemisphäre zugeordnet werden.
Im allgemeinen ist es etwa für einen Buchhalter oder einen Rechtsanwalt bedeutend einfacher, erfolgreich zu sein, als etwa für einen Künstler. Die Leute, die logisch und rationell denken, streichen die höchsten Gehälter ein, für sie ist der Weg zum Erfolg bereits vorgezeichnet. Für Künstler, Musiker und Dichter ist der Weg dagegen mit spitzen Steinen gepflastert, sie müssen einen dornenvollen Weg gehen. Für die meisten geht es eher ums Überleben als um den Erfolg. Natürlich unterstützt unsere Gesellschaft eine Anzahl von Künstlern, doch dies wird eher als eine Art Luxus betrachtet. Vorausgesetzt, daß allen unseren Bedürfnissen Rechnung getragen wird (soweit dies unser logischer Geist gutheißt), können wir uns ein gewisses Maß an künstlerischer Freiheit leisten. Es mag trotzdem sein, daß Kunst und Kreativität beim Überleben unserer Gesellschaft mindestens so notwendig sind wie Logik und Wissenschaft.
Die Betonung, die auf den Prozessen der linken Hemisphäre liegt, geht auf die Anfänge unserer Schulzeit zurück. Als die meisten von uns zur Schule gingen, lag die Betonung auf dem Komplex LSR – *L*esen, *S*chreiben, *R*echnen – im wesentlichen alles Funktionen, die der linken Hemisphäre zugeordnet sind. Natürlich gab es auch künstlerische Arbeitskreise, Musikgruppen und gelegentlich Tanz oder Theateraufführungen, doch in den meisten Fällen rangierten solche Bemühungen eher auf dem Nebengleis. Solche Bestrebungen waren meistens auf den Freitagnachmittag beschränkt – vorausgesetzt, daß die Noten in den Hauptfächern stimmten und daß der Teilnehmer in der Orthographie einigermaßen sattelfest war.
Diese Art der Erziehung und Bildung im Zusammenhang mit der Bevorzugung und Vorliebe der Gesellschaft für analytisches Denken, wobei die Synthese in den Hintergrund gedrängt wurde, hat dazu geführt, daß die linke Hemisphäre immer mehr an Bedeutung gewann und dadurch immer dominanter wurde. Diese Einstellung hatte auch eine unliebsame und unglückliche Nebenwirkung, indem Kinder, die ihre rechte Hemisphäre besser einsetzen konnten, als subnormal oder als »Spätentwickler« eingestuft wurden. Eine Studie, die an der Universität von Houston

durchgeführt wurde, hatte gezeigt, daß eine Anzahl von Kindern, die als »geistig zurückgeblieben« eingestuft wurden, normale oder überragende künstlerische Fähigkeiten zeigten.[14]
Einige Schulen haben versucht, die künstlerische und musische Entwicklung zu fördern, und das mit ermutigendem Ergebnis. Auf der Mead School in Bryam, Connecticut (USA), verbrachten die Schüler die Hälfte ihrer Zeit mit der Teilnahme an künstlerischen Kursen, während sie den Rest ihrer Zeit mit »normalen« Fächern ergänzten, wobei ihre Leistungen in Mathematik, in den wissenschaftlichen Fächern und auf verschiedenen anderen Gebieten augenscheinlich zunahmen. Die schulischen Leistungen lagen in nahezu allen Fächern über dem Durchschnitt.[15] In anderen Schulen in Europa und Amerika, wo der gleiche Versuch unternommen wurde, konnte dasselbe festgestellt werden: Die Zeit, die aufgewendet wird, um die Fähigkeiten der rechten Gehirnhälfte zu fördern, kommt gleichzeitig der Förderung der Fähigkeiten zugute, die der rechten Hirnhälfte zugewiesen sind. Diese Tatsache ist dem Umstand zu verdanken, daß die beiden Gehirnhälften nicht getrennt arbeiten – sondern die eine die Aktivität der anderen stützt und gegebenenfalls ausgleicht.
Eine einigermaßen komplette Erziehung und Ausbildung sollte sowohl das verbal-analytische als auch das ästhetisch-synthetische Denken fördern. Wird nur die verbal-analytische Seite gefördert, werden dem Lernenden manche Wege verbaut, um die Welt, die ihn umgibt, direkt zu erfahren. Ohne direkte Erfahrung kann aber jede Art Ausbildung und Erziehung trocken, sinnlos und langweilig werden. Jemand, der auf diesem Gebiet tätig war, drückte das so aus: »Sein Gehirn wird systematisch beschädigt. Und in mancher Hinsicht wird der Betreffende eher entbildet als gebildet.«[16]
Tragischerweise wird bei jeder Beschneidung eines Ausbildungsprogramms zunächst das musische Programm als erstes gekürzt. Kurzfristig mag dies eine Lösung sein, doch auf lange Sicht entstehen der Gesellschaft nicht wieder gutzumachende Verluste.
Wenn wir die großen Geister der Geschichte betrachten, können wir feststellen, daß es sich stets um Menschen handelte, die sowohl die Fähigkeiten der linken als auch der rechten Gehirnhälfte zu nutzen wußten. Albert Einstein ist ein klassisches Beispiel. Sobald man seinen Namen irgendwo liest, denkt man wahrscheinlich an einen großen Wissenschaftler, an den großen rationellen

Denker, an den überragenden Mathematiker, umgeben von Symbolen und Gleichungen, an einen logischen Linkshemisphären-Denker. Doch Einstein bezog seine Ideen zunächst aus Bildern und Vorstellungen, die er erst später in Worte und mathematische Symbole faßte. Einstein ist nicht durch Rationalanalyse auf die Relativitätstheorie gestoßen, hat sich nicht mit Papier und Bleistift hingesetzt, um seine Theorie Schritt für Schritt zu entwickeln, bis er eines Tages die logische Schlußfolgerung aus seinen Bemühungen ziehen konnte. Die Theorie wurde geboren, als Einstein an einem Sommernachmittag auf einem grasbewachsenen Hang lag. Er schaute aus halbgeschlossenen Augen zur Sonne empor und spielte mit dem Licht, das durch seine Lider drang und begann sich zu fragen, wie es wohl wäre, wenn er versuchte, sich entlang eines Lichtstrahls zu bewegen. Er lag da, halb im Traum und ließ seinen Gedanken freien Lauf, um dann plötzlich zu erkennen (wahrscheinlich blitzartig), wie sowas vor sich gehen könnte. Diese Erkenntnis war die Essenz der Relativitätstheorie, die ihn nicht als logische Ableitung überkam, sondern als eine kreative, intuitive Einsicht, als Ergebnis eines eher synthetischen als analytischen Denkens.

Es dürfte Tausende von Menschen gegeben haben, die ähnlich tiefe Einsichten in die Natur der Realität gewonnen haben, die aber nicht die Fähigkeit besaßen, ihre Wahrnehmungen auszudrücken und einfach als Narren abgetan wurden. Was Einstein so groß gemacht hat, war die Tatsache, daß er auch ein guter rationeller Denker war. Er war in der Lage, seine Einsichten in einen mathematischen Rahmen zu fassen, sie logisch-symbolisch zu gestalten und auf diese Weise seinen Mitmenschen klar mitzuteilen.

Diese kombinierte Anwendung der rechten und der linken Hemisphäre ist eine Charakteristik des kreativen Prozesses, sei es in der Wissenschaft oder in der Kunst. Leonardo da Vinci war sowohl Wissenschaftler als auch Künstler, sowohl Ingenieur und Architekt als auch Bildhauer und Maler zugleich. Seine Notizbücher enthalten exquisite zeichnerische Darstellungen der Natur und der menschlichen Anatomie, die künstlerisch ähnlichen zeitgenössischen Darstellungen weitaus überlegen waren, während seine künstlerischen Aufzeichnungen eine Fülle visueller Wahrnehmungen aufweisen, die jahrhundertelang nicht genügend gewürdigt wurden. Auch die Notizbücher anderer Künstler enthüllen eine Menge konzisen Denkens nebst tiefgreifender Einsichten und ästhetischer Würdigung.

D) Linkshänder und Rechtshänder

Da die rechte Hand mit der linken Seite des Gehirns verbunden ist – gibt es da einen Zusammenhang zwischen Rechtshändern und dem vermehrten Einsatz der linken Hemisphäre? Wahrscheinlich nicht. Linkshänder gehören im allgemeinen zu den Linkshemisphären-Denkern, wie dies auch bei Rechtshändern der Fall ist. Und Menschen, die offensichtlich mehr Gebrauch von ihren Fähigkeiten machen, die aus der rechten Gehirnhälfte stammen, weisen keine feste Korrelation zur Linkshändigkeit auf.[17]
Kann aber andererseits die linksgerichtete Prägung eine Umkehrung der Funktion der linken und rechten Hemisphäre reflektieren? Bei einigen Menschen sind die Funktionen der rechten und der linken Hemisphäre umgekehrt, wobei die linguistischen Fähigkeiten eher in der rechten Hälfte residieren, aber solche Leute sind meistens Rechtshänder. Dagegen sitzt das Sprachfeld bei den meisten Linkshändern in der linken Hemisphäre, ein Umstand, der auch auf zweihändige Menschen zutrifft.[18] Warum es einigen Menschen leichter fällt, die linke Hand zu gebrauchen, ist noch nicht ganz klar, legt aber nicht notwendigerweise den Schluß nahe, daß eine Dominanz oder eine Umkehrung der Funktionen der linken und rechten Hemisphäre gegeben ist.

E) Unterschiede zwischen Mann und Frau

Die spezialisierten Funktionen der beiden Hemisphären sind bei Männern und Frauen etwas verschieden. Schüler sind im allgemeinen eher räumlich begabt, während Schülerinnen eher linguistische Fähigkeiten aufweisen. Neugeborene Mädchen machen sich öfter akustisch bemerkbar als Jungen, und während der ersten fünf Lebensjahre bringen sie eine größere Vielfalt von Lauten hervor. Im Durchschnitt sprechen sie die ersten Worte und bilden die ersten Sätze früher, und verfügen im Alter von zwei Jahren über einen größeren Wortschatz als Jungen. Auf visuell-räumlichem Gebiet scheinen Mädchen weniger spezialisiert zu sein, weil sich die beiden Hemisphären in bedeutend größerem Maß überlappen. Dieser Umstand ist bis zum Alter von 14 Jahren deutlich zu erkennen, und wahrscheinlich dauert dieser Zustand weiter. Jungen weisen dagegen eine visuell-räumliche Begabung auf, die bis zum sechsten Lebensjahr in der rechten Hemisphäre lokalisiert ist.[19] Ob dieser Unterschied angeboren ist oder nicht, ist noch nicht klar. Es kann sich dabei auch um einen kulturellen Effekt handeln, der sich aus der unterschiedlichen Erziehung bei kleinen Mädchen und Jungen herleitet.

Anscheinend behält das weibliche Gehirn seine Plastizität längere Zeit. Dank seiner Wendigkeit ist es eher in der Lage, Beschädigungen anderer Gehirnfelder auszugleichen. Das ist wahrscheinlich die Erklärung dafür, warum Mädchen beim Lesen nur ein Sechstel der Schwierigkeiten haben als Jungen. Diese Unterschiede bleiben ein Leben lang bestehen. Es wurde beobachtet, daß Beschädigungen der linken Hemisphäre bei Männern die sprachliche Funktion viel mehr beeinträchtigt als bei Frauen, während eine Beschädigung der rechten Hemisphäre die visuell-räumlichen Funktionen weitaus mehr beeinträchtigt. Andererseits ist die Beziehung zwischen den verlorenen Funktionen und den beschädigten Feldern bei Frauen weniger spezifischer Art.[20]

Die elektrische Aktivität des Gehirns zeigt, daß Männer ein geringeres Potential aufbringen – ein Maß für die elektrische Reaktion des Gehirns auf Reize, wie Licht und Ton. Auch sehen Männer bei Tag besser als Frauen.

Sie sind im allgemeinen gegen extreme Wärme weniger empfindlich, eher aber gegen extreme Kälte. Ab Mitte der Kindheit reagieren Männer schneller. Selbst als Kleinkinder scheinen sie sich eher für Gegenstände als für Menschen zu interessieren und sind bedeutend geschickter, was jede Art von Motorik betrifft. Jungen sind für Bewegungsspiele und Raufereien eher zu haben als Mädchen (ein Umstand, der das Auge und das Gehirn lehrt, sich der visuellen Umwelt anzupassen). Im Kindesalter befassen sich Jungen eher mit Gegenständen als mit Spielzeug und finden immer neue Verwendungsmöglichkeiten. Männer erobern ein breites Feld von Fähigkeiten, indem sie die Raumtiefe wahrnehmen können, ein Umstand, der ihnen bei der Lösung mechanischer Aufgaben zugute kommt. Auch die höhere mathematische Begabung von Jungen mag einer räumlichen Fähigkeit zu verdanken sein, die besonders deutlich zu Tage tritt, wenn es sich um Geometrie oder Trigonometrie handelt. Die Tatsache schließlich, daß Jungen durch neue Gegenstände weit eher abgelenkt

werden, legt unter Berücksichtigung ihrer betonteren exploratorischen Verhaltensweise nahe, daß da eine Art Neugier vorhanden ist, die bei Problemlösungen, die Manipulationsfähigkeit erfordern, zum Erfolg führt.
Frauen dagegen sind eher gefühlsbegabt, sind gegen Berührungen am ganzen Körper weitaus empfindlicher, hören besser (insbesondere in den höheren Bereichen), können große Lautstärken weniger verkraften (ab etwa 85 decibel empfinden sie jedes Geräusch doppelt so stark wie Männer), sind gegen sich wiederholende Laute weniger tolerant und sehen besser bei Nacht. Von Kindheit an zeigen Frauen eine Reihe sprachlicher Fähigkeiten, sind handwerklich geschickter und verstehen sich eher auf eine feine Koordination und sind auch schneller bei der Verarbeitung von Informationen, besonders bei Aufgaben (wie in der Neurochirurgie), wo schnelle Entscheidungen erforderlich sind. Frauen sind eher an Menschen interessiert, als Kinder achten sie eher auf Laute und deren emotionelle Bedeutung und sind in sozialer Hinsicht weitaus reaktionsfähiger und emphatischer. Sie lassen sich beim Zuhören weniger durch optische Eindrücke ablenken, nehmen sublime Meldungen eher und präziser wahr und können sich an Namen und Gesichter ihrer ehemaligen Klassenkameradinnen besser erinnern. Das gesteigerte Interesse von Frauen an Menschen schlägt sich in einem besseren Einfühlungsvermögen nieder.[21]

F) Was unterliegt der Spezialisierung?

Die Unterscheidung zwischen linken und rechten Funktionen kann fundamentaler sein als die zwischen »verbal« und »nichtverbal«. Ein solches Vermögen könnte bereits bei der Geburt vorhanden sein. Studien über die elektrische Aktivität des Gehirns von Neugeborenen haben ergeben, daß diese einen Klickton in der linken und ein plötzlich aufflammendes Licht in der rechten Hemisphäre verarbeiten.[22] Dieser Umstand hat zu der Hypothese geführt, daß sich die linke Gehirnhälfte mit der »Erkennung der Beziehungen« oder mit der »Assoziation früherer Erfahrungen« befaßt. Ein Klicken ist eine hochstrukturierte akustische Information, die mit früheren Erfahrungen in Beziehung gebracht und als solche gekennzeichnet werden kann. Andererseits handelt es sich bei einem optischen Lichtimpuls um eine nicht strukturierte

Information, die sich nicht so einfach kennzeichnen läßt. Ist dies der Fall, so ist es diese Art Kennzeichnung oder die referentielle Tendenz der linken Hälfte, die zur Verarbeitung der Sprache durch die linke Hemisphäre führt. Daher dürfte die linke Hälfte nicht nur analytisch oder sequenziell sein, sondern auch komparativ, relational und referentiell, die rechte Hälfte aber nicht nur synthetisch, sondern auch nicht referentiell und integrativ.
Außerdem scheint es naheliegend, daß die Funktionen, die der rechten und linken Hemisphäre zugeordnet werden, jene Betriebsarten parallel vollziehen, die als »aktiv« bzw. »rezeptiv« bezeichnet werden.[23] Die aktive Betriebsart, wie der Name schon sagt, hat etwas mit der Aktivität, mit Manipulation und mit der direkten Beeinflußung der Umwelt zu tun. Das aktive Denken ist mehr logischer Art, wobei die Aufmerksamkeit konzentriert auf die Wahrnehmung gewisser Grenzen ausgerichtet ist. Dies ist die Betriebsart des *Handelns,* die gewisse Ereignisse hervorruft. Dagegen ist die »rezeptive Betriebsart« eher mit den Eingängen befaßt, die aus der Umwelt kommen. Das Denken in dieser Betriebsart weist eher synthetische als analytische Merkmale auf, wobei die Aufmerksamkeit eher diffus ist. Hierbei ist das Individuum eher geneigt, den Dingen ihren Lauf zu lassen, ein Umstand, der aber nicht mit Passivität verwechselt werden darf. Es handelt sich vielmehr um eine andere Art, die Welt aufzufassen. Wahrscheinlich liegt es an der Betonung, die wir auf Rationalität und auf die rechte Hemisphäre legen, die zur Prädominanz der »aktiven Betriebsart« geführt hat – da wir im Westen dazu neigen, die Welt auf unsere Bedürfnisse aufmerksam zu machen und entsprechende Reaktionen zu erzielen. Dazu steht das taoistische Konzept des *Wui-Wei* im Gegensatz, daß man den Dingen ihren Lauf lassen soll, eine Verbeugung vor der Natur, wobei man sich eher der Natur zu fügen, als sich dauernd gegen sie aufzulehnen hat.

G) Links-rechts-Assoziationen

Der Psychologe Robert Ornstein hat diese Polarität aufgegriffen und nahegelegt, daß bei der westlichen Denkweise die linke Hemisphäre dominiert, während beim östlichen Denken die rechte Gehirnhälfte den Vorrang hat.[24] Der Nachweis für diese These ist allerdings sehr bescheiden. Ornstein nimmt auch an, daß viele unserer sogenannten unbewußten geistigen Prozesse in der rechten Hemisphäre residieren und weist darauf hin, daß in vielen Gesellschaftssystemen die linke Körperseite mit unbewußten Prozessen und anderen Funktionen in Beziehung gebracht wird, die der rechten Hemisphäre zugewiesen werden. Hierbei handelt es sich offensichtlich um eine rohe Übersimplifikation der Aufteilung. Denn, wie wir bereits gesehen haben, zerfallen geistige Funktionen nicht so sauber in zwei Teile und lassen sich nicht einfach der rechten oder der linken Gehirnhälfte zuweisen. Trotzdem sind die Parallelen, zu den Symbolismen, die man in nahezu allen Kulturen der Welt findet, nicht minder faszinierend.

Die rechte Körperseite oder die rechte Hand (die, man erinnere sich, der linken Gehirnhälfte entspricht) wird im allgemeinen mit dem Guten, Zarten, Reinen in Beziehung gebracht, mit Leben, Freude, Medizin und Gesundheit, mit Himmel und Fortschritt, die rechte mit dem Bösen, Profanen und Unreinen, mit Tod, Sorgen, Gift und Krankheit, mit Hölle und Regression. Die rechte Seite symbolisiert Männlichkeit, Klarheit und Anpassungsfähigkeit, die Sonne, den Tag, das Licht, die linke Weiblichkeit, Dunkelheit und Passivität, die Nacht, den Mond und die Finsternis. In China ist die rechte Yang, das Kreative und Unerschütterliche, die linke Yin, das Rezeptive und Nachgiebige. Yang ist der Sommer, die Zeit des Lebens und Wachstums, Yin ist der Winter, die Zeit der Hibernation und Rezession. In vielen Kulturen wird die rechte Hand für religiöse Handlungen und für die Entgegennahme von Speisen benützt, es ist die rechte Hand, mit der man grüßt und die man schüttelt. Christus saß zur Rechten Gottes, und der *gute* Schächer wurde zur Rechten Christi gekreuzigt. In der Alchimie wird die rechte Seite dem König und dem Mars zugeordnet, die linke der Königin und der Venus.

In vielen Sprachen haben die Wörter für rechts und links verschiedene Bedeutung. Im Englischen etwa bedeutet das Wort *right* (rechts) auch »richtig«. Das Wort *sinister* stammt vom lateinischen *sinistra,* links. Im Französischen bedeutet das Wort *droit* auch »gerade, aufrecht, richtig, nicht verzerrt oder pervers.« Dasselbe gilt im Armenischen für »recht(s)«, *Adj.* Im Italienischen bezeichnet *destro* sowohl die rechte Hand als auch den »richtigen Moment« und wird manchmal auch im Sinne von »clever« (helle, ausgeschlafen) benützt. Das arabische Wort *vamine* bedeutet unter anderem auch »Wohlstand«, aber auch »Eid« oder »Fluch«. In zahlreichen Bantusprachen Westafrikas (Suaheli, Nyanja, Lomwe und Suto zum Beispiel) bedeutet das Wort für rechts auch »männlich« *(mkono wa kuume,* »die männliche Hand« in Suaheli), und das Wort für links wird auch für die Bezeichnung »weiblich« benutzt.[25]

Der wahrscheinlich am meisten detaillierte Rechts-links-Symbolismus findet sich in den Schriften der Tantra aus Nordindien. Obwohl vor vielen hundert Jahren verfaßt, faszinieren diese Texte durch die Vorhersagen dessen, was wir heute über die beiden Gehirnhälften entdecken. In der Tantra wird das linke Nasenloch dem Mond nebst weiblichen Eigenschaften zugeordnet, das rechte mit der Sonne und der Männlichkeit in Beziehung gebracht. Es wird behauptet, daß der Mensch nur selten durch beide Nasenlöcher gleichzeitig atmet, sondern zeitweise durch das

RECHTS (linke Gehirnhälfte)	**LINKS** (rechte Gehirnhälfte)
männlich	weiblich
Westen	Osten
bewußt	unbewußt
gut	böse
heilig	profan
rein	unrein
Leben	Tod
Freude	Kummer
Medizin	Gift
Gesundheit	Krankheit
Fortschritt	Rückschritt
Himmel	Hölle
Sonne	Mond
Tag	Nacht
Yang	Yin
aktiv	passiv

Bild 20: Kulturelle Assoziationen mit rechts und links als Paralleldarstellung der Attribute der rechten und linken Hemisphäre.

linke und dann wieder durch das rechte Nasenloch, wobei der Wechsel bei einem gesunden Menschen etwa alle 20 Minuten stattfindet. Beim Sonnenatem – das heißt, wenn die rechte Hälfte dominiert – wird man zum Sprechen und Befehlen angeregt, sowie zum Kampf und zur physischen Exertion. Dies entspricht den linguistischen Funktionen, die der linken Hemisphäre zugeordnet werden und damit der »aktiven«, kompetitiven Betriebsart. Wenn aber andererseits die Mondatmung dominiert, interessiert sich der Mensch eher für die Malerei, für die Komposition, hört gern Musik und ist geneigt, sich sonstigen künstlerischen Tätigkeiten zu widmen – das heißt mit Funktionen, die eher der rechten Hemisphäre zugeordnet werden. In dieser Schrift wird auch behauptet, daß, wenn ein Mensch erleuchtet wird, das heißt, wenn er sowohl innerlich als auch äußerlich wachsam ist, der Atem regelmäßig durch beide Nüstern geht. Dieser Umstand mag auf die Tatsache hinweisen, daß ein solcher Mensch beide Gehirnhälften gleichmäßig und in ausgeglichener Weise benutzt, ohne vorübergehend die eine oder die andere Hemisphäre zu unterdrücken.

Im Sinne der Gehirnfunktion impliziert die Synthese der Qualitäten der linken und rechten Hemisphäre eine gesteigerte Kommunikation zwischen den beiden Hälften über den Balken (corpus callosum). Im Laufe seiner Evolution hat das menschliche Gehirn eine fortlaufende Verdichtung des Balkens erfahren. Als Spezies sind wir anscheinend auf dem Wege, eine engere Kommunikation zwischen den beiden Hemisphären zu erreichen. Ein ähnliches Phänomen scheint sich auf der Stufe der individuellen Evolution zu ereignen, wobei die persönliche Entwicklung des Bewußtseins in einer gesteigerten Kommunikation zwischen den beiden Hemisphären niederschlägt. Während des letzten Jahrzehnts war ein steigendes Interesse an der Technik der Meditation und der persönlichen Entwicklung zu beobachten. Eine dieser Techniken, die auch in der wissenschaftlichen Welt Aufsehen erregte, weitgehend durch die Anzahl der verfügbaren Subjekte, ist die Technik der Transzendentalen Meditation. Ein Großteil der Forschung hat sich auf die Veränderungen konzentriert, die im Gehirn stattfinden, und 1975 hat Dr. Bernard Glueck, der am Institute of Living in Hartford, Connecticut, tätig ist, festgestellt, daß die Elektroencephalogramme (EEG) von Subjekten, die diese Technik praktizieren, eine gesteigerte Synchronität zwischen der linken und rechten Gehirnhälfte aufwiesen – mit anderen Worten, daß beide Hälften zusammenarbeiteten – was seiner Meinung nach einer gesteigerten Kommunikation über den Balken zuzuschreiben ist.[26] Seitdem konnte der gleiche Effekt auch in zahlreichen anderen Laboratorien in Europa und Amerika festgestellt werden.[27]

Demnach gibt es nur zwei Möglichkeiten, um die Funktionen der beiden Gehirnhälften aufeinander abzustimmen. Die Meditationsmethode beruhigt das Gehirn und steigert die Kommunikation zwischen den beiden Hälften, wobei eine Parallelfunktion zwischen den beiden Hemisphären herbeigeführt wird. Die edukationelle Methode dagegen konzentriert sich eher auf die tatsächlichen Fähigkeiten, die der rechten Hälfte zugeordnet werden. Auf dieser Grundlage baut auch Teil 2 dieses Buches auf, wo Hinweise gegeben werden, wie man das Beste aus seinem Gehirn macht, d.h. seine Fähigkeiten optimal ausschöpft. Dennoch liegen die beiden Methoden nicht im Widerspruch. Tatsächlich sind sie komplementär, wobei die besten Ergebnisse dadurch erzielt werden, daß man beide Methoden befolgt. Die eine steigert die Wirksamkeit des Gehirns, die andere hilft, seine Fähigkeiten besser zu nutzen.

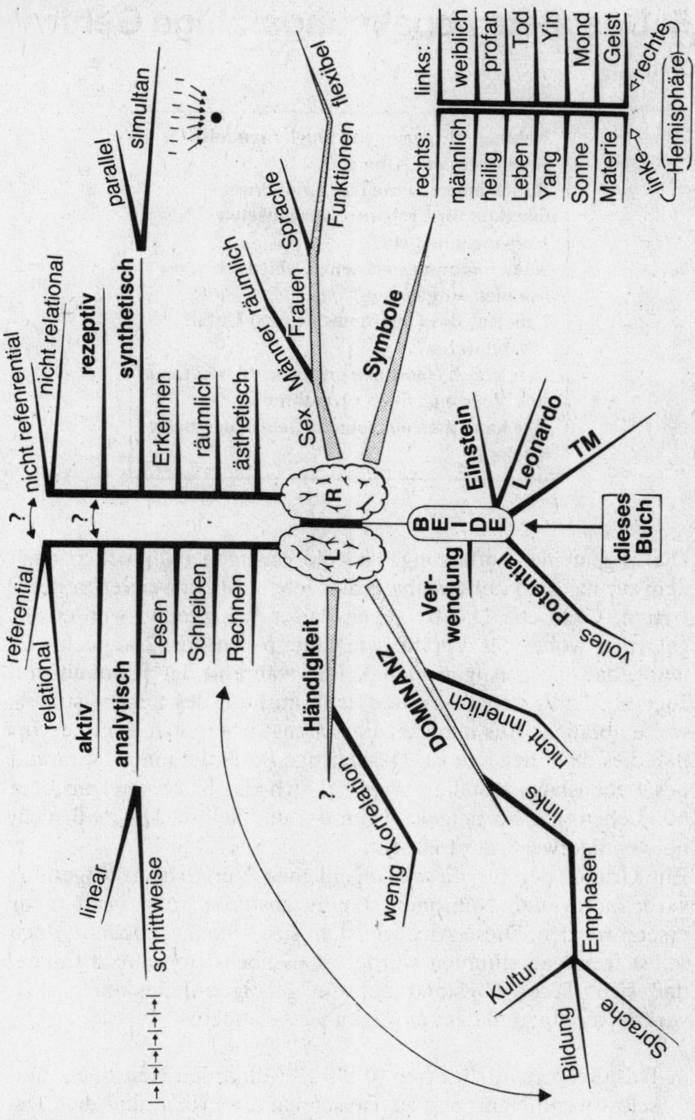
referential
relational
nicht refenrential
nicht relational
aktiv
rezeptiv
analytisch
synthetisch
linear
schrittweise
parallel
simultan
Lesen
Schreiben
Rechnen
Erkennen
räumlich
ästhetisch
L
R
Händigkeit
Korrelation
wenig
?
DOMINANZ
nicht innerlich
links
Emphasen
Kultur
Bildung
Sprache
Sex
Männer
Frauen
räumlich
Sprache
Funktionen
flexibel
Symbole
BEIDE
Ver-
wendung
volles
Potential
Einstein
Leonardo
TM
dieses
Buch
rechts:
links:
männlich
weiblich
heilig
profan
Leben
Tod
Yang
Yin
Sonne
Mond
Materie
Geist
linke
rechte
Hemisphäre

Bild 21

5. Das stets anpassungsfähige Gehirn

Nehmen die geistigen Fähigkeiten mit zunehmendem Alter ab?
Büßen ältere Leute ihre Erinnerungsfähigkeit für Ereignisse der jüngsten Vergangenheit ein?
Kann das ausgewachsene Gehirn schwere Schäden ausgleichen?
Läßt sich das Gehirn nach einem Unfall rehabilitieren?
Lassen sich Neuronen ersetzen, oder können sich Neuronen doch vermehren?
Wie kann man aus seinem Gehirn das Beste machen?

Die allgemeine Auffassung, daß die geistigen Fähigkeiten nach dem zwanzigsten Lebensjahr zurückgehen, ist ein weitverbreiteter Irrtum. Grafische Darstellungen dieser Fähigkeiten werden oft gefertigt, wobei der Verlauf wie Linie *b* in Bild 22 aussieht. Es heißt, daß die geistigen Fähigkeiten während der Kindheit und Jugend ständig zunehmen und dann im Lauf des Lebens stufenweise abfallen. Aus mancher Forschungsarbeit aber geht hervor, daß dies nicht der Fall ist. Das geistige Potential nimmt während des Lebenslaufs ständig zu, wobei sich die Kurve erst ab dem 60. Lebensjahr zu neigen beginnt – und selbst dies muß nicht notwendigerweise der Fall sein.
Ein Grund, der für diesen angeblichen Verfall stets angeführt wird, lautet, daß Neuronen ständig absterben und nicht mehr ersetzt werden. Diese Aussage ist an sich schon zweifelhaft, doch selbst wenn sie stimmen würde, ist es höchst unwahrscheinlich, daß sich dieser Umstand auf die geistigen Fähigkeiten auswirken könnte, und das aus folgenden Gründen:

1. Das Gehirn enthält etwa 10 bis 12 Milliarden Neuronen, und selbst wenn Neuronen zu Tausenden absterben, und dies Tag für Tag, würde sich der Verlust im Laufe des Lebens nur

auf 1% belaufen. In dieser Beziehung verfällt das menschliche Gehirn viel langsamer als jedes andere Organ!

2. Treten die Gehirnschäden langsam und schrittweise ein, wird der Verlust der Funktionsfähigkeit weitgehend reduziert. Der Verlust von weniger als 1% der gesamten Hirnmasse, der im Laufe eines Lebens Zelle für Zelle erfolgt, dürfte sich auf die geistigen Fähigkeiten wenig oder gar nicht auswirken. Sooft eine Zelle abstirbt, ist das Gehirn durchaus in der Lage, den Verlust zu ersetzen und sich umgehend wieder zu erholen.
3. Da sich die absterbenden Zellen ziemlich gleichmäßig auf das ganze Gehirn verteilen, ist es unwahrscheinlich, daß ein solcher Verlust irgendeine spezifische Funktion beeinträchtigt. Da im Nervensystem eine hochgradige Redundanz vorhanden ist, ist es höchst unwahrscheinlich, daß der Verlust dieser geringen Anzahl von Zellen überhaupt bemerkt wird, ob er nun im Laufe eines Lebens oder plötzlich auf einen Schlag erfolgt.

Die Forscher sind oft irregeleitet worden, indem sie annahmen, daß die geistigen Fähigkeiten mit zunehmendem Alter zurückgehen, weil sie die Entwicklung auf dem Gebiet der Erziehung und Ausbildung im Lauf der Jahre unbeachtet ließen. Ein Zwanzigjähriger hat wahrscheinlich eine bessere Ausbildung genossen als ein Siebzigjähriger. Ein direkter Vergleich der jeweiligen geistigen Fähigkeiten der beiden Altersgruppen wäre nichts weiter als ein Maß für die verschiedenen ausbildungstechnischen

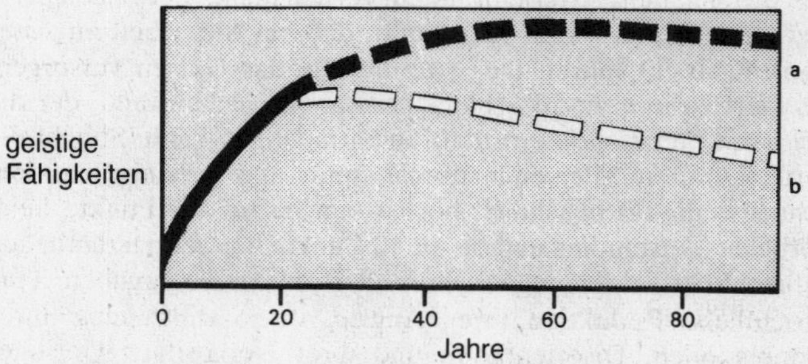

Bild 22: Zunahme der geistigen Fähigkeiten mit dem Alter. (a) Potentielles Wachstum im Lauf der Zeit. (b) Abnahme der geistigen Fähigkeiten nach dem 20. Lebensjahr (wie irrtümlich angenommen).

Hintergründe wie einer inneren Reduktion, eines körpereigenen Verfalls. Als die Psychologen mit ihren linearen Studien begannen – d.h. Studien, die sich mit einer bestimmten Person ein Leben lang beschäftigen – mußten sie feststellen, daß mit zunehmendem Fall keine Degenerationserscheinungen zu verzeichnen waren, zumindest was den IQ betraf. Die Ergebnisse ihres Intelligenztests schienen bis zum siebzigsten Lebensjahr stabil zu bleiben. Was das Nachlassen der Fähigkeiten betrifft, konnte lediglich festgestellt werden, daß Menschen, die die Sechzig überschritten hatten, bei Aufgaben, die physische Bewegungen bedingten, etwas langsamer waren, ein Umstand, der auch auf die geistigen Fähigkeiten zutraf.[1] In Fällen, wo ein Nachlassen der Intelligenz und sonstiger geistiger Fähigkeiten festgestellt werden konnte, handelte es sich im allgemeinen um Folgeerscheinungen von Erkrankungen oder um physiologische Fehlfunktionen, aber nicht um einen Verfall des Gehirns an sich.

Sauerstoff ist für die Gehirnfunktion ein wesentlicher Faktor. Obwohl das Gehirn nur etwa 2% des gesamten Körpergewichts ausmacht, verbraucht es 25% des Sauerstoffs, der dem Körper zugeführt wird. Wird die Sauerstoffzufuhr gedrosselt, leidet die Gehirnfunktion, und wird die Zufuhr ganz eingestellt, das heißt, wenn das Gehirn zwei bis drei Minuten lang keinen Sauerstoff erhält, setzt der Verfall ein, und die Schäden, die entstehen, sind nicht wieder gutzumachen.

Sobald ein Mensch älter wird, werden die Arterien, die zum Kopf und zum Herzen führen, durch die Arteriosklerose verstopft, da sich an den Arterienwänden verschiedene Fette ablagern. Bei einer Studie wurde festgestellt, daß bei Menschen im Alter von 50 bis 80 Jahren die Arterien, die das Gehirn versorgen, im Durchschnitt zu 50% blockiert waren, ein Umstand, der die geistigen Funktionen ernsthaft beeinträchtigen kann. Sobald die Arterien älterer Personen durchgespült und gereinigt wurden, schnellte ihr IQ beachtlich hoch – um bis zu 4,6 Punkte beim verbalen Verständnis und bis zu 12 Punkte bei der perzeptuellen Organisation. Messungen ihrer Persönlichkeit ergaben eine beachtliche Reduktion ihrer Ängste, ihres Mißtrauens, ihrer Depressionen, Disorientation und ihrer Nervosität.[2] Geistiger Verfall dürfte also einfach eine Folge einer Drosselung der Sauerstoffzufuhr zum Gehirn sein.

Ein weiterer Faktor, der die Verfügbarkeit von Sauerstoff für das Gehirn reduziert und dadurch eine Abnahme der intellektuellen Fähigkeiten bedingen kann, ist ein hoher Blutdruck. An der Duke University wurde eine Gruppe von 78 Menschen über 60 zehn Jahre lang beobachtet. Alle zweieinhalb Jahre wurden sie einer Reihe psychologischer und physiologischer Tests unterzogen, wobei der Blutdurck laufend gemessen wurde. Dabei wurde festgestellt, daß Menschen mit hohem Blutdruck ihre geistigen Fähigkeiten in bemerkenswertem Maß eingebüßt hatten, während bei Leuten mit normalem Blutdruck keine Verfallserscheinungen zu verzeichnen waren.[3]

Die erhöhte Zufuhr von Sauerstoff zum Gehirn kann aber einen vorhandenen Funktionsabfall bei älteren Leuten auch ins Gegenteil verkehren. Kurze Aufenthalte in einer Sauerstoffkammer kann zu einer bedeutenden intellektuellen Revitalisierung führen. Patienten, die nur etwa 15 Tage auf diese Weise zweimal pro Tag behandelt wurden, waren nachher bedeutend aktiver, baten um Lesestoff und wurden im allgemeinen bedeutend wachsamer und aufgeschlossener. Viele Patienten hatten sich so weit erholt, daß sie entlassen werden konnten.

Erwartung und Einbildung sind tiefgreifende Faktoren, wenn man beschließt, die Auswirkungen des Alterns zu studieren. Wenn man den Menschen nahelegt, daß das geistige Potential nach dem zwanzigsten Lebensjahr abnimmt, so wird dies wahrscheinlich auch der Fall sein. Und wenn man ihnen sagt, daß sie angesichts ihres Alters immer noch gut beieinander sind und daß sie sich wegen ihres Zustandes keine Sorgen machen sollen, dann wird die Abfalltendenz nur noch verstärkt. Der menschliche Geist besitzt die Fähigkeit, seinen eigenen Glauben zu materialisieren, und erscheinen grafische Darstellungen wie die in Bild 22, Kurve *b,* in der internationalen Presse, und werden solche Darstellungen als wirklichkeitsnah hingestellt (was bereits der Fall war), so neigen sie dazu, ihre eigenen falschen Schlüsse für bare Münze zu nehmen.

Andererseits kann die Erkenntnis, daß das menschliche Gehirn ein enormes latentes Potential besitzt, das sich im ganzen Leben und auch in reiferen Jahren dauernd entfalten läßt, zu jener Entwicklung führen, die in Kurve *a,* Bild 22, dargestellt ist.

Also steht es jedem frei, das Beste aus sich zu machen.

A) Altern und Gedächtnis

Ältere Leute klagen oft darüber, daß ihr Gedächtnis nachläßt, was die Ereignisse der jüngsten Vergangenheit betrifft, während sie sich deutlich an Ereignisse aus ihrer frühesten Kindheit erinnern können.

Das Langzeitgedächtnis beruht weitgehend auf kleinsten chemischen Veränderungen im Gehirn, und vom chemischen Standpunkt aus gesehen ist das Gehirn während des Erwachsenendaseins stets lern- und aufnahmebereit. RNS, ein kompliziertes Molekül, das mit dem Lernprozeß eng verbunden ist, behält seine Aktivität auch im zunehmenden Alter, der RNS-Gehalt im Gehirn nimmt im Lauf der Jahre *ständig zu,* und ein Abfall ist kaum vor den Sechzigern oder Siebzigern zu verzeichnen.[5] Demnach gibt es keinen chemischen Grund für die Annahme, daß die Lernfähigkeit nach Vollendung des zwanzigsten Lebensjahres abnimmt.

Es gibt also keinen schlüssigen experimentellen Nachweis dafür, daß das Gedächtnis mit zunehmendem Alter wie angenommen abnimmt. Zahlreiche Studien beweisen das Gegenteil. Menschen verschiedener Altersstufen wurden daraufhin getestet, bedeutende Schlagzeilen wieder ins Gedächtnis zu rufen und wiederzuerkennen, die während der letzten 40 Jahre vor dem Test veröffentlicht worden waren, ebenso hinsichtlich der Wiedererkennung von Fotos bekannter Gesichter über eine Zeitspanne von 30 Jahren. In allen diesen Fällen konnte nicht festgestellt werden, daß sich ältere Menschen eher an jüngste Ereignisse als an weiter zurückliegende Vorfälle erinnerten.[6]

Bei anderen Studien wurde untersucht, ob es einen Nachweis dafür gibt, ob Menschen »in der Vergangenheit leben«, sofern es sich um *persönliche* Erinnerungen handelt. Dabei wurden die Testpersonen aufgefordert, persönliche Assoziationen zu alltäglichen Begriffen zu nennen und dann den Ursprung für solche Assoziationen zu schätzen. Dabei wurde festgestellt, daß der Zeitpunkt der Ereignisse, an die sich die Testperson erinnerte, mit dem chronologischen Zeitalter in etwa Schritt hält. Eine langsam zunehmende Verzögerung im Erinnerungsvermögen eines Hundertjährigen ist insofern festzustellen, daß sich das Gedächtnis etwa um das achtzigste Lebensjahr konzentriert. Dieser Umstand dürfte aber kaum als ein Leben in der Vergangenheit bezeichnet werden, sondern

lediglich eine Folge der Tatsache, daß die lange Erinnerungsspanne das Durchschnittsalter hinsichtlich der Erinnerung an frühere Ereignisse reduziert. Daß die Erinnerung nur bis in die Achtziger und nicht bis in die Fünfziger oder noch früher reicht, legt nahe, daß die Episoden, an die sich eine Person erinnert, eher aus der zweiten Lebenshälfte stammen.[7]
Ein naheliegender Grund dafür, warum die Erinnerung bei älteren Leuten an jüngste Ereignisse nachläßt, mag in der Tatsache liegen, daß sich das Gehirn eher an herausragende Ereignisse erinnert. In der Kindheit gibt es eine Menge neuer, bemerkenswerter und herausragender Erfahrungen, bedeutend mehr als im späteren Leben, wobei sich der Mensch an solche »speziellen« Ereignisse viel besser erinnern kann. Eine Person in einer Routinesituation, die es nicht mit so viel neuem Stoff zu tun hat, kann vielleicht der Meinung sein, daß sie sich nicht mehr so gut erinnern kann. In solchen Fällen kann die Aufmerksamkeit, die man laufenden Ereignissen widmet, durchaus zu einer Verbesserung der Erinnerungsfähigkeit beitragen. Jede Situation ist individuell verschieden. Wenn man sich solcher Einmaligkeiten bewußt wird, so kann einen auch das eigene Gedächtnis nicht mehr narren.

B) Sanierung der Funktion

In Kapitel 2 wurde aufgezeigt, daß das menschliche Gehirn während der ersten zwei Lebensjahre eine beachtliche Ausgleichsfähigkeit besitzt. Wird irgendein Feld des jungen Gehirns beschädigt oder sogar entfernt, übernehmen andere Felder die entsprechende Funktion, so daß das Kind ohne bemerkenswerte Beeinträchtigung aufwächst.
Es gibt eine ganze Reihe von Beispielen dafür, daß Kinder nur mit einer Gehirnhälfte zur Welt kamen, oder bei denen die eine Hemisphäre aus medizinischen Gründen kurz nach der Geburt operativ entfernt wurde. In solchen Fällen wurde festgestellt, daß die verbliebene Gehirnhälfte die Funktionen der anderen Hemisphäre neben ihren eigenen übernahm.[8] Oft werden Kinder ohne Balken geboren, der die beiden Hälften miteinander verbindet – ein Phänomen, das als Agenesie bekannt ist. Trotzdem wachsen solche Kinder normal auf, ohne reduzierte Funktionen aufzuweisen.[9] Es scheint, als würde das Gehirn die fehlenden Nervenfasern dadurch kompensieren, daß es die Kommuni-

kation zwischen den beiden Hemisphären über andere Wege unterhalb des Gehirns umleitet.
Solche Effekte sind bereits seit langem bekannt und wurden gewöhnlich durch die Tatsache erklärt, daß das Gehirn stets im Wachsen begriffen ist und daher auch in der Lage, Beschädigungen in seiner Struktur auszugleichen. Allgemein wurde aber auch angenommen, daß, wenn dem Gehirn eines Erwachsenen oder auch dem eines Kindes im Alter von drei bis vier Jahren ein solcher Schaden zugefügt wird, eine komplette Rehabilitierung der Funktion nicht möglich ist, obwohl die heil gebliebenen Gehirnfelder bis zu einem gewissen Umfang für die beschädigten einspringen. Nunmehr weiß man aber auch, daß das Gehirn eines Erwachsenen eine beachtenswerte Plastizität aufweist. Es ist weitgehend rehabilitations- und kompensationsfähig und ist bei entsprechender reicher und abwechslungsvoller Stimulation durchaus in der Lage, sich im Lauf eines Lebens entsprechend zu entwickeln.
Man weiß von vielen Patienten zu berichten, bei denen große Teile des Gehirns beschädigt oder gar zerstört wurden, die zunächst ernstlich behindert waren, bei denen sich aber im Lauf der Zeit viele Funktionen wieder einstellten, die infolge des Traumas verlorengegangen waren. Ein typischer Fall ist der jenes amerikanischen Soldaten, der im Koreakrieg eine massive Gehirnverletzung davontrug, wobei alle Felder in der linken Hemisphäre zerstört wurden, die etwas mit der Sprache zu tun hatten. Als er drei Monate nach seiner Verletzung untersucht wurde, hatte er erhebliche Schwierigkeiten mit dem Sprechen, und wenn er überhaupt sprach, dann nur in abgehackten Sätzen, die selten mehr als zwei Wörter enthielten. Als er die Bezeichnung »New York University of Medicine« vorlesen sollte, brachte er nichts weiter als »Ärzte – kleine Ärzte« heraus. Als ihm jedoch nach acht Jahren derselbe Satz vorgelegt wurde, sagte er ohne jede Schwierigkeiten: »Was soll's? Es heißt ›New York University College of Medicine‹.«[10] Die latenten linguistischen Fähigkeiten der rechten Hemisphäre, die normalerweise von den überlegenen sprachlichen Fähigkeiten der linken Hemisphäre unterdrückt werden, hatten anscheinend die entsprechenden Funktionen so weit übernomen, daß die rechte Hemisphäre durchaus in der Lage war, die linke zu ersetzen.
Im obigen Fall war die Genesung ohne ein spezielles Rehabili-

tierungsprogramm eingetreten. Wird ein Patient mit einem Gehirnschaden unmittelbar nach der Verletzung einer speziellen Rehabilitierung unterzogen, ist eine spontane Wiederherstellung der Funktion nicht auszuschließen. Ein junger Matrose erlitt im Zweiten Weltkrieg eine ernstliche Beschädigung des Sprachzentrums in der linken Hemisphäre, wonach er nur unartikulierte Grunzlaute hervorbringen konnte. Schon einen Monat später, als der Matrose seine Sprache wiedergefunden hatte, wurde er in ein intensives Rehabilitationsprogramm einbezogen. Seine ersten Worte, die er sprach, waren in seinem Heimatdialekt, während die Kursleiterin mit betontem Yankee-Akzent sprach. An diesem Punkt wollte die Ausbilderin aufgeben, weil ihrer Meinung nach der Matrose sein Licht unter den Scheffel stellte, bzw. seine Kondition verbarg.[11] Sie hatte jedoch die einsetzende Rehabilitation ihres Patienten falsch gedeutet, weil es sich in diesem Fall nicht um ein komplettes Wiedererlernen der Sprache sondern um eine Entwicklung der Sprachzentren handelte, die bis dahin nicht genutzt worden waren.

In einem weiteren Fall, den der russische Psychologe Alexander Luria gründlich untersucht hat, litt ein junger Soldat, der eine schwere Kopfwunde davongetragen hatte, unter Sehstörungen, Gedächtnisschwund und Verlust des Sprech- Lese- und Schreibvermögens. Obwohl der Mann hilflos war wie ein Kind, nahm er sich vor, sich von Grund auf neu zu schulen und zu erziehen. Durch Beharrlichkeit und Ausdauer brachte er es schließlich fertig, sich zu erinnern und zu begreifen, zu sprechen, zu lesen und zu schreiben.[12] All dies geschah in einem Zustand, wo ein Großteil des Gehirns nicht mehr funktionierte und in einem Alter, von dem es heißt, daß die Funktionen des Gehirns fest eingefahren sind.

Je früher die Schulung nach der Verletzung einsetzt, um so wirksamer ist sie. Muß die Schulung einige Monate aus irgendwelchen Gründen hinausgeschoben werden, geht die Erholung der Patienten langsamer und weniger erfolgreich vor sich.[13]

Es wurde festgestellt, daß mehrere kleine Schäden nicht so schwer wiegen wie ein größerer Schaden, selbst wenn bei kleineren Verletzungen mehr Gehirngewebe zerstört wird als bei umfangreicheren Verletzungen. Eine Beschädigung der linken Hemisphäre unterbricht die linguistischen Funktionen nicht so gründlich, als wenn sich der Schaden nur langsam und zögernd entwickelt.[14] Dieser faszinierende Aspekt der graduellen Beschädigung wurde an einem Affen demonstriert, dem man in kurzen Abständen die motorische Region der Gehirnrinde entfernte. Nachdem jeweils ein kleines Stück entfernt war, wurde der Affe einem intensiven Gehtraining unterzogen, und obwohl schließlich so gut wie nichts von der motorischen Region vorhanden war, konnte das Tier immer noch stehen und gehen.

Einige dieser Erkenntnisse wurden mit gutem Ergebnis bei Personen angewandt, die einen Schlaganfall erlitten hatten. Nach einem Schlaganfall kann es vorkommen, daß der Patient gelähmt und auf den Rollstuhl angewiesen ist, oft kann er auch nicht richtig oder gar nicht sprechen. Früher wurde nur wenig für die Rehabilitation getan, und auch die Genesung machte nur langsam Fortschritte. Heutzutage dagegen werden Patienten mit einem Schlaganfall ermuntert, ihre Beine zu gebrauchen, lernen wieder gehen und werden einer intensiven Sprachtherapie unterzogen, um ihnen zu helfen, ihre verbalen Fähigkeiten wiederzugewinnen. Auch in diesem Fall gilt: Je früher das Training einsetzt, um so wirkungsvoller ist es.

Diese Grundsätze wurden auch angewandt, um kleinen Kindern zu helfen, Gehirnschäden zu überwinden. Zwei amerikanische Psychologen, Glen Doman und Carl Delecato, haben das »Institute for the Achievement of Human Potential« (etwa: Institut zur Wiedererlangung des menschlichen Potentials) in Philadelphia gegründet, um Kindern zu helfen, die nach Hirnverletzungen physisch behindert sind. Früher wurde angenommen, daß solche Kinder ihre Schäden selten, wenn überhaupt überwinden könnten. Domans und Delecatos Methode konzentrierte sich auf die Schulung der Eltern, auf welche Weise diese ihren Kindern beistehen könnten, damit sie mit ihrer Behinderung fertig werden und diese letztlich überwinden können. Eltern von teilweise gelähmten Kindern wurde beigebracht, wie sie etwa die Beine trainieren können, damit das Gehirn eher in der Lage ist, die Bewegungen der Beine zu steuern. Viele dieser Kinder, wenn auch nicht alle, begannen schließlich zu krabbeln und zu laufen. Andere wiederum, die vorher stumm waren, begannen wieder zu sprechen, und in vielen Fällen stieg der IQ dramatisch an. In einem Fall, wo ein Kind eine ganze Gehirnhälfte eingebüßt hatte, gelang es sogar, es auf den normalen Stand von gleichaltrigen Kindern zu bringen.[16]

Doman erkannte, daß, wenn eine solche Rehabilitation bei Kindern mit Gehirnschäden möglich war, ein solches Unterfangen bei normalen Kindern noch weit mehr erfolgversprechend sein dürfte. Also begann er damit, seine Methode bei normalen Kindern anzuwenden, und das mit dem gleichen erstaunlichen Erfolg. Viele Kinder haben im Alter von zwei Jahren lesen gelernt und zeigten eine größere emotionelle Entwicklung als andere Kinder gleichen Alters.[17]
Eine ähnliche Methode hat Mosche Feldenkreis aus Israel angewandt. Er glaubt an die Wiedererweckung der motorischen Gehirnfelder durch Muskelmanipulation, wobei dem Gehirn durch direkte Erfahrung beigebracht wird, wie die einzelnen Muskeln zu steuern sind. Bei einer Demonstration in London, wo er diese Technik vorführte, präsentierte er einen 50jährigen Spastiker, der sein Leben lang an dieser Behinderung gelitten hatte, dessen Beine er vorsichtig hin und her bewegte, um dem Gehirn eine glattere Muskelsteuerung beizubringen. Nach nur einer Stunde dieser Behandlung stand der Mann auf und bewegte sich wie eine normale Person, während ihm die Freudentränen übers Gesicht rannten. Ein Wunder? Mitnichten. Es handelte sich einfach um die Kombination eines äußerst sensiblen Therapeuten, der die Möglichkeit erkannt hatte, die einem erwachsenen Gehirn zur Verfügung stehen, das auf richtige Art geschult wird.[18]
Ein weiteres interessantes Beispiel für die Rehabilitation der Funktionen findet sich bei Patienten mit durchtrennten Gehirnhälften, wie bereits im vorigen Kapitel besprochen. Zum Zeitpunkt der Operation schien es so, als wäre eine deutliche Lokalisierung der Funktion vorhanden – etwa verbale Fähigkeiten, die hauptsächlich in der linken Hemisphäre sitzen, und visuelle Fähigkeiten, die in der rechten Gehirnhälfte wohnen. Zehn Jahre nach der Operation hatten aber die beiden Gehirnhälften weitgehend den Verlust der jeweils anderen Hemisphäre überwunden und sich entsprechend erholt. Die linke Seite hatte visuelle Fähigkeiten entwickelt, darunter auch solche, die der linken Hemisphäre zugeordnet werden, während die rechte Hälfte linguistische Fähigkeiten aufwies. Diese Rehabilitation erfolgte ohne jedes Spezialtraining. Wenn eine entsprechende Nachschulung *gegeben* ist, kann die rechte Hemisphäre das Lesen und Schreiben viel schneller lernen – und zwar in weniger als sechs Monaten.[19]

C) Die Regeneration von Neuronen

Die Fähigkeit des Gehirns, sich nach ernsthaften Verletzungen zu erholen, wirft die Frage auf, ob sich Neuronen regenerieren können. Bis vor kurzem wurde eine solche Möglichkeit allgemein nicht akzeptiert, weil man der Meinung war, daß die Rehabilitation von Funktionen eine Folge der angeborenen Potentiale in anderen Gehirnregionen und der graduellen Erholung von dem Schock zu verdanken sei, der durch die Verletzung ausgelöst wurde. Nach den neuesten Erkenntnissen besteht aber durchaus die Möglichkeit, daß nach einem Schaden Neuronen durchaus in der Lage sind, neue Fasern wachsen zu lassen, ja, sich selbst zu reproduzieren.

Studien über die Auswirkungen von Gehirnschäden bei Ratten haben gezeigt, daß die beschädigten Regionen nicht leer bleiben, sondern daß die Neuronen aus der nächsten Nachbarschaft in die beschädigten Felder eindringen und den leeren Raum füllen.[20] Es wurde festgestellt, daß bei der Beschädigung des visuellen Systems von Hamstern zu einer positiven Redirektion von Nervenfasern und damit zur Bildung zahlreicher neuer Synapsen geführt haben, die alle mitsamt entsprechend funktionierten.[21] Weitere Studien haben ergeben, daß, wenn Axone in bestimmten Gehirnfeldern durchtrennt werden, ihr Ende, das immer noch an der Zelle anliegt, eine große Zahl kleiner Sprossen hervorzubringen beginnt. Diese Sprossen verbreiten sich über das ganze Nervensystem und stellen die Kontakte mit den gestrandeten Synapsen wieder her, bis all die ursprünglichen Anschlüsse wieder gebildet sind.[22] Obwohl bereits bekannt war, daß eine solche Regeneration in den Peripheralnerven stattfinden kann, die von den Muskeln und den sensorischen Organen zum Gehirn verlaufen, war es zum ersten Mal, daß ein solcher Vorgang im Gehirn selbst festgestellt wurde.

Demnach besteht die Möglichkeit, daß sich Neuronen nach einem Schaden tatsächlich reproduzieren können. Obwohl sich Neuronen normalerweise nicht vermehren, besitzen sie das genetische Potential für die Reproduktion. Auf irgendeine Weise scheint ein solches Potential im normalen Nervensystem inbegriffen zu sein. Versuche legen nahe, daß ein solcher Faktor mit dem jeweiligen elektrischen Zustand der Zelle verbunden ist. Neuronen, die einer elektrischen Depolarisation unterzogen werden (d.h. einer

Reduktion des elektrischen Potentials durch die Zellwand), können gelegentlich beginnen sich zu teilen und sich zu reproduzieren, wie andere Zellen auch.[23] Auch Neuronen können dazu gebracht werden, sich zu reproduzieren, wenn sie in ein Medium gesetzt werden, das mit Natriumionen angereichert ist.[24] Diese Veränderung der Ionenkonzentration berührt die Zellmembranen auf die gleiche Weise wie eine direkte elektrische Entpolarisierung.

Das alles sind aufregende Feststellungen, die unsere bisherigen Anschauungen über Neuronen revolutionieren könnten. Vorerst steht noch nicht fest, ob eine solche Regeneration im normalen Nervensystem stattfinden kann, doch scheint das Gehirn die Möglichkeiten, die sich ihm eröffnen, maximal auszunützen, wobei das beschädigte Gewebe der Ort sein dürfte, wo solche Veränderungen der Nervenzellenmembranen höchstwahrscheinlich erfolgen.

D) Wie man das Beste aus seinem Gehirn macht

Die Forschung über die Rehabilitation der Funktion bietet einen lehrreichen Einblick in das latente Potential des ausgewachsenen Gehirns hinsichtlich einer kontinuierlichen Entwicklung. Wenn das verletzte Gehirn solch erstaunlicher Leistungen fähig ist, wobei die verlorenen Fähigkeiten durch andere Gehirnregionen neu entwickelt werden und Neuronen nachwachsen, um die zerstörten Verbindungen zu regenerieren – wessen dürfte dann das normale, intakte Gehirn fähig sein? Kann das erwachsene Gehirn von diesen latenten Fähigkeiten des Wachstums und der Entwicklung Gebrauch machen, ohne den traumatischen Umweg über eine Gehirnverletzung zu machen?

Die Antwort lautet stets entschieden »ja«.

Darüber hinaus, da das gesunde intakte Gehirn nicht durch beschädigte Felder und fehlende Verbindungen behindert wird, ist sein Potential hinsichtlich Weiterentwicklung bedeutend größer als das des beschädigten Gehirns. Um dieses natürliche Potential zu entfalten, gibt es zwei Dinge, die unerläßlich sind:

1. Benützen Sie Ihr Gehirn.
2. Pflegen Sie Ihr Gehirn.

E) Wie man sein Gehirn benützt

Das erwachsene Gehirn gedeiht durch Erfahrung, wie das Gehirn des Kleinkindes. Wollen wir sein angeborenes Potential voll nutzen und unsere geistigen Fähigkeiten ein Leben lang weiterentwickeln, ist es außerordentlich wichtig, daß wir unserem Gehirn eine so erfüllte, so abwechslungsreiche und so anregende Umgebung wie nur möglich bieten. Einer der Hauptgründe dafür, daß die geistigen Fähigkeiten um das zwanzigste Lebensjahr herum abzufallen scheinen, liegt in der Tatsache, daß die formelle Erziehung und Ausbildung etwa in diesem Alter aufhört, und daß wir nachher unserem Gehirn nicht mehr so viele Herausforderungen und Übungen zumuten. Nachdem man die Schule verlassen hat, wird das Gehirn oft vernachlässigt, was mit einer scheinbaren Rückläufigkeit des Potentials einhergeht. Wie jedes andere Organ reagiert auch das Gehirn atropisch, wenn es nicht benutzt wird.

Erziehung oder *Edukation* stammt vom lateinischen *e-ducare* und bedeutet wörtlich »das volle Potential herausholen.« Wurde das volle Potential bis zum 20. Lebensjahr nicht voll entwickelt – was niemals der Fall ist – dann sollte die *Edukation* fortgesetzt werden, indem man weiter lernt, den Geist pausenlos herausfordert und ihm dauernd neue Übungen zumutet.

In welchem Umfang eine angereicherte Stimulierung sich auf die Struktur von Rattengehirnen auswirken kann, wurde durch die Arbeit von Mark Rosenzweigs Team an der Universität von Kalifornien demonstriert. Sie setzten Rattengruppen in eine Spielzeuglandschaft, die mit allerhand Gerät, wie Leitern, Räder, Rampen, Sprossen usw. ausgestattet war, und stellten fest, daß die reichere Umgebung sowohl zu einer Gewichtszunahme wie auch zur Verdickung der Hirnrinde führte. Weitere Versuche an der Universität von Kalifornien zeigten, daß voll ausgewachsene Ratten die gleiche Zunahme an Gewicht und Dicke der Hirnrinde aufwiesen wie junge Ratten.[25]

Rosenzweig und sein Team haben mittlerweile untersucht, ob das Wachstum des Gehirns lediglich vom Anblick einer angereicherten Umwelt oder von der aktiven Beschäftigung mit und den Wechselbeziehungen zu einer solchen Umwelt herstammte. Sie teilten ihre Ratten in drei Gruppen ein, nämlich in sogenannte »reiche«, denen gestattet wurde, in ihrer komplizierten Umwelt frei herumzuturnen, in »Beobachter«, die zwar eine solche Umwelt betrachten, aber nicht an ihr teilhaben konnten, und in eine Kontrollgruppe, die in einer »armseligen« und primitiven Umgebung lebte. Nach einer Woche dieser Behandlung wurde das Gehirn der Tiere untersucht. Dabei wurde festgestellt, daß bei den »Beobachtern«, also bei Ratten, die jene angereicherte Umwelt nur vom Sehen kannten, ohne sie nützen zu können, nicht den gleichen Gehirnzuwachs aufwiesen wie die »reichen« – in Wirklichkeit unterschieden sie sich kaum von der »benachteiligten« Gruppe.[26]

Ein Grund dafür, warum man Ratten oft als Versuchstiere benützt, liegt in der Tatsache, daß ihr Nervensystem in seinen Grundzügen unserem Nervensystem auf mancherlei Weise ähnlich ist. Wenn wir Rosenzweigs Werk auf die menschliche Situation anwenden, können wir darauf schließen, daß das Leben in einer reizvollen Umwelt allein nicht genügt – wir müssen vielmehr mit einer solchen Umwelt aktiv in Wechselbeziehung treten, und zwar auf so viele Arten wie möglich – soll unser Gehirn davon profitieren. Beim Fernsehen etwa, sofern man den richtigen Kanal einstellt, können diverse Stimulierungen auftreten, doch handelt es sich im allgemeinen um eine passive Stimulierung, die nicht unbedingt dazu geeignet ist, bedeutend zur Entwicklung des Gehirns beizutragen. Da ist es schon bedeutend besser, mit der Welt und mit anderen guten Geistern direkt zu verkehren, neue Gebiete zu erforschen (und sie mit den alten zu integrieren), den eigenen Geist zu üben, wo immer sich Gelegenheit bietet, seine Reserven zu nutzen, sich selbst Ziele zu setzen und sich an all dem zu erfreuen.

Die Wahrheit solcher Behauptungen wird durch Leute erhärtet, die ein Leben lang nicht aufgehört haben, sich weiterzubilden. Wissenschaftler aus dem Forschungsbereich, Universitätsdozenten und Polymaten, die sich mit zahlreichen Problemen befassen und auf den verschiedensten Gebieten von ihren Reserven und ihrem Wissen Gebrauch machen, zeigen keine rückläufige Entwicklung, was ihre geistigen Fähigkeiten betrifft, im Gegenteil – sie bleiben bis ins hohe Alter geistig aktiv. Albert Einstein, einer der kreativsten Geister in der Geschichte der Menschheit, führte sein theoretisches Werk bis zu seinem Tode im Alter von 77 Jahren fort. Bertrand Russel, der Philosoph, Mathematiker, Historiker und Polemiker hat im Alter von 95 Jahren seine schrift-

stellerische Tätigkeit zügig fortgesetzt und in weltumspannenden Angelegenheiten eine bedeutende Rolle gespielt. Auch Carl Jungs Geist blieb wachsam und produktiv bis ins hohe Alter. Michelangelo schuf noch mit 80 Kunstwerke – und das zu einer Zeit, wo die durchschnittliche Lebenserwartung nur 35 Jahre betrug. Rembrandt erreichte den Höhepunkt seines Schaffens während der letzten Lebensjahre. Cezanne, Turner und Picasso verloren auch im hohen Alter nichts von ihrem Talent. Gauguin begann erst mit 35 zu malen, malte aber bis zu seinem Tod. Bach, Brahms, Haydn, Tschaikowsky und Britten komponierten in ihren späten Jahren hervorragende Werke. George Bernard Shaws Geist war mit 94 ebenso scharf und ätzend wie mit dreißig. Ähnlich wiesen Wordsworth, Tennyson und D.H. Lawrence keinerlei Verfall ihrer geistigen Fähigkeiten in ihren späten Jahren auf.
Die Moral von der Geschicht': Benütze deinen Grips und mach' das Beste draus!
Einige Möglichkeiten hierfür werden in Teil 2 besprochen.

F) Gehirnpflege

Regelmäßige Übungen sind für das Gehirn unbezahlbar. Kurzfristig wird dadurch die Sauerstoffzufuhr gesteigert, und langfristig trägt es dazu bei, die Arterien sauber zu halten. Bei einer sechsjährigen kanadischen Studie an 300 Schulkindern wurde festgestellt, daß Kinder, die tagtäglich physische Übungen machten, in psychischer Hinsicht bedeutend fitter waren und bei ihrer akademischen Arbeit bedeutend höhere Grade erzielten.[27] Ebenso kann sich die Übung auch direkt auf die Persönlichkeit auswirken. Regelmäßiges Jogging und physisches Training führen nicht nur zu einer körperlichen Fitneß, sondern auch zu einer gesteigerten emotionellen Stabilität, einer gesteigerten Imagination und einem erhöhten Selbstbewußtsein.[28]
Regelmäßige Pausen sind für die mentale Funktion ebenfalls vital. Das menschliche Nervensystem funktioniert nach einer regulären Alternation von Aktion und Ruhe und ist auf diesen Zyklus genau abgestimmt. Wird dieser Zyklus unterbrochen, dann wird auch der natürliche tägliche Zyklus des Gehirns gestört. Im Schlaf, insbesondere während der Traumphasen, wird der Chemikalienhaushalt aufgefüllt, insbesondere Proteine, die im Lauf des Tages verbraucht wurden. Auch der Körper nimmt

während des Schlafes zu. Als Erwachsene wird zwar unser Längenwachstum eingestellt, doch die Zellen in unserem Körper werden dauernd ersetzt, ein Wachstum, das überwiegend bei Nacht stattfindet.

Eine Ruhepause am Tage ist aber ebenso wertvoll. Regelmäßige Pausen, die man beim Lesen oder beim Studium einlegt, tragen sowohl zur Verbesserung der Aufnahmefähigkeit als auch zu der des Gedächtnisses bei. Außerdem sind Techniken, die zu einer tiefgehenden Entspannung führen, wie etwa die der Transzendentalen Meditation, sofern sie täglich geübt werden, durchaus geeignet, zu einer weiteren Ausschöpfung der geistigen Fähigkeiten beizutragen.

Bei einer einfachen Messung der Reaktionszeit wurden verschiedene Personen aufgefordert, auf einen Knopf zu drücken, sobald ein Licht aufleuchtete. Dabei wurde festgestellt, daß Personen, die die TM praktizierten, bedeutend schneller reagierten – 0,3 Sekunden im Vergleich zur Kontrollgruppe mit 0,5 Sekunden.[29] In einer weiteren Studie wurde die Fähigkeit von Meditatoren gemessen, eine Metallkugel durch ein Labyrinth zu führen, indem sie das Brett, auf dem die Kugel ruhte, jeweils entsprechend neigten. Diejenigen Personen, die regelmäßig TM ausübten, zeigten eine bedeutend bessere Leistung als andere, und ihre Leistung nahm nach einer weiteren Meditationsperiode noch zu.[30] Andere Untersuchungen haben ergeben, daß die Intelligenz-Zuwachsrate bei Kindern, die TM übten, gestiegen war, ebenso die Lernfähigkeit, das Gedächtnis, die Fähigkeit zur Problemlösung und die Kreativität.[31]

Was die Ernährung betrifft, ist eine regelmäßige wohlausgewogene Kost für die Gehirnfunktion im allgemeinen von Bedeutung. Insbesondere die Zufuhr von Vitamin E, die eine Sauerstoffversorgung der Zellen steigert, verhilft den Nervenzellen dazu, den verfügbaren Sauerstoff besser einzusetzen. (Vitamin E findet sich am ehesten im Vollkorn und in kalt gepreßten Ölen, etwa solchen, die aus Sonnenblumenkernen gewonnen werden.) Die Vitamine B und C erhöhen die Wachsamkeit des Gehirns, und Vitamin D trägt zur Aufnahme von Mineralien, wie etwa Kalzium, Magnesium und Jod bei, wobei wiederum die Wachsamkeit gesteigert wird. Die meisten Vitamine erhält man durch den Verzehr von Frischgemüse und frischem Obst. Gelegentlich sollte Gemüse in rohem Zustand genossen

werden, etwa als Zutat zu Salaten, da manche Vitamine beim Kochen oder Dämpfen abgebaut werden.
Natürliche Lebensmittel sind im allgemeinen nahrhafter als vorbehandelte. Künstliche Konservierungsmittel und Farbstoffe haben sich außerdem als schädlich für das Gehirn erwiesen. Zu meiden sind außerdem zu viel Zucker und Stärke, die zur Trübung oder Abstumpfung des Geistes führen, sowie ein Übermaß an Koffein, Alkohol und sonstige unnötige Drogen.
Nahrungsmittel bedürfen der Überlegung, wie man andererseits Nahrung zum Denken braucht. Man überlege also vor dem Essen, und man wird besser speisen und besser denken.

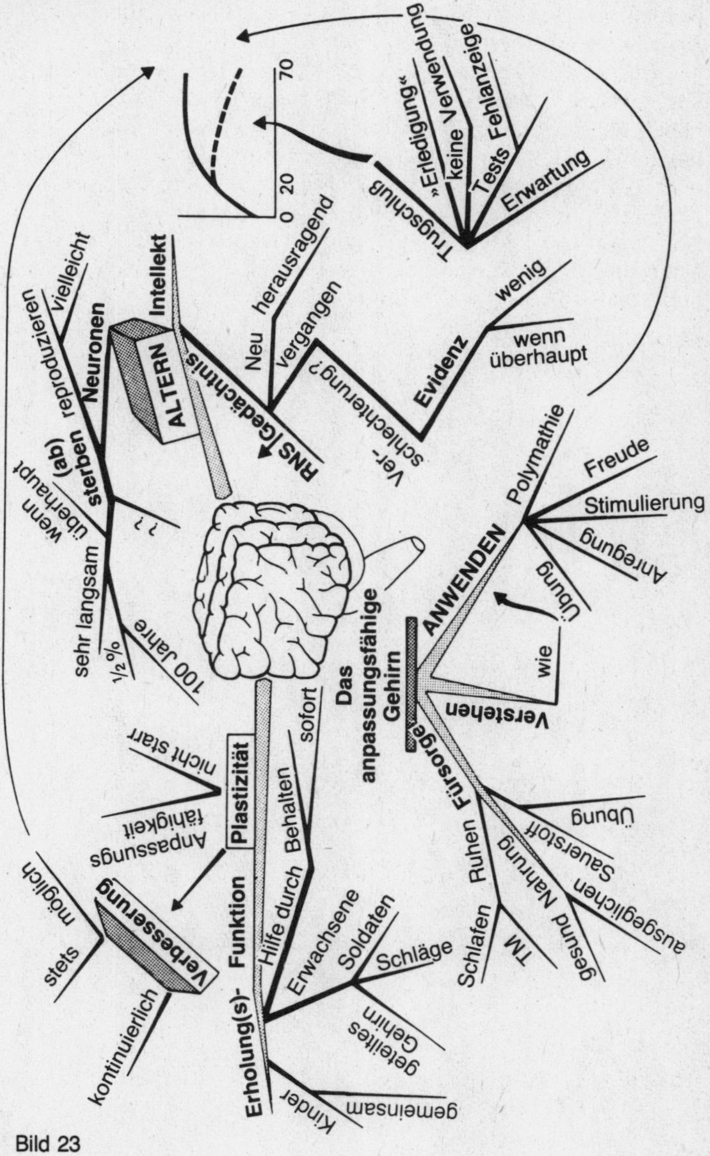
Das anpassungsfähige Gehirn
ALTERN
Intellekt
RNS [Gedächtnis
Neu
herausragend
vergangen
Ver-schlechterung?
Evidenz
wenig
wenn überhaupt
Trugschluß
»Erledigung«
keine Verwendung
Tests
Fehlanzeige
Erwartung
0
20
70
Neuronen
reproduzieren
vielleicht
sterben (ab)
wenn überhaupt
??
sehr langsam
½ %
100 Jahre
Plastizität
nicht starr
Anpassungsfähigkeit
Verbesserung
möglich
stets
kontinuierlich
Erholung(s)-Funktion
sofort
Behalten
Hilfe durch
Erwachsene
Soldaten
Schläge
geteiltes Gehirn
Kinder
gemeinsam
ANWENDEN
Polymathie
Freude
Stimulierung
Anregung
Übung
wie
Verstehen
Fürsorge
Übung
Sauerstoff
ausgeglichen
Nahrung
gesund
Ruhen
Schlafen
TM

Bild 23

Teil II

Funktion und Potential

6. Die Psychologie des Gedächtnisses

Gibt es verschiedene Arten von Gedächtnis?
Wie schnell vergessen wir?
Ist es möglich, alles zu behalten?
Was ist es, woran man sich am besten erinnert?
Ist es gut, Studien durch Ruhepausen zu unterbrechen?
Ist Warmlaufen eine Hilfe?
Warum bleiben herausragende Dinge am besten in Erinnerung?
Hilft »büffeln« oder »pauken«?

Das Gedächtnis ist zweifellos eine der wichtigsten menschlichen Fähigkeiten. Ohne Gedächtnis gäbe es kein Lernen aus Erfahrung, kein intellektuelles Funktionieren, keine sprachliche Entwicklung, noch eine jener Qualitäten, die mit dem Menschsein in Verbindung gebracht werden. Dennoch bleibt das Gedächtnis vielleicht mit Ausnahme des Bewußtseins eine der mysteriösesten Fähigkeiten des Geistes. Trotz der Tatsache, daß dem Studium des Gedächtnisses vielleicht mehr Forschungsarbeit und Aufmerksamkeit gewidmet wurde als anderen geistigen Funktionen, wissen wir vergleichsweise wenig darüber, wie sich der Geist an Dinge erinnert und warum es wiederum auch anscheinend solche gibt, die er vergißt.
Das Gedächtnis wird oft als die Fähigkeit bezeichnet, frühere Ereignisse wieder aufzurufen. Wenn man jemanden fragt, was er gestern zu Mittag gegessen hat, so wird er wahrscheinlich in der Lage sein, die Mahlzeit kurz zu beschreiben, und wenn man diese Angaben nachprüft, so wird man wohl feststellen können, wie gut sich der Betreffende »erinnern« kann.
Das Gedächtnis ist jedoch weit mehr als nur die Fähigkeit, sich an vergangene Ereignisse zu erinnern. Würde man dieselbe Person fragen, was sie vor einem Jahr zu Mittag gegessen hat, dürfte sie sich schwerlich daran erinnern. Wären wir in der Lage zu sagen, was die Person tatsächlich verzehrt hat, könnte sie sagen: »Oh ja,

jetzt kann ich mich erinnern.« Er würde Verschiedenes wiedererkennen, und wir könnten immer noch meinen, daß er etwas behalten hat. Demnach ist aber Behalten nicht notwendigerweise mit Erinnern gleichzusetzen.
Wenn man eine Person an ein Ereignis oder an eine Situation – in diesem Fall an eine Mahlzeit – erinnert und ihm immer noch kein »Seifensieder« aufgeht, so heißt das nicht unbedingt, daß sie dieses Ereignis oder diese Situation nicht im Gedächtnis gespeichert hat. Es könnte durchaus sein, daß die betreffende Person in Hypnose durchaus in der Lage ist, sich an Einzelheiten zu erinnern. Es gibt Ereignisse und Erfahrungen, die zwar im Gedächtnis gespeichert sind, aber nicht sofort abgerufen oder erkannt werden können. Wie in Kapitel 12 aufgezeigt wird, gibt es immer mehr Beweise dafür, daß das Gehirn alles speichern kann, was es jemals erfahren hat.

A) Die Mannigfaltigkeit denkwürdiger Ereignisse

Das Gedächtnis läßt sich in mehrere verschiedene Arten einteilen:

Episodisches Gedächtnis: Die Erinnerung an vergangene Episoden aus dem Leben, etwa, daß man einmal über die Katze gestolpert ist.
Faktuelles Gedächtnis: Die Erinnerung an Fakten, etwa daß die Schlacht bei Hastings 1066 stattgefunden oder daß Einstein die Relativitätstheorie formuliert hat. Hier handelt es sich zwar nicht um aktuelle Episoden aus dem Leben eines Menschen, es handelt sich vielmehr um angelerntes Wissen infolge zahlreicher Episoden aus der Schulzeit, bei der Lektüre oder bei sonstigen Gelegenheiten.
Semantisches Gedächtnis: Das Gedächtnis für Sinn und Bedeutung. Man erinnert sich daran, daß es sich bei einem »Schmetterling« um ein Insekt mit vier bunten Flügeln handelt, und daß das Wort »glatt« eine bestimmte Wahrnehmung des Tastsinns beschreibt, wobei das Wort auch noch weitere Bedeutungen hat. Die Durchschnittsperson kann sich an mehrere hunderttausend Wörter und Bedeutungen erinnern.
Sensorisches Gedächtnis: Die meisten Menschen verfügen über ein beachtliches visuelles Gedächtnis und sind in der Lage, ob sie es nun glauben oder nicht, sich an mehrere tausend Gesichter

zu erinnern, wobei sie wahrscheinlich die meisten deutlich mit dem »inneren Auge« sehen. Viele können sich an den Klang eines beliebten Musikstückes erinnern, oder an den Duft einer würzigen Speise.

Geschicklichkeiten und Fähigkeiten: Auch diese Dinge sind im Gedächtnis gespeichert. Eine Person erinnert sich daran, wie man sich anzieht, wie man ein Auto fährt, wie man einen Ball wirft. Selbst beim Gehen und Sprechen handelt es sich um Fähigkeiten, die man früh im Leben erwirbt.

Instinktives Gedächtnis: Das Neugeborene »erinnert« sich daran, an der Mutterbrust zu saugen, und das erwachsene Gehirn »weiß« aus der Erinnerung, wie man atmet, schläft, verdaut usw. Die Grundlagen solcher Erinnerungen sind angeboren und in den Genen gespeichert. Dieses genetische Gedächtnis spezifiziert auch manch individuelle Eigenschaften sowohl physikalischer als auch geistiger Art.

Kollektives Gedächtnis: Psychologen, wie etwa Carl Jung, haben nahegelegt, daß der Mensch auch Zugang zu den kollektiven Rassengedächtnissen hat. Diese erscheinen meistens im Traum als archetypische Symbole, die bei vielen Menschen sehr ähnlich sind, auch wenn sie außerhalb ihrer normalen Lebenserfahrungen liegen.

Erinnerung an ein früheres Leben: Es gibt Menschen, die anscheinend in der Lage sind, sich an Ereignisse vor ihrer Geburt zu »erinnern«, manchmal an solche, die mehrere Jahrhunderte zurückliegen. In der Hypnose ist es möglich, dieses Phänomen eingehender zu untersuchen, und oft kann man feststellen, daß sich solche »Erinnerungen« mit tatsächlichen Vorkommnissen im Leben einer Person in der Vergangenheit decken – obwohl die Person nichts von der Existenz dieses Wesens weiß oder wissen kann.

Es gibt kaum einen Augenblick in unserem Leben, wo das Gedächtnis keine tragende Rolle spielt, und je mehr wir begreifen, um so eher können wir uns bei der Arbeit, im Heim, beim Spiel und beim Studium helfen – sei es in der Gemeinschaft, sei es für uns allein.

B) Die Ebbinghaus'schen Versuche

Die erste experimentelle Untersuchung des Gedächtnisses wurde von Hermann Ebbinghaus in Deutschland zwischen 1879 und 1885 durchgeführt. Ebbinghaus hatte erkannt, daß das Gedächtnis durch Sinn und Assoziation gewaltig beeinflußt wird. Um nun diese Faktoren zu kontrollieren, beschloß er, Wörter zu benutzen, die weder sinnvoll noch assoziativ waren. Also stellte er Tabellen und Listen von sinnlosen Wörtern zusammen. Indem er sich selbst als Subjekt benutzte, verbrachte er sechs Jahre damit, Tausende solcher Listen auswendig zu lernen und zu rekapitulieren.

Diese Methode bestand darin, eine Liste sinnloser Silben (z.B. TAJ, ZIN, DEC, RAX, DAK, JAF, HUQ) auswendig zu lernen und sich dann mit Hilfe einer Technik, die er als Antizipationsmethode bezeichnete, an diese zu erinnern. Zuerst las er die Liste für sich in gleichmäßigem Tempo durch. Dann fing er wieder von vorne an und versuchte, das erste Wort zu erraten, prüfte nach, ob seine Vorwegnahme richtig war, dann wiederholte sich derselbe Vorgang beim zweiten, beim dritten Wort und so weiter, bis die Liste zu Ende war. Nachdem er einmal die Liste durch hatte, fing er nochmals von vorne an. Dieser Vorgang wurde so lange wiederholt, bis er jede Silbe in der Liste richtig wiedergeben konnte, wobei er sich notierte, wie lange der ganze Prozeß dauerte.

Bei einem dieser Experimente lernte er acht Listen mit jeweils 13 sinnlosen Silben. Nachdem eine bestimmte Zeit verstrichen war, lernte er eine der Listen noch einmal. Indem er dann die Zeit des Nachlernens mit der ursprünglichen Lernzeit verglich, war er in der Lage, zu schätzen, wieviel er vom ersten Mal behalten hatte. Durch das Nachlernen verschiedener Listen nach verschiedenen Zeitabständen konnte er das Nachlassen der Retention verfolgen. Um nun die Ergebnisse statistisch zu analysieren, sammelte er mehrere Sätze von Resultaten, während er sich dem langwierigen Lernprozeß nicht weniger als 163 Mal unterzog!

Ebbinghaus' Ergebnisse sind in Bild 24 zusammengefaßt. Sie zeigen im Anfang eine rasche Zunahme des Erinnerungsvermögens, das aber im Lauf der nächsten Tage und Nächte allmählich abnimmt. Am meisten vergißt man unmittelbar nach dem Lernprozeß. Man wird feststellen, daß schon eine Stunde später mehr als die Hälfte des ursprünglichen Lernstoffes in Vergessenheit gerät. Nach etwa neun Stunden beträgt der Verlust etwa 60%, einen Monat später sind es schon 80%.[1]

Ebbinghaus hat aber auch untersucht, wie sich die Zeit, die für das Lernen erforderlich ist, auf die Retention auswirkt. In einigen Fällen hielt er mitten in der Liste an, bevor er sie ganz gelernt hatte, in anderen Fällen wiederum ging er die Liste ganz durch, selbst nachdem er sie vollkommen beherrschte. Bei einer Nachprüfung nach 24 Stunden stellte er fest, daß, je mehr Anläufe in der ersten Lernphase unternommen wurden, um so weniger in der zweiten Phase nötig waren. Selbst als er die Listen immer wieder durchsah, nachdem der Lernprozeß abgeschlossen war, konnte er feststellen, daß das Nachlernen immer leichter fiel und daß kein Vorstoß in dieser Richtung überflüssig war.

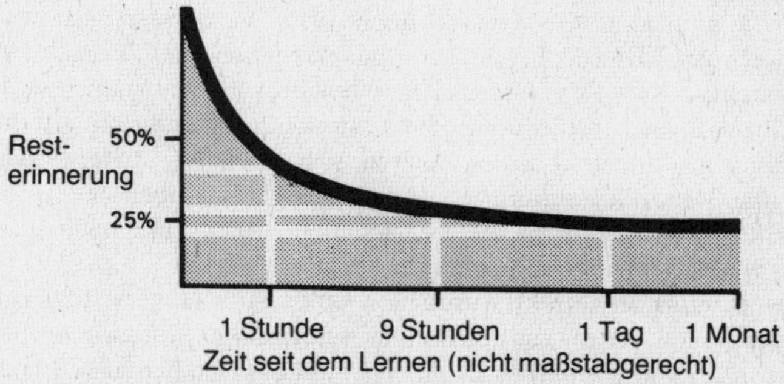

Bild 24: Ebbinghaus'sche Kurve des Vergessens.

Einer der wichtigsten Beiträge von Ebbinghaus zur Psychologie war, daß er nachwies, man könnte jedes scheinbar unlösbare Problem experimentell anpacken, vorausgesetzt, daß sich die jeweilige Situation auf einige wenige meßbare Gegebenheiten reduzieren läßt. Bei der Verwendung unsinniger Silben hat er den Versuch unternommen, Sinn und Assoziation auszuschalten, zwei Faktoren, die nur schwer auswertbar sind. Doch gerade hier bieten sich Anhaltspunkte für die Weiterentwicklung des Gedächtnisses. Indem Ebbinghaus Sinn und Assoziation ausklammerte, hat er auch all jene Faktoren eliminiert, die für das Gedächtnis von unschätzbarem Wert sind.
Bei zahlreichen weiteren Experimenten nach Ebbinghaus wurde die gleiche Kurve des Vergessens festgestellt. Ebenso wurde aber auch festgestellt, daß, je mehr Sinn, Organisation und

Assoziation im Material vorhanden ist, die Kurve um so weniger steil verläuft. Und bald wird uns auch klar werden, daß, wenn man genau entgegengesetzt vorgeht wie Ebbinghaus und die übrigen Faktoren optimal nutzt, eine »Kurve des Vergessens« erzielt werden kann, die nicht mit der Zeit abnimmt sondern eine Gerade um das 100%-Niveau darstellt. Das heißt wiederum, daß der Mensch im allgemeinen so gut wie nichts vergißt.

C) Der Reminiszenz-Effekt

Eine wichtige Modifikation sollte aber der allgemeinen Kurve des Vergessens dennoch zuteil werden. Nach der ersten Lernphase dürfte sich das Gedächtnis doch eher verbessern als verschlechtern. Dieser Effekt, der das Gegenteil des Vergessens darstellt, ist als Reminiszenzeffekt bekannt. So hat man festgestellt, daß Kinder, die ein Gedicht auswendig lernen mußten, die es aber nicht perfekt lernen durften, sich einen Tag später besser an die Verszeilen erinnerten als ursprünglich, wobei sie Zeilen rezitieren konnten, an die sie sich beim oder kurz nach dem Lernprozeß nicht erinnern konnten.[2]
Der Reminiszenzeffekt wurde von einer Anzahl verschiedener Psychologen unter zahlreichen verschiedenen Situationen betrachtet. Zwar handelt es sich hierbei um ein ziemlich alltägliches Ereignis, doch tritt es nicht bei allen Lernsituationen auf. Vielmehr scheint es sich um eine Abhängigkeit vom Lernstoff, von der Prüfmethode und jenen Aktivitäten zu handeln, denen eine Person zwischen der ersten Lernerfahrung und der Nachprüfung unterliegt.
Auch die Zeit zwischen Lernen und Reminiszenz schwankt beachtlich. Bei einem Assoziationstest, wo den Personen eine Liste von Wortpaaren vorgelegt wird und die Prüflinge hinterher aufgefordert werden, das Gelernte wiederzugeben, indem man ihnen das erste Wort nennt und sie das zweite nennen sollen, wird festgestellt, daß der Reminiszenzeffekt etwa nach einer halben Minute am stärksten ist.[3] Beim Memorieren von Listen mit sinnlosen Silben war die Reminiszenz nach etwa einer Minute am höchsten.[4] Die Erinnerung an Fotos und Gesichter war eineinhalb Minuten nach der ersten Betrachtung am besten.[5] Und bei mechanischen Tests stellte sich die Erinnerung zehn Minuten nach dem ursprünglichen Lernen ein.[6] Es wurde auch festgestellt, daß, je sinnvoller

das Material und je größer das Interesse einer Person am Stoff ist, um so stärker der Effekt. So etwa eher bei Gedichten als bei abstrakten Wortlisten, und besonders bei Gedichten, die von ihrem Inhalt her interessant sind.[7]

Die genauen Gründe für den Reminiszenzeffekt sind immer noch nicht ganz klar. Während der letzten 50 Jahre wurden zahlreiche Theorien aufgestellt, doch keine konnte alle Aspekte dieses Phänomens zufriedenstellend erklären.[8] Die Inhibitionstheorien behaupten, daß die Abrufleistung während der Anfangszeit durch den Lernvorgang gehemmt wird, daß sich aber dieser Effekt nachher verliert. Nach dieser Hypothese handelt es sich nicht um eine Verbesserung der Retention, die man beobachten kann, sondern um eine vorübergehende Verbesserung der Abrufleistung. Die Konsolidationstheorie andererseits legt nahe, daß während der Ruhepause der Nachvollzugsvorgang im Gedächtnis an sich verstärkt wird. Das Gedächtnis wird durch andere Erinnerungen integriert und verstärkt, und dieser unbewußte Prozeß trägt zur Permanenz und zur Stärke der Registrierung bei.

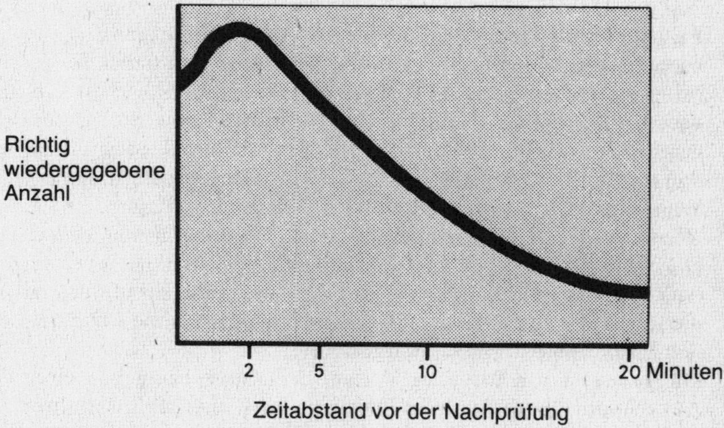

Bild 25: Kurve des Vergessens für unsinnige Silben – Erinnerung nach 2 Minuten. Qualität des Abrufs nimmt um 5 bis 10% zu.

D) Ein Experiment

Bevor wir damit beginnen, zu untersuchen, wie das Gedächtnis funktioniert, wäre es von Nutzen, ein einfaches Experiment durchzuführen. Das Ergebnis wird dazu beitragen, mehrere wichtige Faktoren des Gedächtnisses zu illustrieren. Holen Sie sich zunächst einmal etwas zum Schreiben, dann lesen Sie die folgende Wortliste einmal durch. Dabei sollen Sie die Wörter nicht lernen, sondern sie sich lediglich vorlesen:

> Wasser, Leben, Hund, Zeile, Haus, Maus,
> Feld, Ball, Hase, Apfel, Schaf, Kopf,
> Knochen, Jahr, Ziege, Maharishi, Hügel,
> Ruder, Esel, Form, Ernte, Wind, Schwein,
> Werkzeug, Kuh, Tür, Stein, Blume, Katze.

Auf der nächsten Seite haben Sie etwas Platz. Schreiben Sie dort alle Wörter auf, an die Sie sich erinnern können, ganz gleich in welcher Reihenfolge. (Wollen Sie nicht gern ins Buch schreiben, so tut es natürlich auch ein Blatt Papier.)

E) Primateffekt und Rezenzeffekt

Es ist unwahrscheinlich, daß Sie auf Anhieb die ganze Liste wiedergeben können (doch für die, die dieses Kunststück fertigbringen, werden wir uns alsbald mit dem fotografischen Gedächtnis befassen). Wenn Sie sich die Wörter, die Sie niedergeschrieben haben, genauer betrachten, werden Sie feststellen, daß die meisten vom Anfang oder vom Ende der Liste stammen. Wahrscheinlich konnten Sie sich an Wörter wie *Wasser, Leben, Blume* und *Katze* eher erinnern als an die Wörter *Jahr* und *Wind.* Die Wahrscheinlichkeit, mit der man sich eher an die ersten zwei oder drei Posten erinnert, wird als *Primateffekt,* die Erinnerung an die letzten Posten der Liste als *Rezenzeffekt* bezeichnet. Die beiden Effekte sind in Bild 26 dargestellt.
Die genaue Form bzw. der Verlauf der Kurve hängt von einer Anzahl von Variablen ab, so etwa von der Länge der Liste, ihrer Art – ob es sich nämlich um Wörter, Bilder, Prosa oder um das Erlernen von Fähigkeiten handelt – und auch von dem Umstand, wie weit die betreffende Person in der Lage ist, den Stoff zu

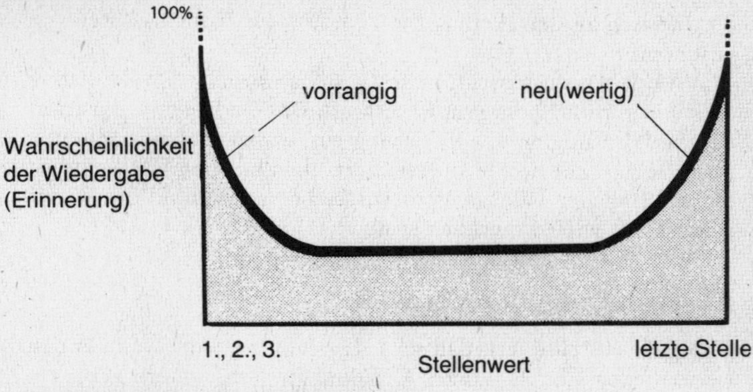

Bild 26: Positionskurve für Stellenwerte.

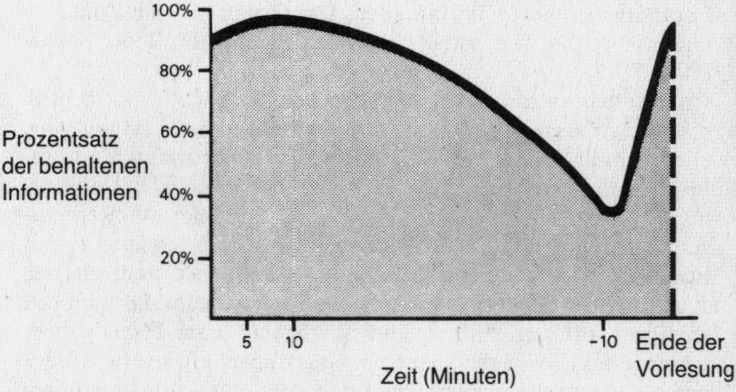

Bild 27: Abruf während der Vorlesung. Die Erinnerung am Anfang und am Ende ist nahezu perfekt, weist jedoch in der Mitte eine rasche Zunahme auf. (Aus E. J. Thomas, *Studies in Adult Education*, April 1972. Nachdruck mit Erlaubnis.)

organisieren und dadurch das Gedächtnis und damit die Erinnerung gründlich zu verbessern. In manchen Fällen ist der Primateffekt, in anderen wiederum der Rezenzeffekt am stärksten.[9] Wie dem auch sei, taucht die allgemeine Feststellung bei verschiedenen Lernsituationen immer wieder auf, wonach sich

der Mensch an den Anfang bzw. Ende eines Vortrages stets am besten erinnert.
Was Vorlesungen betrifft, ist festgestellt worden, daß die Kurve eher wie in Bild 27 dargestellt verläuft. Das Gedächtnis registriert den Stoff zu Beginn der Vorlesung gut, wobei es einige Minuten nach Beginn am besten funktioniert. Im Lauf der Vorlesung ist ein allmählicher Rückgang zu verzeichnen, während die Kurve gegen Ende wieder merklich ansteigt.[10]

F) Aufteilung der Lernzeit

Ebbinghaus stellte fest, daß seine Leistung zunahm, wenn er den Lernvorgang durch kurze Erholungspausen unterbrach, ein Phänomen, das ihn zunächst einmal verwirrte, war doch anzunehmen, daß solche Pausen den Stoff vergessen ließen und den Lernvorgang negativ beeinflußten. Der Grund für eine Zunahme lag, wie später festgestellt wurde, teilweise am Reminiszenzeffekt.
Unmittelbar nach dem Lernen erfuhr das Gedächtnis tatsächlich eine Verbesserung, so daß, sobald er wieder an die Arbeit ging, eher mehr als weniger Stoff als Grundlage für den weiteren Lernprozeß verfügbar war. Der Nachweis, der diesen Umstand erhärtet, stammt aus der Erkenntnis, daß, je größer der Reminiszenzeffekt, um so größer der Wert kurzer Erholungspausen.[11]
Primat- und Rezenzeffekt sind zwei weitere Faktoren, die den Wert von Erholungspausen steigern. Eine einzelne Lernperiode profitiert nur am Anfang und am Schluß vom Primat- bzw. Rezenzeffekt. Wird die Sitzung in eine Anzahl kürzerer Perioden aufgeteilt, also durch kurze Pausen unterbrochen, gibt es häufiger Gelegenheit, daß die beiden Effekte sich jeweils einstellen.

G) Der Aufwärm-Effekt

Bei einer physischen Tätigkeit bringt eine Person stets bessere Leistungen, wenn sie die Chance hat, sich etwas aufzuwärmen, d.h. wenn man ihr eine gewisse Anlaufzeit gönnt. Dasselbe gilt auch für die meisten geistigen Tätigkeiten. Dieser Effekt ist besonders deutlich beim Lernen erkennbar, wobei festgestellt wurde, daß die Retention gesteigert wird, wenn sich eine Person kurz vorher einer solchen Übung unterzogen hat. Soll zum Bei-

spiel eine Person drei Listen gepaarter Adjektive lernen (etwa *blau-rund; sanft-hoch)*, so wird die zweite Liste schneller aufgegenommen als die erste und die dritte rascher als die zweite, obwohl diese Listen in keinerlei Beziehung zueinander stehen.[12]
Eine kurze Anlaufzeit unmittelbar vor der Rekapitulation hat sich ebenfalls als äußerst vorteilhaft erwiesen. Bei einem Experiment hatten zwei Personengruppen Listen von gepaarten Adjektiven zu lernen. Nach 24 Stunden durfte die eine Gruppe eine kurze Aufgabe zum Anwärmen absolvieren, während die zweite leer ausging. Überraschend war nicht die Tatsache, daß die Aufwärmgruppe eine bessere Retention aufwies, sondern der Umstand, daß sie anscheinend *nichts* vergessen sondern ihre Leistung sogar *gesteigert* hatte![13] In diesem Fall scheint es so, daß neben dem Aufwärmeffekt die kurze Übung vor dem Nachlernen die richtige geistige Einstellung, also den »Satz« oder das »Haben«, wieder herstellte (s. S. 252) – das heißt, daß ihr Geist auf die besondere Aufgabe »eingestellt« war, die auf sie zukam. Es liegt also nahe, daß das Vergessen einfach dem Austausch eines »Satzes« gegen den anderen zuzuschreiben ist.

H) Der von Restorff'sche-Effekt

Bei den Erinnerungsversuchen, die Sie vorher durchgeführt haben, dürfte bei den meisten das Wort *Maharishi* haften geblieben sein – weil es von der übrigen Liste abstach. Diese Neigung, sich an herausragende Elemente einer Liste zu erinnern, wird als »von Restorff'scher Effekt« bezeichnet.
Von Restorff hat festgestellt, daß man sich dreistellige Zahlen im Zusammenhang mit sinnlosen Silben besser merken kann, als wenn diese von anderen Zahlen umgeben sind.[14] Daher lassen sich die dreistelligen Zahlen in den ersten der folgenden Listen besser merken als die sinnlosen Silben, während es in der zweiten gerade umgekehrt ist:

TAJ	532
ZIN	147
DEC	938
RAX	HUQ
378	706
DAK	594
JAF	821

Seither wurde festgestellt, daß sich dieser Effekt in jeder Situation einstellt, wenn irgendwelche Posten auf irgendeine Weise von ihrer Umgebung abstechen oder irgendwie auffallend sind. So erinnert man sich an ein buntes Bild besser als an die Schwarzweiß-Bilder, die eine solche Darstellung umgeben, und daß etwa ein hochgewachsenes Mädchen mit rauher Stimme eher in der Erinnerung haften bleibt als andere Personen.
Eine der möglichen Erklärungen liegt in dem Umstand begründet, daß herausragende Elemente die Aufmerksamkeit einer Person steigern, was wiederum zu einer besseren Erinnerung führt. Bei der Untersuchung dieser Möglichkeit wurde die galvanische Reaktion der Haut gemessen, ein physiologisches Maß der Wachsamkeit, die in der Tat beachtlich zunahm, sobald der herausragende Posten präsentiert wurde, obwohl dies nicht schlüssig beweist, daß die gesteigerte Aufmerksamkeit auch für ein besseres Gedächtnis verantwortlich zeichnet.[15]
Vielleicht haben Sie festgestellt, daß Sie sich an die Wörter *Ziege* und *Hügel* vor, bzw. nach dem Wort *Maharishi* erinnern konnten. Die erhöhte Aufmerksamkeit für das herausragende Wort wirkt sich auf die Retention jener Wörter aus, die in der Lernfolge nahe bei einem solchen Wort liegen. So läßt sich die Positionskurve aus Bild 26 modifizieren, um auch die hochgradige Retention herausragender Posten und deren Nachbarn zu erfassen:

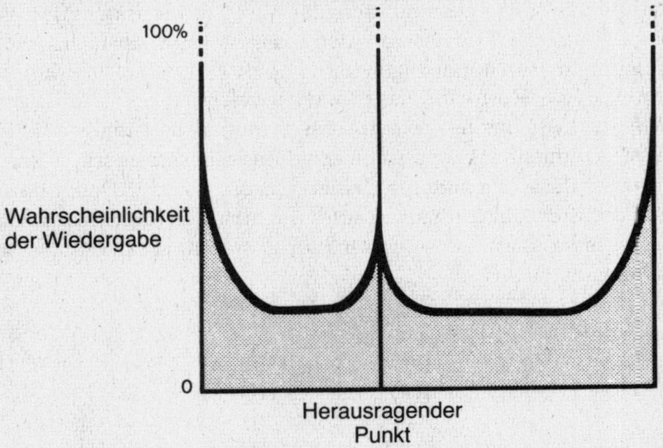

Bild 28: Herausragende Punkte sind weitgehend abrufbar, benachbarte Punkte stehen in zunehmendem Maß zur Verfügung.

J) Die magische Zahl Sieben

In einer denkwürdigen Schrift »The Magic Number Seven, Plus or Minus Two« (Die Magische Zahl Sieben, Plus-Minus zwei) zeigte George Miller von Harvard, daß sie die spontane Spannweite des Gedächtnisses anscheinend auf die Anzahl der Posten begrenzt, die es behalten kann.[16] Er legte seinen Subjekten kurze Listen vor und forderte sie unmittelbar danach auf, so viel wie möglich von deren Inhalt wiederzugeben. Dabei stellte er fest, daß, ganz egal, bei welchen Posten – ob es sich nun um Zahlen, Wörter, Farben, Melodien oder sonstwas handelte – die Personen keine Liste richtig wiedergeben konnten, die mehr als etwa sieben Positionen enthielt.

Um dies nun bei sich selbst nachzuprüfen, versuchen Sie, sich an die einzelnen Zahlenreihen zu erinnern, die weiter unten aufgeführt sind. Dabei sollte man die Zeilen bei normaler Geschwindigkeit einfach durchlesen, ohne sie zu memorieren oder den Versuch zu machen, sich an sie zu erinnern. Lesen Sie jede Zeile einfach durch, wenden Sie den Blick ab, schließen Sie die Augen und versuchen Sie festzustellen, wie weit die Erinnerung reicht. Noch besser ist es, wenn man jemand zur Verfügung hat, der einem die Liste laut vorlesen kann. Nun versuchen Sie nachher festzustellen, wieviel Sie jeweils davon behalten haben.

3 8 7 4

5 1 3 4 9

6 2 8 7 4 1

9 5 0 2 1 3 6

2 9 4 0 1 7 5 8

3 0 1 4 9 6 8 2 5

1 4 9 2 5 3 1 7 8 4

Dabei kommt es nicht darauf an, ob es sich nun um Zahlen, Wörter oder sonstwas handelt. Die spontane Gedächtnisspanne scheint irgendwo bei etwa sieben Posten zu liegen. Wenn also die Wortliste (S. 118) nur sieben Wörter oder weniger enthalten hätte, wäre es wohl möglich gewesen, diese Liste korrekt und in der richtigen Reihenfolge wiederzugeben. So aber konnte man sich wahrscheinlich nur an einige wenige Posten erinnern, und dann

auch aller Wahrscheinlichkeit nach nicht in der richtigen Reihenfolge.
Miller war der Meinung, daß die spontane Gedächtnisspanne nicht durch die Anzahl der Informationen, die jeder Posten enthält, eingeschränkt wird, vielmehr durch die Anzahl der »Brocken«, die das Subjekt zu verarbeiten hat und an die es sich erinnern muß. In dieser Beziehung dürfte es sich bei *4, Hund* und □ um einzelne Brocken handeln. So scheint eine Kapazität spontaner Art für etwa sieben Brocken oder Gruppen verfügbar zu sein. Alles, was darüber hinausgeht, kann man abschreiben.
Da es nun die Anzahl der Gruppen oder Brocken ist, die das spontane Erinnerungsvermögen einschränkt, nicht so sehr der tatsächliche Informationsinhalt, kann man daraus schließen, daß die effektive Gedächtnisspanne eine Bereicherung erfährt, indem der Stoff in größere (aber nicht zahlreichere) Gruppen umorganisiert wird. In seinem Artikel zitiert Miller ein Experiment von Sidney Smith, bei dem er 20 Subjekte lehrte, Posten in größere Gruppen umzubauen. Er begann mit Ketten von Binärziffern – d.h. mit einer Reihe von Nullen und Einsern – und stellte eine durchschnittliche Gedächtnisspanne von neun Ziffern fest. Dann wurde den Personen beigebracht, die Ziffern paarweise zu ordnen und dabei 00 in 0, 01 in 1, 10 in 2 und 11 in 3 umzubenennen. Demnach würde 10110100 in 2, 3, 1, 0 umbenannt und aus einer Achtergruppe zu einer Vierergruppe reduziert werden. Sobald die Personen die Umbenennungen gemeistert hatten, wurde ihre Binärzahlspanne nahezu verdoppelt. Durch die Umwandlung in Dreiergruppen und ein weiteres Verkoden mit den Zahlen von 0 bis 7 konnte die Spanne erheblich erweitert werden. Da die Spanne des spontanen Gedächtnisses bei etwa sieben liegt, würde man eine Kapazität von ca. 21 Binärzahlen erwarten, nachdem eine Zusammenfassung in Dreiergruppen erfolgt ist. Die Steigerung jedoch hatte nicht diesen Umfang, wahrscheinlich wegen der zusätzlichen Belastung durch den Verkodungsprozeß.
Weitere Schritte bedingten umfangreiche Studien, so daß Smith beschloß, der Ebbinghaus'schen Tradition zu folgen und sich selbst als Subjekt zu benutzen. Er lernte, Binärzahlensysteme in Vierer- und Fünfergruppen zu registrieren, und zwar in jener Weise, die in Bild 29 dargestellt ist. Seine spontane Gedächtnisspanne war größer als die der meisten Menschen, und er war in der Lage, sich an etwa 14 Binärzahlen zu erinnern. Bei paarweiser An-

ordnung konnte er sich an 18 Binärzahlen (neun Gruppen) erinnern, bei der Dreiergruppe waren es 32 (zehn Gruppen) und bei der Vierergruppe 40 (zehn Gruppen). Bei Fünfergruppen war keine Steigerung zu verzeichnen; seine Maximalspanne betrug stets 40 (s. Bild 30).

Nun ist dies keineswegs ein Betrug. Der Geist erinnert sich eher an die Anzahl der Gruppen als an die Gesamtmenge der Informationen. Wenn man also den Stoff in Gruppen einteilt, so stellt dies einen beachtlichen Beitrag zur Förderung des Gedächtnisses bei. Dabei handelt es sich um einen natürlichen Vorgang, den die meisten Leute benutzen, ohne sich dessen bewußt zu werden. Bei einer Zahl wie etwa 572317482 würde eine Person eine Umgruppierung in 572.317.482 vornehmen und sie dann als fünfhundertzweiundsiebzigmillionendreihundertsiebzehntausendvierhundertundzweiundachtzig in Erinnerung behalten. Dabei wird nicht nur eine 9stellige Zahl in Dreiergruppen aufgeteilt, sondern auch die einzelnen Ziffern jeweils mit einer Markierung versehen. Aus 572 wurden fünfhundertzweiundsiebzigmillionen anstelle von fünf-sieben-zwei-Millionen – was wiederum zur Festigung des Gedächtnisses beiträgt. Das ist auch der Grund dafür, warum man etwa Telefonnummern aufteilt, in den USA als 418-325-7162 oder in vielen europäischen Ländern als 41 83 25-71-62. Eine solche Gruppierung macht es leichter, zehnstellige Zahlen zu behalten, und wenn man sich an eine Nummer erinnern soll, geschieht dies Gruppe für Gruppe – Vorwahl, Amt, Telefonnummer des Teilnehmers.

Bei einem ellenlangen Wort, wie etwa *Antidisestablishmentarismus* erinnern sich die meisten Leute nicht an eine Folge von 26 Buchstaben – dieser Umstand würde die spontane Gedächtnisspanne eines Menschen bei weitem überfordern. Dafür werden die Buchstaben in Gruppen zusammengefaßt und als eine Anzahl größerer Einheiten registriert, etwa als *anti-dis-establishment-arismus,* wobei die einzelnen Teile, bei denen es sich um ein vertrautes Muster handelt, als Einzelgruppe gewertet werden. In der Kindheit haben die meisten Menschen das ABC nicht als eine monotone Sequenz von A bis Z gelernt, sondern in der Form organisierter Einheiten und Untergruppen. Die exakte Organisation schwankt von Person zu Person. Bei der einen handelt es sich um *abcd, efg, hijk, lmnop, qrs, tuv, wx-yz;* bei der anderen um *abc, de-fg, lm, no-pq, rs-tu, vw-xyz.* Durch diese

Binärzahlen:	1 0 1 1 0 1 0 0 1 1 1 0
Zweiergruppen: Notierung:	10 – 11 – 01 – 00 – 11 – 10 2 3 1 0 3 2
Dreiergruppen: Notierung:	101 – 101 – 001 – 110 5 5 1 6
Vierergruppen: Notierung:	1011 – 0100 – 1110 11 4 14

Bild 29: Registrieren von Binärzahlen. (Folgen von Nullen und Einsern in Zweier-, Dreier- und Vierergruppen.) Jedes Paar Binärzahlen läßt sich mit einer Zahl zwischen 0 mit 3 gleichsetzen, jede Dreiergruppe mit einer Zahl zwischen 0 und 7, und jede Vierergruppe mit einer Zahl zwischen 0 und 15. Auf diese Weise nimmt die Anzahl der Gruppen zu. »14, 4, 14« läßt sich leichter merken als »101110100110.«

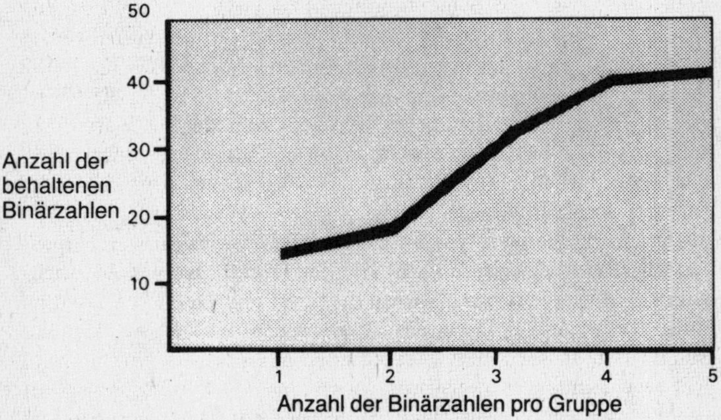

Bild 30: Wirkung der Umkodierung in größere Gruppen bei unmittelbarer Gedächtnisspanne für Binärzahlen.

Gruppierung wird das Alphabet in kleine Gruppen unterteilt, wobei es durch die vorgegebenen Muster und Rhythmen leichter fällt, das ABC zu lernen.
Hört man einer Geschichte zu, so erinnert man sich selten oder

gar nicht an die einzelnen gesprochenen Worte, es werden vielmehr Themen und Unterthemen aufgebaut, wobei die wesentlichen Merkmale der Geschichte extrahiert werden. Diese Großgruppen sind es, an die man sich erinnert, und wenn man sich später die Geschichte in Erinnerung ruft, werden diese Ideen erweitert und mit wechselndem Erfolg in eine Wort-für-Wort-Erzählung umgesetzt.

J) Anwendung und Ratschläge

Pausen: Jede Studien- und Lernzeit wird am besten in kleinere Perioden unterteilt, wobei zwischen die einzelnen Sitzungen Pausen eingeschoben werden. Die jeweilige Länge der Studierzeit richtet sich nach dem Lehrstoff. Für die Praxis hat sich eine Studierzeit von zwischen fünfzig und fünfundvierzig Minuten als günstig erwiesen. Werden die einzelnen Abschnitte zu kurz, so reichen Sinn und innere Kohärenz nicht aus, um den Stoff richtig zu begreifen, während bei zu langen Abschnitten die eingelegten Pausen keine echte Erholung garantieren.
Eine Pausenzeit von fünf bis zehn Minuten gilt als optimal. Es wurde festgestellt, daß die Aufnahmefähigkeit zunimmt, wenn man die Pausen zwischen den einzelnen Blocks von 30 Sekunden

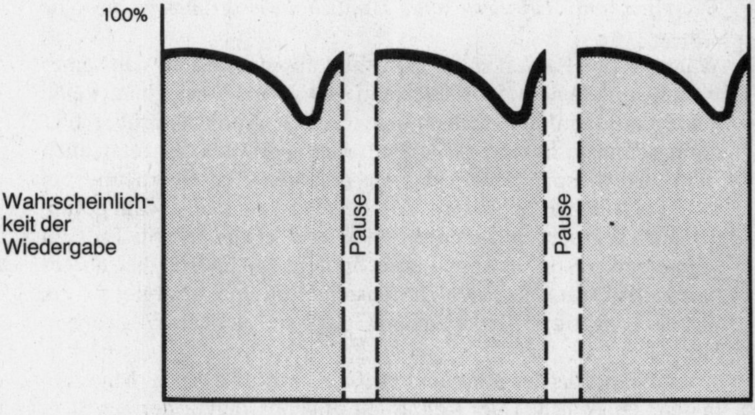

Bild 31: Retentionskurve bei regelmäßigen kurzen Pausen.

auf 10 Minuten steigert, daß aber eine weitere Verlängerung keinerlei Vorteile mehr bringt.[17]
Diese Erkenntnis läßt sich im Sinne des Reminiszenzeffekts deuten. Nach einigen Minuten Pause läßt sich der Stoff viel besser abrufen. Sobald dann das Studium wieder aufgenommen wird, kann man sich *viel besser* an die vergangene Stunde erinnern als wenn man ohne Pause weitergemacht hätte, wobei Auffassungsvermögen und Gedächtnis für den nächsten Abschnitt bedeutend aufgeschlossener sind. Werden regelmäßig kurze Pausen eingelegt, so ändert sich die Retentionskurve aus Bild 27, wie in Bild 31 dargestellt.
Bevor man mit dem Studium beginnt, ist es ratsam, sich die Zeit einzuteilen und auch die Anzahl und den Zeitpunkt der Pausen festzulegen. Anschließend sollte man sich einigermaßen an diesen Plan halten.
Manchmal, wenn die Zeit heranrückt, wo eine planmäßige Pause eingelegt werden sollte, ist man gerade so schön in Schwung, daß man geneigt ist, einfach weiterzumachen. Dennoch ist es besser und ratsamer, die planmäßige Pause einzulegen. Man hat nämlich festgestellt, daß durch die Unterbrechung das Gedächtnis gefestigt wird und der Stoff eher abrufbereit ist – ein Phänomen, das nach seinem Entdecker als Zeigarnik-Effekt bezeichnet wird.[18] Selbst wenn man den Stoff leichter begreift, gestaltet sich die Wiedergabe lückenhaft, sofern dem Geist keine Erholungspause gegönnt wird. *Begreifen und Erinnern sind nämlich zwei grundverschiedene Dinge.*
Während der Pausen sollte man total abschalten und von seiner Arbeit und seinem Stoff Abstand gewinnen. Wenn man keine echte Pause einlegt und lediglich zu etwas Ähnlichem übergeht, kann sich nicht nur der Geist nicht richtig erholen, es treten auch zahlreiche Assoziationen auf, die einander überlagern und ein späteres Abrufen behindern. Am besten ist es, sich sowohl geistig als auch körperlich zu entspannen und etwas frische Luft zu schnappen. Eine solche Pause hilft dem Geist, die aufgenommenen Informationen zu konsolidieren und zu organisieren, wobei es wichtig ist, daß man den Geist seine eigenen Wege gehen läßt.
Anlaufzeit: Was das Studium betrifft, bewirken ein paar Minuten, in denen man sich seiner Kenntnisse entsinnt, den bisherigen Stoff rekapituliert und sich den neuen Stoff zurechtlegt, einen Doppel-

effekt, wobei sich der Geist »warmläuft« und sich auf das jeweilige Gebiet »einstellt«.

Dies trifft auch auf kurze Pausen zu, die man zwischen den einzelnen Studienabschnitten einlegt. Vor Wiederaufnahme der Studien nach einer Pause sollte man sich eine Minute gönnen, um das Gehörte oder Gelesene zu überdenken – selbst wenn das Ganze nur fünf Minuten zurückliegt. Eine solche Rekapitulation läßt den Motor wieder anlaufen, wobei sich der Geist erneut auf den Stoff einstellt und die Erinnerung wieder wachgerufen wird.

Vorlesung und Vortrag: Regelmäßige Pausen bei einer Vorlesung und/oder einem Vortrag tragen dazu bei, den Stoff attraktiver zu gestalten und ihn besser im Gedächtnis zu verankern.

Da der Zuhörer dazu neigt, sich an den Anfang und an das Ende eines Vortrages besser zu erinnern, sollte man seinen Stoff so ordnen, daß die wichtigsten Punkte zu einer Zeit zum Tragen kommen, wo das Gedächtnis besonders aufnahmefähig und aufnahmebereit ist (siehe Bild 24). Die gesteigerte Aufmerksamkeit am Ende eines Vortrages kann genutzt werden, um die wichtigsten Punkte zusammenzufassen und die Aufmerksamkeit auf zukünftige Themen nach der Pause oder bei der nächsten Vorlesung zu lenken.

Mitten im Vortrag, insbesondere während der zweiten Hälfte, wenn das Gedächtnis am meisten nachläßt, wird empfohlen, wichtige Punkte herauszustellen – u.U. durch optische Hilfen oder Beispiele – um die rückläufige Tendenz auszugleichen.

Der von Restorff'sche Effekt: Dieser Effekt kann genutzt werden, um das Gedächtnis auf verschiedene Weise zu fördern. Sooft man sich an etwas erinnern will, sollte man den betreffenden Gegenstand *besonders hervorheben:*

- Übertreiben Sie ruhig. Je bizarrer eine Idee ist, um so mehr wirkt sie stimulierend auf den Geist, demzufolge um so klarer das Gedächtnis.
- Bei Notizen bediene man sich der Konturierung, des Fettdrucks (Großbuchstaben), der Farbe und sonstiger Mittel, die wesentliche Punkte herausstreichen.
- Beim Lesen wichtige Zeilen oder Passagen unterstreichen.
- Alles, was da kommt, ist einmalig. Unterstreichen Sie solche Einmaligkeit im Geiste und stellen Sie fest, auf welche Weise sich ihre Idee von allem anderen unterscheidet.

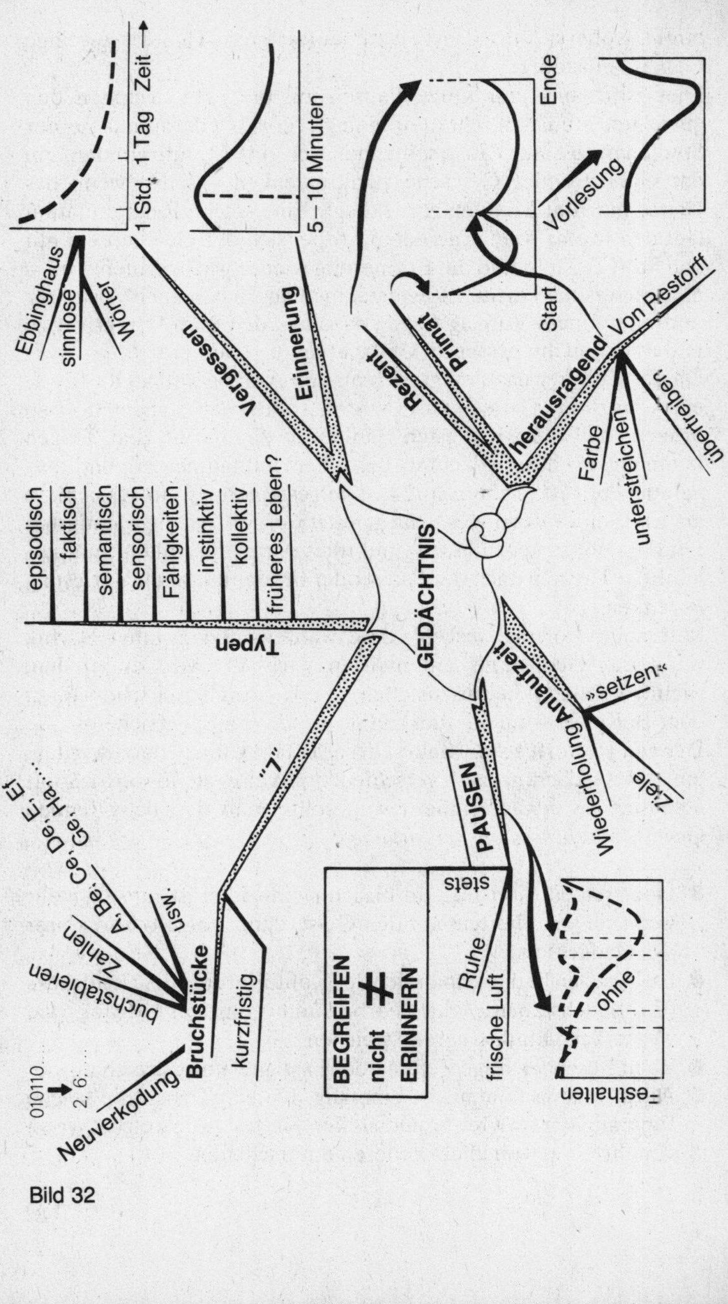
GEDÄCHTNIS
Typen
episodisch
faktisch
semantisch
sensorisch
Fähigkeiten
instinktiv
kollektiv
früheres Leben?
Vergessen
Ebbinghaus
sinnlose
Wörter
1 Std.
1 Tag
Zeit →
Erinnerung
5–10 Minuten
Rezent
Primat
Start
Ende
herausragend
Von Restorff
Vorlesung
Farbe
unterstreichen
übertreiben
Anlaufzeit
»setzen«
Wiederholung
Ziele
PAUSEN
stets
Ruhe
frische Luft
ohne
Festhalten
BEGREIFEN
nicht
ERINNERN
"7"
kurzfristig
Bruchstücke
buchstabieren
Zahlen
A, Be, Ce, De, E, Ef ...
Ge, Ha, ...
usw.
Neuverkodung
010110 ...
→ 2, 6, ...

Bild 32

7. Assoziation und Organisation im Gedächtnis

Warum sind Assoziationen im Gedächtnis von Bedeutung?
Warum ist die Organisation wichtig?
Wie steht die Suche nach Prinzipien dem Gedächtnis bei?
Ist eine solche Methode besser als Auswendiglernen?
Sind Bedeutung und Bedeutsamkeit wichtig?
Wie steht es um das Lernen im Schlaf?

Die Macht der Assoziation hat Sir Francis Galton im Jahre 1879 erkannt. Dies Jahr gilt auch als das Geburtsjahr der Experimentalpsychologie. In Deutschland richtete Wilhelm Wundt aus Leipzig das erste Labor ein, das ausschließlich psychologischen Studien gewidmet war, während Ebbinghaus mit seinem sechsjährigen Experiment über das Tempo des Vergessens begann. Im selben Jahr machte Sir Francis Galton einen Spaziergang über die Pall Mall in London, eine Strecke von etwa 450 m, und während dieses Spazierganges ließ er seinem Geist freien Lauf, um mit allem, was er erblickte, Assoziationen zu bilden. Unterwegs zählte er etwa 300 Objekte, denen er eine Zeitlang seine Aufmerksamkeit widmete und registrierte eine bedeutend größere Anzahl assoziativer Bilder. Hinterher vermerkte er:[1] »Muster aus meinem ganzen Leben passierten vor mir Revue. ... Zahlreiche flüchtige Ereignisse, von denen ich nie geglaubt hätte, daß sie Teil meines Gedankengutes bilden, weil sie mir zu sehr vertraut waren, um ihnen meine Aufmerksamkeit zu widmen. Mir wurde plötzlich klar, daß das Gehirn weitaus aktiver ist als ich früher geglaubt hatte, und ich war von der unerwarteten Breite des Feldes seiner täglichen Operation verblüfft.«
Viele von uns haben die gleiche Einsicht in die Rolle genommen, die die Assoziation im Gedächtnis spielt. Wenn wir uns an den Namen eines Freundes nicht erinnern können, so können wir zunächst das Alphabet durchgehen und es zunächst mit *A*, mit *B*,

mit *C* usw. versuchen, bis uns der Name plötzlich wieder einfällt. Es mag Orte geben, an denen wir vor langer Zeit geweilt haben und an die wir uns so gut wie nicht mehr erinnern. Doch wenn wir einen solchen Ort wieder aufsuchen, die Häuser wiedersehen, Geräusche und Düfte wahrnehmen, so überfällt uns die Erinnerung ganz plötzlich, als wären wir nie fort gewesen. Oder wenn wir versuchen, eine Passage aus einem Buch ins Gedächtnis zurückzurufen, dürfte es uns leichter fallen, uns daran zu erinnern, wann und wo wir dieses Buch gelesen haben, auf welcher Seite die betreffende Passage zu finden ist und was es noch solcher Assoziationen mehr gibt.

Gäbe es nicht die Stichworte, die uns die Assoziation bietet, würde es uns schwer fallen, uns überhaupt an etwas zu erinnern. Unser Gedächtnis würde einer riesigen Bibliothek ohne Register gleichen. Die Assoziation liefert einige Informationen, in welchem Teil unseres Gedächtnisses »nachzuschlagen« ist, und je mehr Assoziationen vorhanden sind, um so spezifischer kann sich unsere Nachforschung gestalten. Assoziationen können aus jeder Richtung und jeder Gedankenverbindung kommen, wobei jeder Gegenstand im Gedächtnis Hunderte, ja Tausende verschiedener Assoziationen nach sich ziehen kann.

Je größer die Anzahl der Assoziationen, die wir anknüpfen, während wir einen Stoff lernen, um so leichter fällt es, sich an diesen Stoff zu erinnern. Die Rolle der Assoziation in dieser Beziehung ist in der Tat so mächtig, daß es kaum etwas geben dürfte, das sie zerstört. Das einzige, was sich störend auf die Assoziation auswirken könnte, sind andere, stärkere Assoziationen, die durch Überdosierung von Barbituraten, durch chirurgische Eingriffe am Gehirn, Elektroschocks usw. hervorgerufen werden.

A) Kontext-Abhängigkeit

Die Umwelt, in der ein Lernvorgang stattfindet, hat Assoziationen von äußerster Wichtigkeit zu bieten. Wie einst Victor Hugo bemerkte, gäbe es nichts auf der Welt, das sich so stimulierend auf die Erinnerung auswirken könnte wie ein bestimmter Duft. Die meisten Menschen haben sich irgendwann einmal solcher umweltlichen Assoziationen bedient, um ihre Erinnerung »wachzurütteln«. Ein typisches Beispiel hierfür wäre eine Person, die,

während sie sich die Zähne putzt, an einen Freund denkt, den man anrufen muß. Später dann, wenn man sich ans Telefon begibt, stellt man fest, daß man gar nicht mehr weiß, wen man eigentlich anrufen wollte. So sehr man auch nachdenkt, kommt man einfach nicht auf den Namen. Also begibt man sich wieder ins Bad, trotzdem hat man keine Erleuchtung. Man steht vor dem Waschbecken, aber immer noch vergebens. Dann schaut man sich heimlich um, und nachdem man festgestellt hat, daß man unbeobachtet ist, fängt man wieder an, seine Zähne zu putzen. Und plötzlich weiß man wieder, was man ursprünglich vorhatte.
Der englische Philosoph John Locke, der im 17. Jahrhundert lebte, führt ein besonders kurioses Beispiel für die Umwelt-Assoziation an, indem er den Fall eines jungen Mannes schildert, der Tanzunterricht nahm.[2]
In dem Raum, wo er das Tanzen lernte und diese Kunst dann auch einigermaßen perfekt beherrschte, stand zufälligerweise ein altes Möbelstück. Nun hatte der junge Mann all die Tanzfiguren, die er gelernt hatte, derart mit diesem Möbelstück verquickt, daß er in diesem Raum die schönsten Pirouetten drehen konnte, die man sich nur denken kann, das aber nur in diesem Raum und in Gegenwart dieser alten Kommode. In anderen Räumen dagegen war er zu keiner Leistung fähig, sofern kein Möbelstück an der entsprechenden Stelle placiert war.
Es gibt zahlreiche Anekdoten über Personen, die nach einer durchzechten Nacht erwachten und sich an nichts mehr erinnern konnten, was im Lauf der Nacht geschehen war. Später aber, am nächsten Abend, als er sich wieder vollaufen ließ, kehrten die Erinnerungen zurück. Dieses Phänomen wurde nachgeprüft, indem man verschiedenen Leuten irgendwelche Aufgaben stellte, wobei ein Teil der Testpersonen unter Alkoholeinfluß stand, während die andere Gruppe nüchtern war. Dabei wurde festgestellt, daß man sich an alles, was man unter Alkoholeinfluß gelernt hatte, am besten erinnern konnte, wenn man wieder unter Alkohol stand.[3] Andere Versuche haben die gleiche Bestätigung gebracht, die mit Personen unter Einfluß hoher Amphetamin- oder Barbituratdosen durchgeführt wurden.[4]
Bei einer Untersuchung über die Auswirkung der Umwelt auf das Gedächtnis wurden den Subjekten Listen mit sinnlosen Silben vorgelegt, die sie lernen mußten. Einige der Subjekte wurden anschließend im selben Raum geprüft, andere wiederum in einem

anderen Raum. Dabei wurde festgestellt, daß diejenigen Personen ein besseres Ergebnis erbrachten, die in demselben Raum geprüft worden waren, wo sie ihren Stoff gelernt hatten.[5]
Bei einem anderen Experiment sollten 16 Taucher eine Liste mit 40 Wörtern lernen, teils auf dem Trockenen und teils 3 Meter unter Wasser. Bei einer späteren Nachprüfung stellte sich heraus, daß sie sich an die Listen, die sie unter Wasser gelernt hatten, auch unter Wasser am besten erinnern konnten, ein Umstand, der auch auf den Lernvorgang an Land zutraf.[6]

B) Subjektive Organisation

Es ist bereits seit langer Zeit bekannt, daß eine Person, die eine Wortliste lernen und sich später an diese erinnern soll, dazu neigt, die Wörter zuhauf wiederzugeben, wobei Wörter gleichen Sinns oder gleicher Klangfarbe gruppenweise wiedergegeben werden.[7] Entsinnt man sich der Wörter, die man beim Experiment auf (S. 118) wiedergegeben hat, wird man sich vielleicht daran erinnern, daß die Tiernamen in Gruppen genannt wurden. Wenn man sich aber die Liste betrachtet, wird man feststellen, daß alle Namen und Bezeichnungen getrennt aufgeführt sind.
Wenn Personen Listen vorgelegt wurden, die Wörter einer bestimmten Kategorie enthielen – Tiernamen zum Beispiel, Gemüsesorten oder Berufsbezeichnungen – neigten die Testpersonen nicht nur dazu, die einzelnen Posten in Gruppen wiederzugeben; nachweislich war die Wiedergabe um so besser, je mehr und je öfter Begriffsgruppen gebildet wurden.[8] Dies legt nahe, daß eine interne Organisation des Stoffes bewußt oder unbewußt stattfindet. Diese interne Organisation wird als *subjektive Organisation* bezeichnet.
Endel Tulving von der Universität in Toronto erdachte ein geniales Experiment, um den Grad der stattfindenden subjektiven Organisation zu messen. Er stellte aus 16 Wörtern 16 verschiedene Listen zusammen, so daß jedes Wort in jeder der 16 verschiedenen Positionen nur einmal erschien, wobei vor und nach diesem Wort jedes andere Wort jeweils nur einmal aufgeführt wurde. Jede Liste wurde einmal laut vorgelesen, und unmittelbar danach wurden die Personen aufgefordert, soviel Wörter wie möglich aus der betreffenden Liste zu wiederholen. Dieser Vorgang wurde bei allen 16 Listen wiederholt. Dann analysierte

Tulving die Reihenfolge der Wörter, die bei den einzelnen Tests wiedergegeben worden waren, und kam zu folgendem Ergebnis:[9]

1. Viele der Wörter wurden bei zahlreichen Gelegenheiten von den gleichen Wörtern flankiert, ein Zeichen dafür, daß eine gewisse subjektive Organisation stattgefunden hatte.
2. Im weiteren Verlauf des Experiments nahm die subjektive Organisation zu, obwohl die Wörter jeweils in einer anderen Reihenfolge erschienen.
3. Zwischen dem Grad der subjektiven Organisation und der Fähigkeit, die Liste wiederzugeben, war eine positive Wechselbeziehung vorhanden – je umfangreicher die Organisation, um so positiver der Abruf.

Wenn wir versuchen, uns an irgendeine neue Information zu erinnern bzw. uns neue Informationen einzuprägen, so sagen wir sie uns immer wieder vor. Das Phänomen der subjektiven Organisation legt nahe, daß es nicht die Wiederholung an sich ist, die beim Memorieren hilft, sondern daß durch die Wiederholung der Geist Muster baut und dem Stoff sein eigenes Organisationsschema auferlegt. Außerdem bietet die Wiederholung dem Geist die Möglichkeit, assoziative Verknüpfungen herzustellen, wo die Assoziationen nicht bereits offensichtlich sind. Die subjektive Organisation wird auch durch Entspannung gefördert, ein wichtiger Grund also, um während des Studiums regelmäßig Pausen einzulegen.
Wichtigkeit und Potenz der Organisation werden auch durch die Tatsache deutlich, daß bereits die Anweisung, den Stoff zu ordnen, ausreicht, daß man sich an den Stoff erinnert. Bei einer Studie wurden den Personen jeweils 100 Karten ausgehändigt, auf denen je ein Wort gedruckt stand. Einige der Testpersonen wurden aufgefordert, die Karten lediglich nach Kategorien zu ordnen, während andere angewiesen wurden, sich die Karten einzuprägen. Als dann später die Wörter abgefragt wurden, war die Leistung der Personen, die lediglich die Karten zu ordnen hatten, ebenso gut wie die Leistung derjenigen, die die Wörter zu lernen hatten.[10]

C) Prinzipsuche

Es folgen nun drei Listen mit jeweils 10 Zahlen (wobei also jede Liste die spontane Gedächtnisspanne von sieben Posten überschreitet). Studieren Sie die Listen und prägen Sie sich diese so ein, daß sie sicher sind, sie auch noch am nächsten Morgen korrekt wiedergeben zu können.

(a)	0	1	2	3	4	5	6	7	8	9
(b)	8	6	4	2	0	9	7	5	3	1
(c)	1	8	4	5	7	2	0	9	3	6

Die erste Liste ist leicht zu merken, da die Reihenfolge bekannt ist. Um sich daran zu erinnern, braucht man sich nicht an die Zahlen selbst, sondern nur an das Schema zu erinnern – nämlich an die übliche Ziffernfolge von 0 bis 9.

Auch die zweite Reihe ist nicht besonders schwer, sobald man das Prinzip erkannt hat, auf dem die Sequenz aufgebaut ist. Es handelt sich um die geraden Zahlen in umgekehrter Reihenfolge, dann kommen die ungeraden Zahlen ebenfalls in umgekehrter Reihenfolge, wobei man sich wieder an das Schema und nicht an die Zahlen an sich erinnert.

Die dritte Sequenz ist schon schwieriger, da das Schema nicht sofort ins Auge springt. Will man sich die Reihe merken, ist es am besten, sie in bestimmte Zahlengruppen aufzuteilen. Oder man wiederholt die Zahlen immer wieder und überläßt es dem Geist, sie bewußt oder unbewußt zu organisieren. Man kann aber auch die Liste eingehender studieren, um das Schema zu entdecken und sich dann an die Regel zu erinnern, eine Methode, die auf lange Sicht am wirksamsten ist.

Die Regel lautet: Addiere 3 zur ersten Zahl, um die dritte zu erhalten, dann wieder 3, um die fünfte zu erhalten usw. Subtrahiere 3 von der zweiten, um die vierte zu erhalten, dann wieder drei hiervon, um die sechste zu bekommen usw. Dabei sind alle »Zehner« zu ignorieren. Die ungeraden Zahlen beginnen mit 1 (leicht zu merken) und die nächsten erhält man, indem man jeweils 3 hinzuzählt. Die geraden Zahlen beginnen mit 8, und die nächsten erhält man, wenn man jeweils 3 abzieht. Begriffen?

George Karona, der ein ganzes Buch über die Rolle der Organisation im Gedächtnis geschrieben hat, beschreibt ein Experiment, wobei Studenten in zwei Gruppen eingeteilt wurden. Die eine

Gruppe wurde aufgefordert, eine Zahlenfolge auswendig zu lernen, während die andere nach dem Prinzip suchen sollte. Beide Gruppen hatten jeweils drei Minuten Zeit. Nachdem die drei Minuten verstrichen waren, wurde festgestellt, daß die beiden Gruppen nur geringfügig voneinander abwichen: 33% der Auswendiglerner und 38% der Prinzipiensucher konnten die Zahlenreihe fehlerlos abrufen. Drei Wochen später hatte sich das Bild allerdings gewandelt. Keinem der Auswendiglerner gelang es, die Zahlenfolge fehlerlos wiederzugeben, während 23% der Prinzipiensucher immer noch eine perfekte Leistung boten.[11]
Bei der Erinnerung an alltägliche Gegebenheiten und Ereignisse verwenden wir stets Prinzipien und Regeln, die ein gewisses Schema als Gedächtnisstütze bieten. Die meisten Menschen wissen nicht auswendig, welche Jahre Schaltjahre sind. Gewöhnlich weiß man aber, daß solche Jahre genau durch vier teilbar sind. Und oft erinnert man sich auch an die Regel, daß die Jahrhundertwenden nicht auf ein Schaltjahr fallen, sofern das Jahr um die Jahrhundertwende nicht durch 400 teilbar ist.
Das ist z.B. auch der Grund, warum die Vorwahlen im amerikanischen Fernsprechnetz 555-121 und nicht 641-8752 lauten. Das Schema für die erste Zahlengruppe ist auf den ersten Blick zu erkennen und läßt sich demnach leichter merken.
Ein weiteres Beispiel für die Prinzipiensuche ist das beachtliche Gedächtnis von Schachmeistern hinsichtlich der Positionen auf dem Schachbrett. Darf ein Neuling eine gewisse Schachposition fünf Sekunden lang betrachten, wird er wahrscheinlich höchstens in der Lage sein, sechs oder acht Figuren wieder in die richtige Position zu bringen, während dies einem Schachmeister wahrscheinlich zu 90% und mehr gelingt. Während der Neuling krampfhaft versucht, sich an 20 oder 30 Figuren zu erinnern, hat der Meister die Positionen in einigen wichtigen Konfigurationen vor Augen – das heißt, daß er nach dem Prinzip der Positionen sucht, wobei er sich an die Konfiguration und nicht an die Positionen erinnert. Ein Beweis für diese Erkenntnis ist der Umstand, daß, wenn man die Figuren willkürlich aufs Schachbrett setzt, so daß sie kein Spiel repräsentieren, der Meister bei einem solchen Test besser abschneidet als der Neuling.[12] Die Erinnerung an die Konfiguration und nicht an die einzelnen Positionen hat den Vorteil, die Information auf eine kleinere Anzahl von Untergruppen zu reduzieren.

Wenn man versucht, Blindschach zu spielen, d.h. ohne Brett und ohne Figuren, so daß man einzig und allein auf sein Gedächtnis angewiesen ist, so wird man merken, daß man sich an die Konfigurationen – an »starke« oder schwache Stellungen – eher erinnert als an die Positionen an sich. Blindschach liegt durchaus innerhalb der Kapazität der meisten Durchschnittsspieler und stellt eine ausgezeichnete geistige Übung dar. Eine Zeitlang wurde angenommen, daß die Fähigkeit, drei Spiele simultan zu spielen zu den Höchstleistungen des menschlichen Gedächtnisses gehört. Doch dann spielte Alexander Aljechin 1933 insgesamt 32 Simultanpartien. Neudorf brachte es 1943 auf 40 Partien und 1960 bewältigte der belgische Meister Koltanovski 65 Partien, von denen er 50 gewann und die übrigen sechs als Remis endeten[13] – dies nur als kurzen Blick auf die phantastischen Fähigkeiten des menschlichen Geistes und des menschlichen Gedächtnisses.

D) Sinn und Aufmerksamkeit

Eine weitere wichtige Grundlage für die Organisation des Gedächtnisses ist der Sinn aller Dinge. Sinn und Bedeutung bilden einen wesentlichen Teil aller Denkprozesse, und der Sinn ist es auch, der die Erfahrung lenkt. Beim Wahrnehmungsprozeß handelt es sich letzten Endes um jenen entscheidenden Ablauf, mit dessen Hilfe man den Sinn seiner Umwelt erkennt. Wird der Stoff nur oberflächlich verarbeitet, so läßt sich auch nur wenig Sinn daraus entnehmen, demzufolge auch das Gedächtnis nur lückenhaft sein kann. Wenn man aber tiefer schürft und den Stoff eingehender studiert, läßt sich auch mehr Sinn gewinnen, indem man sinnvollere Verbindungen anknüpft und auch andere Vorstellungen heranholt, ein Umstand, der zur Festigung des Gedächtnisses beiträgt.[14]

Eine tiefer schürfende Verarbeitung verlangt eine bewußte Auseinandersetzung mit dem Stoff. Ist der Geist aber nicht wachsam, so geht die Information »zum einen Ohr hinein und zum anderen wieder hinaus«. Die Spur aber, die zurückbleibt, dürfte dann schwach genug sein, um unter normalen Umständen wieder aufgenommen und verfolgt zu werden. Je mehr man sich bewußt einer Sache widmet, um so intensiver wird der Stoff verarbeitet. Je intensiver aber die Verarbeitung eines Stoffes durchgeführt wird, um so mehr ist er dazu angetan, als sinnvoll erkannt zu werden. Je sinnvoller aber der Stoff, um so besser das Gedächtnis, und je besser das Gedächtnis, um so mehr Gelegenheit, um mit neuen Stoffen in Zukunft sinnvolle Verbindungen anzuknüpfen.

E) Assoziatives Netz

Die Registrierung im Gehirn erfolgt nicht wie beim Film oder auf einem Tonband, wobei jeder Gedanke in einer wohldefinierten zeitlichen Sequenz an die nächste anknüpft. Informationen werden in einem großen Verbundnetz registriert. Jeder Gedanke verfügt über viele hundert, ja wahrscheinlich viele tausend Assoziationen und ist an zahlreiche andere Punkte im geistigen Netz angeschlossen.

Besonderes Interesse gilt heutzutage jenen Theorien, die das menschliche Gedächtnis als ein großes, kompliziertes Netzwerk betrachten. Nach diesen Modellen werden keine Buchstaben, Silben oder Wörter, sondern Begriffe und Lehrsätze registriert. Diese Lehrsätze werden dann mit anderen Lehrsätzen in Beziehung gebracht und bilden ein assoziatives oder semantisches Netz. Entsprechend solchen Modellen besteht das Verkoden eines Ereignisses – mit anderen Worten der Lernvorgang – einfach in der Herstellung neuer Verknüpfungen im Netz d.h. neuer Assoziationen.[15]

Solche Modelle entsprechen nicht nur genau den meisten experimentellen Erkenntnissen über das Gedächtnis, sondern sind auch eine Erklärung für die unglaubliche Wendigkeit und Flexibilität des Gedächtnisses.

Das Gedächtnis gleicht demnach nicht einem Behälter, der allmählich aufgefüllt wird, sondern eher einem Baum, an dessen Zweigen und Trieben die Erinnerungen hängen. Alles, woran man sich erinnert, bildet jeweils eine neue Gruppe von Zweigen, an denen man die neuen Erkenntnisse aufhängen kann. Auf diese Weise nimmt die Kapazität des Gedächtnisses ständig zu. Je mehr man behält, um so mehr kann man wissen.

F) Lernen im Schlaf und Suggestopädie

In den fünfziger und den frühen sechziger Jahren war man sehr an einem Vorgang interessiert, den man als Lernen im Schlaf bezeichnete. Dabei ging man davon aus, daß, wenn man ein Band,

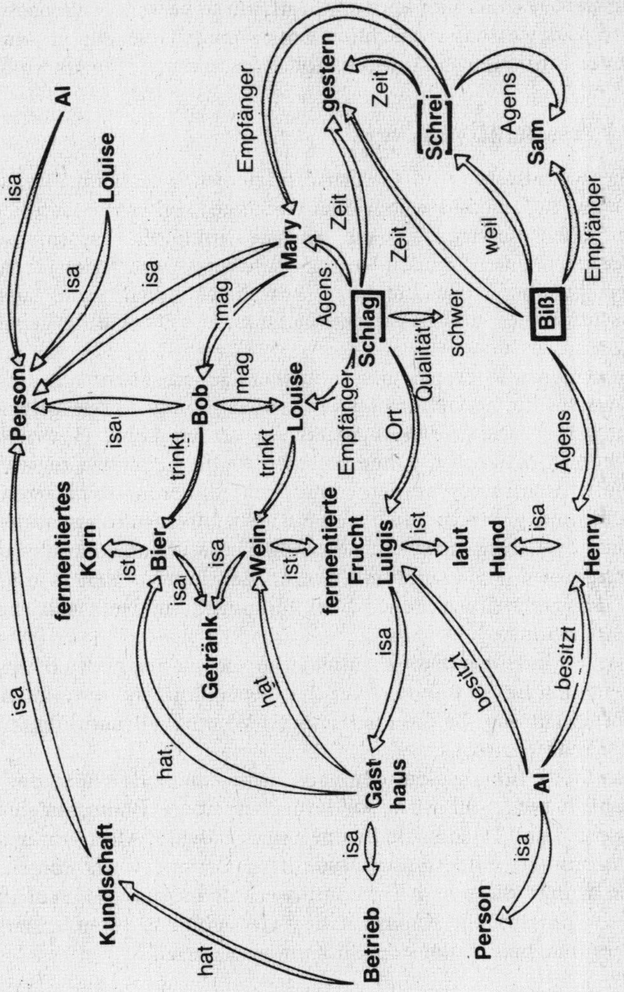

Person
isa
Al
isa
Louise
isa
isa
Kundschaft
fermentiertes
Korn
ist
hat
Bier
hat
isa
trinkt
Bob
Getränk
isa
mag
mag
Wein
hat
trinkt
Empfänger
ist
Louise
Mary
Agens
fermentierte
Frucht
Empfänger
Zeit
gestern
isa
Schlag
Betrieb
Gast
haus
isa
Luigis
Ort
Zeit
Zeit
ist
Qualität
Schrei
laut
schwer
besitzt
Person
Hund
weil
Agens
isa
isa
Al
Sam
besitzt
Agens
Biß
Henry
Empfänger

Bild 33: Das semantische Netz zeigt eine kurze Szene von Wechselwirkungen zwischen Bob, Louise, Mary, Al, Henry und Sam in Luigis Gasthaus. Die Personen und Gegenstände innerhalb der Wechselwirkungen sind durch Linien verbunden, die ihre Beziehungen anzeigen, und die Hauptaktivitäten sind kreisförmig angeordnet. Man kann das Bild »lesen«, indem man bei »Al« beginnt, der Luigis Gasthaus führt... und Als Hund Henry hat Sam gebissen, weil... (Aus R. H. Lindsay und D. A. Norman, **Human Information Processing,** New York und London: Academic Press, 1972. Nachdruck mit Genehmigung.)

das den Lernstoff enthielt, einem Schlafenden vorspielte, ein Großteil der Information verarbeitet werden und sich der Schlafende hinterher an den Stoff erinnern kann. Versuche an der Universität von Florida haben gezeigt, daß der Durchschnittswert der Wiedergabe des Stoffes, der fünf Nächte lang während des Tiefschlafes präsentiert wurde, 13% betrug.[16] Aus diesen und weiteren Experimenten wurde geschlossen, daß ein Lernen im Schlaf nur insofern erfolgen kann, daß die Person teilweise bei Bewußtsein ist. Also kann eine solche Methode sich ungünstig auf den Schlaf auswirken, indem die Schlafphase unterbrochen wird, ein triftiger Grund, um von dieser Methode abzukommen. Eine ähnliche Lerntechnik, die sich im Augenblick wachsender Popularität erfreut, ist die Methode der Suggestopädie. Ursprünglich wurde diese Methode in den Sechziger Jahren von Georgi Lozanof in Sophia (Bulgarien) entwickelt. Die Methode lehnte sich stark an Yoga und Hypnose an und umfaßt Faktoren wie tiefe Entspannung, Musik und Psychodrama. Dabei sitzt das Subjekt ruhig in einem Sessel und wird in einen weitgehend entspannten Zustand versetzt. Dann erklingt sorgfältig ausgewählte Barockmusik, wobei dann der Lehrer (oder das Band) im Hintergrund den zu lernenden Stoff präsentiert. Der Student soll dabei nicht versuchen, sich auf den Stoff zu konzentrieren, sondern seine ganze Aufmerksamkeit der Musik widmen. Nun wird behauptet, daß der Geist in solch entspannter Lage eher bereit und fähig ist, irgendwelche Informationen zu absorbieren und daß man mit Hilfe dieser Methode den Stoff von zwei Jahren innerhalb von zwei oder drei Monaten verarbeiten kann, wobei diese rasche Assimilation des Wissens der Förderung der Aktivitäten der rechten Gehirnhälfte zuzuschreiben ist.[17]

G) Anwendung und Ratschläge

Da nun der Kontext des ursprünglichen Lernens eine wichtige assoziative Schlüsselstellung für das Gedächtnis darstellt, läßt sich daraus schließen, daß man sich um so besser an einen Stoff erinnern kann, je distinktiver und einprägsamer die Lernsituation gestaltet wird. Indem man sich seiner Umwelt bewußter wird anstatt sie einfach vorbeiplätschern zu lassen und wenn man den Stoff mit der jeweiligen Situation in Beziehung bringt, wird man eher in der Lage sein, strengere assoziative Verbindungen zu knüpfen, wobei man dann den Stoff besser im Gedächtnis behält.

Auch indem man wohlüberlegt klare Assoziationen zwischen verschiedenen Ideen bildet, kann man dazu beitragen, sich leichter an solche zu erinnern. Weitere Hinweise zu diesem Thema finden sich in Kapitel 9.

Zum Zweck der Wiedergabe oder der Abrufbereitschaft kann die Organisation mindestens so wirksam sein wie ein Studium, außerdem kann sie sich als weniger ermüdend und bedeutend erfreulicher erweisen. Wenn man in einem abrufbaren Stoff irgendein allgemeines Schema oder eine allgemeingültige Regel erkennen kann, so wird die Abrufbereitschaft gefördert und der Stoff längere Zeit haften bleiben. Versuchen Sie, ohne noch einmal nachzuschlagen, die drei Zahlenlisten aus diesem Kapitel wiederzugeben. (Hinweis für die erste Liste: Sie beginnt mit einer 1.) Läßt sich keine Organisation oder keine bestimmte Ordnung erkennen, versuchen Sie eine passende Regel aufzustellen. An kreative Ideen kann man sich gewöhnlich sehr gut erinnern.

Es besteht keine Gefahr, daß Ihr Gedächtnis überfüllt werden könnte, im Gegenteil: man wird feststellen, daß es um so leichter ist, neue Dinge zu behalten, je mehr man sich von früher her erinnert.

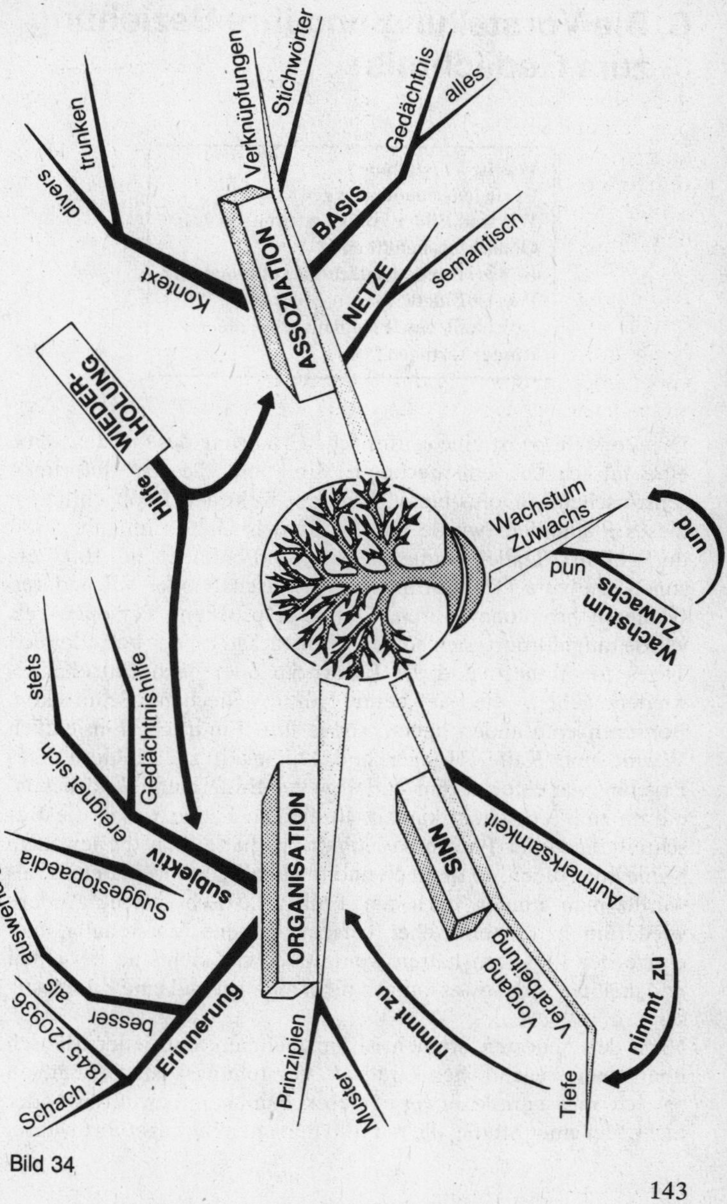
ASSOZIATION
Verknüpfungen
Stichwörter
BASIS
Gedächtnis
alles
NETZE
semantisch
Kontext
divers
trunken
WIEDER-
HOLUNG
Hilfe
Wachstum
Zuwachs
und
Wachstum
Zuwachs
und
SINN
Aufmerksamkeit
Vorgang
Verarbeitung
Tiefe
nimmt zu
nimmt zu
ORGANISATION
Prinzipien
Muster
subjektiv
ereignet sich
stets
Gedächtnishilfe
Suggestopaedia
Erinnerung
besser
als
auswendig
1845720936
Schach

Bild 34

8. Die Vorstellung und ihre Beziehung zum Gedächtnis

> **Was ist Vorstellung?**
> **Ist sie jedermann zu eigen?**
> **Wie sind Bilder und Vorstellungen dem Gedächtnis behilflich?**
> **Ist das visuelle Gedächtnis vollkommen?**
> **Was ist Eidetik?**
> **Ist Eidetik eine Fähigkeit, über die nur Kinder verfügen?**

Die Vorstellung ist eine sensorische Erfahrung des Geistes, ohne eine tatsächliche entsprechende Situation, die den sofortigen sensorischen Stimulus bietet. Eine der frühesten Beobachtungen dieses Phänomens wurde von Sir Francis Galton im Jahr 1883 duchgeführt. Dabei sandte er ein Rundschreiben an 100 Personen, die zum Großteil in der Wissenschaft oder auf anderen Gebieten prominent waren. Der angesprochene Personenkreis wurde aufgefordert, sich an den Frühstückstisch des betreffenden Tages zu erinnern und die Eindrücke oder auch Einzelheiten wiederzugeben, die sie beim Hören, Riechen, Schmecken, Berühren empfunden haben, sowie ihre Eindrücke hinsichtlich Wärme und Kälte, Hunger und Müdigkeit zu schildern. Das Ergebnis war eine enorme Variation von Bildern und Eindrücken, die da zum Vorschein kamen. In einigen Fällen waren die Beschreibungen der Person so lebhaft, als hätte man die jeweilige Szene vor Augen, so deutlich und reichhaltig in ihren Details, als würde man immer noch am Frühstückstisch sitzen. Andere wiederum hatten eine eher verschwommene Vorstellung, und einige der Personen hatten wenig oder gar nichts zu berichten und meinten, daß sowas einfach nicht möglich und eine Zumutung sei.[1]

Nach den neuesten Studien ist anzunehmen, daß jeder Mensch über einen beachtlichen Grad an Vorstellungskraft verfügt, ob er sich nun paradoxerweise dieser Fähigkeit bewußt ist oder nicht. Bei einer Studie, die mit 500 Personen durchgeführt wurde, berichteten alle über irgendwelche bildlichen Vorstellungen, 97% über visuelle Bilder und 92% über Hörbilder.[2] Doch selbst diese Werte dürften ziemlich niedrig angesetzt sein. Wenn man nämlich die paar Leute befragt, die angeblich keine visuellen Vorstellungen haben und aufgefordert werden, einen Gegenstand oder ein Gebäude, etwa den Tadsch Mahal zu beschreiben, brechen sie oft mitten im Bericht ab und bekennen: »Ja, ich *kann* mir das vorstellen.«[3]

Zur Schaffung eines geistigen Bildes muß man sich etwas »vorstellen«, und das Vorstellungsvermögen ist nahezu unbegrenzt. Selbst wenn man es nie vorher gesehen hat, fällt es nicht schwer, sich eine grüne Katze vorzustellen, die einen Wagen lenkt, wobei das Ding wie Messing scheppert und nach Rosen duftet. Diese Fähigkeit, gewöhnliche Bilder im Geiste zusammenzusetzen, um neue Bilder zu schaffen, ist für den Erinnerungsprozeß von unschätzbarem, wenn auch nicht essentiellem Wert.

A) Vorstellungskraft und Gedächtnis

Viele Menschen wenden die Vorstellungskraft ganz natürlich, und oft von frühester Kindheit an, wobei einige Menschen verschiedene Bilder mit Zahlen in Beziehung bringen, wobei dies mit

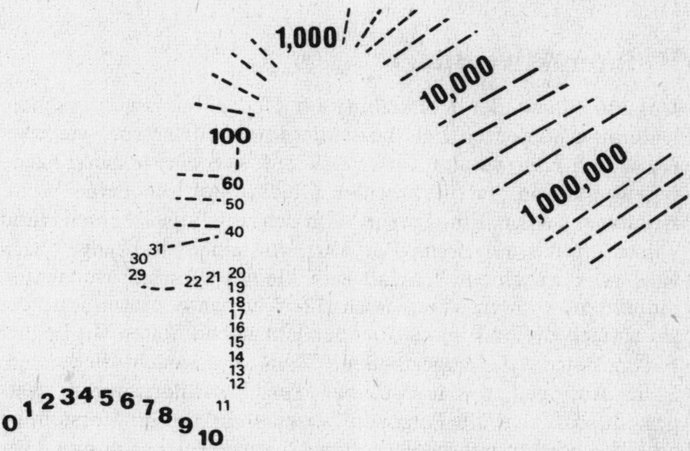

Bild 35: Beispiel für die Auslegung von Zahlen im geistigen Raum.

der räumlichen Anordnung der Zahlen zusammenhängt. Die Zahlen können eine Kette bilden und gradlinig angeordnet sein, während sich die Zeile durch den Raum fortpflanzt und mit steigenden Werten sich vom Beobachter wegbewegt. Die einzelnen Zahlen können der Größe nach schwanken, wobei bedeutende Punkte sich von den anderen abheben, so etwa 10, 100, 500 und 1.000. Oder sie können verschiedene Farben aufweisen, wobei jede Zahlengruppe in einer anderen Farbe erscheint. Man hat festgestellt, daß etwa 80% der Bevölkerung über ein solches »Zahlenformat« verfügen. Andere wiederum verfügen über solche oder ähnliche Schemata für das Alphabet, für die Wochentage, für die Monate im Jahr usw.

Das Vorstellungsvermögen mag einem Erwachsenen wenig bedeuten, zweifellos aber ist es eine immense Bereicherung während der frühen Kindheit, wobei es dazu beigetragen haben dürfte, sich die Zahlen, das ABC, die Wochentage usw. zu merken. Obwohl man Kinder im zarten Alter selten anleitet, sich der Phantasie zu bedienen, fällt es dem Geist anscheinend leichter, sensorische Assoziationen irgendwelcher Art auf irgendeine Weise mit abstrakten Begriffen zu verknüpfen und sich an die auf diese Art entstandenen Bildschemata zu erinnern, ein Vorgang, der in Wahrheit einer zusätzlichen Organisationsstufe entspricht.

B) Interaktive Bilder

Um die Macht der Vorstellung im Gedächtnis zu erforschen, legte man Studenten zwei beziehungslose Wörter vor, wie etwa *Hund* und *Fahrrad* und forderte sie auf, sich eine visuelle Szene vorzustellen, in der diese beiden Objekte auf irgendeine Weise zusammenwirken. Eine Person kann sich zum Beispiel einen Hund vorstellen, der auf einem Rad sitzt, von einem Rad angefahren wird oder an einem Fahrrad sein kleines Geschäft verrichtet. Außerdem wurden ihnen auch 12 Wortpaare präsentiert, die sie einfach dreimal hintereinander laut wiederholten. In beiden Fällen betrug die zugestandene Zeit jeweils acht Sekunden. Beim Abfragen, das unmittelbar danach erfolgte, wurde festgestellt, daß sich die Personen bei einer bildlichen Vorstellung zu 80%, bei den nur wiederholten Wortpaaren aber nur zu 33% richtig erinnern konnten.[4] Durch streng assoziative Bilder konnten demnach die Personen ihr Erinnerungsvermögen um das 2½fache steigern.

Bei einer anderen Studie wurde die Wichtigkeit der Lebhaftigkeit solcher Vorstellungsbilder untersucht. Bei vagen und verschwommenen Bildern lag die Erinnerung bei etwa 70% (immer noch bedeutend besser als beim Auswendiglernen). Wenn aber die Bilder »deutlich und greifbar« waren, so als wären sie real, lag die Quote bei etwa 95%.[5]

Weitere Experimente mit dem Verbalgedächtnis haben ergeben, daß Wörter, die ein starkes geistiges Bild erzeugen, viel leichter in Erinnerung bleiben.[6] Je lebhafter das bildliche Vorstellungsvermögen, so scheint es, um so stabiler das Gedächtnis.

Die Vorstellung ist für das Gedächtnis wertvoll, weil sie die Assoziationen und Verknüpfungen festigt. Wenn die Vorstellung die Ideen nicht wirklich verknüpft, ist sie nur von geringem Wert. Dies wurde nachgewiesen, indem man zwei Gruppen Listen von Wortpaaren, wie *Hund-Fahrrad* vorlegte. Die erste Gruppe sollte

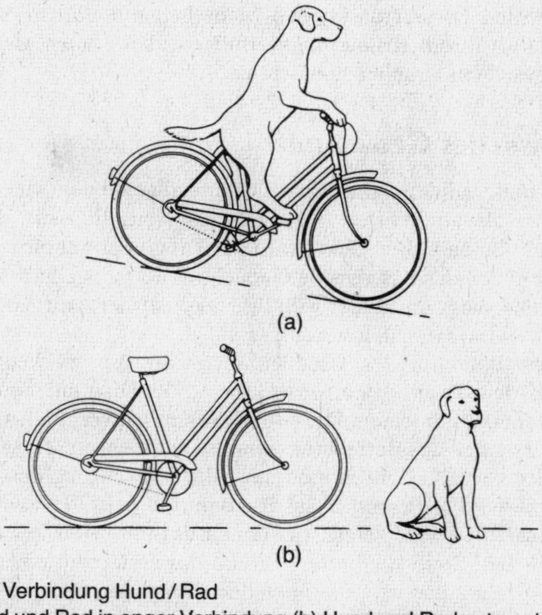

Bild 36: Verbindung Hund / Rad
(a) Hund und Rad in enger Verbindung (b) Hund und Rad getrennt.

ein festes visuelles Bild erzeugen, wo die beiden Bilder auf irgendeine Weise zusammenwirkten. Die zweite Gruppe wurde aufgefordert, ebenfalls ein festes visuelles Bild zu erzeugen, wobei jedoch die beiden Objekte getrennt waren, so z. B. als würden sie sich an zwei gegenüberliegenden Wänden des Raumes befinden. Die Nachprüfungen haben ergeben, daß diejenigen, die ein festes *interaktives* Bild erzeugt hatten, 71% der Wörter wiederholen konnten, während die Personen, die getrennte Bilder erzeugt hatten, nur 46% der Wörter wiedergaben, ein Wert, der etwas mehr als 33% des mechanisch wiederholten Stoffes ausmacht.
Demnach ist die Vorstellung dann am wirksamsten, wenn sie so lebhaft und so interaktiv wie möglich ist.
Selbst bei Personen, die behaupten, ein schwaches visuelles Gedächtnis zu haben, kann die Vorstellung für das Erinnerungsvermögen äußerst wertvoll sein. In der Tat weisen Personen sowohl mit schwachem als auch mit gutem visuellen Gedächtnis eine Verbesserung ihres Erinnerungsvermögens auf, wenn man sie lehrt, ihre Vorstellungskraft zu gebrauchen. Der einzige Unterschied besteht darin, daß Menschen mit gutem visuellen Gedächtnis ihrem Erinnerungsvermögen eher trauen als solche mit schwachem visuellen Gedächtnis.[8]

C) Visuelles Gedächtnis

An visuelle Bilder kann man sich im allgemeinen viel besser erinnern als an Wörter. Das geht so weit, daß die visuelle Rekognition nahezu perfekt ist. In der Tat gibt es nur eine einzige Studie, in der sich das visuelle Gedächtnis als mangelhaft erweist, wobei allerdings die Bilder willkürlich konstruiert wurden, um so irreführend wie möglich zu sein.[9]
Um das Potential des visuellen Gedächtnisses zu beurteilen, wurden den Testpersonen insgesamt 2560 Dias mit einer Geschwindigkeit von einem Dia pro 10 Sekunden vorgeführt. Diese sieben Stunden des Betrachtens wurden auf mehrere Tage hintereinander verteilt. Eine Stunde nach der Vorführung des letzten Dias wurden die Personen auf Rekognition geprüft, indem man ihnen 280 Diapaare zeigte, bei denen das eine Bild aus der ursprünglichen Serie stammte, während das andere zu einem ähnlichen Diasatz gehörte, die aber den Personen nicht vorgeführt worden waren. Die Testpersonen konnten 85 bis 95% der ur-

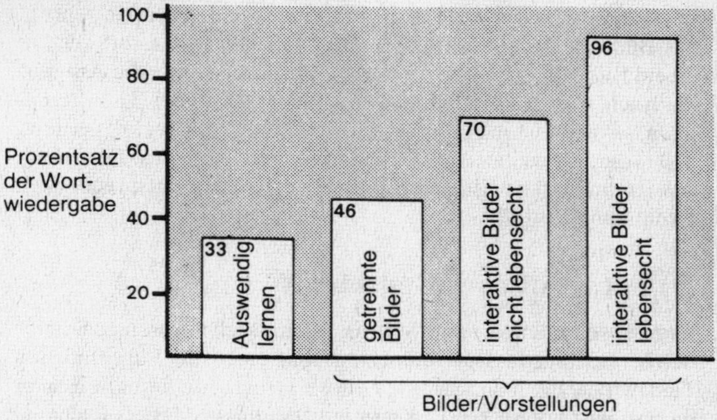

Bild 37: Effektivität der Vorstellung im Vergleich zum Auswendiglernen bei Wortpaaren, und Wert interaktiver und lebensechter Bilder.

sprünglichen Dias wiedererkennen, und diese hohe Leistung wurde auch beibehalten, wenn die Vorführungsgeschwindigkeit auf ein Dia pro Sekunde erhöht wurde und die Bilder spiegelverkehrt präsentiert wurden, so daß die Bilder seitenverkehrt erschienen. Kommentar des Versuchsleiters: »Diese Experimente mit Bildstimuli zeigen, daß das Wiedererkennen von Bildern im wesentlichen perfekt ist. Wir hätten wahrscheinlich die gleichen Ergebnisse erzielt, wenn wir 25.000 anstatt 2.500 Bilder vorgeführt hätten.«[10]

Im vorigen Experiment wurden die Bilder nach einer Durchschnittszeit von 1½ Tagen wiedererkannt. Bei einem anderen Experiment wurden die Personen unmittelbar nach der Vorführung von etwa 600 Bildern geprüft, wobei eine positive Leistung von 98% festgestellt werden konnte! Bei weiteren Versuchen in Kanada wurde das Experiment erweitert, indem man den Personen 10.000 Bilder zeigte und Messungen durchführte, inwiefern sich die Lebhaftigkeit der Bilder auf das Gedächtnis bzw. auf die Wiedergabe auswirkte. Bei lebhaften Bildern waren die Personen in der Lage, 99,6% der Bilder korrekt wiederzugeben.[11] Beim Extrapolieren dieser Ergebnisse wurde geschätzt, daß, wenn man den Personen 1 Million Bilder vorgeführt hätte, 986.300 wiedererkannt worden wären!

Diese Testpersonen wurden auch hinsichtlich des Effekts geprüft, das Bild aus einer Auswahl von 32 Alternativen, anstatt aus nur einem Bildpaar wiederzuerkennen. Hierdurch wurde die Aufgabe natürlich wesentlich komplizierter, doch selbst bei 32 Alternativen lag die Leistung immer noch bei 92%. Daraus erfolgt erneut, daß »die Kapazität des Rekognitionsgedächtnisses für Bilder nahezu unbegrenzt ist, wenn die Messung unter entsprechenden Bedingungen erfolgt.«[12]

D) Fotografisches Gedächtnis

Es gibt Menschen, die eine Seite in einem Buch nur wenige Sekunden betrachten, das Buch dann zumachen und in der Lage sind, den Text wiederzugeben, als wäre diese Druckseite fotografisch in ihrem Geist verankert. Der *terminus technicus* oder als Fachausdruck für diese Fähigkeit ist Eidetik vom griechischen *eidos* bebekannt, das etwa »Form« oder »was ich erblickt habe« bedeutet. Die Eidetik wurde ab etwa 1930 weltweit studiert, doch wurden an Personen keine weiteren Versuche durchgeführt, bis man sich in jüngster Zeit für die Rolle der Vorstellung im Gedächtnis zu interessieren begann.
Die ersten Arbeiten auf diesem Gebiet wurden 1880 von Galton durchgeführt. Er stellte Versuche mit Kindern der Charterhouse School an und stellte fest, daß 18 von 172 in der Lage waren, lebhafte eidetische Bilder wahrzunehmen.[13] Diese Untersuchungen wurden zu Beginn unseres Jahrhunderts von E. R. Jaensch in Deutschland und G. W. Allport in Cambridge, England fortgeführt.
Allport arbeitete mit Kindern im Alter zwischen 10 und 13 Jahren. In einer typischen Studie brachte er ein Bild auf einem dunklen grauen Hintergrund an und ließ das Bild 35 Sekunden stehen, während die Kinder dieses Bild aufmerksam beobachteten. Dann wurde das Bild entfernt und das Kind aufgefordert, den grauen Hintergrund zu betrachten und zu berichten, was es da erblickte. Allport stellte fest, daß sich die meisten Kinder so benahmen, als würden sie das Bild immer noch vor Augen haben, als ob sie sich an das betreffende Bild fotografisch erinnern könnten.[14] Viele Menschen haben ein sehr gutes Gedächtnis für Bilder, doch die Vorstellungskraft dieser Kinder wich in mancherlei Hinsicht vom normalen visuellen Vorstellungsvermögen ab.

1. Die eidetischen Bilder waren extern, sie lagen »irgendwo da draußen«. Es war, als wären solche Bilder immer noch auf dem grauen Hintergrund vorhanden, wo sie ursprünglich hingen. Und sobald man die graue Fläche faltete oder verbog, wurde auch das eidetische Bild gefaltet oder verbogen.
2. Das eidetische Bild war bedeutend klarer und beständiger als das normale. Es neigte dazu, den Hintergrund, auf den es projiziert wurde, zu verdunkeln, etwa wie eine dünne Folie, auf der das Bild aufgetragen war und den Hintergrund bedeckte.
3. Das eidetische Bild war bedeutend beständiger als das normale. Die Kinder konnten dieses Bild mehrere Minuten lang behalten, und in vielen Fällen waren sie in der Lage, es nach Wochen oder gar Monaten wieder hervorzurufen. In dieser Hinsicht unterschied sich das eidetische von einem Nachbild – von einer Art Bild, das man vor Augen hat, wenn man eine Zeitlang eine brennende Glühbirne betrachtet hat. Nachbilder neigen dazu, sich rasch zu verflüchtigen, etwa nach einer halben Minute. Sind sie besonders einprägsam, so beträgt ihre Lebensdauer mehrere Minuten, erstreckt sich aber niemals über Wochen und Monate. Bei den meisten Nachbildern erscheinen die Farben umgekehrt – das heißt, daß man jeweils die Komplementärfarben wahrnimmt: Rot als Türkis, Blau als Gelb und Grün als Schwarz und umgekehrt. Ferner, als die Kinder das Bild zuerst betrachteten, wurden sie ermuntert, ihren Blick über das ganze Bild schweifen zu lassen, obwohl es für ein gutes Nachbild unerläßlich ist, die Aufmerksamkeit auf bestimmte Punkte eines Bildes zu konzentrieren.
4. Die Kinder berichteten über eine ganze Menge Einzelheiten, wobei sie Gegenstände und Stellen »erkannt« haben wollten, die sie bewußt nicht wahrgenommen hatten. Sie konnten etwa die Anzahl der Streifen an einem Zebra nennen, und die Angabe war ziemlich genau – ein Umstand, der bei normalem visuellem Vorstellungsvermögen praktisch unmöglich ist. Bei einer dieser Studien gab es eine Straßenszene, mit einer Gastwirtschaft im Hintergrund, über der ein Schild mit der Inschrift *Gartenwirtschaft* hing. Dieses deutsche Wort war für die Kinder bedeutungslos und wurde auch nicht wiedergegeben, als sie erstmals ihr eidetisches Bild erforschten. Als aber die Kinder aufgefordert wurden, noch einmal genau hinzuschauen, konnten alle diejenigen, die über ein festgefügtes eidetisches

Bildmaterial verfügten, die kleine Schrift über dem Eingang lesen. Manche konnten das Wort richtig buchstabieren, einige von ihnen zeigten zumindest befriedigende Leistungen. Überdies waren die Kinder in der Lage, die Buchstaben von rechts nach links und umgekehrt zu entziffern.

Obwohl das eidetische Vorstellungsvermögen oft als fotografische Vorstellung bezeichnet wurde, wurden bei späteren Experimenten bedeutende Unterschiede zwischen den beiden festgestellt. Das eidetische Bild erwies sich als weitaus flexibler als das fotografische Bild. Wenn beispielsweise ein Kind das eidetische Bild einer Abbildung »betrachtete«, die einen Esel und eine Krippe zeigte, wurde dem Kind suggeriert, daß der Esel Hunger habe. Dann »sah« das Kind sofort, daß der Esel zur Krippe ging, den Nacken beugte und zu fressen begann.[15] In anderen Fällen konnten die Kinder Gegenstände im Bild je nach Bedarf willkürlich vergrößern oder verkleinern oder sie drehen, um zu sehen, wie sie von der anderen Seite ausschauen.
Ein weiterer Unterschied zwischen eidetischer Vorstellung und »fotografischem« Gedächtnis ist, daß beim eidetischen Bild einiges hinzugefügt, weggelassen oder verzerrt werden kann. Trotz der Fülle der Einzelheiten im Bild ist es im allgemeinen nicht so genau wie ein Foto.
Eidetische Bilder brauchen sich nicht auf die Optik zu beschränken – es kann sich durchaus auch um ein akustisches Bild handeln. Man kann beispielsweise die Fähigkeit besitzen, eine Symphonie im Geiste zu hören, ja sogar die einzelnen Instrumente und Stimmen verfolgen. Oder man kann über einen eidetischen Tastsinn verfügen und das Bild eines Fells in all seiner Deutlichkeit und Reichhaltigkeit fühlen.[16]

E) Jüngste Arbeiten auf dem Gebiet der eidetischen Vorstellung

Zwischen 1930 und 1968 wurden nur zwei Studien über die eidetische Vorstellung veröffentlicht. Mittlerweile wurde das Interesse an diesem Thema wieder geweckt, und neue Wege wurden beschritten. Bei einem der bemerkenswertesten Experimente auf diesem Gebiet werden jeweils zwei willkürliche Punktmuster verwendet, die von einem Computer erzeugt werden.

Bild 38: Zwei beliebige Punktmuster, die bei stereoskopischer Vereinigung eine Form ergeben, die sich vom Hintergrund abhebt. (Aus B. Julesz, *The Foundations of Cyclopean Perception*, Chicago: University of Chicago Press, 1971. Nachdruck mit Erlaubnis.)

Zwar scheinen diese Punktmuster willkürlich zusammengestellt, doch wird das eine Muster dem linken und das andere dem rechten Auge präsentiert, so vereinigen sich die beiden Bilder wegen ihrer besonderen Beschaffenheit auf stereoskopische Weise miteinander, während in der Mitte der kombinierten Muster ein deutliches Bild erscheint.

Nun wurde aber auch der Versuch unternommen, die beiden Muster nicht gleichzeitig, sondern das eine an einem Tag dem linken und das andere am nächsten Tag dem rechten Auge zu präsentieren. Bei einem der Testpersonen war das eidetische Bild so einprägsam, daß das erste Bild noch deutlich genug vorhanden war, um mit dem zweiten zu fusionieren und damit das versteckte Bild hervorzurufen, obwohl die Person das eidetische Bild erst 24 Stunden später erblickte.[17]

Bei einem ähnlichen Experiment wurden Kindern die Bilder (a) und (b) aus Abb. 39 gezeigt. Zunächst wurde das Bild (a) betrachtet. Dann wurde das Bild entfernt und Bild (b) vorgelegt. Kinder mit ausgeprägter eidetischer Begabung waren in der Lage, die beiden Bilder zu überlagern und das Gesicht in Bild (c) zu erblicken. Für ein Kind ist es sehr schwer, herauszufinden, wie das kombinierte Bild aussehen dürfte, und die Testpersonen waren tatsächlich oft überrascht, wenn sie plötzlich das Gesicht erblickten.[18]

Das eidetische Vorstellungsvermögen scheint bei Kindern besser ausgeprägt zu sein als bei Erwachsenen, wobei die Schätzungen bezüglich der Häufigkeit des Auftretens enorm schwanken. Einige der Studien haben nahegelegt, daß etwa 50% der Kinder unter 11 Jahren diese Fähigkeit besitzen, während bei anderen die Erfolgsquote bei 3 oder 4%, ja sogar bei Null liegt. Eine solch große Variabilität reflektiert wahrscheinlich all die verschiedenen angewandten Testarten, sowie auch die verschiedenen kulturellen Bildungsstufen der Kinder.

Zunächst ist es auch schwierig, Kinder dazu zu bringen, zuzugeben, daß sie ein eidetisches Vorstellungsvermögen besitzen. Nach einigen Schuljahren haben sie bereits Hemmungen, um zu gestehen, daß sie Dinge sehen, die »nicht wirklich vorhanden sind« – nicht wirklich vorhanden in dem Sinn, daß andere Leute diese Dinge nicht berühren und ihre Erfahrung objektiv verifizieren können. Wissenschaftler, die sich mit der Erforschung der Eidetik befassen, müssen sich eine Zeitlang mit dem Kind befassen und sein Vertrauen gewinnen, damit es sich nicht töricht vorkommt

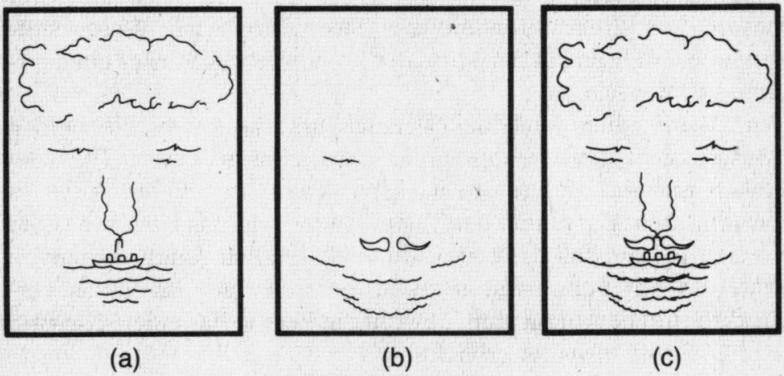

Bild 39: Eidetischen Kindern wurde zunächst Bild (a) vorgelegt. Dann wurde das Bild weggenommen, und man zeigte ihnen Bild (b). Bild (c) zeigt, was dabei herauskommt, wenn man die beiden anderen Bilder kombiniert. Eidetische Personen können sich an eine bestimmte Vorlage erinnern und sie später auf ein anderes Bild projizieren, wobei sie dann das verborgene Bild erblicken. Kein Kind konnte im ersten Bild zunächst ein Gesicht erkennen, doch die meisten sahen es, nachdem man ihnen das zweite Bild gezeigt hatte, wobei die eidetische Erinnerung des ersten Bildes wachgerufen wurde.

und nicht das Gefühl hat, sich lächerlich zu machen oder kritisiert zu werden, wenn es darüber berichtet, was es sieht.

So mancher Forscher hat sich der Beobachtung gewidmet, auf welche Weise sich eidetische Bilder mit dem Alter verändern. Das eidetische Vorstellungsvermögen scheint nach dem zehnten Lebensjahr ziemlich rasch abzunehmen, und im Alter von 14 Jahren haben sie die gleiche Häufigkeit des Auftretens aufzuweisen wie die übrigen Erwachsenen – d.h. etwa 2% verfügen über ein mittelmäßiges eidetisches Vorstellungsvermögen, während nur einer von 1 Million über ein gutes bis sehr gutes eidetisches Vorstellungsvermögen verfügt.

Dieser Trend ist wahrscheinlich zum Großteil unserem Bildungssystem zu verdanken. Das Gewicht, das auf Lesen, Schreiben und Rechnen gelegt wird – das heißt auf die logischen Funktionen der linken Hemisphäre – trägt kaum dazu bei, das visuelle Gedächtnis zu fördern, eine Funktion der rechten Hemisphäre. Und wie jede andere Fähigkeit, die nicht regelmäßig genutzt wird, ist auch das eidetische Vorstellungsvermögen dem Verfall preisgegeben.

Die Ansicht, daß das eidetische Vorstellungsvermögen langsam aber sicher bei den meisten Menschen gewissermaßen vertrieben wird, wurde zunächst 1930 von E.R. Jaensch verfolgt, einem der ersten Wissenschaftler, die sich diesem Forschungszweig widmeten. Er stellte fest, daß in Sonderschulen, wo auf die sensorischen Aktivitäten besonderer Wert gelegt wurde, 80 bis 90% der Kinder ein eidetisches Vorstellungsvermögen aufwiesen.[19] Diese Ansicht wird durch Studien anderer Kulturen erhärtet, wo die Kinder keinem prädominierend verbalen Bildungsprozeß unterzogen werden. In verschiedenen afrikanischen Kulturkreisen wurde festgestellt, daß das eidetische Vorstellungsvermögen auch beim Erwachsenen erhalten bleibt, wobei dieses Phänomen bei 50% der Bevölkerung zu finden ist.[20]

Ein weiterer Nachweis dafür, daß auch Erwachsene ihre eidetischen Fähigkeiten nicht ganz verlieren, stammt aus einigen Versuchen, die unter Hypnose durchgeführt wurden, wobei hypnotisierte Erwachsene in ihre Kindheit im Alter von sieben Jahren zurückversetzt wurden. Dann wurde ihnen jeweils ein Punkte-Stereogramm präsentiert (siehe Bild 38), wobei sich herausstellte, daß so mancher noch ein eidetisches Vorstellungsvermögen besaß – obwohl im wachen Zustand keine Person einer eidetischen Leistung fähig war.

F) Anwendung und Ratschläge

Wahrscheinlich ist bei jedem von uns das eidetische Vorstellungsvermögen latent vorhanden, doch in fast allen Fällen liegt der Grund für ein Nachlassen dieser Fähigkeit darin, weil sie nicht genutzt wird – oder besser, weil man die durch Erziehung und Bildung aus uns »hinauskomplimentiert«. Regelmäßige Übungen jedoch, etwa indem man versucht, deutliche interaktive Bilder von Dingen zu gestalten, an die man sich erinnern will oder indem man sich einen Ort, an dem man einst weilte, so lebhaft wie möglich vorstellt, können dazu beitragen, einige dieser verlorenen Fähigkeiten wieder zu beleben.
Das Vorstellungsvermögen läßt sich etwa durch folgende Übung entwickeln: Setzen Sie sich bequem hin, schließen Sie die Augen und versuchen Sie, sich leicht zu entspannen. Stellen Sie sich jetzt vor, daß Sie vor einem Haus stehen, das Sie gut kennen – etwa das Haus eines Freundes, oder wenn Sie bei der Übung nicht zu Hause sind, Ihr eigenes Heim und sehen Sie zu, an was alles Sie sich erinnern können. Aus welchem Material ist das Haus gebaut? Wieviele Fenster hat es? Wie sehen die Fenster aus? Stellen Sie sich die Haustür vor. Welche Farbe hat sie? Wie sieht sie aus? Aus welchem Material besteht sie? Wie sieht der Türgriff aus? Wovon ist sie umgeben? Öffnen Sie das Tor und treten Sie ein. Schauen Sie die Wände an – welche Farbe haben sie? Wie ist der Fußbodenbelag? Wie fühlt er sich an? Wie ist die Diele eingerichtet? Merken Sie sich, soviel Sie nur können. Lassen Sie eine Zeitlang Ihrer Phantasie freien Lauf, rufen Sie Bilder aus Ihrer Erinnerung hervor.

Jetzt stellen Sie sich einmal vor, daß Sie einen Gegenstand in die Hand nehmen, der sich im Raum befindet. Wie fühlt er sich an – hart oder weich? Warm oder kalt? Wonach riecht er? Welche Farbe hat er? Tun Sie so, als wäre der Gegenstand tatsächlich vorhanden, betrachten Sie ihn von allen Seiten, von oben und unten und setzen Sie dabei alle Ihre Sinne ein.
Sofern Sie mit dieser Art Übung zufrieden sind, könnten Sie vielleicht versuchen, einer kreativen Vorstellung näherzutreten, indem Sie sich vorstellen, daß Sie sich innerhalb eines festen Gegenstandes befinden, so etwa in einem Ziegelstein oder im Holz eines Möbelstückes. Dann versuchen Sie sich wieder einmal vorzustellen, wie sich der Gegenstand anfühlt und wie er aussieht,

ob man da etwas ertasten oder riechen kann. Dabei sollten Sie sich stets vor Augen führen, daß Sie sich *in* diesem Gegenstand befinden.

Eine weitere nützliche Übung besteht darin, sich einen Gegenstand vorzustellen, der sich auf ungewöhnliche Weise verändert. Stellen Sie sich zum Beispiel ein Glas Wasser vor, wobei dieses Glas vor Ihren Augen im Raum schwebt, versetzen Sie dann dieses Glas in Bewegung. Schicken Sie das Glas zur Decke, holen Sie es wieder herunter und bewegen Sie es durch den Raum. Stellen Sie sich vor, daß Sie das Glas auf den Kopf stellen, ohne daß das Wasser ausläuft. Versuchen Sie sich dann vorzustellen, daß das Wasser seine Farbe verändert, daß es zunächst blau, dann grün und schließlich golden wird. Lassen Sie das Glas sein Format ändern. Stellen Sie sich vor, daß es groß wird wie Sie oder so klein, daß es auf Ihren Fingernagel paßt.

Solche Übungen, sofern sie regelmäßig durchgeführt werden, können die Potenz Ihrer Vorstellungskraft unheimlich steigern. Sobald Sie damit beginnen, Ihre Vorstellungskraft im täglichen Leben einzusetzen, wird Ihr Gesamtgedächtnis eine beachtliche Steigerung erfahren. Und, wie wir später sehen werden (in Kapitel 15), wird die Fähigkeit, deutliche Vorstellungsbilder zu erzeugen, weitgehend dazu beitragen, persönliche Ziele zu erreichen und sie auf bildhafte Weise fest zu verankern.

Im Tierreich und beim primitiven Menschen hat sich das Gedächtnis dahingehend entwickelt, um jene Wege zu registrieren, die zu einem Futterplatz, zu einer Unterkunft, zur Paarung und (auch) zum Gegner führen. Ein solches Gedächtnis bedient sich von Natur aus der Bildassoziation, wobei dann das assoziative Vorstellungsvermögen zum Rückgrat des Gedächtnisses wird. Es ist noch nicht so lange her, daß der Mensch sein Gedächtnis benutzt, um sich Telefonnummern, Adressen, Begriffe, mathematische Formeln usw. zu merken, alles Dinge, die selbst arm an Bildern, nur schlecht zu behalten sind. Um solche Inhalte zu speichern, bedarf es der natürlichen Nutzung des Gedächtnisses und der Assoziation, wie aus dem nächsten Kapitel ersichtlich.

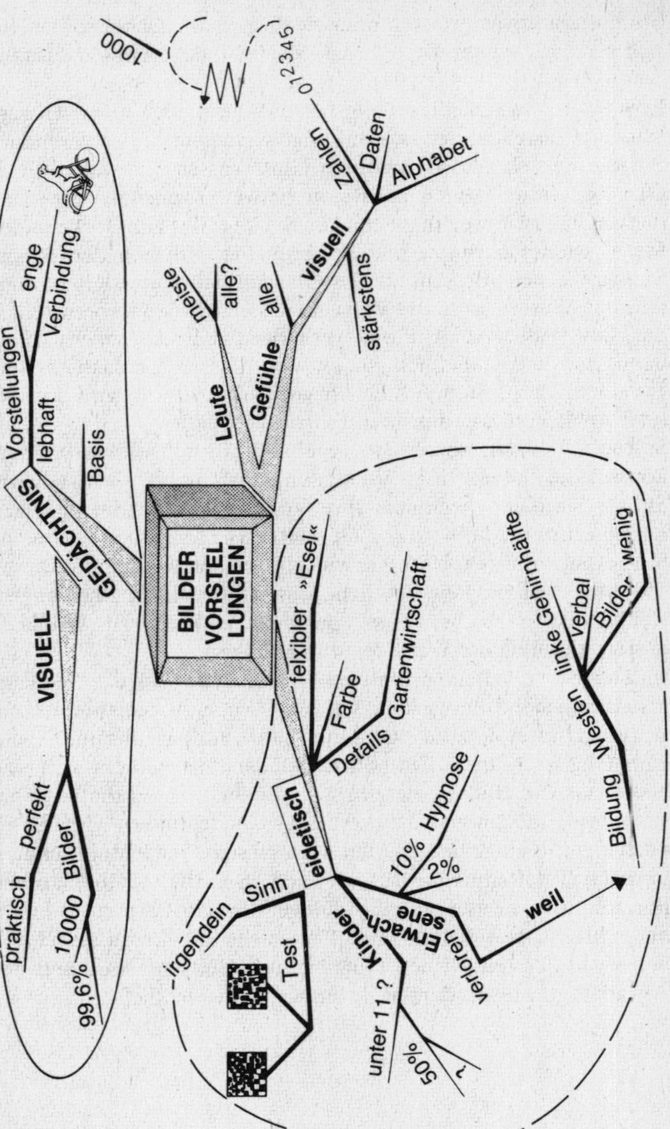

BILDER VORSTEL LUNGEN
GEDÄCHTNIS
VISUELL
Vorstellungen
lebhaft
enge
Verbindung
Basis
praktisch
perfekt
Bilder
10000
99,6%
1000
012345
Zahlen
Daten
Alphabet
visuell
stärkstens
alle
Gefühle
Leute
meiste
alle?
felxibler
»Esel«
Farbe
Details
Gartenwirtschaft
eidetisch
10%
Hypnose
2%
Kinder
Erwach sene
verloren
weil
Bildung
Westen
linke Gehirnhälfte
Verbal
Bilder
wenig
irgendein
Sinn
Test
unter 11 ?
50%
?

Bild 40

9. Mnemonik

Was ist Mnemonik?
Wie funktioniert das?
Wer hat sie zuerst benutzt?
Wie werden einfache mnemonische Systeme angewandt?
Kann man Mnemonik immer und überall einsetzen?
Ist Mnemonik eine Täuschung?
Besitzen einige Menschen ein perfektes Gedächtnis?

Das Wort Mnemonik stammt vom griechischen *mneme,* »sich erinnern«. Unter Mnemonik versteht man im wesentlichen jede Technik, die dazu angetan ist, die Erinnerung zu fördern. Das kann ein Knoten im Taschentuch sein, ein Reim, ein visuelles Bild oder sonst irgendeine Gedächtnisstütze.

Die Grundlage nahezu aller Techniken dieser Art ist die Bildung fester Assoziationen. Dabei kann es sich um eine Verkettung mit einem Ding oder eine Ablehnung an viele Dinge handeln, die im Gedächtnis fest verankert sind, um eine Verbindung mit einem Standardsatz geistiger Stützpunkte und um einen Anschluß an früher unzusammenhängender Gedanken handeln, die gleichzeitig abgerufen werden müssen.

Will man sich beispielsweise eine Gedächtnisstütze für die beiden Begriffe *Apfel* und *Pinguin* schaffen, so kann man sich etwa einen Pinguin vorstellen, dessen Kopf in einem riesigen Apfel steckt. Man kann aber auch jedes beliebige Bild heranziehen, um diese beiden Objekte miteinander zu verbinden. Ganz gleich aber, wie die Assoziation auch aussehen mag, sollte man stets versuchen, jene Faktoren optimal einzusetzen, die das menschliche Gedächtnis fördern:

Einmaligkeit: Die Assoziation sollte einmalig sein, um die Möglichkeit einer Interferenz mit anderen Assoziationen auszuschließen. Es würde nicht viel nützen, sich einen Pinguin vorzustellen, der einen Apfel frißt. Pinguine pflegen im allgemeinen etwas zu fressen (wenn auch nicht unbedingt Äpfel), so daß das

Bild keinesfalls auffallend wäre, wohl aber das eines apfelfressenden Pinguins!

Überzeichnung: Je übertriebener das Bild, um so besser. Machen Sie den Apfel groß. Je bizarrer und hervorstechender ein Bild, um so anregender ist es und um so deutlicher die Erinnerung.

Sensorisches Bild: Bei den meisten Menschen dürfte es sich überwiegend um ein visuelles Bild handeln, da das visuelle Gedächtnis am stärksten ausgeprägt ist, doch sollte man womöglich stets auch Düfte, Töne, Bewegungen usw. berücksichtigen. Lassen Sie Ihren Pinguin daherwatscheln, hören Sie, wie der Schnee knirscht, riechen und schmecken Sie den Apfel. Die Assoziation läßt sich auch dadurch festigen, daß man das Bild dreidimensional und in Farbe gestaltet, auf jeden Fall so lebhaft und so lebensecht wie möglich.

Interaktivität: Die Beziehung zwischen den beiden Objekten sollte die überwiegende Charakteristik eines solchen Bildes darstellen. Wie wir bereits festgestellt haben, funktionieren getrennte Bilder weniger gut, sie müssen vielmehr fest miteinander verbunden sein. Ein Pinguin, der neben einem Apfel steht, ist nicht so einprägsam. Es ist besser, wenn man den Vogel in den Apfel setzt.

Einfachheit: Je einfacher die Verbindung, um so besser. Äpfel und Pinguine sind zwar widerstandsfähig gegen Kälte, doch eine solche Assoziation wäre ebenso raffiniert wie unwirksam. Versuchen Sie also, Ihr Bild in kindlicher Einfalt, unbelastet und einfach zu gestalten.

Kreativität: Kreativität läßt unsereinen in der Assoziation tiefer schürfen und trägt zur Vertiefung des Verarbeitungsprozesses bei. Je origineller das Bild, um so besser kann man sich daran erinnern. Im wesentlichen ist der schöpferische Vorgang nichts anderes als eine Art Lernvorgang – nämlich eine Beziehung zwischen zwei Gedanken herzustellen, die früher nichts miteinander zu tun hatten.[1]

Sexuelles und Vulgäres: Schrecken Sie nicht davor zurück, sexuelle oder vulgäre Beziehungen herzustellen, sollten solche bei Ihnen auftauchen. Dies dürfte höchstwahrscheinlich der Fall sein. Die meisten Menschen finden, daß man sich an solche Assoziationen gut erinnern kann. Und da nie ein Außenstehender von Ihren Assoziationen erfahren wird, brauchen Sie sich vor solchen Assoziationen auch nicht zu fürchten – Sie können Ihnen kaum peinlich werden. Schlagen Sie noch einmal nach und greifen Sie

auf das Experiment auf Seite 118 zurück, prüfen Sie nach, ob Sie sich an den Begriff *balls* (Bälle, Kugeln) erinnern können und wenn ja, denken Sie darüber nach, ob Sie vielleicht eine Assoziation hatten, die Ihnen weiterhilft. (Balls: im Englischen auch Eier, Scrotum, Hodensack.)
Engagement: Das Gedächtnis ist mit der bewußten Erfahrung eng verbunden. Je tiefer das Erlebnis, um so besser kann man sich daran erinnern. Kosten Sie also Ihre geistigen Bilder und Ihre Vorstellungskraft bis zur Neige aus.

A) Mnemonische Techniken der Frühzeit

Mnemonische Techniken wurden von den alten Römern und Griechen weitgehend angewandt. Die Römer haben ein System entwickelt, das unter der Bezeichnung *»locus«* (plur. lat. *loci*) bekannt ist. Daher stammt auch der Begriff (engl.-franz. *location*), zu deutsch »Ort« oder »Ortsbestimmung«, sowie das Fremdwort »lokalisieren«. Bei diesem römischen System wurde jeder Posten, den man sich einprägen sollte, mit einem bestimmten Ort in der Umwelt in Beziehung gebracht. Zunächst hatte eine Person eine Standardliste all jener Orte zusammenzustellen, mit denen sie vertraut war, so etwa den Hof des eigenen Hauses als erste Position, wobei dann die Säule zur Linken als erster *locus* diente, als zweiter dann der nächste Sims, der Baum als dritter, die Statue als vierter usw. Sollte man sich dann zunächst an ein Pferd erinnern, konnte man sich ein Roß vorstellen, das sich wie eine Säule aufbäumte. Ging es beim zweiten Gegenstand um ein Schwert, konnte man sich ein solches vorstellen, das auf einem Sims auf der Spitze stand, also am zweiten Ort (locus). Und so ging es dann weiter, bis die Standardliste der *loci* zu Ende war. Sollte nun eine bestimmte Liste wiedergegeben werden, brauchte die Person lediglich zurückzudenken und sich an die Säule zu erinnern, um die erste Position wiederzugeben, dann bei der zweiten an ein Sims, und so weiter, und so fort.
Man sagt, daß die Römer dieses System weitgehend angewandt haben, um Reden einzustudieren. Jeder Punkt, an den man sich erinnern sollte, war mit einem der Standorte im System der betreffenden Person verknüpft, wobei man dann in der Lage war, den Ablauf einer Rede systematisch zu verfolgen, indem man einfach während einer Ansprache im Geiste all jene Örtlichkeiten

aufsuchte, die für die einzelnen Punkte von Bedeutung waren. In unserer Umgangssprache hat dieses System seine Spuren in Redewendungen wie etwa …»zunächst, an erster Stelle« oder »…an zweiter Stelle…« hinterlassen.
Die Griechen benutzten ein ähnliches System, um Gedanken mit Orten zu verknüpfen. Das englische Wort »topic« (aktuelles Thema) stammt vom griechischen *topos,* das in einem gewissen Sinn auch »Ort« bedeutet. Bei den Griechen waren also die *topos* Orte oder Punkte, wo und über die man zu diskutieren pflegte, demnach eine Art »Gedächtnisstütze«.
Seit der Zeit der Griechen und Römer wurde die Mnemonik vielfach angewandt. Thomas von Aquin verwendete mnemonische Systeme, um seine Affen zu dressieren, und ähnliche Systeme wurden auch von den Königen von Frankreich und England, von Shakespeare, Francis Bacon und Leibitz angewandt. Schulkinder bedienen sich der Mnemonik, ohne sich etwas dabei zu denken, und dies ist auch das Geheimnis, das hinter so manchem »Genie« mit schier unvorstellbarem Erinnerungsvermögen verbirgt.

B) Stichwortsystem

Die moderne Stichwortmnemonik beruht auf ähnlichen Grundsätzen, wie das System der Römer und Griechen, nur daß die *loci* jetzt durch einen Standardsatz von Objekten ersetzt wurde, denen jeweils eine bestimmte Zahl zugeordnet ist. Der erste Posten ist also mit einem Bild verknüpft, die mit der 1 verbunden ist, der zweite Posten mit einem Bild bzw. mit der 2 usw.
Damit man sich nun leichter daran erinnern kann, welche Objekte und Zahlen zusammengehören, werden bei der Wahl der Objekte mnemonische Grundsätze angewandt. Dabei gibt es drei verschiedene Möglichkeiten:
Zahl und Reim: Die Objekte werden so gewählt, daß sie sich auf die jeweiligen Zahlen reimen, die sie darstellen: 1–Gans, 2–Brei, 3–Schrei… 10–Rhön. Zahl und Form (der Ziffer): 1–Pfosten, 2–Schwan, 3–Busen… 10–Laurel und Hardy (Dick und Doof).
Das Hauptsystem: Jede Ziffer ist einem Konsonanten oder einer ähnlich lautenden Konsonantengruppe zugeordnet. Die meisten Systeme beruhen auf einem Standardsystem, das in seinen Umrissen im 17. Jahrhundert aufgestellt wurde:

1 – t, d, th	(t und 1 jeweils ein Abstrich)
2 – n	(zwei Abstriche)
3 – m	(drei Abstriche)
4 – r	(letzter Buchstabe der Zahl »vier«)
5 – l	(Römisch 50)
6 – j, sh, ch	(j als Umkehrung für 6)
7 – k, g(hart), ng, qu	(k = 2mal die Sieben Rücken an Rücken)
8 – f, v	(f in der Schreibschrift sieht wie eine 8 aus)
9 – p, b	(9 umgekehrt oder umgedreht)
0 – z, s	(zero)

Dann werden Bilder gewählt, die mit dem zugehörigen Konsonanten beginnen: z.B. 1–Trog, 2–Noah . . .
Hier handelt es sich um ein besonders potentes System, da es sich leicht auf Zahlen über 10 ausdehnen läßt. Die Zahl 695 beispielsweise erfordert Konsonanten wie *j, sh* oder *ch, p* oder *b* und *l*. Fügt man die Vokale hinzu, so kann man das englische Wort *chapel* (Kapelle) bilden, und zwar als Schlüsselobjekt für die Zahl 695.
Vorausgesetzt, daß jedes Objekt mit der Position richtig verknüpft ist, an die man sich erinnern soll, ist ein solches System nahezu grenzenlos, was die Kapazität betrifft. Im Verlauf einer Studie wurde einem Mädchen, das hinsichtlich Gedächtnisleistungen keine Leuchte war, ein ähnliches System für die Zahlen von eins bis hundert beigebracht. Hinterher war das Mädchen in der Lage, zahlreiche Listen dieser Länge wiederzugeben, und zwar überwiegend fehlerfrei. Bei einem Test wurde das Mädchen aufgefordert, alternative Posten aus der Serie abzurufen, wobei sie ebenfalls eine fehlerfreie Leistung aufwies. Dann mischte der Versuchsleiter die Liste wie ein Kartenspiel und forderte das Kind auf, die Liste in einer anderen Reihenfolge wiederzugeben, wobei die Leistungen des Mädchens auch diesmal einwandfrei waren. Dann, ohne jede Vorbereitung, sollte die ursprüngliche Reihenfolge wiedergegeben werden, wobei sich herausstellte, daß das Mädchen bei der Wiederholung nur zwei Fehler machte.[2]
Bei einem weiteren Versuch wurde die Liste auf 1.000 Posten erweitert. Die Bilder wurden in 500 Paaren präsentiert und die

Testpersonen aufgefordert, nach den soeben genannten Methoden stark interaktive Bilder zu formen, wobei ihnen jeweils ein Paar vorgelegt wurde. Trotzdem waren die Personen hinterher in der Lage, 99% der Wörter fehlerfrei wiederzugeben.[3] Personen, die man nicht gelehrt hat, assoziative Verknüpfungen herzustellen, bringen selten eine bessere Leistung als 5%. Ein einfaches System kann also dazu beitragen, die Leistung um das 20fache zu erhöhen!

C) Andere Gedächtnisstützen

Viele Menschen bedienen sich einer Gedächtnisstütze, oft ohne sich dessen bewußt zu werden. Der Name einer Person, zum Beispiel Fröhlich, ist leichter zu behalten, wenn es sich um einen besonders fröhlichen Menschen (oder ums Gegenteil) handelt. Vielleicht hat man während seiner Schulzeit festgestellt, daß man sich leichter an die chemische Bezeichnung für Kalk (*K*alzium-*k*arbonat) erinnern konnte, weil beide Wörter mit einem *k* beginnen. Solche Assoziationen mögen töricht oder gar trivial erscheinen, und gelegentlich wird man sich nur ungern dazu bekennen, dennoch bilden solch rein zufällige und scheinbar lächerliche Assoziationen den Stoff, aus dem das Gedächtnis besteht.

Rhythmus und Reim sind zwei potentielle Faktoren, und sie werden im Unterricht häufig eingesetzt, so etwa:

Brigach und Breg,
bringen die Donau zuweg. (Reim)
oder der abgehackte Rhythmus
Ap – Jun – Se – No
um sich die Monate mit 30 Tagen einzuprägen.
oder auf Latein: (Rhythmus + Stabreim + Alphabet)

ante, apud, ad, adversum,
circum, citer, citra, cis
Nach *si, nisi, ne* und *num*
fällt das *ali* um (Reim)

Ein englisches Beispiel zum Einprägen der Spektralfarben:
*R*ichard *of* *Y*ork gained *b*attles *in*
*v*ain

Dabei steht:

r	für	red	(Rot)
0	für	orange	(Orange)
y	für	yellow	(Gelb)
g	für	green	(Grün)
b	für	blue	(Blau)
i	für	indigo	(Blauviolett)
v	für	violett	(Violett)

Ein Student der Zoologie kann sich ebenfalls solcher Mittel bedienen, um ein Dromedar und ein Kamel auseinanderzuhalten. (Das Beispiel ist leicht »eingedeutscht«.) Ein *Dromedar* hat nur einen Höcker (⌓) ein *Kamel* dagegen zwei (⋈). Gedächtnisstütze: Jeweils ein liegendes D bzw. ein liegendes K.
Dazu noch ein Beispiel aus der Mathematik: Die Zahl *pi* π lautet 3,14. Merke: 3,14 – 3 + 1 = 4.
Die Liste ließe sich *ad infinitum* fortsetzen.
Wie bereits aus dem lateinischen Beispiel hervorgeht, läßt sich die Mnemonik auch beim Erlernen von Fremdsprachen einsetzen. Leider werden solche Gedächtnisstützen viel zu selten gebraucht, obwohl sie trotz ihrer Einfachheit in den meisten Fällen eine wertvolle Hilfe sind. Hier sei z.B. an die Ganzwortmethode erinnert, die das mühsame Buchstabieren früherer Zeiten abgelöst hat. Gleichzeitig sollte man beim Lehren von Fremdsprachen stets den *Kontext* vor Augen halten. Denn der Zusammenhang geht über das einfache Vokabelpauken hinaus, und so mancher Sprachschüler mag – oft zu spät – erkennen, daß ihm auf einem gewissen Niveau ein Wörterbuch überhaupt nichts mehr nützt, wohl aber die Fähigkeit zur Assoziation.

D) Sind Gedächtnisstützen eine Täuschung?

Gelegentlich wird der Standpunkt vertreten, daß das Gedächtnis nutzlos ist, sofern der Stoff nicht gründlich durchgearbeitet und begriffen wurde. Natürlich ist ein solches Vorgehen von Wert, weil es dazu beiträgt, zwischen dem jeweiligen Konzept und dem eigenen Wissen sinnvolle Assoziationen zu knüpfen. Trotzdem sind Gedächtnisstützen, gleich welcher Art, dazu angetan, das Verstehen und Begreifen eher zu fördern als zu behindern. Neue Informationen können nicht mit Informationen verknüpft werden,

die einfach nicht vorhanden sind, und ein schwieriger Stoff läßt sich eher begreifen, wenn er gefördert und durch irgendwelche Hilfsmittel in den Vordergrund gerückt wird, das soll heißen, wenn man ihn besonders einprägsam gestaltet.
Es wird auch behauptet, daß es so etwas wie pures Auswendiglernen überhaupt nicht gibt. Schließlich ist alles, woran man sich erinnert, irgendeiner Art von Assoziation zu verdanken. Mnemonische Techniken tragen im wesentlichen dazu bei, die natürlichen Erinnerungsfunktionen des Gehirns besser auszuschöpfen, wobei ihm seine Aufgabe erleichtert wird. Gedächtnisstützen sind nicht etwa eine Art Täuschungsmanöver, vielmehr wirft man dem Lernprozeß Knüppel in den Weg, wenn man die Mnemonik nicht bewußt anwendet. Am Ende wird das Gehirn trotz allem assoziative Verbindungen herstellen, ob man ihm nun hilft oder nicht.
Möglicherweise lassen sich die Unterschiede beim Erlernen von Fähigkeiten unter Schulkindern der Anwendung verschiedener Gedächtnisstrategien zuschreiben. Es wurde berichtet, daß die gravierenden Unterschiede, die beim Lernvorgang zwischen normalen und behinderten Kindern bestehen, weitgehend eliminiert werden können, wenn man beiden Gruppen irgendwelche Lernhilfen anbietet, insbesondere die Anwendung assoziativer geistiger Vorstellungsbilder.[5] Dies führt zu der nahezu revolutionären Annahme, daß es sich bei sogenannten »smarten« Menschen um solche handelt, die von sich aus effiziente Lernstrategien entdeckt und bewußt oder unbewußt den Wert der assoziativen Vorstellungskraft beim Lernen für sich und an sich erkannt haben.

E) Die Mnemonik und die rechte Hemisphäre

Einige einschlägige Arbeiten haben nahegelegt, daß die Verwendung der Mnemonik die rechte Hemisphäre in den Vordergrund rückt. Ein direktes verbales Lernen wäre eher der linken Hemisphäre zuzuordnen. Das visuelle Gedächtnis andererseits wäre eine Funktion, die eher der rechten Hemisphäre zuzuordnen ist. Man hat festgestellt, daß, wenn ein Bild eines mnemonisch verknüpften Paares dem linken Gesichtsfeld präsentiert wurde, so daß die Information an die rechte Gehirnhälfte ging, es einer kürzeren Zeit bedurfte, sich an die Assoziation zu erinnern, als im umgekehrten Fall.[6] Dieser Umstand erhärtet die Annahme,

daß mnemonische Prozesse eher die rechte als die linke Hemisphäre beanspruchen.
Mnemonische Techniken wurden auch angewandt, um Menschen zu helfen, die an einer Gehirnkrankheit litten. Wenn die linke Gehirnhälfte beschädigt und die Verbalfunktion beeinträchtigt ist, so geht dies oft auf Kosten des Gedächtnisses. Durch das Erlernen visueller Mnemontechniken wurden solche Patienten in die Lage versetzt, die intakte rechte Hemisphäre besser zu nutzen.[7] Die Anwendung mnemotechnischer Mittel fördert nicht nur allein den naturgegebenen Gedächtnisprozeß des Gehirns, sondern trägt auch dazu bei, die Funktion der rechten und linken Hemisphäre zu integrieren.
Piracetam, eine Droge, die ursprünglich als mögliches Heilmittel gegen die Reisekrankheit entwickelt wurde, scheint sich ebenfalls positiv auf das Gedächtnis auszuwirken. In den frühen 70er Jahren wurde bei Tierversuchen eine Verbesserung des Gedächtnisses festgestellt und in Nootropyl umbenannt (etwa »Förderer des Geistes«). Andere Studien haben gezeigt, daß bei Ratten, denen Piracetam verabreicht wurde, eine bessere Übertragung visueller Informationen zwischen der rechten und linken Hemisphäre zu beobachten war.[8] Experimente mit Studenten haben ergeben, daß nach einer 14tägigen Drogenkur die Lernfähigkeit um 15 bis 20% zunahm. Den Studenten wurden zwei Wortgruppen präsentiert, eine durch das linke und eine durch das rechte Ohr, wobei diejenigen Personen, die Piracetam genommen hatten, besser abschnitten als die Gruppe, denen ein Placebo verabreicht worden war, ein Umstand, der ebenfalls auf eine gesteigerte Integration der linken und der rechten Hemisphäre hinweist.[9]
Der bedeutende Unterschied zwischen einer Droge und einer mnemonischen Technik liegt jedoch darin, daß eine Droge die Leistung nur um etwa 15 bis 20%, die mnemonische Technik dagegen das Gedächtnis um mehrere 100% steigert!

E) Der Mensch namens »S«

Die Potenz der assoziativen Vorstellung tritt im Falle des russischen Reporters Solomon-Venjavinowitsch Schereschewskij zu Tage, den der russische Psychologe A.R. Lurja 30 Jahre lang von 1920 bis 1950 beobachtet hat.[10] »S«, wie er gewöhnlich kurz genannt wurde, war von dem Herausgeber der Zeitung, für die er arbeitete, zu Lurja geschickt worden. Die einzelnen Reporter bekamen Tag für Tag eine Liste mit Anweisungen, mit Namen, Adressen, Telefonnummern usw. Während sich die Reporter im allgemeinen verschiedene Notizen machten, konnte »S« alles behalten, ohne sich irgendwelche Notizen zu machen. Zunächst war er überrascht von dem Interesse, das man ihm entgegenbrachte. Er war der Meinung, daß es nicht ungewöhnlich sei, sich an Tatsachen zu erinnern, die einem aufgetragen werden, weil er es aus frühester Kindheit nicht anders wußte. »Kann sich nicht jeder an alles erinnern?« fragte er.

Lurja prüfte ihn auf verschiedene Weise, indem er ihm Zahlenlisten, sinnlose Silben, Wörter, Passagen in Fremdsprachen und komplizierte mathematische Formeln vorlegte, die »S« zu lernen hatte – doch »S« konnte sich stets an allès erinnern, ganz gleich, um welchen Stoff es sich handelte. Von kurzen Listen ausgehend, die 20 bis 50 Positionen enthielten, arbeitete sich Lurja im Lauf der Zeit zu Listen hoch, die Hunderte von Posten enthielten und mußte immer wieder feststellen, daß »S« sich stets an alles perfekt erinnern konnte.

Dabei schien nicht nur seine Kapazität, sondern auch seine Geduld und Ausdauer schier endlos zu sein. Gelegentlich sollte »S« Listen wiederholen, mit denen er 15 bis 20 Jahre früher geprüft worden war. Während einer dieser Experimente wurde »S« eine Liste vorgelesen, die mehrere Hundert repetitiver sinnloser Silben enthielt, wie diese:[11]

ma	va	na	sa	na	va
na	sa	na	ma	va	
sa	na	ma	va	na	
va	sa	na	va	na	ms
na	va	na	va	sa	ma
na	ma	sa	ma	va	na
sa	ma	sa	va	na	
na	sa	ma	va	ma	na

usw.

Dies war vermutlich einer der schwierigsten Tests, denen er unterzogen wurde. Hier gibt es kein offensichtliches System, und die Ähnlichkeit der Zeilen ist eher verwirrend als aufschlußreich. Trotzdem war »S« nicht nur in der Lage, diese Serie komplett

und fehlerlos wiederzugeben; denn acht Jahre später, als ihn Lurja ohne Vorbereitung erneut prüfte, konnte »S« die ganze Liste wiederholen, ohne einen Fehler zu machen.
In solchen und ähnlichen Fällen pflegte »S« einen Augenblick nachzudenken, dann begann er: »Oh ja, ... das war die Silbenfolge, die Sie mir seinerzeit aufgegeben haben, als wir uns in Ihrer Wohnung befanden... Sie haben am Tisch gesessen und ich im Schaukelstuhl... Sie haben einen grauen Anzug getragen und haben mich angeschaut wie jetzt... Und ich kann noch deutlich hören, wie Sie sagten ...« und dann begann er, die Reihe fehlerfrei aufzusagen.[12] Ein klares Beispiel also für die Bedeutung der wichtigsten assoziativen Stichwörter, welche die Umwelt liefert.
Diese erstaunliche Gedächtnisleistung ist ein Beispiel dafür, wie man ähnlich der Person »S« seine Vorstellungskraft einsetzen kann. Wurde ihm eine beliebige Postenliste vorgelegt, die er sich merken sollte, stellte er sich die Sache spontan bildlich vor und assoziierte sie sofort mit einem Objekt an einer Landstraße oder an einer Straße innerhalb einer Stadt, wo dieses Objekt stand, das er genau kannte. Sobald er im Geiste durch die Straßen ging, assoziierte er verschiedene Dinge mit verschiedenen Objekten, denen er begegnete. Wenn aber ein Gegenstand einen anderen Ort nahelegte, flog er immer weiter von Ort zu Ort. Andererseits konnte er auch eine kleine Geschichte um ein bestimmtes Thema aufbauen. Als Lurja seinen »S« aufforderte, sich eine komplizierte mathematische Formel zu merken, wie diese:

$$N.\ \sqrt{d.^2 \times \frac{85}{vx}}\ .\ \sqrt[3]{\frac{276^2.86x}{n^2v.\pi 264}}\ n^2b = sv\ \frac{1624}{32^2}\ .r^2s$$

bediente sich »S« folgender Geschichte:[13]

Neumann (N) kam aus dem Haus und stocherte mit seinem Spazierstock (.) im Sand herum. Er schaute zu dem hohen Baum, der wie ein Quadratwurzelzeichen ($\sqrt{}$) aussah und sagte zu sich: »Kein Wunder, daß der Baum allmählich verdorrt und seine Wurzeln freilegt. Schließlich habe ich die beiden Häuser auf diesem Grundstück gebaut« (d^2). Dann stocherte er wieder mit seinem Stock im Sand herum (.) und sagte: »Die Häuser sind alt, ich muß sie irgendwie loswerden (x). Der Verkauf wird bedeutend mehr einbringen.« Ursprünglich hatte er in seine Häuser 85.000 investiert (85). Dann sehe ich, daß die Hausdächer abgetragen wurden (____________________), während unten auf der Straße ein Mann steht, der die »Termenvox« (vx) spielt. Er steht in der Nähe eines Briefkastens, und an der Ecke ist ein großer Stein (.), der dort aufgestellt wurde, um zu verhüten, daß die Karren gegen die Hauswand fahren. Und hier ist der Platz unter dem großen Baum ($\sqrt{\ }$) mit den drei Dohlen ($\sqrt[3]{\ }$-). Hier wurden einfach die Ziffern 276 eingesetzt, und beim »Quadrat« (^{2}) eine Zigarettenschachtel ... usw.[14]

Wenn er aufgefordert wurde, eine solche Sequenz zu wiederholen, nahm er einfach seinen Spaziergang wieder auf, vielleicht griff er auch seine Geschichte wieder auf, verfolgte dieses oder jenes im Geiste und »las« die jeweiligen Stationen ab, indem er die einzelnen Bilder in sein Gedächtnis zurückrief. In diesem besonderen Fall war »S« in der Lage, die mathematische Formel 15 Jahre später in allen Einzelheiten zu wiederholen. Wenn »S« diesen Prozeß in Worten beschreibt, mag es sich vielleicht kompliziert und langweilig anhören, doch sollte man dabei nicht vergessen, daß er sich im Geiste nicht Wörtern sondern Bildern bediente und daß sich diese Bildfolge im Geiste sehr kompakt und sehr rasch zusammensetzen ließ, so daß er die mathematische Formel aus den Bildern so schnell abrufen konnte, wie er sprach.

Gelegentlich sah es so aus, als hätte »S« etwas vergessen, doch dann stellte es sich heraus, daß es sich weniger um einen Fehler im Gedächtnis als um einen Fehler in der Wahrnehmung handelte. »S« erklärte, daß der Grund für das Weglassen darin lag, daß sich das Bild irgendwie verschleiert oder sonstwie der Wahrnehmung entzogen hatte. Das geschah, wenn er etwa das Bild im Geiste mit einem Straßenabschnitt assoziierte, der schlecht beleuchtet war und er beim Abrufen das Bild nicht deutlich »sehen« konnte. In einem solchen Fall ließ er das Wort *Bleistift* aus der Reihe aus. Als er darauf aufmerksam gemacht wurde, erwiderte er: »Ich hatte das Bild des *Bleistifts* in der Nähe eines Zaunes postiert... an einem Zaun entlang der Straße. Doch das Bild verschmolz mit dem Zaun, und ich ging daran vorbei, ohne es zu bemerken.«[15]

»S« dürfte demnach über eine beachtliche synthetische Potenz verfügt haben. Bei der Synthese verwischen sich die Grenzen der Sinne, so daß sie anfangen, sich miteinander zu vermischen, ineinander überzugehen. So können sich dann optische Reize auf den Geruchs-, Geschmacks- und Tastsinn auswirken und Töne visuelle Bilder hervorrufen. Bei einem Ton von 50 Hz und einer Amplitude von 100 Dezibel sah »S«

> einen braunen Streifen auf dunklem Grund mit roten, zungenähnlichen Kanten. Der Geschmack war wie der von süßsaurem Borschtsch.

Bei 100 Hz und 86 Dezibel erblickte er

> einen breiten Streifen und mitten drin einen rötlich-orangenen Farbton. Von der Mitte aus nahm die Helligkeit zum Rand hin stufenweise ab, so daß die Ränder des Streifens rosig schimmerten.

Bei 200 Hz und 64 Dezibel sah er dann

> eine Samtschnur, von der nach allen Seiten Fortschritte ausgingen. Die Schnur wies eine zarte, angenehm rosa-orange Farbe auf.[16]

Diese synthetische Fähigkeit überkam ihn stets spontan, und das ein Leben lang. Wenn man ihn fragte, ob er sich an den Heimweg von einem Institut erinnerte, wo er gewissen Experimenten unterzogen worden war, erwiderte »S«: »Wie könnte ich das vergessen haben? Da ist ja schließlich dieser Zaun, der so salzig schmeckt und sich so rauh anfühlt. Außerdem gibt er einen scharfen, durchdringenden Ton von sich.[17]
Gelegentlich konnte sich aber die Synthese auch nachteilig auf sein Gedächtnis auswirken. Wenn er etwa Bilder einer visuellen Szene abrief und Lurja nach jeder richtigen Antwort *Ja* sagte, so wurde durch dieses Wort die Szene vernebelt, und er mußte das Bild beiseite schieben, um den nächsten Gegenstand deutlich zu erkennen.
Merkwürdigerweise war das Vergessen sein größtes Problem. Wenn »S« Listen abrief, die auf eine schwarze Tafel geschrieben worden waren, mußte er höllisch aufpassen, um nicht solche Listen abzurufen, die unter ähnlichen Umständen auf dieselbe Tafel geschrieben worden waren. Er versuchte auf manche Weise diese Hürde zu nehmen, etwa indem er die Liste auf einem Blatt Papier notierte, weil er meinte, daß, wenn er sich die Posten aufschreibt, sein Geist es nicht mehr für notwendig hält, sich an solche Posten zu erinnern. Dies steht in scharfem Gegensatz zu der Gewohnheit der meisten Menschen, die sich etwas notieren, um es zu behalten, wobei stärkere assoziative Bande geknüpft werden und auf diese Weise die Verarbeitung vertieft wird, wie

bereits erwähnt. Die Lösung, auf die »S« schließlich gekommen war, ist verblüffend einfach. Ihm wurde nämlich plötzlich bewußt, daß die Liste nicht erschien, wenn er es nicht wollte. Diese Erkenntnis allein genügte. Wenn er dann auf Vergessen schaltete, gelang es ihm stets auch, zu vergessen.

Ein weiteres merkwürdiges Charakteristikum beim geistigen Prozeß des »S« war, daß er die Informationen nicht abstrahierte, und auch nicht nach irgendwelchen Prinzipien suchte, wie es bei den meisten Menschen der Fall ist. Sollte er die folgende Zahlenreihe wiedergeben:

1	2	3	4
2	3	4	5
3	4	5	6
4	5	6	7
5	6	7	8
...			

so versuchte er, sich diese Zahlen bildlich vorzustellen und sie mit anderen Bildern auf gewöhnliche Weise zu assoziieren. Nach einem großen Aufwand an Mühe und Konzentration konnte er dann diese Zahlenreihe perfekt wiedergeben, ohne sich der offensichtlichen Regelmäßigkeit zu bedienen oder das Schema zu beachten, das dieser Zahlenreihe innewohnt.[18]

Gewöhnlich fiel es ihm schwer, sich an Gesichter zu erinnern. Gesichter erschienen ihm als stets wechselnde Muster von Licht und Schatten, die sich innerhalb von Sekunden von Mal zu Mal veränderten. Zu verschiedenen Zeiten war natürlich der Gesichtsausdruck auch verschieden, ein Umstand, der es ihm schwermachte, ein konkretes Bild zu fixieren. Er konnte sich zwar nicht an die Abstraktion erinnern, wie jeder von uns, der eine solche Abstraktion aus der sensorischen Erfahrung ableitet, vielmehr konnte er sich an die sensorische Erfahrung an sich erinnern.

Die Kapazitäten des »S« hören sich zwar phantastisch an, immerhin hat er aber nur jene Fähigkeiten angewandt, die uns allen eigen sind. Die Tatsache, daß er von der Organisation und von der Prinzipiensuche wenig Gebrauch machte, zeigt, daß er nicht alle seine Fähigkeiten zum Einsatz brachte – daß er also nur mit einem Bruchteil seiner Kapazität arbeitete.

G) Anwendungen und Ratschläge

Versuchen Sie, für sich ein einfaches System nach den Vorschlägen auf Seite (Orig. 126) zu machen, indem Sie entweder Bilder nehmen, die sich auf die Zahlen reimen, oder solche, die die gleiche Form haben wie die Zahlen. Sie haben die Wahl, doch ist es stets besser, sich an ein bestimmtes System zu halten. Bei den Bildern, die Sie wählen, sollte es sich stets um Objekte handeln, die die eine oder die andere Form haben, Objekte, die man sich leicht vorstellen kann. Haben Sie erst einmal irgendwelche Bilder gefunden, die gut zu der jeweiligen Zahl passen, dürfte es Ihnen nicht schwerfallen, sich an alle miteinander zu erinnern. Sollten jedoch bei einem bestimmten Posten Schwierigkeiten auftauchen, so prüfen Sie nach und stellen Sie fest, ob die Assoziation, d.h. der Reim oder die Form klar und einfach mit der Zahl verbunden ist.

Nun denken Sie sich zehn weitere Objekte aus – die Wahl steht Ihnen frei. Während Sie an die einzelnen Objekte denken, verknüpfen Sie sie jeweils mit einer Zahl, indem Sie zwischen Objekt und Bild, das sie mit der Zahl assoziiert haben, irgendeine visuelle Verknüpfung und Assoziation herstellen. Ist also das erste Objekt eine Orange und wird ein Reimsystem verwendet, so wird man wahrscheinlich *Orange* mit *Gans* verknüpfen wollen (das Bild, das der Eins zugeordnet wurde) / *Eins* reimt sich auf *Gans* /, wobei man sich vorstellen kann, daß etwas eine Gans Orangen frißt, oder, was ungewöhnlicher ist, eine Gans, die Orangen ausbrütet. Denken Sie daran, die Verbindung so absurd wie möglich zu gestalten, während Sie sich einfach der Reihe nach (Orig. S. 126) bedienen. Dann gehen Sie zum nächsten Objekt über und verbinden es mit dem Bild, das Sie für die Zwei gewählt haben. Fahren Sie fort, bis Sie 10 Objekte mit Ihrem System verknüpft haben.

Nehmen Sie jetzt ein Blatt Papier, schreiben Sie die Zahlen von 1 bis 10 in jeder beliebigen Reihenfolge auf und prüfen Sie, ob sie jeder Zahl jeweils ein Objekt zuordnen können. Nehmen Sie zuerst die Zahl, erinnern Sie sich an das Bild, das sich auf die Zahl reimt oder die gleiche Form wie die Zahl hat und versuchen Sie zu bestimmen, welches Objekt dem jeweiligen Bild zugeordnet wurde. Wahrscheinlich werden Sie dann feststellen, daß Sie kaum Schwierigkeiten haben, neun, vielleicht sogar alle zehn

Posten richtig wiederzugeben – eine ziemlich erstaunliche Leistung für das Durchschnittsgedächtnis (oder vielleicht nicht?) Wenn Sie sich an irgendein Objekt nicht erinnern oder irgendeins falsch zitieren, prüfen Sie nach, ob Ihre Vorstellung wirklich so absurd, visuell, konnektiv, einfach usw. waren, wie erforderlich. Man kann nämlich sehr viel aus seinen Fehlern lernen.
Prüfen Sie dann am nächsten Tag, an wieviele der Listen Sie sich noch erinnern können – und Sie werden wahrscheinlich überrascht sein.
Einfache mnemonische Systeme, wie etwa ein solches Zahlensystem als Gedächtnisstütze, können im täglichen Leben sehr von Nutzen sein, wenn man nicht immer Papier und Bleistift bei der Hand hat, um Listen usw. festzuhalten. So manchem fallen die Aufgaben, die er am nächsten Tag zu erledigen hat, kurz vor dem Zubettgehen ein. Hat man sich erst einmal hingelegt, so hat man die Wahl, entweder noch einmal aus dem Bett zu klettern, Licht zu machen, Papier und Bleistift hervorzukramen und sich alles zu notieren, oder einfach darauf zu hoffen, daß man sich am nächsten Morgen noch an alles erinnert. Wenn man sich aber eines einfachen assoziativen Systems bedient, braucht man lediglich deutliche Assoziationen zwischen Ideen und den entsprechenden Gedächtnisstützen zu bilden, die dann im Gedächtnis fixiert werden. Am nächsten Morgen braucht man lediglich seine Liste durchzusehen, um sich an all die Einfälle zu erinnern, die man am Abend zuvor gehabt hat. Dasselbe gilt für Einfälle, die man im Bad, beim Autofahren oder bei einer Dinnerparty hat.
Vielleicht glaubt man, daß sich mit dem System nur jeweils ein Satz Objekte verknüpfen läßt, doch kann dasselbe System gleichzeitig für zwei oder drei Listen benützt werden, wobei kein Objektsatz von einem anderen überlagert wird. Ähnlich jenen Assoziationen, die vorsätzlich erfolgen, gibt es andere, äußerst wertvolle Assoziationen zufälliger Art, wie etwa die Situation, unter der die Verknüpfungen erfolgten nebst dem allgemeinen Thema der Liste. Diese zufälligen Verbindungen halten die verschiedenen Listen im Geist streng auseinander. Man kann verschiedene Listen aufstellen, etwa Einkaufslisten, Listen über die wichtigsten Punkte einer Vorlesung, Listen über Dinge, die erledigt werden müssen, eine Telefonliste, auf der man sich vermerkt, wen man anrufen muß usw., die man mit ein und derselben Zahlen-Reimliste verbinden kann, ohne Verwirrung zu

stiften. Wenn es sich um die Punkte einer Vorlesung handelt, so fallen einem zwangsläufig jene Bilder ein, die mit der entsprechenden Position verknüpft sind – während etwa Einkaufslisten o.ä., die nicht gefragt sind, in solchen Fällen gar nicht erst auftauchen.

H) Personengedächtnis

Die meisten Menschen klagen über ein schlechtes Personengedächtnis, indem sie sich angeblich nicht an Gesichter erinnern können. Man kann vielleicht zehn Leuten vorgestellt werden, und innerhalb von fünf Minuten hat man wahrscheinlich bereits die meisten Namen vergessen. Doch auch in diesem Fall weist die assoziative Vorstellung eine eindrucksvolle Potenz auf.

Anstatt beim Händeschütteln die Namen bestimmter Personen passiv mitzubekommen, sollte man sich bewußt einer deutlichen und einfachen Assoziation zwischen Namen und Gesichtern bedienen, vielleicht auch jedes weiteren Aspekts, der irgendwie herausragend oder relevant ist. Auch in diesem Fall sollte man sich so weit wie möglich all jener Faktoren bedienen, die das Gedächtnis auf natürliche Weise fördern, um die Assoziation so lebhaft und so dauerhaft wie möglich zu gestalten. Bei Vornamen kann man sich etwa vorstellen, daß Ludwig (franz. Königsname) eine Perücke trägt und daß Amanda (v. lat. amare) eine liebenswerte Person ist (oder aber auch das Gegenteil). Bei Nachnamen (Familiennamen) könnte man denken, daß Herr Meier mit Eiern zu tun hat, daß Frau Rothemund einen roten Mund hat, daß Dr. Sacher Spezialist für Zuckerkrankheit ist und daß Frau Sonnewein vom Rhein einen besonders sonnigen süffigen Wein produziert.

Wichtig ist in jedem Fall, daß die Assoziation klar und deutlich ausfällt, und daß ein optisches Bild geboten wird, so als ob die Gegebenheiten wirklich greifbar wären. Wenn es darüber hinaus noch gelingt, das Bild mit einem distinktiven Aspekt der jeweiligen Person zu verknüpfen, wie etwa Frisur oder Gesichtsform, um so besser. Dies alles kann normalerweise in jenem Augenblick erfolgen, wo man jemandem vorgestellt wird. Kann man sich nicht sofort an irgendein assoziatives Bild erinnern, so sollte man die betreffende Person bitten, ihren Namen zu wiederholen. Dies ist nur eine mehr als gute Gepflogenheit, durch die man Zeit gewinnt, um eine gute und deutliche Assoziation herzustellen, sondern man wird auch gehalten, sich den betreffenden Namen bewußter zu merken.[19] Bei Verwendung eines einfachen Systems wie diesem wird man bald keine Schwierigkeiten mehr haben, sich an zwanzig oder mehr Namen aus dem Stegreif zu erinnern. Will Ihnen ein bestimmter Name nicht einfallen, werden Sie stets feststellen, dies sei dem Umstand zu verdanken, daß das Erinnerungsbild nicht deutlich oder lächerlich genug war, oder weil Sie seinerzeit nicht genug auf den assoziativen Prozeß geachtet haben.

I) Geistesabwesenheit

Gelegentlich klagen Menschen über solche und ähnliche Beschwerden, wenn es ums Gedächtnis geht. Doch auch diese Art Hürden lassen sich leicht abbauen, wenn man sich der assoziativen Vorstellung bedient. Wenn man feststellt, daß man stets vergißt, wo man gewisse Dinge hingelegt hat, so sollte man demnächst wenn man einen Gegenstand in einem Schrank oder in einer Schublade verstaut, eine bizarre bildliche Gedächtnisstütze bauen, eine Art Brücke zwischen dem Ort, wo man den Gegenstand hinlegt und dem Gegenstand an sich. Auf diese Weise ist es schier unmöglich, den bewußten Gegenstand nicht wiederzufinden.
Geistesabwesenheit stellt sich meistens dann ein, wenn der Mensch zerstreut ist, und gewisse Funktionen nur halb bewußt durchgeführt werden. Versuchen Sie also, nach Möglichkeit stets bewußt zu handeln. Wenn Sie beispielsweise dazu neigen, Ihre Schlüssel liegen zu lassen, stellen Sie sich etwa einen riesigen farbigen Schlüssel vor, mit dem Sie die Haustür aufschließen müssen, um das Haus verlassen zu können. Wenn das Bild deutlich genug ist, werden Sie sicher an Ihre Schlüssel denken, bevor Sie zur Tür gehen.
Als allgemeine Regel gilt: Wenn man sich an etwas erinnern will, schaffe man ein einfaches Bild, das den jeweiligen Gegenstand mit dem Grund verbindet, warum man sich an das betreffende Objekt erinnern soll und gestalte die Verknüpfung so einmalig, übertrieben, sinnfällig und originell wie nur möglich, und man wird schon bald merken, wie leicht es ist, sich an Dinge zu erinnern, die man sonst bestimmt vergessen hätte.

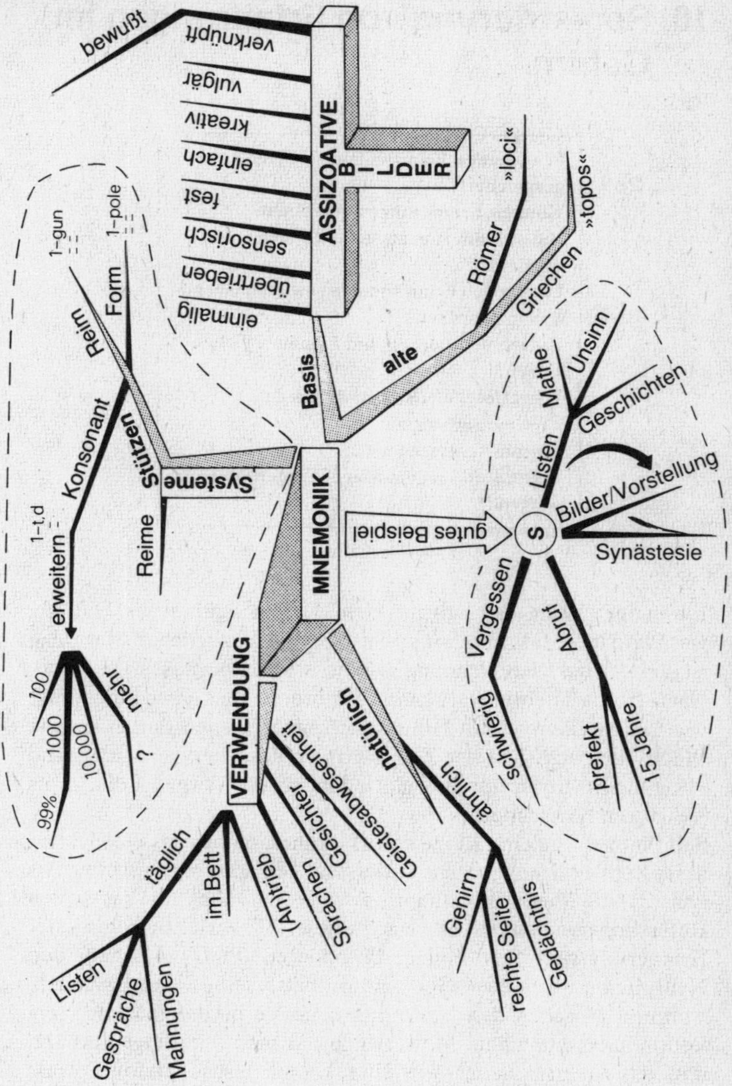
MNEMONIK
gutes Beispiel
S
ASSIZOATIVE
BILDER
verknüpft
bewußt
vulgär
kreativ
einfach
fest
sensorisch
übertrieben
einmalig
Basis
alte
Römer
»loci«
Griechen
»topos«
Systeme
Stützen
Reime
Konsonant
Reim
Form
1-gun
1-pole
1-t,d
erweitern
100
1000
10.000
99%
mehr
?
VERWENDUNG
täglich
Listen
Gespräche
Mahnungen
im Bett
(An)trieb
Sprachen
Gesichter
Geistesabwesenheit
natürlich
ähnlich
Gehirn
rechte Seite
Gedächtnis
Listen
Mathe
Unsinn
Geschichten
Bilder/Vorstellung
Synästesie
Vergessen
schwierig
Abruf
prefekt
15 Jahre

Bild 41

10. Registrierung von Erfahrungen im Gehirn

Wie werden Erinnerungen im Gehirn gespeichert?
Können Erinnerungen von einem Individuum zum anderen übertragen werden?
Lassen sich Erinnerungen gewissen Chemikalien zuordnen?
Lassen sich Lernen und Erinnern gleichsetzen?
Wie erfolgt die Konsolidation des Erinnerungsweges?
Warum vergessen wir?
Warum sind regelmäßige Wiederholungen wertvoll?

Einer der ersten, der sich mit dem Thema Erinnerung befaßte, war Plato im 4. Jahrhundert v. Chr. Sein diesbezüglicher Vorschlag ist unter der Bezeichnung »Wachstafelhypothese« bekannt. Nach Platos Theorie werden die Eindrücke im Geiste eingeprägt wie Linien, die man mit Hilfe eines spitzen Gegenstandes in eine Wachstafel ritzt. Mit der Zeit wird der Eindruck verwischt, und übrig bleibt wieder nur eine glatte Fläche, ein Vorgang, den er als Vergessen bezeichnete.

Seit Plato wurde eine Reihe von Hypothesen über das Gedächtnis aufgestellt und angeboten. Im ersten Teil unseres Jahrhunderts wurden die Gedächtnistheorien von der Idee des kortikalen Reflexbogens beherrscht. Nach dieser Theorie besteht jeder Erinnerungsweg aus einem besonderen Pfad zwischen den Neuronen, wo neue Gedächtnisinhalte eingelagert werden, während zwischen den Neuronen neue Verbindungen und Verknüpfungen entstehen. Mittlerweile hat man allerdings erkannt, daß das Gehirn weder wie eine komplizierte Telefonzentrale funktioniert, wie die kortikale Reflextheorie annimmt, noch daß Neuronen jeweils neue Verbindungen anknüpfen, sobald ein

neuer Gedächtnisinhalt gebildet wird. Zeitgemäße Theorien besagen, daß die Aquisition des Gedächtnisses bzw. der Erinnerung mit der Hemmung und Förderung der Synapsen im Gehirn zusammenhängt. Demnach haben spezifische Erinnerungen ihren Sitz nicht in einer bestimmten Synapse oder in einem bestimmten Pfad, vielmehr stecken sie in den Mustern und Schemata elektrischer und chemischer Veränderungen, die das Gehirn als Ganzes erfassen. Die fruchtbarsten Forschungen, die in diese Richtung gehen, waren Studien über die molekulare Basis des Gedächtnisses und die Anwendung des holographischen Prinzips.
In diesem Kapitel soll die molekulare Basis und im folgenden die holographische Theorie untersucht werden.

A) Die molekulare Grundlage des Gedächtnisses

Einige der ersten Experimente hinsichtlich einer chemischen Grundlage des Gedächtnisses wurden von James McConnell, Professor der Psychologie an der Universität von Michigan, in den 60er Jahren durchgeführt. Er arbeitete mit kleinen Plattwürmern (Plathelminthes), denen er beibrachte, auf Licht zu reagieren. Die Würmer wurden konditioniert, um sich vom Licht abzuwenden, indem man ihnen einen Elektroschock versetzte, sooft ihre Reaktion ausblieb. Nachdem die Würmer so weit »geschult« waren, daß sie zu mindestens 90% der Zeit auf das Licht reagierten, wurden sie halbiert. Wie bei solchen Geschöpfen üblich, ließ das Kopfende der Würmer das Schwanzstück nachwachsen, während das Schwanzstück einen neuen Kopf hervorbrachte. Dabei konnte McConnell nicht nur feststellen, daß das Kopfende immer noch auf das Licht reagierte, wie erwartet, sondern überraschenderweise auch das Schwanzstück, das mittlerweile einen neuen Kopf aufgesetzt hatte. Daraus schloß er, daß die Erfahrung, das Licht zu meiden, in den einzelnen Zellen chemisch gespeichert wurde, und dies nicht nur im Gehirn, sondern im ganzen Körper.[1]
Nun kann es aber auch vorkommen, daß Plattwürmer, wenn sie hungrig werden, zum Kannibalismus neigen und ihre eigenen Stammesgenossen auffressen – vorausgesetzt, daß ihre Opfer vorher kleingehackt wurden. Dieser Umstand war eine Chance für McConnell, seine Hypothese weiteren Prüfungen zu unterziehen. Sollte eine chemische Grundlage für das Lernen vorhanden sein,

die sich auf den ganzen Körper verteilte, so mußte es möglich sein, einen Wurm so zu trainieren, daß er auf Licht reagierte, ihn dann zu zerschneiden und mit diesen Teilen einen »untrainierten« Wurm zu füttern und damit den Effekt auf diesen Wurm zu übertragen. Nun konnte er zu seiner Freude feststellen, daß Würmer, die ihre trainierten Artgenossen verspeist hatten, von Anfang an bessere Leistungen zeigten als jene, die nicht trainierte Würmer gefressen hatten.[2]
Ob nun diese Feststellungen ein Beweis für eine Übertragung von Erinnerungen bzw. für eine Gedächtnisübertragung sind, wird nach wie vor heftig diskutiert. Manche Fachleute haben es versäumt, McConnells Ergebnisse zu replizieren.[3] Andere wiederum haben nahegelegt, daß es im experimentellen Verlauf einige weitere Faktoren geben dürfte, die solche Kannibalenwürmer lichtempfindlich machen.[4]
Inzwischen befaßte sich McConnell auch mit höheren Tieren. Im Jahre 1966 begann er mit dem Studium der Gedächtnisübertragung bei Ratten. Ratten sind jedoch im allgemeinen nicht kannibalisch eingestellt, doch selbst wenn sie es wären, würde der Verdauungsprozeß so gut wie sicher jede Chemikalie zerstören. Anstatt nun die trainierten Ratten an andere zu verfüttern, entnahm McConnell Extrakte aus dem Gehirn trainierter Ratten und injizierte sie direkt ins Gehirn untrainierter Artgenossen. Und wieder einmal konnte er eine ganz spezifische Gedächtnisübertragung feststellen, da die injizierten Ratten ihre Aufgaben viel schneller lernten.[5] Andere Forscher konnten ähnliches feststellen, und zwar nicht nur bei Ratten, sondern auch bei höheren Säugetieren, wie etwa Affen. Die Übertragung ist im allgemeinen sehr spezifisch. Wird nämlich eine Gruppe von Ratten darauf trainiert, auf den Klang einer Glocke zu reagieren, eine andere Gruppe aber auf einen Lufthauch, und wird dann einer dritten Gruppe der Extrakt von glockentontrainierten Ratten injiziert, so meidet diese dritte Gruppe den Glockenton, reagiert aber nicht auf einen Lufthauch und umgekehrt.[6]

B) RNS und Gedächtnis

Nach McConnells Arbeiten bestand der nächste Schritt darin, nach der Chemikalie zu suchen, die übertragen wird, wenn dies überhaupt der Fall war. Zunächst galt die Aufmerksamkeit der

RNS (Ribonukleinsäure). Hierbei handelt es sich um ein kompliziertes organisches Molekül, das Millionen von Atomen enthält und in allen lebenden Zellen vorhanden ist und unter anderem bei der Herstellung von Proteinen in der lebenden Zelle mitwirkt. Die Stränge der RNS kopieren die Teile des genetischen Codes aus der DNS (Desoxy-Ribonukleinsäure), wobei die Informationen, die der Code enthält, spezifische Sequenzen von Aminosäuren bestimmt. Durch Vereinigung bilden Aminosäuren Proteine – die Bausteine des Lebens.

Die ersten Arbeiten auf diesem Gebiet zeigten, daß der RNS-Gehalt der Neuronen die Lernfähigkeit steigert. Andere Experimente, die mittlerweile durchgeführt wurden, ergaben, daß, wenn bestimmte Chemikalien, die die RNS-Produktion hemmen, in das Gehirn von Tieren injiziert werden, die Lernfähigkeit stark beeinträchtigt, wenn nicht sogar eliminiert wird.[7] Experimente mit Chemikalien, die die RNS-Produktion fördern, bewirkten dagegen eine Steigerung der Lernfähigkeit.[8]

Zunächst wurde angenommen, daß die Veränderungen in der RNS selbst für Gedächtnis und Lernfähigkeit verantwortlich sind, und daß eine bestimmte Form elektrischer Impulse, die auf ein Neuron einwirken, eine geringfügige, aber permanente Veränderung in der Struktur von RNS-Molekülen bewirken. Dies würde sich auf die Proteine auswirken, die gerade synthetisiert werden, woraus eine Veränderung der Zellenfunktion resultiert. Eine solche Veränderung würde dann die Basis des Lernvermögens bilden.[9] Nun besteht aber eher die Wahrscheinlichkeit, daß nicht die RNS an sich von ausschlaggebender Bedeutung ist, sondern die Steigerung der Proteinsynthese, die sich aus einer gesteigerten RNS ergibt. Darum dürften die früheren Fehlschläge, McConnells Transferexperimente zu replizieren, eher jenen Forschern anzulasten sein, die nach einer Übertragungsmöglichkeit der RNS und nicht nach der Übertragung von Proteinen suchen, die durch die RNS synthetisiert werden.

C) Gedächtnismoleküle

In den 70er Jahren konnte Georges Ungar am Baylor College of Medicine nicht nur handfeste Beweise dafür finden, daß die synthetisierten Proteine für den Übertragungseffekt verantwort-

lich sind, er hat es sogar fertiggebracht, einige Moleküle zu identifizieren, die bei spezifischen Lernvorgängen eine Rolle spielen.
Ungar trainierte Ratten darauf, daß sie die Dunkelheit meiden. Normalerweise ziehen Ratten das Dunkel dem Licht vor, doch bei diesen Versuchen wurden sie jedesmal mit einem Elektroschock traktiert, sobald sie sich in die dunklen Winkel ihres Kastens verzogen. Auf diese Weise lernten sie, sich eher im Licht aufzuhalten. Dann wurden Extrakte aus dem Gehirn trainierter Ratten in das Gehirn untrainierter Tiere injiziert, wobei dann festgestellt werden konnte, wie dies auch bei früheren Experimenten der Fall war, daß die untrainierten Tiere ebenfalls das Dunkel zu meiden begannen.
Dann begann Ungar, das Gehirnextrakt zu analysieren, um jene spezifische Chemikalie zu finden, die für diesen Vorgang verantwortlich war. Indem er die Extrakte von 4.000 Ratten kombinierte, stieß er auf Spuren eines neuen Proteins – eine Kette von etwa 15 Aminosäuren. Diese Substanz nannte er Skotophobin nach dem griechischen *skotos,* »Dunkelheit« und *phobos,* »Angst«. Um zu beweisen, daß es eben diese Chemikalie war, die sich auf das Lernvermögen auswirkte, ließ er seine Chemiker diesen Stoff aus seinen Grundelementen synthetisieren. Dabei wurde dann festgestellt, daß, sobald man das synthetische Skotophobin normalen Ratten injizierte, die gleiche Scheu vor der Dunkelheit hervorgerufen wurde wie durch das Naturextrakt.[10]
Weit bemerkenswerter ist aber die Feststellung einer weiteren Forschungsgruppe, wonach das synthetische Skotophobin auch bei Goldfischen die gleiche Lichtscheu hervorruft,[11] ein Umstand, der wahrscheinlich auf eine Universalverkodung hindeutet.
Mittlerweile haben Ungar und seine Gruppe eine Aminosäurekette entdeckt, die acht Segmente aufweist und als Anelatim bezeichnet wird, eine spezifische Chemikalie, die anscheinend für das Verhalten von Ratten beim Erklingen einer elektrischen Glocke verantwortlich zeichnet. Die besondere Beschaffenheit dieses Proteins wird durch die Tatsache deutlich, daß es nicht vorhanden war, sobald man die Ratten an den Klang eines Messinggongs anstelle einer elektrischen Klingel gewöhnen wollte.[12]
In einer weiteren Versuchsreihe wurden die Gehirnextrakte von zigtausend Goldfischen analysiert, die darauf geschult worden waren, die Farben Blau und Grün zu unterscheiden. Dabei wurde ein weiteres Protein isoliert, das als Chromodiopsin bezeichnet

wird, das allem Anschein nach für diese besondere Farbunterscheidung zuständig ist.[13]

Wenn sich diese Erkenntnisse weiterhin bestätigen, so würde dies bedeuten, daß es für jede einzelne Fähigkeit, die erlernbar ist, eine bestimmte chemische Substanz gibt. Soweit dies die Anzahl der verschiedenen Proteine betrifft, ist das durchaus möglich. Jedes Protein besteht aus einer Kette von Aminosäuren, und es gibt 20 Haupt-Aminosäuren, die an jedem Punkt der Kette vorkommen können. Demnach ist die mögliche Anzahl der Kombinationen praktisch unendlich. Es gibt zum Beispiel 20 x 20 oder 400 mögliche Proteine, die zwei Aminosäuren enthalten (20 Möglichkeiten an erster und 20 an zweiter Stelle). Ähnlich gibt es 8.000 verschiedene Proteine, die aus drei Aminosäuren bestehen und etwa 33,66 Quintillionen, wie Skotophobin mit 15 Aminosäuren, wobei es sich immer noch um sehr elementare Aminosäureketten handelt. Insulin beispielsweise, eine vergleichsweise einfache organische Substanz, enthält 50 Aminosäuren. Außerdem sind weitaus kompliziertere Ketten bekannt, die mehrere Tausend Aminosäuren in Sequenz enthalten. Die mögliche Anzahl der verschiedenen Proteine dieser Länge in normalen Zahlen angegeben, würde eine Reihe von Nullen enthalten, die die nächsten zwei Seiten dieses Buches füllen könnten!

D) Ist Gedächtnis gleich Lernen?

Selbst wenn es stimmen würde, daß jede Verhaltensmodifikation mit einer Proteinkette zusammenhängt, wäre dies noch lange kein Beweis dafür, daß jede Art *Erinnerung* auf einer ähnlichen Basis beruht. Lernen und Erinnerung bzw. Gedächtnis sind bei weitem nicht dasselbe. Was das Lernen betrifft, soweit es die bisherigen Experimente angeht, handelte es sich darum, Tiere so abzurichten, daß sie auf einen bestimmten Reiz automatisch reagieren – also um ein Konditionierungsverfahren. Andererseits ist das Gedächtnis insbesondere beim Menschen dazu angetan, eine bedeutend breitere Palette von Informationen zu registrieren. Wenn man sich also an das Gesicht einer bestimmten Person erinnert, so besagt dies lediglich, daß man unter bestimmten Umständen etwas wiedererkennt, was man schon einmal gesehen hat, ein Vorgang, der sich weitgehend von jenem Lernprozeß unterscheidet, der bei den obigen Experimenten untersucht wurde. Überträgt man die Versuche mit Ratten und Goldfischen auf den Menschen, so heißt das, ein menschliches Wesen darauf zu trainieren, daß es jedesmal in die Luft geht, wenn es ein bestimmtes Gesicht erblickt, bis dann eine solche Reaktion unter allen Umständen automatisch erfolgt.

Es ist nicht nur ziemlich unwahrscheinlich, daß die alltäglichen Erinnerungen auf jene Weise kodiert sind, wie es beim konditionierten Lernen scheinbar der Fall ist: ein solcher Umstand ist auch mathematisch unmöglich. Selbst bei der kolossalen Zahl der verschiedenen möglichen Proteine ist die Vielfalt der verschiedenen Fakten, an die wir uns erinnern können, bedeutend reichhaltiger (obwohl wir nicht alles gleichzeitig registrieren können). Dies wird besonders deutlich, wenn man folgendes beachtet: Wenn im Gedächtnis jeweils ein Protein eine einzige Tatsache verkodet und dasselbe Protein stets für die gleiche Tatsache benutzt wird, würde die Fähigkeit, sich an die Aminosäuresequenz eines jeden willkürlich gewählten Proteins zu erinnern, bereits die Kapazität eines solchen Gedächtnisses erschöpfen, weil die Erinnerung an die einzelnen Sequenzen zumindest jeweils mindestens ein Protein erfordern würde, um diese Sequenz zu verkoden. So kann man also ein Gedächtnis im weitesten Sinne des Wortes nicht auf eine Korrespondenz 1:1 mit spezifischen Proteinen gründen. Eine Entsprechung mit Mustern und Schemata mit chemischen Veränderungen, die sich über das ganze Gehirn erstrecken, ist eher denkbar – ein Umstand, mit dem wir uns im nächsten Kapitel befassen wollen.

E) Konsolidation

Wahrscheinlich wird die Erinnerung durch die direkte Modifikation der Synapsen mittels Proteine verkodet, die im Zellkörper synthetisiert werden. Zwar erzeugen die Neuronen bedeutend mehr Protein als jede andere Zelle, dennoch wird keins dieser Proteine abgesondert, sie werden vielmehr im Neuron selbst verbraucht. Wie aus Kapitel 3 zu ersehen ist, fahren die meisten Proteine rasch an den Axonen entlang, oft mit einer Geschwindigkeit von einigen Zentimetern pro Tag, um dann die Synapse zu erreichen. Und weil sie so schnell reisen, ist anzunehmen, daß ein Protein, das im Zellkörper synthetisiert wird, die Synapse innerhalb weniger Minuten erreichen kann. Wenn also Proteine etwas mit dem Gedächtnis zu tun haben, so ließe sich vielleicht darauf schließen, daß der Unterschied zwischen Kurzzeit- und Langzeitgedächtnis jene Zeit repräsentiert, die ein Protein braucht, um zur Synapse zu gelangen und die Erinnerung bzw. das Gedächtnis zu konsolidieren.

Während Drogen, die sich auf die Proteinsynthese auswirken, das Langzeitgedächtnis beeinflussen, berühren Drogen, die nur auf die elektrische Aktivität einwirken, nur das Kurzzeitgedächtnis.[14] Drogen, die insbesondere den Transfer von Proteinmolekülen entlang der Axone steuern, wirken sich nachweislich auch auf das Langzeitgedächtnis aus. Die Droge Kolchizin z.B. scheint das Langzeitgedächtnis zu blockieren, scheint eine störende Wirkung auf die Haargefäße auszuüben, die in den Axonen untergebracht sind und die Aufgabe haben, die Proteine vom Zellkörper zu den Synapsen zu befördern, wobei die notwendigen Veränderungen an den Synapsen vereitelt werden.[15]

Ein wesentlicher Nachweis dafür, daß die Synapsen am Lernprozeß beteiligt sind, kommt aus zwei verschiedenen Richtungen. Zunächst kann der Lernvorgang die Wirksamkeit einer Synapse dramatisch verändern, indem entweder die Übertragungsfähigkeit auf null reduziert oder aber bedeutend gefördert wird.[16] Zweitens schwankt die Menge der Transmittersubstanz an einigen Synapsen nach dem Lernen, indem sie nach dem ersten Tag abnimmt, während der nächsten Woche ansteigt und dann, nach etwa zwei bis vier Wochen, wieder zurückgeht.[17]

Eine der Möglichkeiten, bei denen Proteine die Synapse beeinträchtigen können, besteht darin, daß sie die freien Stellen in jenem Gitterwerk einnehmen, das wir bereits früher betrachtet haben. Die Proteine dringen in die freien Räume im Gitter ein und beeinflussen so die Geschwindigkeit, mit der die Transmittersubstanzen in den synaptischen Spalt entleert werden können. Dieser Umstand wiederum beeinträchtigt die Wahrscheinlichkeit, daß das erste Neuron einen Impuls durch das zweite Neuron sendet. Ein Nachweis für diesen Umstand stammt aus Experimenten, die zeigen, daß nach der Erregung sich die Anzahl der freien Stellen im Gitterwerk beachtlich verändert.[18]

Eine zweite Stufe der Konsolidation des Gedächtnisses scheint im Schlaf, insbesondere während der Traumphase zu erfolgen. Es wurde festgestellt, daß eine Unterdrückung der Traumaktivität zu einem Schwund in der Erinnerung an jüngst verarbeitete Stoffe

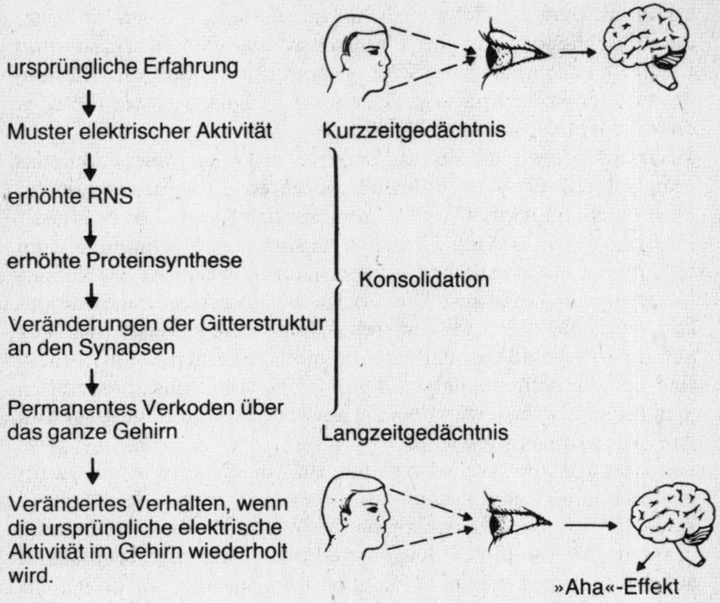

Bild 42: Einige Abläufe, die vermutlich bei der Verkodung des Gedächtnisses mitwirken.

führt. Wenn man aber andererseits viel Stoff verarbeitet hat, scheinen die Traumphasen während der kommenden Nacht zuzunehmen.[19] So kann also das Träumen dazu beitragen, sich den gelernten Stoff besser einzuprägen.

Die Proteine an sich haben nur eine Lebensdauer von wenigen Tagen und müssen dauernd nachsynthetisiert werden. Demnach scheint die Beibehaltung eines permanenten Gedächtnisses von einer dauerhaften Veränderung als nur von der Proteinsynthese abzuhängen. Wahrscheinlich bewirken die Proteinveränderungen an der Synapse langfristig eine permanente strukturelle Änderung an der Synapse, wobei solche Modifikationen vermutlich etwa eine oder zwei Wochen nach der ursprünglichen Erfahrung auftreten.

F) Warum vergessen wir?

Aus verschiedenen Quellen läßt sich der Nachweis erbringen, daß für alle praktischen Zwecke unser Gedächtnis schier grenzenlos ist. Warum also vergessen wir?

Verdrängung: Eine der frühesten Theorien des Vergessens ist die Freudsche Hypothese der Verdrängung. Ein Zeitabschnitt, der mit peinlichen oder bangemachenden Assoziationen erfüllt ist, wird gern unbewußt verdrängt. Wenn wir uns an solche Zeiten nicht erinnern können, so brauchen wir uns auch ihren Assoziationen nicht zu stellen. Gelegentlich kann sich ein solcher Zustand zu einer Art Fluchtneurose auswachsen, wobei eine Person sich nicht mehr an ihre Vergangenheit erinnern kann. Bei geistig intakten Personen jedoch – obwohl auch hier gelegentlich Verdrängungserscheinungen auftreten können – trägt dieser Umstand nur in geringem Maße zu einer Verdrängung bei. Vielleicht kann man sich nicht an das letzte Wort des vorigen Kapitels erinnern, doch dürfte dies kaum einer Verdrängung zuzuschreiben sein.

Verfall: Gemäß der Verfallstheorie verblaßt die Erinnerung mit der Zeit. Ist demnach das Gedächtnis in irgendeiner Weise mit den Veränderungen und Schwankungen der Proteine im Gehirn verknüpft, so dürfte der Verfall im selben Augenblick einsetzen, sobald die Proteine wieder ihren ursprünglichen Zustand einnehmen. So wie der Verfall fortschreitet, wird die Erinnerung immer blasser, und es fällt immer schwerer, sich an gewisse Ereignisse zu erinnern. Zwar gibt es einige Beweise dafür, insbesondere beim Kurzzeitgedächtnis, daß ein gewisser Verfall eintritt, doch ist man heute eher der Meinung, daß die Interferenz beim Vergessen eine bedeutend größere Rolle spielt.

Interferenz: Die Interferenztheorie legt nahe, daß der Mensch vergißt, weil sein Gedächtnis nicht mehr unter all den anderen Gedächtnis- und Erinnerungsspuren unterscheiden kann. Die Spur an sich muß nicht notwendigerweise verblassen, doch je mehr Gedächtnisinhalte aufgehäuft werden, insbesondere solche mit ähnlichen Assoziationen und ähnlichem Sinn, wird es immer schwerer, das ursprüngliche Material wiederzugeben – mit anderen Worten: Die Erinnerungen überlagern sich. Interferenzen ergeben sich nicht so sehr aus einer Überfüllung des Gedächtnisses als aus einem Mangel an geeigneten Stichwörtern, um die eine Erinnerung von der anderen zu trennen.

G) Suche und Nachforschung

Diese Theorie ist mit der Interferenztheorie verwandt. Nach dieser Theorie ist die Erinnerung eher eine Art problemlösender Operation. Donald Norman zeigt, daß, wenn man eine Person fragt, was sie am Montag nachmittag in der dritten Woche des September vor zwei Jahren gemacht hat, die entsprechende Person möglicherweise wie folgt antworten würde:

Also – wie soll ich das wissen?
Gut. Also vor zwei Jahren ...
war ich auf der High School in Pittsburgh ...
Das war wahrscheinlich mein letztes Schuljahr.
Die dritte Woche im September – das war gleich nach dem Sommer ... also im Frühherbst ...
Lassen Sie mich mal nachdenken. Da war am Montag wahrscheinlich Chemie, praktische im Labor ...
Ich weiß nicht. Vielleicht war ich im Chemielabor ...
Warten Sie mal – einen Augenblick bitte –
das war wahrscheinlich während der letzten Woche.
Ich kann mich erinnern, wir haben mit dem periodischen System begonnen – eine große, phantastische Tabelle.
Ich dachte, der ist übergeschnappt, weil er von uns verlangte, all diese Dinge zu lernen.
Wissen Sie, ich kann mich noch daran erinnern, daß ich (auf der ersten Bank) saß ...[20]

Im Verlauf des Restaurierungsprozesses werden immer mehr Stichwörter zusammengetragen, wobei es dann leichter fällt, sich zu erinnern, selbst wenn ursprünglich die Erinnerung gleich null war. Nach der Suchtheorie, wie auch nach der Interferenztheorie vergißt man um so mehr, je mehr Erinnerungen angehäuft werden, wenn man nicht über genügend Stichwörter verfügt, um sie auseinanderzuhalten. Dadurch fällt es auch immer schwerer, einen bestimmten Punkt in der Erinnerung zu finden.

Satz, Einstellung: Anscheinend vergißt man das meiste auch infolge einer veränderten Bereitschaft oder »Einstellung« (Satz, setzen = Herstellung eines bestimmten Zustandes, oder ein bestimmter Zustand bzw. eine bestimmte Einstellung an sich, *auch:* Abgeschlossene Anzahl von sachlich zusammenhängenden

Informationen, die einem Ordnungsbegriff unterliegen. EDV-Terminologie. D.Ü.). Wie bereits aus Seite 120 ersichtlich, kann eine kurze Aufgabe zum Anlaufen und Anwärmen, durch die der Geist auf ein bestimmtes Gebiet eingestellt wird, für das Gedächtnis förderlich sein, wobei man in eine Situation zurückversetzt wird, in der man sich vor einiger Zeit befunden hat und man sich auf diese Weise an manches wieder erinnert, was mittlerweile in Vergessenheit geraten ist.

H) Anwendung und Ratschläge

Zur Konsolidation des Gedächtnisses gibt es mehrere Phasen

1. Während der ersten paar Minuten, wo durch die elektrophysiologische Aktivität die Proteinsynthese einsetzt.
2. Während der Traumphasen der nächsten Nacht.
3. Während der nächsten ein oder zwei Wochen, wenn sich die synaptischen Veränderungen langsam einpendeln.

Durch die Wiederholung des verarbeiteten Stoffes wird das Gedächtnis stets gefördert und ist auf diesen kritischen Stufen der Konsolidation besonders wertvoll. Daher ist es stets von Vorteil, ein wohlorganisiertes Wiederholungssystem auf die Beine zu stellen, wenn man sich mit einem bestimmten Stoff befassen oder sich an einen neuen Stoff erinnern will.
Am besten ist es, das Material etwa 5 bis 10 Minuten nach Beendigung der Studien zu wiederholen.[21] Hierdurch wird nicht nur die Konsolidation der Proteinsynthese verstärkt, sondern auch der Erinnerungseffekt am besten genutzt, weil das Gedächtnis zu diesem Zeitpunkt am aufnahmefähigsten ist. Forschungen haben ergeben, daß eine 5-Minuten-Wiederholung zu diesem Zeitpunkt für ein späteres Abrufen äußerst förderlich ist.[22]
Die zweite Wiederholungsperiode sollte etwa 24 Stunden später einsetzen und nur zwei bis drei Minuten dauern. Hierdurch wird die Konsolidation, die im Schlaf erfolgt, optimal ausgenützt und übt auf das ursprüngliche Nachlassen des Gedächtnisses eine ausgleichende Wirkung aus.
Die dritte Wiederholung sollte etwa eine Woche später erfolgen und ca. zwei bis drei Minuten dauern. Hierdurch wird der lang-

fristige Reminiszenzeffekt auf den Plan gerufen, wobei dann das Gedächtnis für längere Zeit stabilisiert wird. Eine weitere Wiederholung sollte etwa einen Monat später erfolgen, diesmal ebenfalls für zwei bis drei Minuten, und eine abschließende Wiederholung nach rund sechs Monaten. Nach dieser letzten Wiederholung dürfte ein Großteil des Stoffes im Gedächtnis verankert sein. Die Konsolidation läßt sich auch durch weitere Studiertechniken und Merksysteme (Notizen) fördern, so daß dann der gesamte Stoff abrufbereit zur Verfügung steht (s. Kap. 13).

Der Effekt eines solchen Wiederholungsprogramms besteht darin, die Vergessensrate weitgehend zu reduzieren. So wird die Erinnerung während der ersten 24 Stunden nicht rapid um etwa 80% abnehmen, im Gegenteil, sie kann durch Wiederholungen bei den kritischen Konsolidationsperioden und in nachfolgenden Intervallen verstärkt werden, so daß sich der Wert der 100%-Marke nähert, ja, diese sogar erreicht.

Man könnte annehmen, daß sich bei fortgesetztem Studium die Wiederholungen häufen und ein Großteil der Studierzeit beanspruchen würden. In Wirklichkeit ist dies aber nicht der Fall. Nehmen wir einmal an, daß eine Person jeden Tag eine Stunde lang studiert und ein Wiederholungsprogramm für dieses Studium erstellt, wobei Tag für Tag die Arbeit eines Tages, einer Woche, eines Monats und eines halben Jahres zu wiederholen wäre.

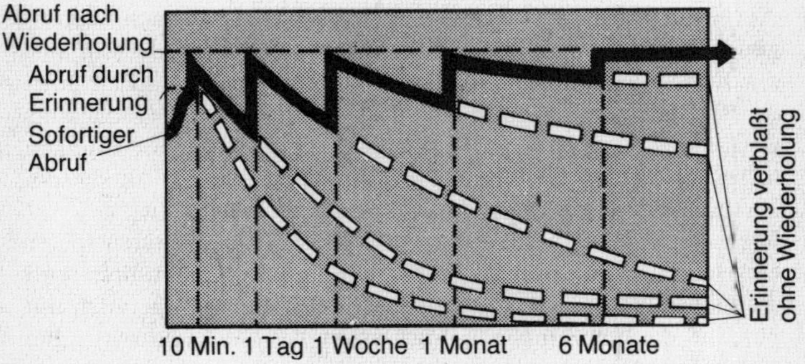

Bild 43: So trägt die systematisch organisierte Wiederholung zur Aufrechterhaltung eines hohen Ergebnisniveaus bei.

Wiederholung des Stoffes:	Zeitaufwand:
1 Tag	3 – 5 Minuten
1 Woche	2 – 3 Minuten
1 Monat	2 – 3 Minuten
6 Monate	2 – 3 Minuten
Maximale Wiederholungszeit/Tag:	14 Minuten

Wenn also eine Person eine Stunde pro Tag studiert, braucht sie insgesamt *maximum* 14 Minuten pro Tag, um den Stoff zu wiederholen und sein Gedächtnis um ein Vielfaches zu verbessern. Dieses Maximum ergibt sich aus dem Umstand, daß Informationen oft als Teil des alltäglichen Lebens oder im Rahmen des Studienprogramms abgerufen werden, wobei dann eine automatische Wiederholung des Stoffes erfolgt. Wenn sich jemand sechs Stunden am Tag tagtäglich seinen Studien widmet, braucht er lediglich *höchstens* eine Stunde pro Tag zu opfern, um den Stoff der letzten sechs Monate zu wiederholen, um ihn auf die Dauer in seinem Gedächtnis zu verankern und somit aus seinen Studien die bestmöglichen Resultate zu erzielen. Wenn der Aufwand für die Wiederholung etwa 20% beträgt und dies zu einer Steigerung des Langzeitgedächtnisses von 10 auf 90% führt, so beläuft sich der Gesamtgewinn auf etwa 75%. *Einige wenige Minuten, die man der Wiederholung opfert, tragen dazu bei, die Zeit, die man seinen Studien widmet, effektiv und wertvoll zu gestalten.*

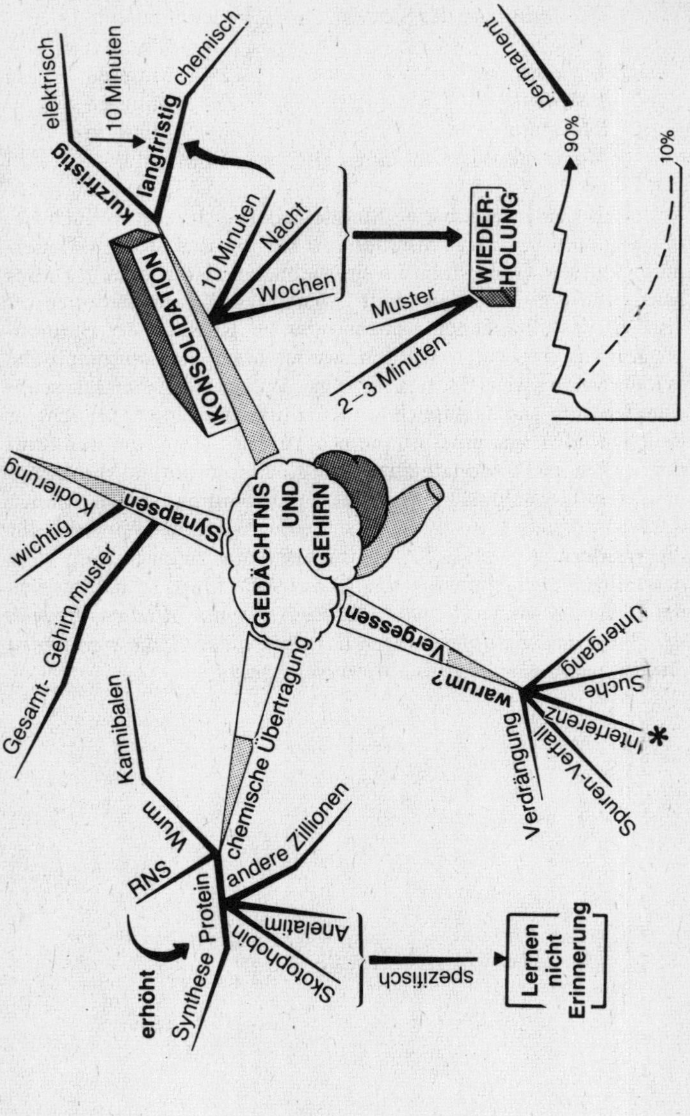
GEDÄCHTNIS UND GEHIRN
KONSOLIDATION
kurzfristig
elektrisch
langfristig
10 Minuten
chemisch
10 Minuten
Nacht
Wochen
WIEDER-HOLUNG
Muster
2–3 Minuten
permanent
90%
10%
Synapsen
Kodierung
wichtig
Gesamt-Gehirnmuster
Vergessen
warum?
Untergang
Suche
Interferenz
*
Spuren-Verfall
Verdrängung
chemische Übertragung
Kannibalen
Wurm
RNS
andere Zillionen
Protein Synthese
erhöht
Anelatim
Skotophobin
spezifisch
Lernen nicht Erinnerung

Bild 44

11. Die holographische Theorie des Geistes

Was ist ein Hologramm?
Worin unterscheidet es sich von einem Foto?
Ist das Gedächtnis holographisch verkodet?
Ist der Geist ein Hologramm?
Ist das Universum ein Hologramm?

Der Begriff Hologramm wurde zuerst von Denis Gabor im Jahr 1947 geprägt, um ein neues fotografisches Verfahren zu beschreiben, das Gabor entdeckte und dafür 1971 den Nobelpreis bekam. In einem gewöhnlichen Foto ist die visuelle Information als direkte Darstellung des Bildes gespeichert, wobei jeder einzelne Punkt des Fotos einem bestimmten Teil des Bildes entspricht. In einem Hologramm dagegen speichert die ganze Fotoplatte eine Aufzeichnung all jener Wellenmuster, die das Objekt erzeugt. In jedem Punkt ist das ganze Bild verkodet, daher der Name *Holographie,* von griechisch *holos,* »ganz«.
Ursprünglich hatte Gabor die Holographie als ein Mittel zur Verbesserung von Bildern entwickelt, die mit einem Elektronenmikroskop aufgenommen wurden, und das Verfahren fand auch keine weitere Verwendung, bis dann etwas später der Laser entdeckt wurde. Laser erzeugen ein kohärentes Licht, d.h. ein Licht, dessen Wellen im Gleichschritt verlaufen. Bei koheräntem Licht ist es viel einfacher, Hologramme zu bauen und sie für eine Reihe verschiedener Zwecke zu verwenden.
Um ein Hologramm zu produzieren, wird ein Laserstrahl gespalten. Dann wird die eine Hälfte direkt auf die Fotoplatte und die andere auf das Objekt gerichtet, das den Laserstrahl auf die Fotoplatte reflektiert. Die Platte zeichnet dann das Interferenzbild auf, das entsteht, wenn die beiden Wellen zusammentreffen. Das Bild, das auf diese Weise auf der Platte aufgezeichnet wird, zeigt wenig Ähnlichkeit mit dem Objekt. Betrachtet man nun ein solches Bild, so entsteht der Eindruck feiner schwarzer und weißer Streifen ähnlich einem Zebrafell (S. Bild 47).
Will man das Bild rekonstruieren, so wird das Hologramm ein-

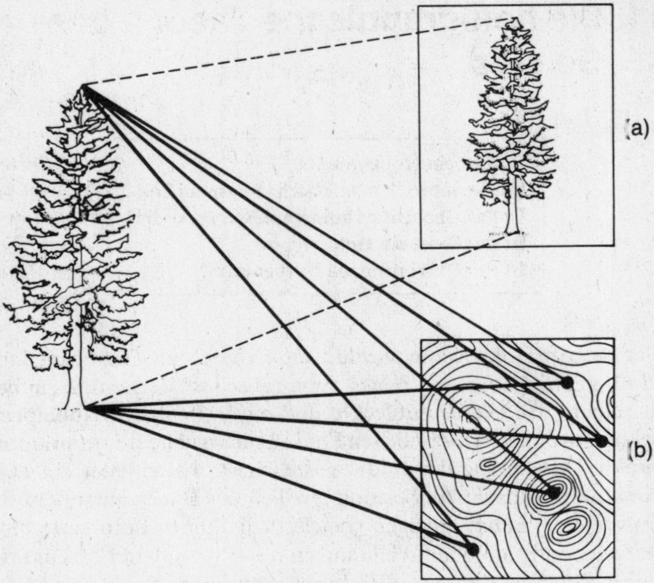

Bild 45: Unterschied zwischen (a) üblichem Foto und (b) Hologramm. Auf einem üblichen Foto wird jeder Punkt des Gegenstandes durch einen besonderen Punkt auf dem Foto dargestellt. In einem Hologramm dagegen ist der ganze Gegenstand in jedem Punkt des Bildes verkodet.

fach wieder mit dem ursprünglichen Laserstrahl beleuchtet, wobei dann ein dreidimensionales Bild des Originalobjekts erscheint, das scheinbar an jener Stelle im Raum schwebt, wo das Objekt gestanden hat.

Itzahk Bentov hat eine sehr gute Analogie geliefert, mit deren Hilfe man erkennen kann, wie ein Hologramm Informationen speichert, und zwar in seinem faszinierenden Buch *Stalking the Wild Pendulum.*[1] Stellen Sie sich eine mit Wasser gefüllte Pfanne vor, in die man drei Steine fallen läßt. Die Steine erzeugen jeweils drei konzentrische Wellen jeweils dort, wo die Steine auf die Wasserfläche auftreffen. Diese Wellen überschneiden sich und bilden ein kompliziertes Muster an der Wasseroberfläche. Stellen Sie sich jetzt weiter vor, daß diese Oberfläche schnell gekühlt

und die gefrorene Eisfläche, die dieses Muster trägt, herausgehoben wird. Die ganze Platte enthält jetzt präzise Informationen darüber, an welcher Stelle die Steine die Wasserfläche berührt haben. Wenn man nun das Muster sorgfältig analysiert, lassen sich die einzelnen Wellen, die das Muster bilden, bis zu ihrem Ursprung zurückverfolgen. Selbst wenn man die Platte zerbricht, enthält jedes Fragment immer noch die notwendigen Informationen. Nimmt man jetzt ein Bruchteil der Oberfläche, könnte man immer noch analysieren, welche Wellen das Muster gebildet haben und die jeweiligen Mittelpunkte feststellen. Bei einem fotografischen Hologramm erfolgt diese Rekonstruktion automatisch, indem man das Hologramm mit Hilfe des entsprechenden Laserlichts wieder beleuchtet (s. Bild 48).
Ein Hologramm ist das zweitraffinierteste System, das die Menschheit kennt, um Informationen zu speichern (das raffinierteste und komplizierteste ist das lebende Gehirn). Auf ein und derselben Platte lassen sich Tausende verschiedener Bilder aufnehmen und jeweils von jedem beliebigen Teil der Platte rekonstruieren. Diese rekonstruierten Bilder sind dreidimensional, wobei man das Bild von allen Seiten betrachten kann und jeweils eine andere Ansicht erhält.

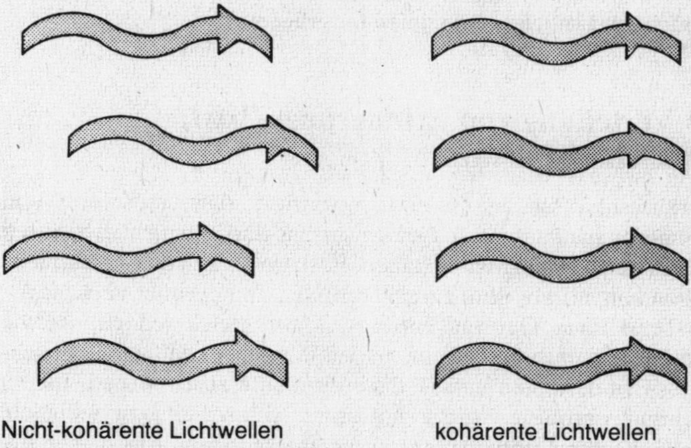

Bild 46: Nicht kohärentes Licht und kohärentes Licht (Lichtwellen im und außer Takt).

A) Werden Erinnerungen holographisch aufgezeichnet?

Karl Pribram von der Stanford Medical School und viele andere Wissenschaftler haben die Möglichkeit untersucht, ob das Speichern von Erinnerungen im Gehirn möglicherweise nach dem holographischen Prinzip erfolgt. In einem solchen Fall werden die einzelnen Erinnerungen nicht in spezifischen Netzen von Neuronen oder an spezifischen Synapsen gespeichert, sondern über das ganze Gehirn verteilt. Die Tatsache, daß die verschiedenen Gehirnbezirke durch Tausende von parallel verlaufenden Kanälen verbunden sind, bietet eine Basis für das neurologische Äquivalent kohärenter Aktivität, wobei jeder rhythmische Anstoß dieses Phänomen fördert. So, wie die Muster der elektrischen Aktivität durch chemische Veränderungen konsolidiert werden, wird jeweils auch die Erfahrung verkodet. Demnach wird jeder Gedächtnisinhalt als ein Muster chemischer Veränderungen über Trillionen von Synapsen verkodet – wahrscheinlich auch über Gliazellen – wobei dann jede Synapse bei Milliarden verschiedener Gedächtnisinhalte eine Rolle spielt. Pribams Fall wird durch die zahlreichen Ähnlichkeiten zwischen menschlichem Gedächtnis und Hologramm erhärtet, die zu denken geben und darauf hinweisen, daß beide, also Gedächtnis und Hologramm tatsächlich ähnlichen Prinzipien unterliegen.

B) Verteilung von Erinnerungs- bzw. Gedächtnisinhalten

Karl Lashley hat als erster demonstriert, daß Gedächtnis und Erinnerung auf das ganze Gehirn verteilt sind und nicht etwa ihren Sitz an bestimmten Stellen haben. Er hatte Ratten darauf trainiert, sich in einem Labyrinth zurechtzufinden und nachher verschiedene Teile ihres Gehirns entfernt. Ganz gleich jedoch, welche Gehirnteile er herausnahm, es ist ihm nicht gelungen, gleichzeitig Erinnerungen und Gedächtnisinhalte zu entfernen. Indem er immer größere Stücke entfernte, gelang es ihm lediglich, das Gedächtnis immer mehr zu beeinträchtigen. Aus dieser Erkenntnis heraus entwickelte er zwei Theorien: die Theorie der »Massenaktion«, die besagt, daß die Intensität der Erinnerung von der restlichen intakten Gehirnmasse abhängt, und die Theorie der »Equipotentialität«, nach dem die Erinnerung bzw. das Erinnerungsvermögen gleichmäßig auf das ganze Gehirn verteilt ist.

Die gleichen Phänomene lassen sich auch in einem Hologramm feststellen. Das Bild wird über die ganze Platte gespeichert, wobei jedes Bruchteil einer solchen Platte stets die gesamte Information enthält. Der einzige Schwund, der zu verzeichnen ist, wäre ein Verlust im Detail und in der Eindeutigkeit. Ein Bild, das man aus

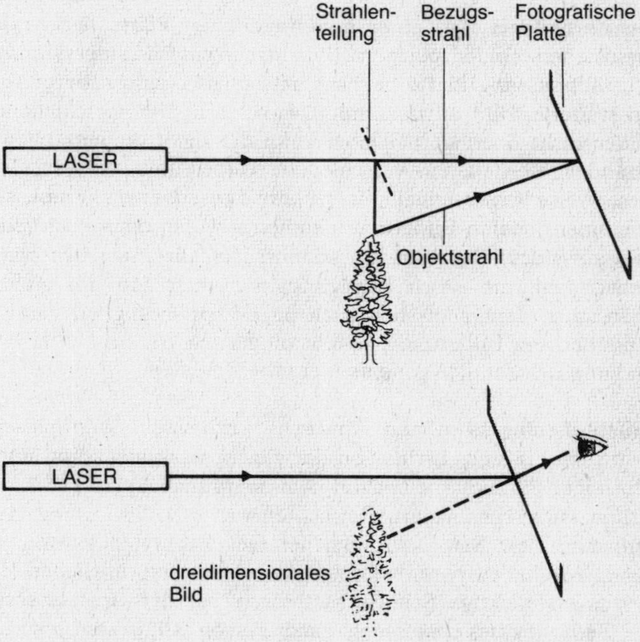

Bild 47: Entstehung eines Hologramms (oben). Das vom Gegenstand reflektierte Licht trifft auf das unreflektierte Licht (Bezugsstrahl), und die so entstehende Interferenz wird auf der Fotoplatte aufgezeichnet. Bildrekonstruktion (unten). Wenn die Platte entwickelt und mit Originallicht beleuchtet wird, erscheint ein dreidimensionales Bild an der Stelle, wo der Gegenstand gestanden hat.

einem winzigen Bruchteil eines Hologramms rekonstruiert, wird wahrscheinlich nicht so scharf und so detailliert ausfallen wie das Original, doch das Bild an sich wird stets vorhanden sein.
Auf dieser Grundlage läßt sich eine weitere wichtige Unterscheidung zwischen dem menschlichen Gehirn und einem Computer aufbauen. Wenn man auch nur den geringsten Anschluß in einem Computer verändert, kann sich dies katastrophal auf den gesamten Informationsgehalt auswirken, indem dieser bedeutend verändert, verwirrt oder gar vollständig zerstört wird. Hologramme und Gedächtnis dagegen sind bedeutend robuster und weniger störungsanfällig.

Mehrfachbilder: Auf einer holographischen Platte lassen sich verschiedene Bilder speichern. Sobald man ein Bild aufgenommen hat, läßt sich die Platte beliebig um einige Grade rotieren, um ein weiteres Bild aufzunehmen, wobei sich die verschiedenen Bilder nicht überlagern. Dabei kann die Lichtfrequenz ebenso verändert werden, um verschiedene Bilder aufzunehmen. Auf diese Weise lassen sich auf einer Platte Tausende von kompletten dreidimensionalen Bildern aufnehmen – wobei dann auch jedes Bild auf jedem Bruchstück erscheint. Das alles mag sich phantastisch anhören, doch handelt es sich hier um das gleiche Phänomen, dem man stets auch im Gehirn begegnet, nämlich Millionen von Bildern, die jeweils im ganzen Gehirn gespeichert sind und sich deutlich voneinander unterscheiden.

Anfangsbedingungen und Kontext: Wird eine holographische Platte mittels eines Lichts von der gleichen Frequenz und unter demselben Winkel beleuchtet wie ursprünglich, so wird das Originalbild reproduziert. Betrachten wir jetzt die Veränderungen, denen ein Satz ursprünglicher Gegebenheiten unterliegen kann. Wir haben bereits dargelegt, daß die ursprünglichen Bedingungen wichtige Schlüsselstellungen bei der Restaurierung des Gedächtnisses einnehmen. Einer Person fällt es stets leichter, sich an irgendwelche Informationen zu erinnern, sobald man sie geistig oder physisch in die ursprüngliche Situation versetzt. So erinnert sich ein Betrunkener daran, was er vorher getan hat, sobald er wieder betrunken ist – und Lockes junger Mann weiß, wie er zu tanzen hat, sobald sich ein bestimmter Gegenstand im Raum befindet.

Bild 48: Wirft man drei Steine in eine Schüssel voll Wasser, werden Interferenzmuster erzeugt, die alle Informationen darüber enthalten, wo die Steine hingefallen sind, auf gleiche Weise, wie ein Bild in einem Hologramm aufgezeichnet wird.

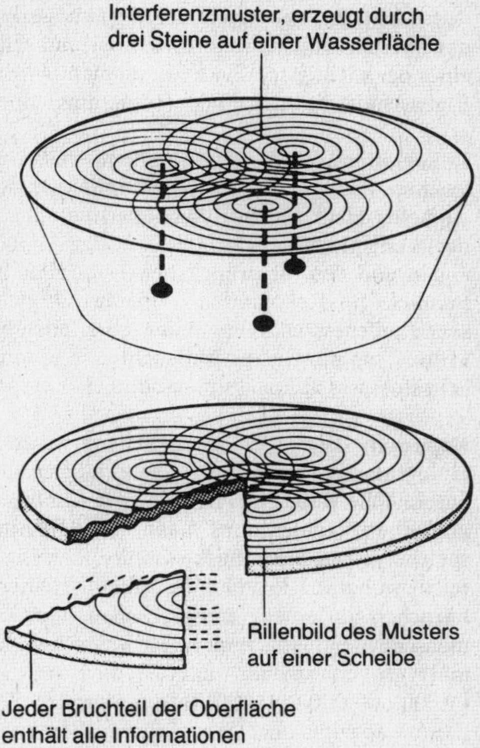

Assoziation: Das Phänomen des ursprünglichen Kontexts ist eng mit der Assoziation verbunden. Wir haben bereits gesehen, auf welche Weise alle Gedankeninhalte durch zahlreiche assoziative Verbindungen verknüpft sind und wie es geschieht, daß, wenn man sich einer assoziativen Hälfte erinnert, die zweite Hälfte spontan bewußt wird. Bei Hologrammen ist genau das gleiche Phänomen zu beobachten. Wenn bei der Bildung eines Hologramms der erste Strahl ebenfalls von einem Objekt reflektiert wird, anstatt direkt zur Platte zu gehen, so handelt es sich bei dem Interferenzbild, das registriert wird, um dasjenige Bild, das durch die Interaktion der beiden Wellen entsteht, die von beiden Objekten herkommen. Durch die Wiederbeleuchtung der Platte mit dem Licht, das von einem der Objekte herkommt, wird das Bild des zweiten Objekts rekonstruiert. Demnach ist die Assoziation, eines der wichtigsten Faktoren im menschlichen Gedächtnis, eine Eigenschaft, die auch einem Hologramm innewohnt.

Rekognition: Wird ein Hologramm mit kohärentem Licht beleuchtet, das vom Originalobjekt reflektiert wird, so läßt sich eher ein heller Fleck als ein Bild beobachten. Die Intensität des Lichtflecks entspricht der Qualität bzw. der Ähnlichkeit zwischen dem neuen und dem ursprünglichen Bild. Hier haben wir eine enge Parallele zur Rekognition. Wird das Originalobjekt, oder etwas sehr ähnliches, wahrgenommen, so erleben wir einen subjektiven »Blitz«, ein plötzliches Aufleuchten in unserem Bewußtsein, und je kräftiger es »blitzt«, um so deutlicher die Rekognition.

Kapazität: Eine der bemerkenswertesten Eigenschaften des Hologramms, wie auch des menschlichen Gedächtnisses, ist die ansehnliche Kapazität. Ein einziger Kubikzentimeter eines fotografischen Hologramms kann 10 Milliarden Informationsbit speichern. Das menschliche Gehirn aber ist 1500mal so umfangreich, wobei die Proteine bedeutend kleiner sind als die Silberkörnchen in einem fotografischen Film. Die Kapazität des menschlichen Gedächtnisses ist wahrscheinlich mehrere tausendmal größer, wobei das Gehirn etwa eine Quadrillion (1.000.000.000.000.000) Informationsbit speichern kann. Würde diese Kapazität auch nur einigermaßen genutzt, so könnte das Gehirn pro Sekunde etwa 1000 Bit von der Geburt bis etwa zum 75. Lebensjahr speichern, und dies bei einem Bruchteil des Gesamtpotentials: 75 (Jahre) x 365 (Tage) x 24 (Stunden) x 60 (Minuten) x 60 (Sekunden) x 1000 Bit (pro Sekunde) = 2.365.200.000.000). Ein Teil dieser Kapazität wird von den Gehirnprogrammen beansprucht. Doch selbst wenn diese Programme 90% der Gesamtkapazität benötigen, würde immer noch genügend Raum übrig bleiben, um etwa 100 Bit/Sek zu registrieren – eine Kapazität, die wahrscheinlich ausreicht, um sich an die meisten Erfahrungen zu erinnern, die man im Lauf eines Lebens sammelt.

C) Ist der Geist holographisch eingerichtet?

Nicht nur das Gedächtnis, auch die Wahrnehmung scheint nach dem holographischen Prinzip zu funktionieren. Die Mathematik der Holographie bedient sich auch einer Methode, die als Fourriersche Transformation bekannt ist. Es handelt sich hierbei um mathematische Gleichungen, die die Form des Objekts in verkodete Muster verwandeln. Solche Transformationen finden auf natürliche Weise im menschlichen Wahrnehmungsprozeß statt.[2] Eine Nervenfaser, die die Retina (Netzhaut) des Auges mit dem Gehirn verbindet, ist an zahlreiche Zellen in der Netzhaut angeschlossen. Diese Zellen bilden das Wahrnehmungsfeld. Der Nerv reagiert auf verschiedene Zellen in diesem Feld verschieden, so daß, wenn die Aktivität des Nervs registriert wird, während ein Lichtpunkt über dieses Feld wandert, die Aktivität schwankt, wie in Bild 49 dargestellt. Dabei wurde festgestellt, daß das Muster der Aktivität tatsächlich der Fourrierschen Transformation der

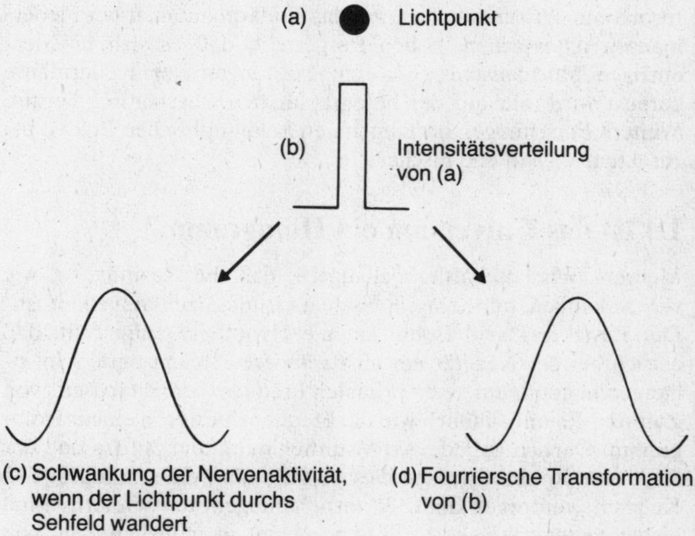

Bild 49: Nervenreaktion aus der Retina auf einen Lichtpunkt an verschiedenen Stellen des Wahrnehmungsfeldes im Vergleich zur Fourrierschen Intensitätsverteilung.

Intensität entspricht (b)[3]. Mit anderen Worten: Das Gehirn erstellt ein verkodetes Bild, und die Verkodung gleicht jenem Vorgang, der in einem Hologramm stattfindet.
Bei anderen Experimenten wurde die elektrische Reaktion untersucht, die dann eintritt, wenn der Lichtpunkt durch reguläre Lichtwellen und dunkle Streifen ersetzt wird. Auch dabei wurde festgestellt, daß die daraus resultierende Aktivität mit der Fourrierschen Transformation des Eingangs eng verwandt ist.[4] Forschungsarbeiten haben auch gezeigt, daß Hören, Schmecken, Riechen und Tastsinn ebenfalls durch den gleichen mathematischen Prozeß analysiert werden.
Es wurde auch vermutet, daß sich das Gehirn einer Art Dekonvolutionstechnik bedient, die angewandt wird, um Details auf verschleierten Bildern von Planeten zu erkennen, die zur Erde reflektiert werden. Sollte sich das Gehirn aber nicht solcher Techniken bedienen, dann könnte man nur schwer begreifen, wie der Mensch so deutlich sehen kann, wie es tatsächlich der Fall ist.[5] Auch solche Prozesse beruhen auf der Fourrierschen Transformation. Wissenschaftler, die das Radarphänomen bei Fledermäusen untersuchen, haben festgestellt, daß es sich bei dem einzigen Mechanismus, der den Leistungen der Fledermäuse gerecht wird, nur auf der holographischen Bearbeitung beruht. Weitere Forschungen bestätigen den holographischen Prozeß bei Insekten, Vögeln und Fischen.[4]

D) Ist das Universum ein Hologramm?

Mehrere Wissenschaftler behaupten, daß die Realität, so, wie wir sie kennen, auf holographischen Grundsätzen aufgebaut ist.[7] Der Physiker David Bohm hat die Hypothese aufgestellt, daß es sich bei der Realität um nichts anderes als um pure Schwingungen handelt, um einen primalen Frequenzbereich jenseits von Zeit und Raum – ähnlich wie die Frequenzmuster in einem Hologramm. Danach ist jede Art Wahrnehmung und Auffassung der Welt eine Konkretisierung dieser »Realität«, die sich hinter den Kulissen verborgen hält. Wahrnehmungen des Gehirns sind nichts weiter als Rekonstruktionen jener unendlichen Zahl von Bildern, die im Hologramm gespeichert sind. Solche Bilder, erscheinen uns real, weil wir zu einer bestimmten Zeit nur eine partikuläre Manifestation erfassen können, und da das Hologramm alles durchdringt und beherrscht, fühlen wir uns gewöhnlich verpflichtet, die gleiche »Realität« zu erblicken, wie jeder andere.

Eine solche Vorstellung ist in der Physik nichts Neues. In der submikroskopischen Welt der Quantenphysik, verfügen Objekte nur dann über definierbare Positionen und Geschwindigkeiten, wenn man sie beobachtet. Andernfalls kann sich ein Objekt in jedem nur denkbaren Zustand befinden, deren Anzahl unendlich ist – man könnte fast sagen, daß es sich stets in jedem denkbaren Zustand gleichzeitig befindet. Der Akt der Observation jedoch zwingt die mathematischen Gleichungen dazu, sich jeweils in einer einzig möglichen Lösung auszudrücken, ein Umstand, den die Mathematiker als *Eigen*-Wert bezeichnen, wobei einer der Aufgaben des Quantenphysikers darin besteht, die verschiedenen Möglichkeiten eines Objekts zu beurteilen, jeweils in einem bestimmten Zustand zu erscheinen. Wenn dies für die submikroskopische Welt zutrifft, so dürfte dasselbe für jene Welt gelten, in der wir unsere Tage verbringen. Der Umstand, daß wir uns unserer Welt bewußt sind, ist es, der uns zwingt, eine ganz bestimmte Realität hinzunehmen.

Karl Pribram vermutete, daß ein holographisches Modell der »Realität« die Erklärung für so manches Phänomen liefern könnte, wie etwa Telepathie, Präkognition, Hellsehen, Psychokinese, Wunderheilungen und eine ganze Reihe anderer Erscheinungen, die den Gesetzen über Raum und Zeit scheinbar widersprechen, handelt es sich doch bei diesen Gesetzen nur um künstliche Gebilde, die uns durch die Konkretisierung der hintergründigen Frequenzbereiche aufgedrängt werden.

Dieses Modell läßt auch Jungs Phänomen der Synchronität vernünftig erscheinen, wonach scheinbar unzusammenhängende Ereignisse oft eine verblüffende Übereinstimmung aufweisen. Nach dem holographischen Modell gibt es grundlegende Muster und Symmetrien, die wir jedoch nicht erkennen können, weil wir unfähig sind, jenes Reich zu erblicken und zu begreifen, das jenseits von Raum und Zeit liegt. Dennoch tauchen solche Symmetrien in unserer Konkretisierung der Realität als unerklärbare Übereinstimmungen immer wieder auf.

Auch transzendentale Erfahrungen lassen sich durch dieses Modell erklären. Eine Person, tief in ihrer Meditation versunken, verläßt das Gebiet der zahlreichen Aktivitäten des Geistes und der Erfahrungen und durchstreift ein zeitloses und raumloses Reich, in dem alle Dinge scheinbar in direkten Kontakt mit dem Frequenzreich treten. Das wäre eine Erklärung dafür, warum Menschen, die sich in einem solchen Zustand befinden, anscheinend Zugang zu einem Wissen haben, das im Normalzustand für den gewöhnlich Sterblichen unerreichbar bleibt. Das wäre auch eine Erklärung dafür, warum Menschen, die diesen Zustand erreichen und gelegentlich auf diesem Niveau der Realitäten stehen, nach wie vor behaupten, daß alles möglich ist. Wenn wir uns unsere eigene Realität bauen, so ist es nur ein kleiner Schritt, bis wir sie auf jede nur vorstellbare Art und Weise realisieren können. Dabei haben wir nichts weiter zu tun, als unseren Geist und seine Vorstellungen auf die jeweilige Realität abzustimmen und alle Möglichkeiten wahrzunehmen oder einzusetzen, um auch das Unmögliche möglich zu machen.

Solche Theorien, so faszinierend sie auch sein mögen, sind dennoch weitgehend spekulativ. Die holographische Theorie des Geistes wird nicht weltweit anerkannt. Sie weist immer noch ansehnliche Lücken auf, und die Zukunft wird es mit sich bringen, neue potentielle Theorien zu finden, um die Natur des menschlichen Bewußtseins zu erklären, wobei das Gehirn noch mit weiteren Raffinessen und Feinheiten aufwarten muß.

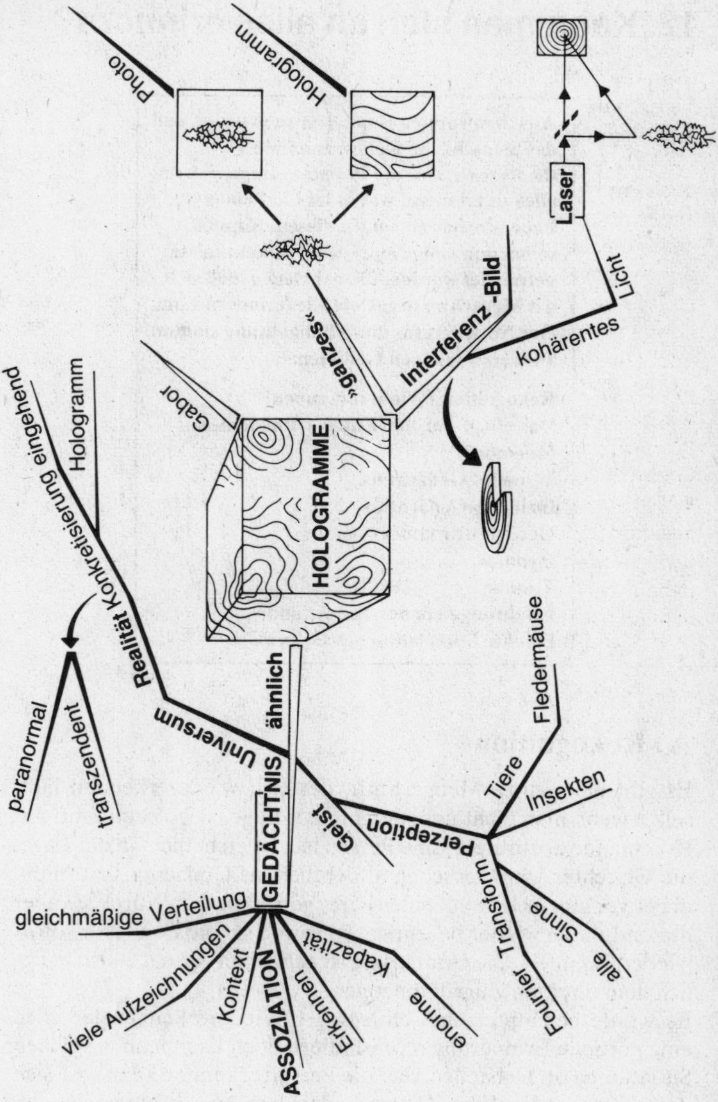
Photo
Hologramm
Laser
kohärentes Licht
Interferenz -Bild
"ganzes"
HOLOGRAMME
Gabor
Hologramm
Konkretisierung eingehend
Realität
paranormal
transzendent
Universum
ähnlich
GEDÄCHTNIS
Geist
Perzeption
Tiere
Fledermäuse
Insekten
Transform
Fourier
Sinne
alle
gleichmäßige Verteilung
viele Aufzeichnungen
Kontext
ASSOZIATION
Erkennen
Kapazität
enorme

Bild 50

12. Kann man sich an alles erinnern?

Aus dem vorigen Kapitel ist zu ersehen, daß das menschliche Gehirn zumindest theoretisch über die Potenz verfügt, sich an alles zu erinnern, was es im Lauf eines Lebens erfahren hat. In diesem Kapitel sollen nun einige empirische Erkenntnisse betrachtet werden, die nahelegen, daß sich der Mensch an so gut wie alles erinnern kann. Der Nachweis für diese Behauptung stammt aus verschiedenen Gebieten:

Rekognition (Wiedererkennen)
Das »liegt-auf-der-Zunge«-Phänomen
Mnemonik
Visuelles Gedächtnis
Inzidenz-Gedächtnis
Gedächtniswunder
Hypnose
Träume
Erfahrungen in der Todesstunde
Direkte Stimulation des Gehirns

A) Rekognition

Es gibt eine ganze Menge Stoff, der sich wiedererkennen läßt, selbst wenn man nicht unbedingt in der Lage ist, solchen Stoff auf Kommando abzurufen. Eine Person ist vielleicht nicht in der Lage, die Gesichter von Menschen absichtlich ins Gedächtnis zu rufen, die er vor einem Jahr auf einer Party getroffen hat. Würde sie aber diesen Leuten wieder begegnen, so würde sie die Gesichter sofort wiedererkennen. Die Erinnerung ist geblieben, sie hatte sich lediglich dem direkten Zugriff entzogen.
Es wurde behauptet, daß ein solches Wiedererkennen lediglich eine partielle Erinnerung repräsentiert, doch kann man in solchen Situationen oft feststellen, daß die Person erkennen kann, wie sich der andere im Lauf der Zeit verändert hat; oder wenn es sich um eine Person handelt, die sehr viel Ähnlichkeit mit der ursprüng-

lichen besitzt, die Unterschiede zwischen beiden deutlich werden. Vielleicht kann die Person den Unterschied nicht ganz genau beschreiben, doch die Tatsache, daß ein Unterschied überhaupt auffällt, zeigt bereits, daß zahlreiche Details im Gedächtnis haften geblieben sind, obwohl sich die Person nicht genau daran erinnern kann.

Mehrere Psychologen haben versucht, den Unterschied zwischen bewußter Wiedergabe und Rekognition zu messen. Bei einem dieser Experimente wurde den Testpersonen eine Liste mit 100 Wörtern fünfmal vorgelegt. Bei der Wiedergabe betrug die Erfolgsquote 30%. Als aber die Personen aufgefordert wurden, diese 100 Wörter unter 100 anderen Wörtern zu erkennen, die nichts mit der ursprünglichen Liste zu tun hatten, betrug das Ergebnis 96%.[1] Dabei bleibt immer noch die Möglichkeit offen, daß unter besseren Bedingungen mehr Wörter wiedererkannt worden wären, unter Umständen sogar bis zu 100%.

Bei einem anderen Experiment wurden den Testpersonen Wortlisten vorgelegt, wonach sie dann aufgefordert wurden, sich die Listen einzuprägen und die einzelnen Wörter in drei Durchgängen wiederzugeben. Dabei wurde festgestellt, daß die Personen dazu neigten, jeweils die gleiche Anzahl von Wörtern wiederzugeben, wobei es sich allerdings stets um verschiedene Wortgruppen handelte und nur etwa die Hälfte der gleichen Wörter in allen drei Tests erschien.[2] Dies ist ein weiterer Beweis dafür, daß sich der Mensch an bedeutend mehr erinnert, als er jeweils wiedergeben kann.

B) Das »Liegt-auf-der-Zunge«-Phänomen

Es kommt häufig vor, daß man absolut sicher ist, sich an etwas zu erinnern, ohne in der Lage zu sein, das Kind beim Namen zu nennen. Oft weiß man den ersten Buchstaben oder gar die erste Silbe eines Wortes, es »liegt auf der Zunge«, aber man kann es nicht aussprechen.

Bei einer Studie über dieses Phänomen lasen die Experimentatoren Definitionen obskurer Begriffe vor und forderten ihre Testpersonen auf, das betreffende Wort oder den jeweiligen Begriff zu nennen. Sobald dann das »Zungenphänomen« auftrat, wurde die Person aufgefordert, sämtliche Wörter zu nennen, die ihr gerade einfielen. Zwar hätten die Personen in einem direkten

Examen versagt, waren aber dennoch in der Lage, bedeutende Informationen über das betreffende Wort zu liefern – z.B. den ersten Buchstaben, Silbenzahl, Rhythmus, Suffixa und Präfixa – und sobald man ihnen das Wort nannte, erkannten sie es sofort.[3]

C) Mnemonik

Mnemonische Techniken, wie in Kapitel 9 besprochen, zeigen, daß bei maximalem Einsatz von Vorstellungskraft und Assoziation das Gedächtnis nahezu perfekt sein kann. Versuchen Sie zum Beispiel, in die unten stehende Tabelle unter 1 bis 10 all jene Posten einzutragen, die im mnemonischen Experiment auf Seite 173 den jeweiligen Zahlen zugeordnet wurden.

1.
2.
3.
4.
5.
6.
7.
8.
9.
10.

Bei einer Liste von 100 Wörtern wird kaum jemand in der Lage sein, mehr als ein Viertel dieser Wörter wiederzugeben. Bei Verwendung eines einfachen Zahlen-Stichwortsystems kann man sich an alle 100 Wörter richtig erinnern, sogar in der richtigen Reihenfolge, wobei sich solche Systeme leicht auf 1000 oder gar 10.000 Wörter und mehr ausdehnen lassen.[4]

D) Visuelles Gedächtnis

Wir haben auch festgestellt, daß das visuelle Gedächtnis dem verbalen Gedächtnis weit überlegen ist. Bei Tests mit 10.000 Bildern konnten die Subjekte 99,6% richtig erkennen, wie ein Forscher bemerkte: »Das Wiedererkennen von Bildern ist *im wesentlichen perfekt*« (s. Seite 114 – 115).

E) Inzidenz-Gedächtnis

Bei einem üblichen Gedächtnisversuch wird einer Person eine Wortliste vorgelegt, die sie lernen soll, was dann mit wechselndem Erfolg geschieht. Wenn die Person jedoch nach Jahren aufgefordert wird, das Experiment zu wiederholen, so kann es vorkommen, daß sie sich an kein einziges Wort mehr erinnern kann. Dafür kann sich die Person aber an das Labor erinnern, an den Tag, an die Kleider, die sie getragen hat, wo sie saß, wer der Experimentator war, ob er umgänglich oder unfreundlich war, um wen es sich bei den anderen Testpersonen gehandelt hat, vielleicht auch an die Art des durchgeführten Experiments. Merkwürdigerweise kann sich die Person an alles erinnern, nur nicht an jenen Stoff, den sie zu bringen hat – Ironie des Schicksals. Hier taucht dann die Frage auf, welcher Test vorteilhafter ist, um die Gedächtniskapazität zu prüfen: die partielle Wiederholung bzw. Wiedergabe einer sinnlosen, dissoziierten, unorganisierten, langweiligen Wortliste, oder das Wohlbehagen, das man empfindet, wenn man sich an sinnvolle, mehrfach assoziierte interessante Ereignisse erinnert, die in der jeweiligen Umwelt stattgefunden haben.

Die meisten psychologischen Erinnerungstests sind irreführend, wenn man sie als Indikation der Gedächtniskapazität betrachtet. Im allgemeinen dienen sie lediglich dem Zweck, den Gedächtnismechanismus zu beleuchten, doch bei einer solchen Betrachtung wird es notwendig, alle anderen Mechanismen auszuklammern, die sich auf das Experiment störend auswirken könnten. So hat Ebbinghaus zum Beispiel in seinen bahnbrechenden Experimenten, die bereits früher erwähnt wurden, systematisch alle natürlichen Gedächtnishilfen eliminiert, um ein Maß für das Vergessen bzw. für die Vergeßlichkeit zu finden. Hätte er dagegen die Assoziation, Organisation und sämtliche sonstigen natürlichen Hilfsmittel berücksichtigt, so hätte er feststellen müssen, daß der Mensch wenig oder gar nichts vergißt. Bei den meisten Tests, die von Psychologen durchgeführt werden, kommen Wortlisten oder Listen unsinniger Silben zum Einsatz, obwohl das verbale Gedächtnis dem visuellen das Wasser nicht reichen kann. Außerdem gibt es nur wenige Versuche, bei denen die mnemonischen Techniken zum Tragen kommen, mit deren Hilfe die Erinnerungsfähigkeit eines Menschen gefördert wird. Demnach geraten die meisten Studien eher zum Nachteil als zum Vorteil, was die Untersuchung und Förderung des Gedächtnisses betrifft.

F) Gedächtniswunder

Das schier ans Wunderbare grenzende Gedächtnis des russischen Mnemonisten »S« wurde bereits in Kapitel 9 behandelt. Dabei war »S« kein Einzelfall, wenn auch dieses Phänomen am meisten Beachtung fand. Ein anderer Russe war fähig, 150 Gedichte zu lernen und Wort für Wort eine Erzählung zu wiederholen, die man ihm vor wenigen Wochen einmal vorgelesen hatte. Sein Gedächtnis für sinnlose Silben schien perfekt zu sein, obwohl es ihm an den Synthesia, wie bei »S«, mangelte.[5]
A.C. Atkin, früher Professor für Mathematik an der Universität von Edinburgh konnte sich »leicht« an die ersten tausend Dezimalstellen des Wertes π erinnern – von vorn nach hinten, und umgekehrt. Wie »S« konnte auch er Wortlisten wiederholen, die vor 27 Jahren bei Gedächtnistests vorgelegt worden waren und konnte Erzählungen nach der gleichen Zeit wiedergeben.[6]
Ein Amerikaner mit Namen Daniel McCartney, der im 19. Jahrhundert gelebt hat, zeigte ähnliche phantastische Eigenschaften. Im Alter von 54 Jahren konnte er immer noch genau angeben, was er Tag für Tag seit seiner Kindheit getan hatte, und dies mit der Angabe des genauen Datums, der Wetterbedingungen, die am betreffenden Tag herrschten, nebst der Mahlzeiten, bzw. des Speisezettels für Frühstück, Mittagessen und Abendbrot für den jeweiligen Tag. Gleichzeitig war er auch ein mathematisches Genie, das in der Lage war, die Kubikwurzeln für Zahlen bis hin zur Millionengrenze einfach aus dem Ärmel zu schütteln. Dennoch konnte er wegen seiner schlechten Augen weder lesen noch schreiben.[7]
Ähnliche Beispiele sind zahlreich, wobei es sich um bekannte, zum Teil historische Personen handelt. So konnte sich Themistokles an 20.000 Namen der Bürger von Athen erinnern. Bei Xerxes wird angenommen, daß er sich an 100.000 Namen von Soldaten erinnern konnte, die in seiner Armee dienten. Von Kardinal Mezzofanti, der im 19. Jahrhundert lebte, wird berichtet, daß er 70 bis 80 Sprachen beherrschte, darunter Latein, Griechisch, Arabisch, Spanisch, Französisch, Deutsch, Schwedisch, Portugiesisch, Englisch, Holländisch, Dänisch, Russisch, Polnisch,

Tschechisch, Serbisch, Ungarisch, Türkisch, Irisch, Welsch, Wallachisch, Albanisch, Illyrisch, Sanskrit, Persisch, Georgianisch, Armenisch, Hebräisch, Chinesisch, Koptisch, Äthiopisch und Amharisch, wobei er die meisten Sprachen fließend sprechen konnte.[8]

Es hat auch zahlreiche polnische Juden gegeben, die sog. »Shass Pollaks«, die genau angeben konnten, wo eine bestimmte Passage oder ein bestimmtes Wort auf welcher Seite des 12bändigen Talmud zu finden sei.[9] In früheren Zeiten wurde der Talmud mündlich überliefert, ebenso wie die bedeutend umfangreicheren vedischen Schriften aus dem alten Indien.

G) Hypnose

Ein weiterer Hinweis auf die phänomenale Kapazität des menschlichen Gehirns liefern hypnotische Experimente. Die meisten Menschen haben anscheinend das meiste aus ihrer Kindheit vergessen, bis auf ein paar isolierte Ereignisse oder bleibende Eindrücke. Doch aller Wahrscheinlichkeit nach wurden die Erinnerungen keineswegs ausgelöscht, eher ist es so, daß der Mensch normalerweise keine neuen Kontakte mehr anknüpfen kann. Wird ein Erwachsener hypnotisiert und in seine früheste Kindheit »versetzt«, kann er sich oft an die Namen anderer Kinder aus dem Kindergarten erinnern und seine ehemaligen Kameraden ziemlich genau beschreiben.

David Cheek aus San Francisco hat die Regression noch weiter zurückverfolgt und Erinnerungen an die Geburt selbst wachgerufen. Dabei stellte er fest, daß seine Testpersonen genau die Bewegungen des Fetus bei der Geburt nachahmten, Bewegungen, die bei Erwachsenen gewöhnlich nicht zu beobachten sind. Cheek selbst war Geburtshelfer und führte ein Experiment mit drei Erwachsenen durch, denen er vor 20 Jahren auf die Welt geholfen hatte, indem er sie unter Hypnose in die Stunde ihrer Geburt versetzte. Dabei wurden die Personen über ihre Erfahrungen während der Geburt befragt, einschließlich der Lage, die sie eingenommen hatten, welchen Arm sie als ersten ausstreckten usw. Dann überprüfte er seine eigenen Aufzeichnungen über den Verlauf der Geburt und fand, daß sie mit den Berichten seiner Fragepersonen genau übereinstimmten.[10]

Cheek hat auch eine Reihe von Bestätigungen für die Tatsache

aufgespürt, daß sich ein Mensch durchaus daran erinnern kann, was in seiner Geburtsstunde gesprochen wurde.[11]
Dieser Umstand wirft nicht nur mehr Licht auf die Kapazität des menschlichen Gedächtnisses, sondern wirft gleichzeitig eine interessante Frage auf: Hat sich die Sprachfähigkeit im Mutterleib weit genug entwickelt, daß ein Neugeborenes die Sprache versteht, selbst wenn es nicht reagiert, oder ob die einzelnen Wörter lediglich im Gedächtnis gespeichert und erst später verstanden werden?
Eins der verblüffendsten Beispiele für die Restauration des Gedächtnisses wurde von der Universität von Yale berichtet. Ein Maurer, der vor zehn Jahren an einem bestimmten neugotischen Gebäude mitgearbeitet und dabei besondere Steine verwendet hatte, wurde unter Hypnose aufgefordert, einen bestimmten Stein in einer bestimmten Mauer zu beschreiben. Der Mann war in der Lage, die Farbe des Steins zu beschreiben, wobei er bemerkte, daß der Stein durch längerers Brennen eine Schattierung zu dunkel geworden sei, daß im Ton ein roter Stein in der unteren linken Hälfte eingebettet sei und daß der Ziegelstein in der oberen rechten Ecke einen Höcker aufwies, der genau in den Hohlraum des darüberliegenden Ziegelsteins paßte. Der Experimentator prüfte den Stein an Ort und Stelle nach und stellte fest, daß all diese Einzelheiten nebst weiteren Details, die der Maurer in der Hypnose geliefert hatte, genau mit der Wirklichkeit übereinstimmten. Am selben Tag hatte der Maurer etwa 2000 Ziegelsteine verlegt, und höchstwahrscheinlich hätte er sich an jeden einzelnen Stein genauso gut erinnern können.[12]
So manche Abteilung der Polizei hat mittlerweile damit begonnen, sich bei der Fahndung bzw. bei der Aufklärung von Kriminalfällen der Hypnose zu bedienen. In Israel zum Beispiel waren Zeugen von Terrorangriffen unter Hypnose in der Lage, genaue Personenbeschreibungen zu liefern. Auch die Polizei von Los Angeles hat sich der Hypnose bedient, um eine Reihe von Kriminalfällen aufzuklären. So konnte das Opfer eines Raubüberfalls unter Hypnose das Kennzeichen des Fahrzeuges angeben, das der Räuber gefahren hatte.[13]
In der Hypnose können sich Menschen oft an Ereignisse erinnern, die stattgefunden haben, während der Betreffende scheinbar bewußtlos war, wie etwa unter dem Einfluß eines Narkosemittels während einer Operation. Nach einer bemerkenswerten Anekdote konnte sich eine Frau deutlich daran erinnern, daß der

Chirurg gesagt hat: »So, jetzt wird der alte Sack endlich Ruhe geben.« Die Frau bezog die Bemerkung auf sich, obwohl der Arzt lediglich die Eierstöcke meinte, die er soeben entfernt hatte.[14]
In einem anderen Fall, der aus Johannesburg berichtet wird, konnte sich ein Patient genau daran erinnern, daß der Arzt sagte, während der Patient in tiefer Narkose lag, daß es sich wahrscheinlich nicht um eine Zyste, sondern um einen Tumor (Krebsgeschwür) handelt![15]
Auch David Cheek hat festgestellt, daß sich Patienten an allerhand erinnern können, was während einer Operation passiert, so daß er jetzt diese Erkenntnisse zu einem positiven Zweck einsetzt. Während der Narkose pflegt er jetzt *ex tempore* mit seinen Patienten zu sprechen, indem er optimistisch über den jeweiligen chirurgischen Eingriff berichtet und seinen Patienten erklärt, daß sie sich in kürzester Zeit weitgehend schmerzfrei von diesem Eingriff erholen werden. Dabei konnte er feststellen, daß diese Methode funktioniert und daß solche Patienten im Durchschnitt nur etwa achteinhalb Tage im Krankenhaus verbrachten, statt der 11 Tage, die andere Patienten im Krankenhaus blieben, mit denen während der Narkose nicht gesprochen worden war.[16]

H) Träume

Ein weiterer Nachweis dafür, daß wir uns an bedeutend mehr erinnern können als an das, was wir bewußt wiederzugeben in der Lage sind, stammt aus unseren Träumen – wenn man sich die Mühe macht, seine Träume systematisch aufzuzeichnen. Man sieht, daß man sich an verschiedene Ereignisse aus der Vergangenheit ziemlich genau erinnern kann. Oft handelt es sich dabei um Episoden, die man längst vergessen glaubte. Der wahrscheinliche Grund, daß sich so viele Menschen nicht an ihre Träume erinnern können, mag darin liegen, daß zwischen Traumwelt und Alltag keine Assoziationsbrücke vorhanden ist. Wenn man sich spontan an einen Traum erinnert, so ist dies einer rein zufälligen Assoziation zu verdanken, wobei nicht selten Träume mehrerer Nächte, die zum Teil Wochen zurückliegen, plötzlich wieder in der Erinnerung auftauchen. Wahrscheinlich werden alle unsere Träume im Gedächtnis registriert, doch sind nicht stets die erforderlichen Mittel zur Hand, um sie alle wieder ins Gedächtnis zu rufen.

I) Erlebnisse angesichts des Todes

Ein bedeutender Einblick in die Kapazität des Gedächtnisses überkommt den Menschen, wenn er sich angesichts des Todes an sein Leben erinnert, wobei sich solche Erinnerungen wie ein Film vor seinem geistigen Auge abspulen. Menschen zum Beispiel, die kurz vor ihrem Tode noch gerettet wurden, wissen zu berichten, daß angesichts des Todes ihr ganzes früheres Leben blitzartig vor ihnen vorbeizog.

Noch vor zehn Jahren wäre ein Patient nach einem schweren Herzanfall unweigerlich gestorben. Durch den Fortschritt der Medizin ist es mittlerweile möglich, einen Patienten auch dann am Leben zu erhalten, wenn sein Herz minutenlang aussetzt. Studien in mehreren solchen Fällen, wo Menschen vorübergehend (klinisch) tot oder unmittelbar dem Tod ins Auge sahen, haben deutlich dieses Phänomen bestätigt. Hier ein paar Beispiele:

»...Mir war, als würde ich mein Leben durchblättern wie ein dickes Buch, und das nur innerhalb von Sekunden. Mein Leben zog an mir vorbei, blitzte vor mir auf, wie die Bilder und Szenen eines Films, der mit hoher Geschwindigkeit vor mir abläuft. Dennoch konnte ich alles sehen, erkennen und begreifen.

...Früheste Erinnerungen zogen blitzartig an mir vorbei, von damals bis heute, und alles das spielte sich in kürzester Zeit ab.

Alles war plötzlich gleichzeitig gegenwärtig, das heißt, nicht jeweils nur ein Ding oder ein Ereignis, sondern alles, alles zur selben Zeit.«[17]

Bei der Analyse von mehr als hundert Fällen, wobei die Opfer mit dem Tod rangen, wie etwa nach Unfällen beim Bergsteigen, Straßenunfällen mit Kraftfahrzeugen und Explosionen wurde festgestellt, daß in der *Hälfte aller Fälle* das Gedächtnis äußerst lebhaft funktionierte. Eine Frau beispielsweise, die einem entgegenkommenden Fahrzeug ausweichen wollte und dabei die Kontrolle über ihr Fahrzeug verlor, hatte, während sie auf einen Brückenpfeiler zuraste, eine Art »Traumerfahrung«. Sie sah, wie sie berichtet, »einen schier endlosen Strom früherer Erfahrungen und Erinnerungen auf mich zukommen. Es müssen Hunderte solcher Erinnerungen gewesen sein, die meinen Geist durchflossen. All diese Empfindungen waren recht angenehm, wobei mir war, als würde die Zeit still stehen.«[18]

Solche Erfahrungen weisen nicht nur darauf hin, daß man wenig oder gar nichts vergißt, sie sind auch ein Beweis dafür, daß das Gehirn bedeutend schneller reagieren kann, als gemeinhin angenommen. Vielleicht ist es die Nähe des Todes, die eine Person von der Notwendigkeit befreit, sich um jene Dinge zu kümmern, die sie umgeben, wobei dann das Gehirn auf seine natürlich rasche Art reagiert.

Direkte Stimulation des Gehirns

Ein weiterer Nachweis für die nahezu unendliche Kapazität des Gehirns stammt aus den Studien von Wilder Penfield und seinen Kollegen am Montreal Neurological Institute. Da das Gehirn an sich schmerzunempfindlich ist, weil dort keine Schmerzrezeptoren vorhanden sind, werden chirurgische Eingriffe am Gehirn oft nur unter lokaler Betäubung durchgeführt, die lediglich dazu dient, die Kopfhaut zu betäuben, wobei der Patient während des Eingriffs voll bei Bewußtsein ist. Bei etwa tausend Gehirnoperationen zwischen 1936 und 1960 haben sich Penfield und seine Mitarbeiter dieser Tatsache bedient, um die spezifischen Funktionen der verschiedenen Gehirnrindenfelder nachzuprüfen und zu bestätigen. Mit Hilfe von haarfeinen Elektroden reizten sie einen bestimmten Punkt im Gehirn durch einen schwachen elektrischen Strom und forderten ihre Testperson auf zu berichten, was sie erlebte. Dabei wurde festgestellt, daß beim Stimulieren von bestimmten Feldern auf der rechten Seite des Gehirns – der sog. Temporalcortex – der Patient oft von besonderen Erlebnissen aus der Vergangenheit erzählte.

Die phantastische Fülle an Einzelheiten, die Penfield zum Vorschein bringen konnte, läßt wieder einmal ahnen, daß unser Gehirn wahrscheinlich alles speichern kann, was ihm begegnet. Die Erinnerungen waren reich an Details, äußerst lebhaft und stammten aus allen Lebensbereichen. Die Patienten hatten oft das Gefühl »richtig dabei« zu sein, indem sie die Szenen wiedererlebten, oft auch optisch und akustisch, durch Geruch und Berührung – alles das war vorhanden und wohlintegriert. Ein Patient berichtete zum Beispiel:

»Ich war irgendwo in einem Büro. Ich konnte den Schreibtisch sehen. Ich war da und jemand rief mir etwas zu – ein Mann, der sich auf einen Tisch stützte und einen Bleistift in der Hand hielt.«[19]

Wurde die Elektrode auch nur um einen Millimeter versetzt, so tauchte eine völlig andere Erinnerung auf.[20]
Es ist unwahrscheinlich, daß es sich bei den stimulierten Punkten um den Sitz bestimmter Erinnerungen handelte. Die stimulierten Punkte lagen in den »Assoziationsfeldern« der Hirnrinde, die mit der Verarbeitung und Integrierung von Informationen befaßt sind. Wahrscheinlich wurde durch den Reiz ein spezifisches Muster elektrischer Aktivität geschaffen, die dem Stichwort für eine bestimmte Erinnerung entsprach. Wie wir im vorigen Kapitel gesehen haben, ist die Erinnerung höchstwahrscheinlich auf das ganze Gehirn verteilt.
Alle Anzeichen, die in diesem Kapitel besprochen wurden, deuten darauf hin, daß wir uns an wesentlich mehr erinnern, als uns gewöhnlich bewußt ist, und daß unser Gedächtnis bedeutend weiter reicht, als wir es uns gewöhnlich vorstellen. Das ist zwar kein Beweis dafür, daß wir uns an alles erinnern können, doch wenn das Gehirn über eine entsprechende Kapazität verfügt, ist dies durchaus denkbar.

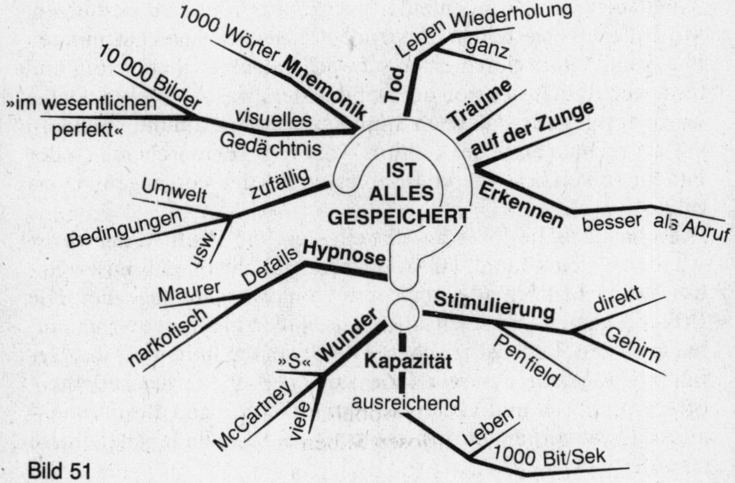

Bild 51

13. Notizen

Wie werden Gedanken verknüpft?
Was sind Schlüsselwörter?
Läßt sich die Notierung verbessern?
Sind Geisteskarten / Gehirnkarten die Lösung?
Wie werden Gehirnkarten erstellt?
Wie werden Gehirnkarten verwendet?

Wie bereits aus Kapitel 1 hervorgeht, besteht zwischen dem menschlichen Gehirn und einem Computer ein gewaltiger Unterschied. Während ein Computer linear Schritt für Schritt – wenn auch blitzschnell – arbeitet, funktioniert das Gehirn assoziativ wie auch linear, wobei Tausende verschiedener Prozesse gleichzeitig ablaufen, und das Gehirn vergleicht, integriert und synthetisiert. So kann man oft feststellen, daß etwa bei einem Gespräch der Geist nicht linear vorgeht, sondern in alle Richtungen hin- und herschießt, neue Gedanken aufspürt und den Verzweigungen nachgeht, die das Thema mit sich bringt, wobei es gleichzeitig Änderungen in der Betonung, in der Körperhaltung, im Gesichtsausdruck, der Augen usw. als auch die lineare Wortsequenz wahrnimmt und verfolgt.
Die Assoziation spielt bei nahezu jeder geistigen Funktion eine dominante Rolle, wobei die Wörter an sich keine Ausnahme bilden. Jedes einzelne Wort besitzt zahlreiche Ketten, mit deren Hilfe es mit anderen Ideen oder Konzepten verknüpft ist. Man braucht nur ein einfaches Wort zu nehmen und versuchen, alle Assoziationen aufzuschreiben, die einem dazu einfallen, um zu erkennen, daß es wahr ist. Innerhalb von nur einer oder zwei Minuten sind die meisten imstande, zehn oder zwanzig verschiedene Assoziationen zu einem bestimmten Wort zu bilden, wobei diese 10 oder 20 Assoziationen keineswegs erschöpfend sind. Legt man dasselbe Wort zehn verschiedenen Leuten vor, so werden gewöhnlich ganze Sätze von Assoziationen geknüpft, wobei nur selten dieselben Wörter auftauchen. Selbst aus sinnlosen Silben lassen sich Assoziationen bilden. Die Silbe *boc* zum Beispiel ist sinnlos, doch nehmen Sie

Papier und Bleistift, und es dürfte Ihnen nicht schwerfallen, zahlreiche verschiedene Assoziationen zu bilden.
Diese assoziative Potenz von Wörtern wird besonders beim kreativen Schreiben eingesetzt. Ein Teil des kreativen Schreibens besteht nämlich darin, assoziative Bilder zu produzieren, die über den Text hinausgehen. Solche Auswüchse sind nicht linear. Sie besitzen keine genau definierte zeitliche Sequenz, sondern tauchen parallel beim Lesen auf. Sowohl das Schreiben als auch das Lesen solcher Texte erfordert einen reichlicheren Gebrauch der rechten Gehirnhälfte. Das Verfassen wissenschaftlicher Texte dagegen erfolgt überwiegend linear, wobei eher die linke Hemisphäre eingesetzt wird. Ziel einer wissenschaftlichen Schrift ist es nicht, zahlreiche Bilder zu erzeugen und den Geist auf andere Gedanken zu lenken, sie muß vielmehr so linear wie möglich sein, so daß nur eine einzige, bestimmte Idee zum Tragen kommt.

A) Schlüsselwörter

Wir haben bereits festgestellt, daß Wörter, die eine größere Bedeutung haben und einen umfassenderen Sinn besitzen, Wörter, die bleibendere Bilder erzeugen, viel leichter zu behalten sind. Beim Lesen werden solche Wörter, die sich am ehesten behalten lassen, automatisch aus dem Text herausgesucht, während der restliche Stoff im allgemeinen innerhalb weniger Sekunden in Vergessenheit gerät. Betrachten wir demnach folgenden Satz: »Die Astronomen behaupten neuerdings, daß schwarze Löcher nicht ganz schwarz sind, vielmehr sind sie in der Lage, Energie abzustrahlen.« Die Schlüsselideen in diesem Satz, das heißt die Wörter, die am ehesten haften blieben und die Essenz, die dieser Satz beinhaltet, lauten *Astronomen, schwarze Löcher, nicht schwarz, Strahlungsenergie*. Die übrigen Wörter stellen lediglich eine grammatikalische Konstruktion und eine besondere Betonung dar, sind also für die Erinnerung und für die Wiedergabe bedeutungslos.
Schlüsselwörter in einem Satz sind in den meisten Fällen Hauptwörter oder Zeitwörter – obwohl auch Eigenschaftswörter und Adverbien bedeutend genug sein können, um als Schlüsselwörter zu dienen. Schlüsselwörter sind im allgemeinen eher konkret als abstrakt. Man hat festgestellt, daß konkrete Wörter eher ein Bild hervorrufen als abstrakte – im Durchschnitt eineinhalb Sekunden

schneller – und daß die Bilder, die sie hervorrufen, reichhaltiger sind und eine höhere assoziative Potenz haben.[1]

In einer Studie von Michael Howe an der Universität von Exeter wurden die Notizen von Studenten untersucht, wobei das Verhältnis Schlüsselwort / Nicht-Schlüsselwort gemessen wurde. Dabei wurde festgestellt, daß die Wiedergabe um so besser war, je höher der Prozentsatz der Schlüsselwörter in den jeweiligen Notizen ausfiel.[2] Aufgrund ihres höheren Sinngehalts können Schlüsselwörter im Gedächtnis mehr Informationen »verankern«, während sie gleichzeitig als »Schlüssel« zum Gedächtnisspeicher dienen. Im vorigen Fall braucht man lediglich die zwei Schlüsselwörter *schwarze Löcher* und *Strahlungsenergie* abzurufen, um sich an den Sinn des Satzes zu erinnern und den gesamten Inhalt wieder aufzubauen.

Auf diese Weise entwickelt man eine Art Instinkt für Schlüsselwörter. Versuchen Sie also einmal festzustellen, welche Wörter in den drei vorigen Abschnitten dieses Kapitels wirklich Schlüsselwörter sind. (Etwa 30!)

Sobald ein Kind zu sprechen beginnt, fängt es mit Schlüsselwörtern an, die es direkt miteinander verbindet – z.B. »Michael Ball«, oder »Susanne müde«. Etwas später werden dann die Sätze erweitert in Nicht-Schlüsselwörter eingefügt, was sich dann etwa so anhört: »Ich will mit dem Ball spielen«, oder »Susanne ist müde«.

In der historischen Entwicklung der geschriebenen Sprache ist Ähnliches zu beobachten. Alte Texte enthalten einen bedeutend höheren Prozentsatz an Schlüsselwörtern. Der Grund ist vermutlich darin zu suchen, daß es seinerzeit nur wenig Stoff gab, um darüber zu schreiben, wobei die Aufzeichnungen in Stein gemeißelt, auf Rinde oder trockene Blätter geschrieben wurden. In einem lateinischen Satz zum Beispiel sind Hauptwörter und Zeitwörter häufig vertreten, während Präpositionen, Konjunktionen und Pronomina oft an den Wortenden integriert werden – ein Umstand, der als Erklärung für die recht komplizierte lateinische Grammatik dienen kann. Was nun die älteren Sprachen betrifft, etwa das indische Sanskrit, läßt sich feststellen, daß solche Texte und Sätze fast ausschließlich aus Schlüsselwörtern zusammengesetzt sind. Nur geht im Sanskrit weder der Sinn noch die Bedeutung verloren, weil diese Sprache bedeutend flexibler ist als die modernen Sprachen.

B) Schlüsselwörter und Notizen

Zwar sind manche Menschen, wie unser »S«, in der Lage, sich an alles Gesprochene zu erinnern, ohne etwas schriftlich zu fixieren, aber viele sind auch der Meinung, daß sie etwas besser behalten können, wenn sie es schriftlich niederlegen. Michael Howe hat bei seinen Untersuchungen, die er mit Studentennotizen anstellte, festgestellt, daß Dinge, die man sich notiert hatte, wahrscheinlich genauso gut in Erinnerung geblieben wären, wie Punkte, die man sich nicht aufgeschrieben hat, wobei die Wahrscheinlichkeit etwa das 6fache betrug.[3]

Notizen dienen zahlreichen Funktionen außer der einfachen Speicherung von Informationen. Wenn man natürlich jedes Wort nur einfach aufschreibt, ohne über Sinn und Bedeutung nachzudenken, können solche Notizen eher dazu führen, sich auf die Erinnerung nachteilig auszuwirken. Neben der Informationsspeicherung können Notizen (im Gegensatz zum puren Abschreiben) eine Reihe wertvoller Funktionen erfüllen:

Verkoden der Information
Organisation des Stoffes
Festhalten von Assoziationen, Interferenzen und Interpretationen
Wichtiges in den Vordergrund rücken
Aufmerksamkeit auf das Geschriebene konzentrieren

All diese Punkte sind für eine spätere Wiedergabe äußerst wertvoll. Ebenso wurde festgestellt, daß Notizen um so wertvoller sind, je länger eine Vorlesung oder ein Studium dauert.[4]

Dieses Thema wird jedoch selten einer Studie unterzogen, von einem lernbaren oder erlernbaren System ganz zu schweigen. Obwohl also die meisten Studenten sich auf diese oder jene Art Notizen machen müssen, wird ihnen auf diesem Gebiet so gut wie keine Hilfe angeboten. Die meisten versuchen, grammatikalisch richtige Sätze zu Papier zu bringen. Im Lauf der Zeit werden diese Notizen schrittweise insofern verbessert, daß jeder seine individuelle Kurzschrift und seine Abkürzungen zurechtlegt, um seine Notizen wirksamer zu gestalten, wobei wichtige Punkte unterstrichen werden. Doch selbst dann sind herkömmliche Notizen mühselig und unwirksam, wenn man bedenkt, was man mit der Schlüsselwort-Notiz erreichen kann. Sooft man Studenten aufgefordert hat, ihre

Notizen nach einem beliebigen System zu erstellen, das sie für das Beste und Wirksamste hielten, handelte es sich bei den Notizen nur zu 5 bis 10% um Schlüsselwörter.
Da man sich aber nur an Schlüsselwörter erinnern kann, sind Notizen, wie die in Bild 52, entschieden von Nachteil:

1. Beim Notieren werden Zeit und Energie verschwendet.
2. Während man eifrig mitschreibt, können andere Informationen verlorengehen.
3. Beim Lesen der Notizen wird kostbare Zeit vergeudet.
4. Weiter wird Zeit verschwendet, während man Schlüsselwörter aus irrelevanten Wörtern aussortiert.
5. Schlüsselwörter werden abgetrennt, (a) visuell (b) mit der Zeit – ein Umstand, der sich auf Gedächtnis und Begriffsvermögen nachteilig auswirkt.
6. Die Aufmerksamkeit wird leichter abgelenkt.
7. Wiederholung und Wiedergabe gestalten sich schwierig.

Kurz gesagt, herkömmliche Notizen sind ein System, das eher dazu angetan ist, das Vergessen als die Erinnerung zu fördern.
Da wir uns nicht an ganze Sätze erinnern, ist es Zeitverschwendung, solche schriftlich zu fixieren. Die Schlüsselwörter sind es, die man behält, also sind sie es auch, die herausgezogen und aufgezeichnet werden sollen. Bei Auswahl der Schlüsselwörter gerät man in aktiven Kontakt mit der Information. Hier handelt es sich nicht einfach darum, den Stoff mehr oder weniger bewußt zu kopieren, vielmehr wird man sich der Bedeutung und des Sinnes von Gedanken sofort bewußt, während man sie analysiert sowie Bilder und wechselseitige Assoziationen schafft, ein Umstand, durch den der Prozeß gewaltig gefördert wird.

Notizen dienen als System zum Speichern von Informationen, dienen aber auch dem Zweck, diese Informationen zu verkoden, sie zu organisieren, Assoziationen und Interferenzen zu erkennen bzw. herzustellen und das Wesentliche im Auge zu behalten.

Bild 52: Übliche lineare Notizen. Nur die Schlüsselbegriffe (eingerahmt) sind wirklich notwendig.

C) Geisteskarten

Die meisten Menschen, die jeweils Schwierigkeiten hatten, sich etwas zu merken, was sie sich notiert hatten, haben vielleicht die Erfahrung gemacht, daß sie sehr wohl wußten, an welcher Stelle die Notizen auf irgendeiner Seite stehen, mit welchen anderen Gedanken sie verknüpft wurden und daß sie sich an an auffallende visuelle Assoziationen, wie etwa beigefügte Diagramme, erinnern konnten. Das Gedächtnis funktioniert in der Tat ausgezeichnet, wobei es alle denkbaren Assoziationen, sinnvollen Verknüpfungen und herausragenden Faktoren wiedergibt. Die Schwierigkeiten bei der Wiedergabe sind dem Umstand zu verdanken, daß die Notizen ursprünglich nicht mit jener Sorgfalt gemacht wurden, die für eine Wiedergabe erforderlich ist.

Notizen in sauberer Reihenfolge, die Zeile für Zeile niedergeschrieben werden, dürften beim Verfassen eines Essays z.B. angebracht sein, sind aber als Gedächtnisstütze wenig geeignet. In jenem System von Geisteskarten, das von Buzan entwickelt wurde[5], wurden all die verschiedenen Faktoren zusammengetragen, die für eine Wiedergabe förderlich sind, um ein wirksameres Merksystem zu schaffen. Um eine solche Karte zu erstellen, beginnt man in der Mitte des Blattes, indem man den Hauptgedanken notiert und sich dann nach außen in alle Richtungen verbreitet und eine wachsende, organisierte Struktur aufbaut, die aus Schlüsselwörtern und Schlüsselbildern besteht (siehe z. B. die zusammenfassenden Karten am Schluß der einzelnen Kapitel).

Organisation: Das Gehirn zwingt jedem Material, an das es sich erinnert, spontan eine eigene subjektive Organisation auf. Selbst wenn der Stoff nur beiläufig anfällt, wird die Wiedergabe durch diese subjektive Organisation gefördert. Je mehr man den Stoff mit Überlegung organisiert, um so mehr wird zur Förderung des Gedankenprozesses beigetragen.

Darüber hinaus ist die Aktivität der Organisation des Stoffes an sich eine wertvolle Hilfe für das Gedächnis. Die Notwendigkeit, herauszufinden, wie und wo eine bestimmte Information ins Muster als Ganzes paßt und wie sie sich mit anderen Gebieten verknüpft, schafft einen direkten Kontakt zum Notierungsablauf und fördert eine lineare Notierung, wobei der Verarbeitungsprozeß vertieft wird und das Erinnerungsvermögen verbessert. Die Tatsache, daß solche Karten oder Pläne eine Art organischer

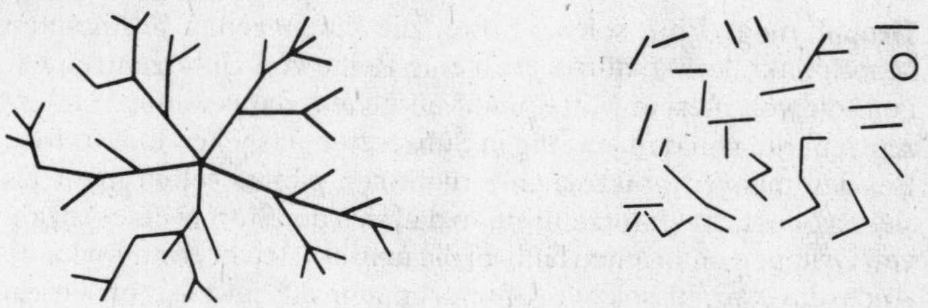
(a) (b)

Bild 53: (a) strukturiert (b) weniger strukturiert.

Struktur annehmen, reflektiert ihre organisierte Beschaffenheit. Ein Organismus besteht aus einem Feld lebender Zellen. Setzt man eine Milliarde Zellen in ein Gefäß, so bilden sie noch lange keinen Organismus. Wichtig ist einzig und allein die Wechselbeziehung und die Organisation der Elemente. Dieser Umstand ist es auch, der einer Geisteskarte seine organische Struktur und damit seinen Wert verleiht.

Schlüsselwörter: Schlüsselwörter zu notieren, ist bedeutend wirksamer, als wenn man sich Phrasen oder Sätze notiert. Alles, was unwesentlich ist, wird vom Gehirn sofort ausgeschieden, ein Verfahren, das wir ebenfalls anwenden sollten, wenn wir uns etwas notieren. Schreiben Sie sich also nur die Schlüsselideen auf, weil dies zahlreiche zusätzliche Vorteile bringt:

1. Der ganze Haufen wird beachtlich reduziert.
2. Die aufgezeichneten Wörter sind bilderreich.
3. Durch die Extraktion von Schlüsselwörtern wird man eher an den Stoff herangeführt, wobei der Prozeß beachtlich vertieft wird.

Assoziation: Da Wörter und Gedanken, die fest miteinander verknüpft sind, miteinander abgerufen bzw. wiedergegeben werden, ist es für das Gedächtnis förderlich, wenn beides in den Notizen optisch erfaßt wird. Dadurch wird die Assoziation verstärkt und eine natürliche Verdichtung der Gedanken zu Themen erreicht.

Da sich alle Gedanken in einer Gruppe von Notizen auf das Thema eben dieser Notizen beziehen, ist es am besten, wenn man mit einem Schlüsselwort für das jeweilige Thema in der Mitte des Blattes beginnt. Im Mittelpunkt sollte ein starkes visuelles Bild stehen, mit dem sich alle Punkte im Muster assoziieren lassen.

Gruppierung: Eine solche Karte, die einen genau bestimmten Mittelpunkt besitzt, dürfte auch eine Reihe von Unterzentren haben, die von diesem Mittelpunkt ausgehen, dann weitere Unterzentren, die von den jeweiligen Subzentren ausgehen und so fort. Bei den meisten praktischen Situationen gibt es selten mehr als sieben oder acht Unterzentren, so daß sich der Stoff in eine Anzahl von Gruppen unterteilen läßt, an die man sich leicht erinnern kann. Auch die Anzahl solcher Untergruppen, die jeweils von einem Subzentrum ausgehen, dürften im Bereich der spontanen Gedächtniskapazität liegen.

Visuelles Gedächtnis: Da optische Bilder leichter wiederzugeben sind als Wörter, ist eine Gehirnkarte um so besser, je mehr sie das visuelle Gedächtnis fördert. Dies kann auf verschiedene Weise erfolgen:

1. Man sollte die einzelnen Wörter eher in Druckschrift als in Schreibschrift notieren. Dieser Umstand verleiht dem jeweiligen Wort ein klareres visuelles Image, trägt dazu bei, daß man sich leichter an ein solches Wort erinnert und es kaum mit einem anderen Wort verwechselt. Dabei sind Kleinbuchstaben besser als Versalien, weil sie leichter zu lesen und ihrer Gestalt nach besser zu erkennen sind.[6] Soll aber ein Wort besonders augenfällig sein, sind Versalien vorteilhafter.
2. Jedes Schlüsselwort sollte man auf eine Zeile schreiben, und jede Zeile sollte an andere Zeilen anschließen, um dem Muster eine Struktur zu verleihen. Gelegentlich wird zwar versucht, die Wörter durch Linien zu verbinden, doch ist ein solches System wenig flexibel. Dadurch entsteht eine schwächere optische Struktur, als wenn man die Wörter zeilenweise aufreiht, wobei Netze und Verknüpfungen entstehen können, die in sich verschlossen sind und zusätzlich Schwierigkeiten machen.
3. An Farbbilder kann man sich bedeutend besser erinnern als an Schwarz/Weiß-Bilder. Daher sollten bei einer solchen Karte so viele Farben wie möglich verwendet werden. Dabei lassen sich verschiedene Farben für verschiedene Themen verwenden, aber auch für den Zweck, gewisse Teile der Karte herauszustreichen. Je mehr Farben man einsetzt, um so besser.
4. Karten dieser Art lassen sich vertiefen. Die Zentren und Unterzentren können auch dreidimensional gestaltet werden, wenn man eine solche Karte mit einer solideren visuellen Struktur versieht.

5. Bilder sollten neben Wörtern rangieren. Sobald Ihnen ein visuelles Bild einfällt, machen Sie davon Gebrauch. Bilden Diagramme und Abbildungen ein Teil des Stoffes, so nehmen sie diese in Ihr Muster auf.
6. Verwenden Sie Pfeile, um verschiedene Bereiche Ihres Musters miteinander zu verknüpfen.
7. Wortgruppen lassen sich hervorheben oder durch Schraffieren des Hintergrunds als Einheit zusammenfassen.

Auffälligkeit: Sooft irgendein Posten oder Punkt besonders auffällig ist oder besonders ins Auge fällt, kann man sich besser daran erinnern. Beim Erstellen von Gehirnkarten sollte jeder Mittelpunkt einmalig und einzigartig sein. Dabei wären verschiedene Schlüsselwörter, verschiedene Farben und verschiedene Formen zu verwenden. Es gilt der Satz, daß man sich an alles besser erinnern kann, was augenfällig ist.

Bewußtes Engagement: Je mehr man aktiv und bewußt an einem solchen Prozeß teilnimmt, um so besser. Gehirnkarten sind interessant und können die Aufmerksamkeit spontan wecken. Wo immer möglich, sollte man darüber nachdenken, wie man seinen Stoff auf originelle Art und Weise notiert. Je größer die Originalität und Kreativität, je größer das Interesse und um so besser die Erinnerung. Sooft man bei der Erstellung eines Musters besondere Kreativität an den Tag gelegt hat, wird man sich bestens an einen bestimmten Teilabschnitt erinnern. Also sollte man versuchen, stets möglichst kreativ zu sein.

Bei herkömmlichen linearen Notizen muß man spontan auftauchende Assoziationen zurückstellen, bis man den Punkt erreicht hat, wo sie relevant werden, wobei dann der ursprüngliche Gedanke unter Umständen längst entschwunden ist. Da aber Geisteskarten stets in alle Richtungen wachsen, läßt sich jede Assoziation sofort eingliedern, sobald sie erscheint. Je rascher man also solche Karten fertigt, um so besser.

Jedermanns Gedächtnis ist eine persönliche Angelegenheit. Wir alle haben unsere eigenen Assoziationen und unsere eigene Mnemonik. Demnach sollte auch Ihr Muster, Ihr Schema, so persönlich wie möglich sein, wobei Sie Ihre eigenen Symbole und Codes so weit wie möglich berücksichtigen und einbauen. Denken sie aber stets daran, Schlüsselwörter und Schlüsselbilder zu benutzen. Bei der Suche nach Schlüsselwörtern sollten Sie nicht vergessen, daß es sich meist um Hauptwörter handelt, die die essentielle

Substanz einer Idee enthalten. Sie könnten sich vielleicht in dieser Kunst üben, indem Sie die Schlüsselpunkte der letzten (Orig. 4) Seiten aussortieren und sie mit der Karte Bild 54 vergleichen, die die grundlegenden Informationen dieser Seite enthält. Sie können daraus ersehen, wie man eine solche Karte anfertigt, gleichzeitig wird Ihnen aber auch eine nützliche Übersicht dieses Abschnitts geboten.

D) Warum Gehirnkarten verwenden?

Sie werden feststellen, daß solche Karten an die semantischen Strukturen auf (Seite 140) erinnern. Diese Ähnlichkeit ist nicht rein zufällig. Da sie so viele natürliche Erinnerungsprozesse wie nur möglich umfassen, beginnen die Karten die gleiche Struktur anzunehmen, wie das Gedächtnis selbst. Eine Geistes- oder Gehirnkarte funktioniert auf die gleiche Weise wie das Gehirn selbst und bildet daher eine ausgezeichnete Nahtstelle zwischen dem Gehirn und dem geschriebenen oder gesprochenen Wort.
Paradoxerweise liegt der größte Vorteil solcher Karten darin, daß man sie kaum je wieder braucht. Der Vorgang der Kartenkonstruktion an sich ist bei der Fixierung von Gedanken im Gedächtnis derart wirksam, daß man oft in der Lage ist, eine ganze Karte wiederzugeben, ohne diese noch einmal zu konsultieren. Eine solche Karte ist derart visuell und verwendet so viele der natürlichen Funktionen des Gedächtnisses, daß sie sich häufig einfach mit dem »geistigen Auge« ablesen läßt.

E) Anwendung

Sooft irgendwelche Informationen aufgenommen werden, tragen solche Karten dazu bei, diese Informationen in eine Form zu bringen, die vom Gehirn leicht assimiliert wird und an die man sich ohne weiteres erinnern kann. Sie lassen sich also dafür verwenden, sich Bücher, Vorlesungen, Konferenzen, Interviews, Telefongespräche usw. zu merken.
Wann immer eine Information aus dem Gedächtnis abgerufen wird, kann man sich mit Hilfe solcher Karten die Gedanken ebenso schnell merken, wie sie auftauchen, und dies auf eine organisierte Art und Weise, wobei der mühsame Vorgang vermieden wird, einwandfreie Sätze zu bauen und sie in Langschrift auszu-

schreiben. Sie dienen als rasches und effizientes Mittel zum Nachschlagen und zur Wiederholung und halten die Wiedergabefähigkeit auf dem stets höchstmöglichen Stand.

In einer Merkstudie, wobei die Wiedergabe nach der Wiederholung getestet wurde, ließ sich feststellen, daß gute Notizen »im Gegensatz zu mangelhaften Aufzeichnungen für Wiederholungen bestens geeignet sind«.[7] Howe verglich den Wert dieser Karten bei der Wiederholung unter Verwendung von Formen, Farben, Kästchen und verschiedenen Buchstabentypen mit gewöhnlichen Prosanotizen und konnte bei der Verwendung von Karten eine Steigerung der Wiedergabefähigkeit um 50% feststellen.[8]

An einer anderen Stelle berichtete ein Englischlehrer, daß »von den etwa 300 Büchern, die ich während der letzten zehn Jahre über Theologie, Philosophie, Psychologie, Gesundheitswesen, Ernährung und Literatur gelesen habe, nur ein Schimmer des jeweiligen Inhalts übrigblieb. Trotzdem habe ich so ziemlich alles verstanden, während ich diese Bücher gelesen habe. ... Heute weiß ich, daß Verstehen *nicht* mit Erinnerung gleichzusetzen ist.« Nach der Verwendung von Geisteskarten und einem systematischen Wiederholungsverfahren berichtete er weiter: »In zwei Tagen verfügte ich über drei oder vier Schemata für alles, was mir aus diesen Büchern wichtig war... Interessant war eine Notiz, die ich am Schluß eines Buches entdeckte und die besagte, daß ich 1969 zwei Wochen gebraucht hatte, um dieses Buch zu lesen. Zwei Wochen auf herkömmliche Weise oder zwei Tage *mit* Karten ist ein gewaltiger Fortschritt.«[9]

Außer der großen Menge von Assoziationen, die solchen Karten innewohnen, können diese zusätzlich kreativ sein. Sie erzeugen neue Ideen und Assoziationen, an die man früher nicht im Traum gedacht hatte. Jeder Posten in einer Karte ist schließlich nichts weiter als der Mittelpunkt einer weiteren, so daß man solche Karten *ad infinitum* herstellen könnte.

Geisteskarten sind bei jeder Art Planung oder Organisation äußerst wertvoll, sei es bei Büchern, Berichten, Vorlesungen, Konferenzen, Studien, bei den Forderungen des Tages oder für zukünftige Tätigkeiten. Man sollte in solchen Fällen nicht versuchen, den Stoff linear auszurichten, bevor man die relevanten Informationen nicht abgerufen und ins jeweilige Schema eingebaut hat. Dann aber sollte man sich das Schema durchsehen und die Zweige entsprechend kennzeichnen, etwa mit (1), (2), (3) usw., je nachdem

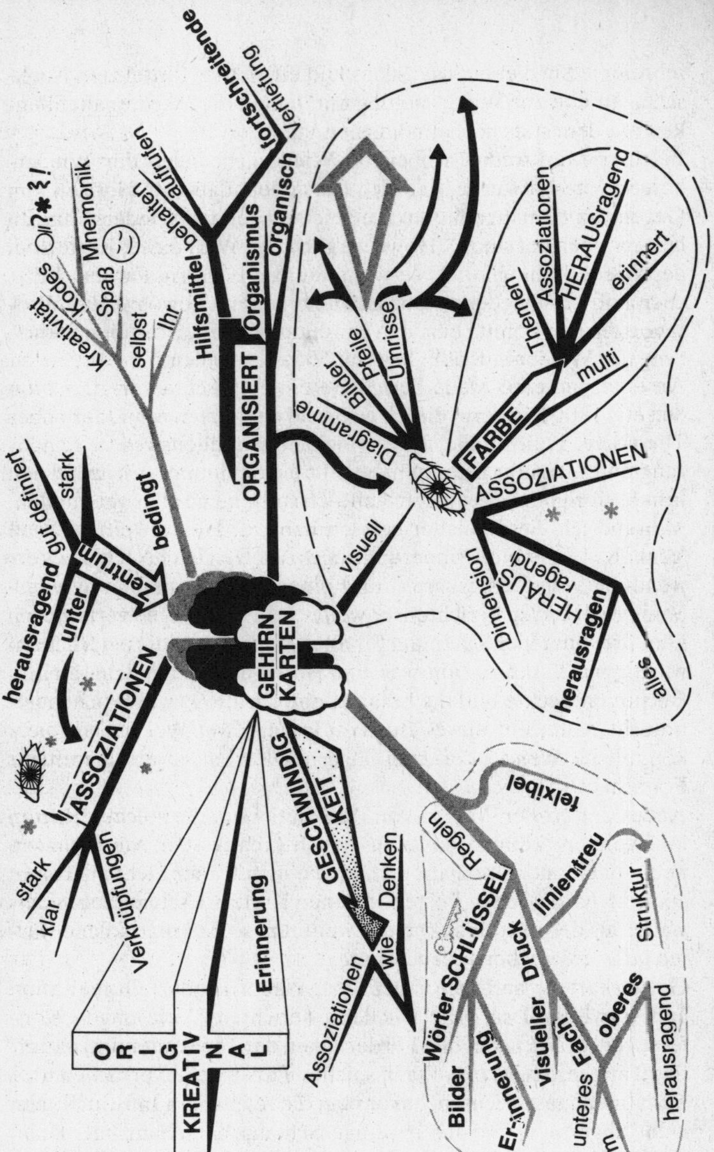

Bild 54: Gehirnkarte als Gedächtnisstütze.

welche Ordnung oder Reihenfolge dem jeweiligen Zweck entspricht. Indem man die Linearisierung zuletzt durchführt, kann man all jene Probleme vermeiden, die beim Erstellen von Listen auftauchen, wenn man damit beginnt, an den Dingen herumzubasteln und wenn man spätere Punkte abrufen will.

Das kreative Potential von Geisteskarten ist beim Brainstorming besonders nützlich, ganz gleich, ob dies einzeln oder in der Gruppe geschieht. Wenn man nach der Lösung eines Problems sucht, so braucht man lediglich vom grundlegenden Problem als Mittelpunkt auszugehen und daraus Assoziationen und Ideen zu schaffen, um dann eine große Anzahl möglicher Lösungen zu erzielen, auf die man niemals gekommen wäre, wenn man das Problem linear angepackt hätte. In solchen Fällen sollte man »unnütze« Lösungen nicht gleich zum alten Eisen werfen. Man sollte sie vielmehr in das Schema einfügen, weil sie später eventuell von sich aus nützliche Assoziationen schaffen können.

Geisteskarten können auch bei Präsentationen oder Vorlesungen/Referaten von Wert sein. Wenn man die Schlüsselpunkte, die zu behandeln sind, einer Gruppe deutlich macht, so fällt es den Teilnehmern bedeutend leichter, gewisse Gedankengänge zu verfolgen. Dadurch wird auch dem Vortragenden geholfen, beim Thema zu bleiben und seine Absichten zu verfolgen.

Diese Karten können auch dort mit höchster Wirksamkeit eingesetzt werden, wo man normalerweise gehalten wäre, irgendwelche Wörter zu notieren. Selbst ein Buch, das eine lange lineare Liste von Gedankengängen darstellt, wenn es im Druck erscheint, kann beim Schreiben durch eine solche Serie von Karten eher angegangen werden. Das vorliegende Buch zum Beispiel wurde nicht von Anfang bis Ende in einer Reihe von fortlaufenden Sätzen verfaßt. Es fußt vielmehr auf einem Satz von insgesamt 7 Hauptkarten, die aus etwa 150 weiteren Karten dieser Art abgeleitet wurden. Alle grundlegenden Arbeiten wurden in Kartenform erledigt. Erst als das Buch zum Druck vorbereitet wurde, wurde es in die lineare Form umgesetzt.

Kurz gesagt, können solche Karten in fast jeder Situation eingesetzt werden, wo ein Informationsfluß zwischen Geist und Umwelt besteht, ganz gleich, wie die Flußrichtung verläuft (Bild 55 und 56).

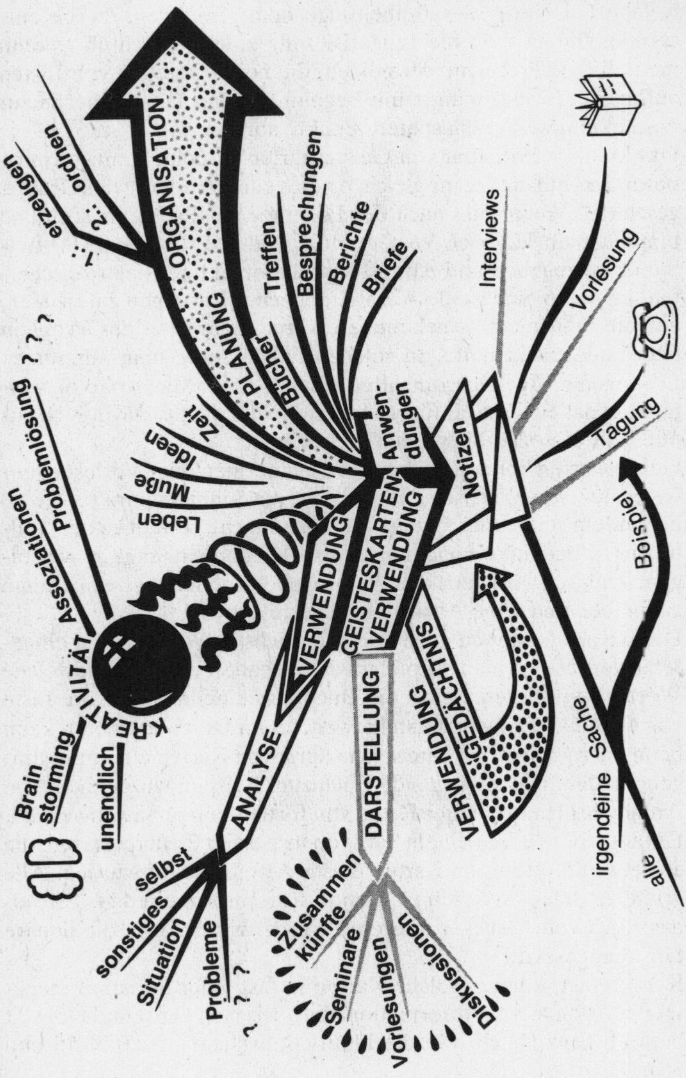

ORGANISATION
PLANUNG
1.
erzeugen
2.
ordnen
Problemlösung
Assoziationen
KREATIVITÄT
Brain storming
unendlich
Leben
Muße
Ideen
Zeit
Bücher
Treffen
Besprechungen
Berichte
Briefe
Anwendungen
Notizen
Interviews
Vorlesung
Tagung
Beispiel
VERWENDUNG
GEISTESKARTEN-VERWENDUNG
ANALYSE
DARSTELLUNG
VERWENDUNG GEDÄCHTNIS
irgendeine Sache
alle
selbst
sonstiges
Situation
Probleme
Zusammenkünfte
Seminare
Vorlesungen
Diskussionen

Bild 55

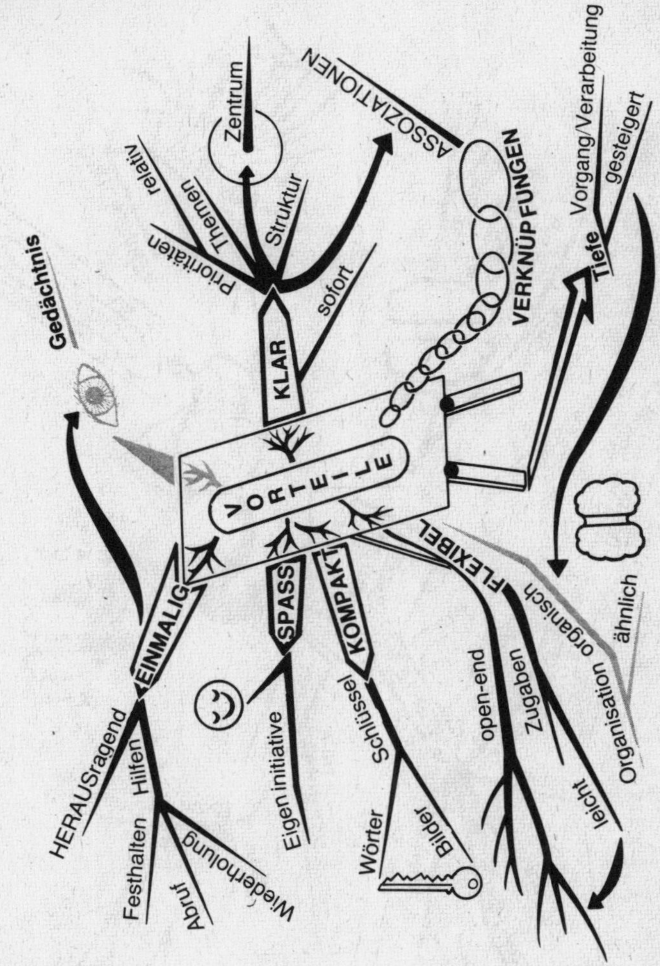

VORTEILE
KLAR
sofort
Prioritäten
Themen
relativ
Struktur
Zentrum
ASSOZIATIONEN
VERKNÜPFUNGEN
Tiefe
Vorgang/Verarbeitung
gesteigert
FLEXIBEL
organisch
ähnlich
Organisation
leicht
Zugaben
open-end
KOMPAKT
Schlüssel
Wörter
Bilder
SPASS
Eigen initiative
EINMALIG
HERAUSragend
Hilfen
Festhalten
Abruf
Wiederholung
Gedächtnis

Bild 56

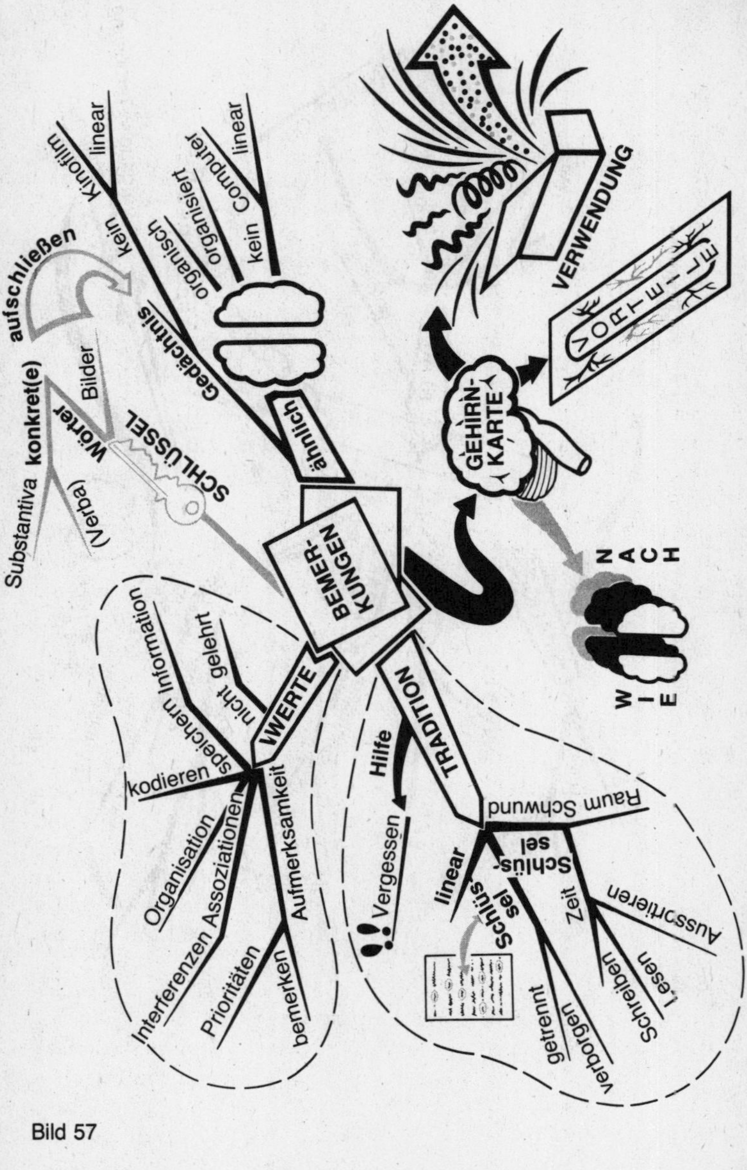
BEMER-
KUNGEN
SCHLÜSSEL
Wörter
konkret(e)
Substantiva
(Verba)
Bilder
aufschließen
Gedächtnis
kein
Kinofilm
linear
ähnlich
organisch
organisiert
kein
Computer
linear
VERWENDUNG
VORTEILE
GEHIRN-
KARTE
NACH
WIE
WERTE
nicht gelehrt
speichern Information
kodieren
Organisation
Assoziationen
Interferenzen
Prioritäten
Aufmerksamkeit
bemerken
TRADITION
Hilfe
Vergessen
Raum Schwund
Schlüs-
sel
linear
Schlüs-
sel
Zeit
Aussortieren
Lesen
Schreiben
verborgen
getrennt

Bild 57

14. Lesen

Wie lernt man lesen?
Was sehen wir beim Lesen?
Warum liest man von links nach rechts?
Wie läßt sich der Lesevorgang beschleunigen?
Wie kann man schnell lesen und dennoch den Sinn begreifen?
Was ist die beste Studienmethode?

Vor 1950 hat man das Lesen aufgrund der sogenannten Alphabetischen Methode gelehrt. Bei diesem System hatten die Schüler zunächst einmal die 26 Buchstaben des Alphabets zu lernen. Der nächste Schritt war die Aussprache der einzelnen Schriftzeichen, wobei es um hartes »k« und weiches »g«, um die eventuellen Unterschiede zwischen »i« und »j« ging, bei Fremdwörtern oder Lehnwörtern auch um den Unterschied zwischen »c« als »z« und »c« als »k«, um Vokale und Konsonanten, um Schattierungen und Diphthonge. Dann lernten die Kinder, Konsonanten und Vokale zusammenzufügen, Silben und einfache Wörter zu bilden.
Bis zu diesem Punkt erfolgte der Prozeß gewissermaßen »lautlos«, so daß der Lehrer nachprüfen konnte, welche Laute und Töne die Schüler von sich aus bildeten. Der nächste Schritt war dann, die Schüler zu lehren, lautlos zu lesen. Dabei redeten oder lasen die Schüler zunächst leise vor sich hin, dann wurde ihnen beigebracht, »still« oder »lautlos« zu lesen, bis sie dann endlich gelernt hatten, die Lippen beim Lesen nicht zu bewegen. Sie konnten zwar immer noch den Text mit dem Finger verfolgen, doch dann wurden sie schließlich dazu gebracht, auch dies zu unterlassen und nur mit den Augen zu lesen.
Ein weiterer Fortschritt wurde dadurch erzielt, daß man den Kindern allmählich immer kompliziertere Bücher zum Lesen gab, wobei ihr Wortschatz und ihre grammatikalischen Kenntnisse immer mehr erweitert wurden, so daß sie nach der Grundschulzeit einigermaßen in der Lage waren, den Großteil jeden Stoffes zu lesen.
Leider weist diese Methode eine Reihe von Nachteilen auf. Ein

großes Hindernis bildet die komplizierte Verknüpfung von Buchstaben und den Lauten, die sie darstellen. Also der Umstand, der die Lerngeschwindigkeit eines Kindes bedeutend bremst, wie aus dem folgenden Beispiel ersichtlich ist: »A« steht zwar für »Apfel«, dagegen »be« für »Buch« und »c« oder »z« sorgt bereits für Verwirrung.

Seit den 50er Jahren wurden bereits verschiedene Techniken erarbeitet, um die Fehler und Untauglichkeiten der Alphabetischen Methode auszumerzen. Eine dieser Methoden wird als die »Schau-und-sprich«-Methode bezeichnet. Dabei wird den Kindern das Bild eines vertrauten Gegenstandes vorgelegt, etwa das einer Tasse, wobei die Bildunterschrift in Großbuchstaben den Namen TASSE für diesen Gegenstand nennt. Dabei wird dem Kind vorher nicht etwa das Alphabet beigebracht, sondern einfache Wörter nebst ihren assoziativen Lauten und ihrer Bedeutung. Weitere Techniken haben sich darauf konzentriert, dem herkömmlichen Alphabet zusätzliche Symbole hinzuzufügen, so daß zwischen Buchstabe und Klang eine direktere Beziehung besteht. So gibt es zum Beispiel im englischen Sprachraum das »Initial Teaching Alphabet« oder i.t.a., wo die 26 Buchstaben des englischen Alphabets durch 18 zusätzliche Zeichen ergänzt wurden, um auf diese Weise den phonetischen Bereich der Sprache zu decken. Im sog. *Diacritical Marking System* wird das normale Alphabet mit zusätzlichen Zeichen verwendet, die das Lautbild (Aussprache) des jeweiligen Buchstaben angeben. Beim Color System (Farbsystem) werden die 26 Buchstaben des Alphabets jeweils in verschiedener Farbe gedruckt, wobei jede Farbe einen bestimmten Laut bedeutet. Im Augenblick neigt man dazu, die besten Elemente der einzelnen Systeme zu kombinieren, wobei Vorstellungsvermögen, Assoziation und sonstige Faktoren, die den Lernprozeß fördern, voll zum Einsatz kommen.

All diese Systeme haben jeweils ihre eigenen Vorteile, doch sie dienen lediglich dem Zweck, die Grundlagen für das Erkennen von Buchstaben zu vermitteln. Sie tragen jedoch nicht dazu bei, die »stumme Lesegeschwindigkeit« der Kinder zu beschleunigen, ihnen beizubringen, wie man effektiver lesen kann oder wie man den gelesenen Stoff am besten behält.

Im allgemeinen wird angenommen, daß Kinder des Lesens kundig sind, sobald sie gelernt haben, stumm zu lesen, ohne dabei die Lippen zu bewegen und ohne die einzelnen Wörter mit dem Finger zu

verfolgen. Angesichts der phantastischen Informationsmenge jedoch, die das Gehirn aufnehmen und behalten kann, sind die Leistungen beim Lesen außerordentlich schwach.
Die meisten von uns, selbst Erwachsene, »hören« die Wörter, die sie lesen. Das geht zwar nicht so weit, daß man die Wörter subvokalisiert – das heißt, sich die Wörter »vorsagt« – doch ist der Klang eines Wortes stets vorhanden. Die meisten Menschen sind nicht in der Lage, mehr als etwa 100 bis 300 Wörter pro Minute zu »hören«, ein Wert, der die Obergrenze der normalen Lesegeschwindigkeit darstellt, einfach nur, weil wir nie gelernt haben, visuell zu lesen. Durch visuelles Lesen würde aber unsere Lesegeschwindigkeit auf mehrere tausend Wörter in der Minute ansteigen. Wir haben auch nie gelernt, die Komprehension und Retention des gelesenen Stoffes zu maximieren. Lesen lernen heißt, die Buchstaben zu erkennen und sie zu Wörtern zusammenzusetzen, was allerdings nur die ersten Stufen des Lesevorgangs darstellt.
»Lesen« heißt nicht nur, die Symbole auf einer Seite zu interpretieren und die Worte zu kennen, die sie bilden, es geht hier auch um die Fähigkeit, sich über Sinn und Bedeutung dessen klar zu werden, was man optisch erfaßt. Buzan, der sich für eine ähnliche umfangreichere Interpretation des Lesevorgangs einsetzt, definiert diesen als siebenstufigen Prozeß:

1. Assimilation der visuellen Data durchs Auge
2. Erkennen von Buchstaben und Wörtern
3. Verstehen, d.h. die gelesenen Wörter mit dem Sinn der betreffenden Passage (Kontext) in Beziehung bringen
4. Begreifen, d.h. die Informationen mit dem eigenen Gesamtwissen in Beziehung bringen
5. Effiziente und wirksame Speicherung der Informationen im Gedächtnis
6. Abrufen der Informationen, wann und wo immer erforderlich
7. Informationen effektiv nutzen und sie erfolgreich Dritten mitteilen bzw. auch sich selbst beibringen, d.h. klar denken

Aus dieser Definition ist zu ersehen, daß sich die meisten Standardmethoden hauptsächlich mit den ersten beiden Stufen befassen. Bei Komprehensionstests lassen sich zwar auch die dritte und vierte Stufe bis zu einem gewissen Grad messen, doch trägt all dies wenig dazu bei, Kindern eine Methode anzubieten, *wie* man einen Stoff richtig begreifen und integrieren kann, noch wie man sicherstellt, daß man sich an einen bestimmten Stoff auch erinnern kann.

A) Auge und Augenbewegung

Damit wir begreifen können, wie wir lesen und wie sich unsere Lesegewohnheiten verbessern lassen, müssen wir einen kurzen Blick auf die Funktionen des Auges riskieren.
Das eintretende Licht wird durch die Linse auf die Retina konzentriert, also auf die Netzhaut, die das Innere des Auges bedeckt. Die Netzhaut selbst besteht aus Hunderten von Millionen winziger lichtempfindlicher Zellen – deren Anzahl etwa der Bevölkerung der USA entspricht, die man auf einer Briefmarke zusammengedrängt hat. Einige dieser Zellen, Zapfen genannt, reagieren auf bestimmte Farben, andere wiederum, die Stäbchen, auf die allgemeine Lichtintensität. Diese Zellen sind mit einem Nervennetz verbunden, das sich über die Netzhaut verbreitet, und diese Nerven sind es, die die Informationen direkt ans Gehirn vermitteln. Tatsächlich ist die Netzhaut nicht wirklich vom Gehirn getrennt, man sollte sie sich vielmehr als eine Erweiterung der Hirnrinde vorstellen.

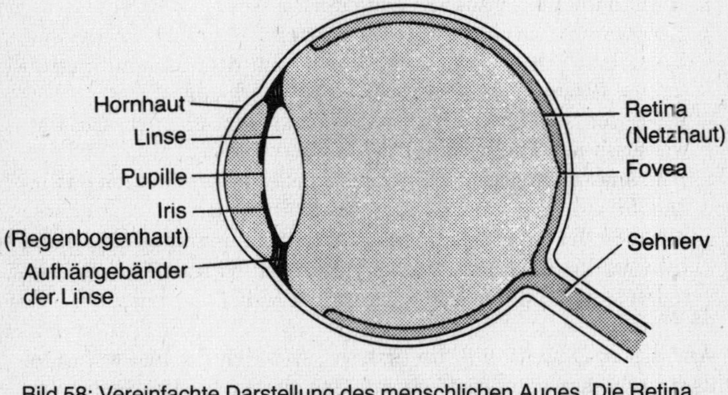

Bild 58: Vereinfachte Darstellung des menschlichen Auges. Die Retina enthält mehrere hundert Millionen lichtempfindlicher Zellen. Am dichtesten liegen sie bei der Fovea, dem Zentrum des Sehfeldes, wo der Blick am schärfsten ist (eine Viertelmillion Zellen pro Quadratmillimeter).

Der Mittelpunkt der Netzhaut ist die Fovea (fovea centralis retinae), wo die Zellen ganz dicht beieinander liegen. Diese 2000 Zäpfchen sind in einem Raum zusammengedrängt, der weniger als 1/10 Quadratmillimeter mißt. Die Wahrnehmung von Bildern, die auf die Fovea fallen, ist bedeutend schärfer als an jeder anderen Stelle der Netzhaut. Wenn unser Blick direkt auf einen bestimmten Gegenstand fällt, trifft das Licht, das von diesem Gegenstand ausgeht, auf die Fovea auf. Die Fovea kann kaum mehr als 1/40000 Tausendstel der gesamten Bildfläche erfassen. Wenn man eine Druckzeile aus einer Entfernung von etwa 70 Zentimetern betrachtet, so liegen nur etwa drei Buchstaben innerhalb dieses zentralen Gesichtsfeldes, wobei man auch nur diese wenigen Buchstaben gleichzeitig genau erkennen kann. Je weiter die Bilder von der Fovea entfernt sind, desto unklarer und undeutlicher wird die Sicht, bis man dann am Rande des Gesichtsfeldes nur noch schemenhafte visuelle Eindrücke empfangen kann.
Die Tatsache, daß wir nur das ganz deutlich sehen, was wir unmittelbar ins Auge fassen, läßt beim Lesen zwei wichtige Schlußfolgerungen zu:

1. Das Auge muß über die Textzeile wandern, so daß die verschiedenen Abschnitte einer Zeile jeweils in den Brennpunkt geraten.
2. Damit alles genau gesehen und erkannt wird, muß das Auge zumindest für den Bruchteil einer Sekunde stillstehen, damit ein bestimmtes Bild auf der Fovea ruhen und dann ans Gehirn weitergegeben werden kann.

Auf diese Weise nimmt das Auge jeweils einen Brocken Information auf. Zwischendurch kann das Auge nichts erblicken, weil es von dem einen Punkt zum andern wechselt. Wir aber merken diese Sprünge nicht, weil die Informationen im Gehirn festgehalten und von einer Fixierung zur anderen integriert werden, so daß wir einen stetigen Fluß wahrnehmen.
Der erste, der dahinterkam, daß sich das Auge nicht glatt bewegt, war Professor Javal von der Pariser Universität im Jahr 1879 – wahrhaft ein historisches Jahr. Javal bezeichnete solche Bewegungen als *Sakkaden,* das französische Wort für »Sprünge«, und seit dieser Zeit sprechen die Pychologen von »sakkadischen Augenbewegungen«. Das Auge steht selten länger als eine halbe Sekunde

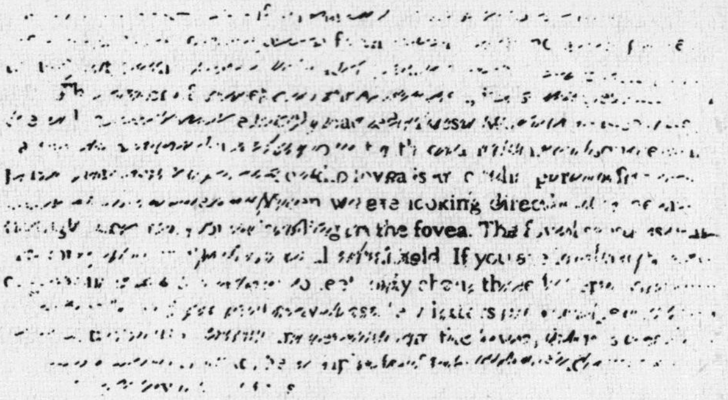

Bild 59: Ein Druckbild, wie es das Auge sieht.

still. Selbst wenn man das Gefühl hat, daß das Auge absolut unbeweglich ist (wenn man etwa den Punkt am Ende dieses Satzes fixiert), bewegt es sich immer wieder um diesen Punkt herum. Sollte nämlich das Auge unbeweglich bleiben, so würde das Bild rasch verblassen und bald verschwunden sein.

B) Augenbewegungen beim Lesen

Die ersten Versuche, eine detaillierte Studie über die Geschwindigkeit der Augenbewegungen, die Dauer der Stillstandzeiten und die Anzahl der Fixierungen pro Zeile, wurden von Edmund Huey durchgeführt, der sein bahnbrechendes Werk *The Psychology and Pedagogy of Reading* (Psychologie und Pädagogik des Lesens) 1908 veröffentlichte.[2] Dieses Werk ist bis zum heutigen Tag die am leichtesten verständliche und zugängliche Studie über das Lesen geblieben.

Huey stellte fest, daß das Auge etwa 1/4 Sekunde braucht, um von einem Fixpunkt zum anderen zu wandern, ist also auf etwa vier Fixierungen pro Sekunde begrenzt. Die einzelnen Fixierungen eines Lesers umfaßt etwa drei bis vier Wörter, so daß man wahrscheinlich drei bis sechs Fixierungen benötigt, um eine Zeile dieses Buches zu lesen. Die Dauer der Stops und die Länge der Sprünge dürfte erheblich schwanken, je nach Lesestoff und der jeweiligen Fähigkeiten des Lesers. Je gewandter der Leser ist, um so mehr wird er während der einzelnen Fixierungen registrieren.

Man kann auch selbst erfahren, wie die Augenbewegungen ablaufen, indem man einen Freund auffordert, aus einem Buch vorzulesen, während der Vorleser das Buch wie in Bild 60 hält, damit man die Augen beobachten kann, die über die Zeilen wandern. Die visuelle Information wird vom Auge innerhalb Bruchteilen von Sekunden aufgenommen und rasch ans Gehirn weitergegeben. Das Gehirn an sich braucht etwa 1/4 bis 1/2 Sekunde, um die visuellen Daten zu erkennen und zu verarbeiten. Noch während dies geschieht, wandert das Auge bereits zum nächsten Fixierungspunkt weiter, oft aber auch darüber hinaus zum übernächsten

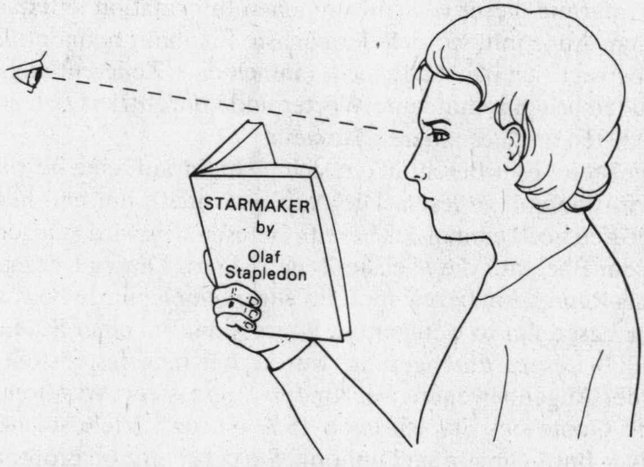

Bild 60: Betrachten Sie einen Lesenden und beobachten Sie seine Augenbewegung.

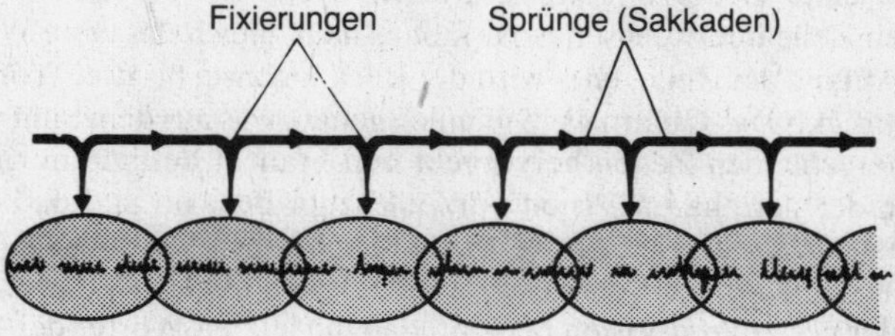

Bild 61: Das Auge verfolgt eine Druckzeile schrittweise, wobei der Mittelabschnitt einer Zeile bei jeder Fixierung im Mittelpunkt steht.

Punkt. Auf diese Weise ist das Auge gewöhnlich ein bis zwei Sätze dem Stoff voraus, den der Leser bewußt aufnimmt.
Obwohl die Wahrnehmung an der Fovea am schärfsten ist, lassen sich auch Bilder erblicken, die außerhalb dieses Zentrums liegen, auch wenn in diesem Fall die Wahrnehmung nicht mehr so deutlich erfolgt. Eine solche zentralferne Wahrnehmung wird als Peripherialsicht bezeichnet, im Volksmund spricht man über einen »Blick aus dem Augenwinkel«.
Die periphere Sicht spielt beim Lesen eine äußerst wertvolle Rolle. Dabei werden Wörter, die dem gegenwärtigen Fixierungspunkt vorauseilen, teilweise wahrgenommen und ans Gehirn weitergegeben. Aufgrund dieser verschwommenen Information teilt das Gehirn dem Auge mit, wo sich der nächste Fixpunkt befindet. Demnach bewegt sich das Auge nicht einfach eine Zeile entlang, sondern überspringt redundante Wörter und konzentriert sich auf die nützlichsten und besonderen Textteile.
Die meisten Leser beschränken sich nicht darauf, eine bestimmte Zeile fortlaufend zu lesen. Die Augen wandern hin und her und überprüfen noch einmal das bereits Gelesene, es wird gelegentlich sogar ein Blick auf die nächste Zeile riskiert. Dieser Rücksprung wird als Regression bezeichnet. Im allgemeinen gilt: Je bewanderter der Leser, um so weniger die Regression. Bei einer Studie, die mit 5000 Lesern durchgeführt wurde, hat man festgestellt, daß 25% der Augenbewegung bei Kindern regressiver Art waren, wobei die Quote bei Erwachsenen 15% betrug.[5] Viele solcher regressiver Bewegungen sind unnötig. Sie beruhen zum größten Teil auf der Befürchtung, daß man irgendwo irgendwas versäumt haben könnte.
Huey hat festgestellt, daß sich die Fixierungspunkte gern auf die Mitte einer Druckzeile konzentrieren. Wenn das Auge zu einer neuen Zeile überwechselt, so erfaßt es nicht gleich das erste Wort am Anfang der Zeile, eher wird der Blick um zwei bis drei Wörter eingerückt. Das Gehirn weiß nämlich genau, was aus dem Sinn der vorhergehenden Zeilen hervorgeht und braucht deshalb nur mit Hilfe der peripheren Vision kurz nachzuprüfen, ob und daß die nächsten Wörter wie erwartet ausfallen. Ähnlich fixiert das Auge einen Punkt kurz vor dem Ende einer Zeile, wobei es sich wiederum der peripheren Vision bedient, daß die letzten Wörter der Erwartung entsprechen.

C) Warum von links nach rechts lesen?

Alles, was wir zu unserer Linken erblicken (linkes Gesichtsfeld) fällt auf die rechte Netzhaut beider Augen und wird zur rechten Seite des Gehirns übertragen, und umgekehrt. Da sich die linke Hemisphäre besser für verbale Aufgaben eignet, wird der verbale Inhalt all dessen, was im rechten Gesichtsfeld liegt, viel schneller verarbeitet. Experimente haben gezeigt, daß, wenn Wörter im linken oder im rechten Gesichtsfeld kurz auftauchen, die Wörter im rechten Gesichtsfeld viel rascher erkannt werden als die im linken.[6]

Liest eine Person von links nach rechts, wird der Stoff, der zwar noch nicht gelesen wurde aber bereits peripher verarbeitet wird, von der linken Gehirnhälfte aufgenommen, insbesondere bei verbaler Verarbeitung. Bei umgekehrter Leserichtung, also von rechts nach links wird der noch zu lesende Stoff von der rechten Hemisphäre verarbeitet, die sich für verbale Aufgaben weniger gut eignet, so daß sich das Gehirn nur eine schwache Vorstellung davon machen kann, was an noch zu verarbeitendem Stoff anfällt.

Dieser Umstand legt nahe, daß es von Natur aus leichter ist, in einer Sprache zu lesen, deren Schriftbild von links nach rechts ver-

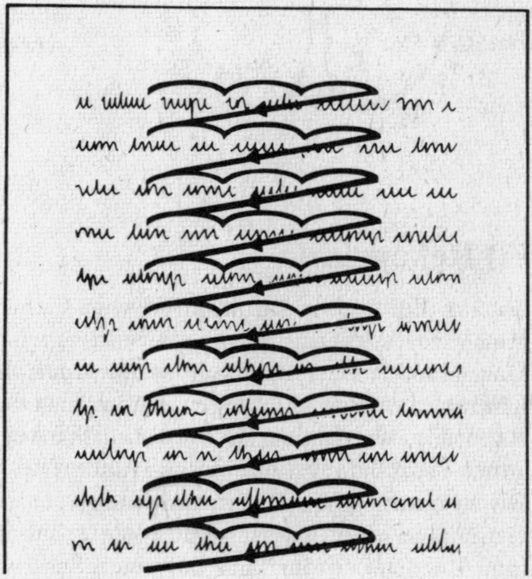

Bild 62: Typische Augenbewegungen beim Lesen einer Druckseite, wobei die Aufmerksamkeit sich auf die Mitte der Seite konzentriert.

läuft. Studien über verschiedene Systeme haben ergeben, daß es nicht nur effizienter ist, von links nach rechts zu lesen, sondern daß ein solches System auch für das Gehirn vorteilhafter ist. Die beiden Hemisphären bei Links-nach-Rechts-Lesern können besser zusammenwirken und sind eher in der Lage, verbale und räumliche Aufgaben zu integrieren. Dagegen war das Zusammenwirken der beiden Hemisphären bei Rechts-nach-Links-Lesern nicht so erfolgreich.[5]

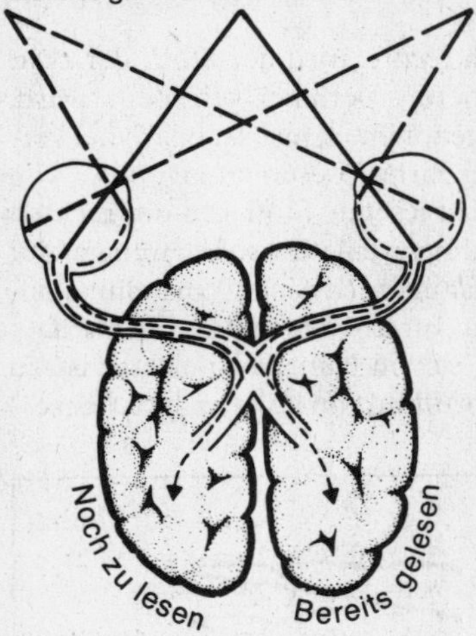

Bild 63: Schematisches Diagramm der visuellen Verarbeitung einer Textzeile. Beim Lesen eines Textes von links nach rechts wird das zu verarbeitende Material durch periphäre Vision aufgenommen und der Inhalt durch die linguistische linke Hemisphäre analysiert. Dadurch kann das Gehirn über die beste Möglichkeit entscheiden, den nächstbesten Fixierungspunkt zu finden, wobei auch die Effizienz des Lesens erhöht wird.

D) Rekognition

Sobald die visuelle Information vom Gehirn empfangen wurde, muß diese erkannt und ihr ein Sinn gegeben werden. Wenn die Daten im Sehzentrum ankommen, werden sie im Gehirn einer Art Charakteranalyse unterzogen, wobei sie in ihre grundlegenden Bestandteile, wie Linien, Kurven und Winkel zerlegt werden. Der ganze Prozeß dauert nur einige Hundertstel Sekunden.

Bis zu einem gewissen Grad werden auch Buchstaben auf dieser Grundlage identifiziert. Experimente haben gezeigt, daß, wenn man Buchstaben nur kurz auf einen Schirm oder eine Leinwand projiziert und eine Person auffordert, den betreffenden Buchstaben zu nennen, bei Irrtümern meistens ähnliche Buchstaben genannt werden, wobei z.B. oft *P* mit *B* oder *F* verwechselt wird.[6] Ein weiterer Beweis für das Erkennen der Buchstabenform bzw. dessen Charakteristik bietet die Feststellung, daß, wenn eine Person aus einer Reihe von Buchstaben einen bestimmten Buchstaben heraussuchen soll, der Erfolg länger auf sich warten läßt, wenn die Reihe mehrere ähnliche Buchstaben enthält.[7]

Diese Art Analyse bietet jedoch keine Erklärung dafür, wie die folgenden Typen 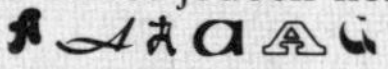 alle als Buchstabe *A* erkannt werden, da in diesem Fall die einzelnen Buchstaben in Form und Gestalt beachtlich voneinander abweichen. Anscheinend werden Buchstaben auch als Ganzes erkannt, d.h. als unabhängige Informationseinheit.

Aber nicht nur Buchstaben, auch Wörter werden als Ganzes erkannt und als Einheit behandelt. Bereits 1886 wurde entdeckt, daß der Mensch eine Buchstabenreihe eher erkennen kann, die er nur kurz erblicken kann, wenn die Buchstaben ein sinnvolles Wort bilden.[8] Ebenso wurde festgestellt, daß selbst eine Person, die zu weit entfernt ist, um die einzelnen Buchstaben zu lesen, ein bestimmtes Wort erkennen kann.[9] Wörter werden auch dann erkannt, wenn sie im peripheren Gesichtsfeld liegen und die Buchstaben verschwommen sind.[10] Für Wörter gilt dasselbe wie für Buchstaben: Haben sie eine charakteristische Gestalt, so werden sie eher erkannt als solche, die anderen Wörtern ähnlich sehen.
Wir haben bereits gezeigt, daß die prompte Gedächtnisspanne nicht so sehr vom Informationsgehalt als von der Anzahl der einzelnen »Gruppen« abhängt. Dasselbe gilt auch für das Lesen. Beim Lesen kann man etwa fünf Gruppen oder Untergruppen gleichzeitig erfassen, wobei es sich um einen einzelnen Buchstaben, eine Silbe, ein Wort oder selbst um einen kurzen Satz handeln kann. Je sinnvoller der Stoff, um so leichter läßt er sich begreifen und um so größer sind die Gruppen. Buchstabensalat, wie etwa *krplztgf,* wird nur ganz langsam buchstabenweise gelesen. Sinnlose Wörter, wie etwa *Rudnadtfk,* die ihrer Struktur nach einem sinnvollen Wort ähnlich sehen, liest man vielleicht Silbe für Silbe. Ein Satz allerdings, wie z.B. »*In der Muttermilch entdeckten Wissenschaftler Gifte wie Hexachlorbenzol, Hexachlorcyclohexan, Dichlor-Dophenyl-Trichloräthan, Heptachlor und polychlorierte*

Biphenyle«, der schwer verständlich ist, wird wahrscheinlich Wort für Wort gelesen, während leichtere Passagen in Wortgruppen oder Sätzen zusammengefaßt werden.

E) Redundanz

In gedruckten Sätzen ist eine ganze Menge Redundanz vorhanden, die man ruhig auslassen kann, ohne daß der Sinn eines Satzes verloren geht. Ein Großteil der Buchstabenstruktur ist überflüssig, und ein Satz läßt sich selbst dann noch lesen, wenn die Buchstaben nur teilweise vorhanden sind. Das Gehirn weiß, daß nur bestimmte Zusammenstellungen von Linien und Kurven vorkommen können und ergänzt von sich aus alles, was fehlt. Die Redundanz ist es auch, die es einem Apotheker ermöglicht, das Rezept eines Arztes zu lesen. Der Grund dafür, daß so mancher ein Arztrezept für unleserlich hält, liegt darin, daß er das richtige Wort aus Millionen von Möglichkeiten herauszufinden sucht. Dagegen braucht der Apotheker nur das richtige Wort bei einigen hundert Möglichkeiten herauszufinden. Das heißt, daß ein Schriftsatz ruhig weniger Informationen enthalten darf, weil das meiste davon überflüssig ist.

Nun können nicht nur Teile von Buchstaben, sondern auch ganze Buchstaben fehlen. Sätze, in deren Wörter etwa die Vokale fehlen /Gb mr n Gls Wssr/ lassen sich ebensogut lesen wie solche, in denen jeder fünfte Buchstabe fehlt /Fang .och e.dlic. an/, oder Sätze, in denen jedes fünfte Wort fehlt (Lückensatz) /Die Römer haben einen ... gebaut, der Limes heißt und ... in der Frankfurter ... verlief./, ohne daß der Sinn darunter leidet. Der allgemeine Sinn und die grammatikalische Struktur eines Satzes helfen dem Leser zu erahnen, was jetzt folgt oder was gemeint ist. Ein Satz, der so beginnt: »Wir schreiben mehr Wörter, als notwendig ist, um...« kann wohl kaum Wörter wie *Katze, Besucher, Kunststoff* oder *Philodendron* enthalten, eher solche wie *Begreifen, Erkennen* oder *Verstehen.* Dabei hat der Leser lediglich zu entscheiden, ob es sich um eins von zehn, nicht aber, ob es sich um eins von Millionen Wörtern handelt. Dabei ist nur wenig Information erforderlich, die sich gewöhnlich aus der peripheren Vision beschaffen läßt, ohne sich auf das Wort an sich festlegen zu müssen.

Die Redundanz beschleunigt den Leseprozeß, indem sie dazu beiträgt, dem Leser eine Handhabe zu geben, damit er erkennen kann, was auf ihn zukommt. Wir lesen, was wir zu lesen erwarten; darum fällt es dem Leser nicht schwer, die Fehler in diesem Satz richtigzustellen, ohne sich dessen überhaupt bewußt zu werden.

Eine sehr einfache und bequeme Methode zur Untersuchung des Leseprozesses besteht darin, zu versuchen, einen auf den Kopf gestellten Text zu lesen. Dadurch wird der Prozeß genügend verlangsamt, um sich der Operationen bewußt zu werden, die hier eine Rolle spielen. Zunächst kommt einem ein solcher Text ziemlich komisch und verwirrend vor. Vielleicht versucht man, solche Texte Silbe für Silbe zu lesen, so wie etwa ein Kind versucht, einen Text zu buchstabieren, doch dann wird man wahrscheinlich merken, daß man nach und nach ganze Wörter eher erkennt und daß später auch einfache Sätze leichter zu lesen sind. Später nimmt dann auch die Lesegeschwindigkeit zu, wobei man dann nicht mehr einzelne Wörter liest, sondern eventuell nur den ersten und den letzten Buchstaben eines Wortes erfaßt. . . Nach etwa zehn Minuten ist man dann durchaus in der Lage, solche Texte einigermaßen fehlerfrei zu lesen.

F) Die Kunst des Lesens

Die Lesegeschwindigkeit läßt sich beachtlich steigern durch:

Eliminierung der Regression
Erweiterung des Fixierungsbrennpunkts
gesteigerten Einsatz der peripheren Vision
gesteigerten Einsatz der Redundanz
Steigerung der Motivation
Vorschau des Stoffes und
Einsatz der rechten sowie der linken Gehirnhälfte.

Die frühen Schnellesetechniken beruhten auf dem tachistoskopischen Training. Ein Tachistokop ist ein Instrument, mit dessen Hilfe man Bilder blitzartig präsentieren kann. Bei der Schnellesetechnik läßt man mit Hilfe eines Tachistoskops einige Wörter aus einer Zeile aufblitzen, um dann zu den nächsten paar Wörtern überzugehen. Auf diese Weise ist eine Regression unmöglich, und da bei jedem Aufblitzen immer mehr Wörter erscheinen, wird die Testperson gezwungen, Schritt für Schritt immer mehr Einheiten pro Fixierung aufzunehmen. Mit Hilfe dieser Technik ist es mög-

lich, die Lesegeschwindigkeit von etwa 250 Wörtern in der Minute auf 500 oder 600 Wörter pro Minute zu steigern.
Eine Verdoppelung der Lesegeschwindigkeit hört sich großartig an, stellt aber in Wirklichkeit keine große Leistung dar. Mittels moderner Techniken ist es möglich, die Geschwindigkeit auf 2000 und mehr Wörter pro Minute zu steigern. Zwei Begrenzungsfaktoren hat die tachistoskopische Methode allerdings aufzuweisen: Die periphere Vision erfährt keine Entwicklung, außerdem findet keine der neuen Erkenntnisse Anwendung, wie man einen schriftlichen Stoff assimiliert und wiedererkennt.

G) Visuelle Führung

Eine visuelle Führungsvorrichtung ist ein Zeiger, etwa das stumpfe Ende eines Bleistifts oder die Fingerspitze, die man unterhalb einer Druckzeile entlangführt. So manchen mag die neuerliche Verwendung einer solchen Führungshilfe als Rückschritt erscheinen, hat man doch bereits in der Schule gelernt, daß solche Hilfsmittel die Lesegeschwindigkeit reduzieren. Wieso soll jetzt plötzlich eben dieses Hilfsmittel zur Steigerung der Lesegeschwindigkeit beitragen?
Versuchen Sie einmal, den Finger so schnell wie möglich hin und her zu bewegen. Sie werden feststellen, daß dies etwa fünfmal in der Sekunde gelingt, also zehnmal schneller, als sich das Auge normalerweise entlang einer Druckzeile bewegen kann. Demnach kann die Lesegeschwindigkeit nicht herabgesetzt werden, nur weil man den Finger mit den Augen verfolgt. Der Grund dafür, daß man Kindern verbietet, beim Lesen mit dem Finger auf die einzelnen Wörter zu deuten liegt darin, daß durch das Anhalten bei *jedem einzelnen Wort* die Lesegeschwindigkeit tatsächlich verlangsamt werden kann. Wenn aber der Finger die Zeile entlangläuft, ohne auf jedes einzelne Wort zu deuten, so läßt sich die Lesegeschwindigkeit tatsächlich steigern.
So ein visueller Führer kann den Lesevorgang auf drei verschiedene Arten fördern:

1. Wird das Auge darauf trainiert, diesem visuellen Führer zu folgen, so werden unnötige Rücksprünge weitgehend eliminiert.
2. Wird das Führungsmittel mit Überlegung beschleunigt, so trägt

dies auch zur Steigerung der Geschwindigkeit der Augenbewegung bei.

3. Die Anzahl der Fixierungen ist auf etwa vier oder fünf pro Sekunde begrenzt. Sobald sich aber das Auge schneller bewegt, wird es dazu ermutigt, mehr Wörter pro Fixierung aufzunehmen. Hierdurch wird der Sinngehalt des Stoffes erhöht und die Fassungskraft verbessert.

Es wurde festgestellt, daß durch den Einsatz einer visuellen Führungshilfe dieser Art die Lesegeschwindigkeit in der Praxis um durchschnittlich 50% gesteigert wird.[12] In einer Studie wurde gezeigt, daß bei Verwendung einer solchen visuellen Hilfe die Regression um die Hälfte verringert (von 1,37 Rücksprüngen pro 10 Wörter auf 0,77) und die Fixierungsspanne um 60% (von 2,15 auf 3,50 Wörter) erhöht wird. Durch diese beiden Faktoren wurde die Lesegeschwindigkeit von 274 Wörtern in der Minute auf 465 erhöht.[13] Dieser Wert nähert sich bereits dem Stand, den man nach mehreren Wochen tachistoskopischen Trainings erreicht.

H) Erweiterter Brennpunkt

Da Englisch wie Deutsch in schriftlicher Form weitgehend redundante Sprachen sind, läßt sich ein Großteil des Textes durch periphere Vision absorbieren. Wörter, die in einem gewissen Kontext höchstwahrscheinlich vorkommen, braucht man weder direkt noch eingehend zu betrachten – mit Hilfe der peripheren Vision läßt es sich leicht nachprüfen, daß sie wie erwartet halten, was sie versprechen, selbst wenn sich das Auge auf einen anderen Punkt konzentriert. Ein geschulter Leser wird also eine Zeile nicht von vorn bis hinten lesen, vielmehr wird er von rechts und links der Seitenmitte zustreben, während er ein Großteil der Zeile mit einem Blick erfaßt.

Der mittlere deutliche Sehbereich erstreckt sich nicht nur in horizontaler, sondern auch in vertikaler Richtung. Selbst wenn wir es nicht merken, können wir einzelne Wörter in der darüberliegenden oder darunterliegenden Zeile einigermaßen deutlich erkennen. Schnelleser machen von diesem Umstand Gebrauch und können mit einer Fixierung zwei oder sogar mehrere Zeilen gleichzeitig erfassen.

Bei der Entwicklung der peripheren Vision sind visuelle Führer ebenfalls nützlich. Anstatt ein solches Hilfsmittel die Zeile entlangzuführen, sollte man einmal versuchen, mit dem Finger etwa über die Mitte einer Seite nach unten zu gehen und das jeweilige Hilfsmittel mit dem Blick zu verfolgen. Die hohe Redundanz der geschriebenen Sprache macht es oft möglich, die unvollständige periphere Information zu benutzen und den Text zu verstehen, so gut, als hätte man den Text Wort für Wort oder Zeile für Zeile gelesen.

Bei besserer Ausnützung der peripheren Vision ist ein geübter Leser in der Lage, den allgemeinen Sinn dessen, was auf ihn zukommt, besser zu erfassen, ein Umstand, der ebenfalls zur Steigerung der Lesegeschwindigkeit beiträgt. Außerdem fällt es bei dieser größeren Übersicht leichter, den Stoff zu begreifen und zu integrieren. Das ist auch der Grund dafür, daß die meisten Menschen feststellen, daß ihr Fassungsvermögen tatsächlich zunimmt, sobald sie mit dem Schnellesen beginnen. Sie gewinnen eine größere Perspektive für das, was sie lesen, da sich nun der Lesevorgang beschleunigt, wobei das Kurzzeitgedächtnis mehr Spielraum hat und die einzelnen Wörter im Rahmen eines weiträumigeren spontanen Kontextes begriffen werden.

Die Bedeutung des Kontextes hinsichtlich Begreifen und Geschwindigkeit wird deutlich, wenn man versucht, die folgende Passage zu lesen, so wie sie hier steht:

»Bleibt nur die Kirche. Diese tausend Jahre alte, an Weltwissen den Dynastien unendlich überlegene Großmacht denkt klüger, demokratischer und weitherziger. Sie findet immer Platz für jeden Begabten und nimmt auch den Niedrigsten in ihr unsichtbares Reich. Da der kleine Joseph sich schon auf der Schulbank der Oratorianer lernend auszeichnet, räumen sie dem Ausgebildeten gern das Katheder ein als Lehrer für Mathematik und Physik, als Schulaufseher und Präfekt.«

Nun ist eine solche Passage trotz ihres klaren Satzbaus und der deutlichen Aussage unter Umständen schwer zu lesen, obwohl der Autor (hier Stefan Zweig) sich um größtmögliche Klarheit bemüht, gewissermaßen als Berichterstatter, ohne zu kommentieren und die eigene Meinung in den Vordergrund zu schieben.

Weiß man aber, daß es sich um den jungen Fouché handelt, den gefürchteten Agitator des Konvents und den zwar dubiosen, aber ebenso gefürchteten Polizeiminister Napoleons, so ist bereits eine Assoziation vorhanden, die dem Leser weiterhilft, weil er sich nicht mühsam durch den Text ackern muß, um diesem einen Sinn abzugewinnen. Also trägt das Wissen plus Erkennen auch hier seine Blüten.

Doch nicht nur Buchstaben und Wörter können überflüssig sein, wie bereits erwähnt, sondern selbst ganze Phrasen und Sätze. Es kommt oft vor, daß ein Satz lediglich dazu dient, einen anderen zu ergänzen oder zu erläutern, vielleicht auch nur, um einen Satz in andere Worte zu fassen. Solche Sätze kann man einfach weglassen, ohne daß der Sinn des Textes darunter leidet. Der effiziente Leser wird solches und ähnliches aus verschiedenen Stichwörtern erkennen und solche Passagen überspringen, während er mit einem einzigen Blick feststellt, ob neue Informationen vorhanden sind. Da das Hauptthema eines Absatzes oder Abschnitts gleich zu Beginn angesprochen wird, wird oft nur der erste Satz gelesen, bei einmaliger oder auch zweimaliger Fixierung, wobei dann der restliche Text mit Hilfe der peripheren Vision geprüft wird.

Natürlich hängt der Umfang solcher Auszüge weitgehend von der Art des Textes ab. Bei konzentrierten Passagen wird es wohl stets erforderlich sein, den Text Satz für Satz zu lesen, was dann allerdings im umgekehrten Fall nicht erforderlich ist. Wichtig ist es, flexibel zu bleiben. Man sollte stets langsam vorgehen, wenn es erforderlich ist, man sollte aber auch nicht zögern, schneller zu sein und mehr pauschal zu verfahren, sofern es der Stoff erlaubt.

I) Schnelltraining

Beim Schnelltraining ist der Leser gezwungen, Druckseiten bei einer Geschwindigkeit zu lesen, die weit über der normalen Lesegeschwindigkeit liegen. Der Leser bewegt dabei das Hilfsmittel so schnell wie möglich die Zeilen entlang, ohne zu überlegen, ob er nun viel oder nur wenig begreift. Dann wird der Zeiger über die Seite abwärts bewegt, wobei die Geschwindigkeit so weit gesteigert wird, bis der Leser für eine Seite nur noch wenige Sekunden braucht. Bei dieser Geschwindigkeit wird sehr wenig, unter Umständen gar kein Stoff aufgenommen. Nach einer Weile geht man aber wieder dazu über, mit normaler Geschwindigkeit zu lesen. Trotzdem wird man feststellen, daß man auch in diesem Fall be-

deutend schneller liest als gewöhnlich, und daß Auffassungsvermögen und Verständnis keineswegs darunter leiden.
Dieses Training bricht mit der Geschwindigkeit, mit einem bestimmten gleichmäßigen Tempo zu lesen. Es ist eher so, als würde man eine Zeitlang mit 160 über die Autobahn fahren und müßte dann auf 60 hinuntergehen. Wenn man dies versucht, ohne dabei aufs Tacho zu schauen, dann meint man oft, bereits 60 zu fahren, während man immer noch 80 fährt.
Das Schnelltraining bietet noch zwei weitere Vorteile: Man wird ermutigt, nach den Schlüsselwörtern im Text zu suchen, und auch die rechte Seite des Gehirns wird in den Prozeß mit einbezogen.
Zu Anfang des Trainings, wenn man die Seiten eines Buches nur jeweils etwa eine Sekunde lang betrachtet, scheint alles verschwommen und nichts wird absorbiert. Doch schon nach wenigen Minuten tritt ein interessantes Phänomen auf. Man stellt nämlich fest, daß man einige Wörter bereits erblickt, vielleicht sogar erkennen kann. Dies ist an sich noch nichts Besonderes. Bemerkenswert ist jedoch die Tatsache, daß es sich im allgemeinen stets um die Haupt- und Zeitwörter im Text handelt, obendrein auch noch um die Schlüsselwörter. Dieser Umstand weist darauf hin, daß zwar die Druckseite nicht im einzelnen gelesen wird, daß jedoch das Gehirn ein Großteil des Inhalts bereits verarbeitet, und das in nur einer einzigen Sekunde! Das Schnelltraining entwickelt die Fähigkeit, die relevanten Wörter von einer Seite herauszuziehen.
Eine Person, die lesen lernt, findet es leicht, anzuhalten und die Wörter laut auszusprechen, es fällt auch nicht schwer, das Subvokalisieren (die Kehlenbewegungen) zu lassen. Dagegen aber fällt es oft schwer, die vorgelesenen Wörter nicht mitzuhören, ein Umstand, durch den die Lesegeschwindigkeit auf etwa 250 Wörter in der Minute beschränkt wird. Das Schnelltraining räumt mit dieser Gewohnheit auf. Bei einer Geschwindigkeit von einer Seite pro Sekunde kann man unmöglich Wörter akustisch wahrnehmen, dennoch kann man die Seite optisch erfassen, weil die visuelle Verarbeitung bedeutend schneller abläuft. Diese Verlagerung bei der Verarbeitung entspricht einer Verlagerung von der linken zur rechten Hemisphäre. Wenn man wieder auf Normalgeschwindigkeit »herunterschaltet«, bleibt die rechte Hemisphäre in Aktion, es werden weiter Wörter erfaßt, wodurch auch die Lesegeschwindigkeit eine entsprechende Beschleunigung erfährt. Nur wenn die Verlagerung vom Akustischen ins Optische stattfindet, können

hohe Geschwindigkeiten erzielt werden. Man kann also sagen, daß man erst richtig lesen gelernt hat, wenn man in der Lage ist, diese Verlagerung zu vollziehen.
Florence Schale an der Northwest University hat viele dieser verschiedenen Methoden integriert und ihr System zahlreichen Menschen beigebracht. Dabei hat sie festgestellt, daß viele Menschen in der Lage sind, mit sehr hoher Geschwindigkeit zu lesen, etwa 2000 und mehr Wörter pro Minute. Bei einer Studie mit 1500 Personen wurde festgestellt, daß etwa 15 dieser 1500 nach entsprechendem Training in der Lage waren, noch schneller zu lesen, und zwar bei einer Geschwindigkeit von etwa 20.000 Wörtern in der Minute – und das immer noch bei einer Erfolgsquote von 70% und mehr! (70% ist ein beachtliches Ergebnis. Menschen, die mit »normaler« Geschwindigkeit von 200 bis 300 Wörtern pro Minute lesen, erreichen kaum je ein besseres Resultat.) Die am meisten fortgeschrittenen Personen waren sogar in der Lage, zwei Druckspalten gleichzeitig aufzunehmen, indem sie die Mitte einer Seite von oben nach unten abtasteten. Die Leser selbst behaupteten zwar nicht, so etwas wie ein »fotografisches« Gedächtnis zu besitzen, doch sie berichteten, daß die Schlüsselwörter der Passagen augenfällig waren und daß sie genügend solcher Wörter lesen konnten, um die Gedankengänge einer Passage sinnvoll zu ergänzen. Eine der Testpersonen, ein 15jähriges Mädchen, war sogar in der Lage, einen Stoff bei einer Geschwindigkeit von 80.000 Wörtern pro Minute mit 100prozentigem Erfolg aufzunehmen![14]

J) Anwendung beim Studium

Nun hat es aber wenig Wert, 2000 oder gar 20.000 Wörter in der Minute lesen zu können, wenn eine halbe Stunde später bereits 90% der Informationen wieder ins Vergessen geraten. Das Lesen nämlich, wie in der Definition auf S. 235 festgestellt, umfaßt nicht nur die Assimilation und die Rekognition des gelesenen Stoffes, sondern auch das Verstehen, Behalten, Wiedergabe und Kommunikation.
Der Hauptgrund, warum manche Leute feststellen müssen, daß sie das Gelesene vergessen haben, liegt darin, daß man ihnen als Kinder keine Methode für Erinnern und Studium angeboten hat. Die häufigste Methode für das Studium neuer Texte ist linear, eine Art »Friß Vogel oder Stirb«-Methode. Der Leser schlägt dabei das

Buch auf Seite 1 auf und liest es dann von Anfang bis Ende durch – wenn er nicht aus Langeweile oder wegen Ermüdung mitten drin aufgibt. Dennoch scheint dies die einzige Methode zu sein, weil Bücher anscheinend am vorderen Deckel beginnen und auf der letzten Seite des Einbandes aufhören. Ene lineare Methode ist allerdings wenig wirksam, wobei der Leser Zeit und Wissen verschwendet und eine Reihe Nachteile in Kauf nimmt:

- Man verschwendet Zeit, indem man einen Stoff durchliest, mit dem man bereits vertraut ist.
- Eine weitere Zeitverschwendung ist die Verarbeitung von Stoffen, die für das jeweilige Studium irrelevant sind.
- Viel Zeit wird verschwendet, wenn man lange Textpassagen durchackert, nur um hinterher festzustellen, daß der Verfasser das Wesentliche aus einem Kapitel bereits in einer kurzen Übersicht am Ende eines Kapitels zusammengefaßt hat.
- Der Leser gewinnt keine allgemeine Übersicht, bevor er den Text *verdaut* hat, ein Umstand, der auch hinterher noch zweifelhaft ist.
- Da Assoziation und Organisation kaum möglich ist, führt dieser Umstand zu einer oft lückenhaften Wiedergabe der Informationen.
- Jede Information, die man behält, ist gewöhnlich unorganisiert, wird also kaum im Rest des Buches oder im Wissensvorrat des Lesers integriert.
- Die Motivation ist dürftig, demzufolge ist der Leser gelangweilt, verliert die Lust und wird einfach müde. Je müder er aber wird, um so unwirksamer liest er, um so weniger behält er und wird immer weniger motiviert, um weiterzulesen und im Text fortzufahren.

Über das Studium wurden zahlreiche Bücher verfaßt, wobei man sich fast stets einig ist, daß ein Buch als Ganzes betrachtet und als Einheit behandelt werden sollte. Der Leser sollte sich eine Art Plan zurechtlegen, gleichzeitig auch eine Art Übersicht, um Boden unter die Füße zu bekommen, sich gewisse Ziele zu setzen und dabei die Spreu vom Weizen zu trennen. Eine lineare Methode für das Studium gleicht einem Einkaufsbummel, wobei man systematisch alle Straßen und alle Geschäfte abklappert, in alle Kaufhäuser reingeht, durch sämtliche Etagen streunt und dabei hier

und da etwas kauft, was gerade nützlich oder begehrenswert erscheint. Holistische Studien demgegenüber verlaufen anders, selbst wenn sie einige Parallelen mit einem Einkaufsbummel aufweisen. Man legt sich eine Liste zurecht, in die man alles einträgt, was nötig oder erforderlich ist, man geht nur durch bestimmte Straßen, wobei man unterwegs eine Art Schaufensterbummel macht, um die angebotene Ware zu begutachten und dabei jene Geschäfte auszusuchen, die all jene Waren anbieten, die man im Augenblick braucht.
Bei Studien, gleich welcher Art, dürfte die folgende Praxis wertvoll sein:

1. **Planung:** Man sollte sich niemals kopfüber in einen Text stürzen, sondern für die einzelnen Gebiete eine bestimmte Zeit festlegen.
2. **Überprüfen Sie Ihr Wissen über das jeweilige Thema:** Hierdurch wird die Erwartung auf Bevorstehendes gesteigert, werden auch die geistigen Ankerplätze festgelegt, wodurch man dann bedeutend leichter behalten kann, was man gelesen hat. Dies läßt sich am besten dadurch erzielen, daß man schnell eine Geisteskarte seiner gegenwärtigen Kenntnisse zusammenstellt.
3. **Ziele setzen:** Dadurch werden die richtigen Ankerplätze im vornherein festgelegt. Dadurch wird wieder einmal mehr dazu beigetragen, die Spreu vom Weizen zu trennen.
4. **Stoffübersicht:** Dabei werden die Ziele deutlich, während man auch eine allgemeine Übersicht über das jeweilige Thema gewinnt. Auch der »Anwärmeffekt« (S. 118) kommt dann hier zum Tragen. Bei der ersten Übersicht sollte man sich zunächst nicht mit dem Text an sich befassen, eher folgende Punkte beachten:

   Titel und Untertitel: Sie sind keineswegs trivial, und können einige Wege zum Buch erschließen.

   Autor: Ist der Autor bekannt, so weiß man, wie das Buch angelegt ist und wohin es führt, so daß man etwa keine allgemeinverständliche Darstellung mehr nötig hat.

   Datum der Veröffentlichung: Ein Hinweis dafür, ob nun der Stoff auf dem laufenden ist, sofern eine solche Feststellung überhaupt erforderlich ist.

   Inhaltsverzeichnis: Studieren Sie das Inhaltsverzeichnis sorgfältig und genau. Dabei wird der Aufbau des Buches deutlich, und man findet mancherlei Hinweise bezüglich Wichtigkeit und Relevanz des Inhalts.

Diagramme, Bilder, grafische Darstellungen und sonstige optische Hilfen: Visuelle Informationen werden eher absorbiert, und man kann sich besser an solche erinnern, als an verbale Informationen (S. 148–149), wobei öfter größere Textabschnitte zusammengefaßt werden.

Schutzumschläge und Klappentexte: Sie bieten oft eine sehr gute Übersicht.

Vorwort, Geleitwort: Obwohl meist zuletzt verfaßt, bietet ein kurzgefaßtes Vorwort oft eine ausgezeichnete Zusammenfassung, gleichzeitig auch eine Aussage über das Buch bzw. auch eine Sicht des Verfassers über das Thema.

Es dürfte höchstens ein paar Minuten in Anspruch nehmen, sich mit diesen Dingen zu befassen, trotzdem läßt sich dadurch eine Menge wertvoller Zeit einsparen. Man erfährt, inwiefern das betreffende Buch wertvoll ist, wobei man keine Zeit für irrelevante Dinge und Wiederholungen auf einen Stoff verschwendet, der dem Leser bereits bekannt ist. Wenn man zum Beispiel ein begeisterter Drachenflieger ist, und ein Buch in die Hand bekommt, das sich etwa *Anweisungen für den Drachenflieger* betitelt, kann mehr sehr schnell feststellen, ob das Buch mehr bietet, als man ohnehin schon weiß. Auf diese Weise kann man ein solches Buch in Kürze durchsehen und weiter keine Zeit mehr darauf verschwenden.

5. **Vorschau:** Machen Sie sich mit dem Buch vertraut, indem Sie es durchblättern und dabei folgendes beachten:
   Anfang und Ende der Kapitel
   Überschriften der Unterabschnitte
   Zusammenfassungen, sofern der Autor welche anbietet
   Alles andere, was ins Auge fällt – Versalien, Kursivsatz usw.
6. **Schnelltraining:** Bevor man sich in seine Studien vertieft, ist es ratsam, fünf Minuten Schnelltraining einzulegen. Hierdurch wird nicht nur die »normale« Lesegeschwindigkeit beschleunigt, sondern auch die rechte Gehirnhälfte ins Spiel gebracht. Während des Schnelltrainings kann man eine beachtliche Menge Text absolvieren. Wenn man hier noch weitere fünf Minuten opfert, so kann man später eine Stunde und mehr einsparen.

7. **Eingehendes Studium:** Auf dieser Stufe werden Lücken mit Einzelheiten geschlossen, die bei der Übersicht und Vorschau nicht registriert wurden. Dabei sollte man das Buch wieder als Ganzes behandeln. Manchmal dürfte es wirksam sein, das Buch zehnmal hintereinander schnell durchzublättern, wobei man sein Wissen stufenweise aufbaut, als sich Seite für Seite linear durch ein Buch zu ackern. Die Psychologen bezeichnen dies als Verzögerungseffekt. Man hat nämlich festgestellt, daß, wenn die gleiche Information während ein und derselben Lernperiode wiederholt wird, der Stoff um so eher haften bleibt, je mehr die wiederholten Präsentationen voneinander getrennt sind.[15] Außerdem wird der Sinn schwieriger Passagen im Lichte anderer Abschnitte besonders deutlich. Auch kann sich der Geist im Unterbewußtsein mit einer Erörterung befassen und es später plötzlich und spontan begreifen. (Mir geht plötzlich ein Licht auf – der berühmte »Osram-Effekt«.) Die Flexibilität ist hier von höchster Bedeutung, weil verschiedene Buchtypen verschiedene Methoden erfordern.
8. **Markieren und Unterstreichen:** Obwohl viele Menschen Hemmungen haben, in ein Buch hineinzuschreiben, können Notizen äußerst wertvoll sein. Also sollte man nicht davor zurückschrecken, seine Notizen im Buch selbst anzubringen. Wenn Ihnen das Buch nicht gehört, nehmen Sie einen *weichen* Bleistift und radieren Sie nachher Ihre Notizen mit einem weichen Radiergummi aus. Auf diese Weise werden kaum irgendwelche Spuren zurückbleiben. Wenn aber das Buch Ihr Eigentum ist, benutzen Sie ruhig Farbstifte oder Faserstifte. Dies hilft dem Gedächtnis und dient zur Unterscheidung verschiedener Themen.
   Durch Unterstreichen von Schlüsselwörtern oder sonstige Markierungen wird die Leistung gesteigert, da dann solche Wörter eher ins Auge fallen und zu einem besseren kurz- oder langzeitigen Ergebnis führen, als dies durch lineares Lesen möglich ist.[16] Wenn man diese Technik regelmäßig anwendet, lassen sich bessere Leistungen erzielen, wobei auch die Wiedergabe eine Förderung erfährt.[17]
9. **Aussondern:** Sondern Sie alle Abschnitte aus, die
   irrelevant .oder
   bereits bekannt sind,
   die nur als Füllstoff dienen,

Wiederholungen enthalten,
überholt sind, ferner auch
unnötige und überflüssige Beispiele.

Auch falsche Argumente sollte man aussondern. Robert Thouless[18] führt 38 faule Tricks auf, auf die man achten sollte, wie etwa

Verwendung gemütserregender Wörter, um den Leser zu beeinflussen
Zitate von »Berühmtheiten«, die gewisse Punkte belegen sollen
Bekämpfung von Opponenten anstatt ihrer Argumente
Verallgemeinerungen des Besonderen
Falsche Prämissen
Nicht verifizierte Quellen
Nachweis durch Analogie
Mißbrauch der Statistik

10. **Regelmäßige Pausen:** Eine Fünf-Minuten-Pause, die alle halbe Stunden oder alle vierzig Minuten eingelegt wird, trägt dazu bei, den Stoff eher und besser zu behalten. Man sollte solche Pausen selbst dann einlegen, wenn man gerade so schön im Zuge ist. *Wenn man etwas begriffen hat, so heißt es noch lange nicht, daß man sich auch gut daran erinnern kann.* Nach jeder Pause sollte man sich eine Minute Zeit nehmen, das Bisherige kurz zu wiederholen. Dadurch wird die Retention konsolidiert. Während der Pausen sollte man ausruhen und ausspannen. Dabei sollte man die Augen mit den Händen verdecken, wobei die Handflächen die Augen nicht berühren, sondern sie lediglich überwölben sollen. Auf diese Weise werden die Augen geschützt und haben die Möglichkeit, sich auszuruhen und zu erholen.[19]

11. **Geisteskarten aufstellen:** Solche Karten fördern die Komprehension und Integration des Wissens. Sie lassen sich leichter und schneller erstellen als herkömmliche Notizen, man kann sich besser an sie erinnern, und sie machen auch mehr Spaß. Nachdem man ein Buch durchgelesen hat, sollte man eine Pause von fünf Minuten einlegen. Dann sollte man das Buch noch einmal durchsehen und detaillierte Notizen hinsichtlich früherem Wissen machen, wo immer sich die Gelegenheit dazu bietet. Dabei sollte man Farben, Phantasie, Augenfälliges,

Form und Gestalt, Konturen und Umrisse, Absurditäten usw. festhalten.

12. **Wiederholung:** Eine regelmäßige Wiederholung trägt zur Festigung des Gedächtnisses bei. Das Aufstellen detaillierter Geisteskarten dient zur ersten spontanen Wiederholung und nützt den Reminiszenzeffekt maximal aus. Außerdem ist es ein Beitrag zum Integrieren des Stoffes, wobei auch eine Gesamtperspektive gewonnen wird. Dies trifft auf eine Wiederholung nach einem Tag, einer Woche, einem Monat oder nach sechs Monaten zu, wenn man seine Schemata im Kopf durchgeht. Auf diese Weise dürfte man sich an so gut wie alles erinnern.
    Für Wiederholungen sind solche Karten bestens geeignet, wie sie im vorigen Kapitel beschrieben wurden. Wenn man sich aber nicht solcher Karten bedient, so ist es angezeigt, komprehensive Notizen in Kartenform nach Beendigung des Studiums zu fertigen.
    Das Anfertigen der Gehirnkarte gilt als die erste Wiederholung, und sobald man sie fertiggestellt hat, sind bereits zahlreiche Details fest im Gedächtnis verankert. Bei den folgenden Wiederholungen reicht es dann, das Bild im Geiste durchzugehen, um nachzuprüfen, ob man alle Einzelheiten wiedergeben kann, wobei man sich im Zweifelsfall jeweils der Karte bedient.
    Zur Organisation der Wiederholungen ist es ratsam, die Karten in einem Ordner abzuheften. Dabei sollte man jede Karte mit einem Wiederholungsvorlagedatum für die nächste Wiederholung versehen und sie dann chronologisch ordnen. Täglich sollte man dann die Mappe auf Wiedervorlage prüfen und die einzelnen Karten nach der Wiederholung mit einem neuen Datum versehen, bevor man sie wieder ablegt. Auf diese Weise werden die jeweiligen Karten, die zur Wiederholung anstehen, stets automatisch obenauf liegen.
    Sind aber die Karten nach Themen geordnet, so sollte man regelmäßig den ganzen Ordner durchsehen, um festzustellen, ob irgendwelche Karten wiederholt werden müssen.

K) Die besten Bedingungen für ein Studium

Temperatur: Die meisten Zentralheizungssysteme sind auf eine Temperatur von ca. 18–23° C eingestellt. Dies ist eine angenehme Temperatur, soweit es den Körper betrifft, jedoch etwas zu warm für das Gehirn. Es arbeitet am besten bei einer Umgebungstemperatur von etwa 18° C. Wenn man es wärmer gewöhnt ist, muß man sich vielleicht etwas wärmer anziehen, aber es lohnt sich, weil der Geist dann klarer ist.

Licht und Beleuchtung: Das menschliche Auge ist erstaunlich anpassungsfähig und kann eine millionenfache Schwankung der Lichtintensität verkraften. Sobald sich das Auge angepaßt hat, kann man im grellsten Sonnenlicht, wie auch bei einer Kerze lesen. Um aber die Augen nicht zu sehr zu beanspruchen, ist ein Mittelwert eher angebracht – ein schattiges Plätzchen am hellichten Tag und ein gut ausgeleuchteter Raum am Abend.

Natürliches Tageslicht ist besser als künstliche Beleuchtung. Es enthält die ganze Skala des sichtbaren Spektrums und ist dem Auge besonders zuträglich. Eine künstliche Beleuchtung dagegen kann ein unausgeglichenes Spektrum ergeben, wobei besonders Leuchtröhren auf ein sehr schmales Band von Wellenlängen eingeengt sein können. Dadurch werden bestimmte Zellen in der Netzhaut besonders beansprucht, was zu einer rascheren Ermüdung der Augen führt.

Das Tageslicht hat auch den Vorteil, eine diffuse Beleuchtung zu liefern. Wenn man bei der Arbeit direkt dem Sonnenlicht ausgesetzt ist, kommt das Licht aus allen Richtungen und wirft keine scharfen Schatten auf die Buchseite. Nach Möglichkeit sollte das Licht von links kommen (bei Rechtshändern), so daß der Schatten der Hand beim Schreiben nicht aufs Blatt fällt. Am besten sitzt man bei der Arbeit nicht direkt dem Fenster gegenüber, weil sich jedesmal die Augen, wenn man aus dem Fenster blickt, rasch den veränderten Lichtverhältnissen anpassen müssen, was sie unnötig strapaziert.

Bei künstlicher Beleuchtung sollte man nach Möglichkeit ebenfalls für diffuses Licht sorgen, das von der Decke oder von den Wänden reflektiert wird und nicht direkt auf das Papier fällt. Dadurch erhält man ein gleichmäßigeres Licht, das nicht von irgendwelchen schimmernden Gegenständen reflektiert wird, die auf dem Tisch herumliegen. Wenn man Spotlichter benützt, so sollte man gleichzeitig für eine gute allgemeine Beleuchtung sorgen. Eine einzige Lichtquelle trägt zwar dazu bei, die Aufmerksamkeit auf das Blatt zu konzentrieren, ist aber für die Augen abträglich. Die Tischbeleuchtung wird ungleichmäßig, da man sich bei jedem Seitenblick der schwankenden Lichtintensität anpassen muß, in dem Fall mehr dem Schatten als dem Licht.

Arbeitsplatz und Sitzgelegenheit: Die Müdigkeit, die man beim Studium nach einer gewissen Zeit empfindet, setzt sich aus geistiger Ermüdung, aus der Müdigkeit der Augen sowie der muskulären Beanspruchung und Spannung zusammen. Die Position, die am meisten ermüdet, ist die, wo man aufrecht und leicht vorgebeugt sitzt. Sitzt man ganz aufrecht da und ist man eine solche Position nicht gewöhnt, so können zusätzliche Spannungen in der Rückenmuskulatur auftreten.

Die Stühle müssen hoch genug sein, so daß der Oberschenkel waagerecht liegt und der Unterschenkel einen rechten Winkel mit dem Oberschenkel bildet, wobei sich die Füße bequem auf den Boden stützen. Ist die Sitzfläche zu hoch, so drückt die Stuhlkante auf das Bein und verhindert die Blutzirkulation. Ist sie aber zu niedrig, so zeigt der Oberschenkel nach oben, und das Körpergewicht, das dann auf dem Schenkel lastet, übt ebenfalls einen ermüdenden Druck aus.

Das soll allerdings nicht heißen, daß ein Stuhl genau für die bestimmte Person gebaut sein muß. Ein Kissen, das man sich unterlegt, oder eine Fußstütze leisten den gleichen Dienst.

Die Tischhöhe ist ebenfalls zu beachten. Sitzt die Tischplatte zu tief, werden die Rückenmuskeln zu sehr beansprucht, während bei

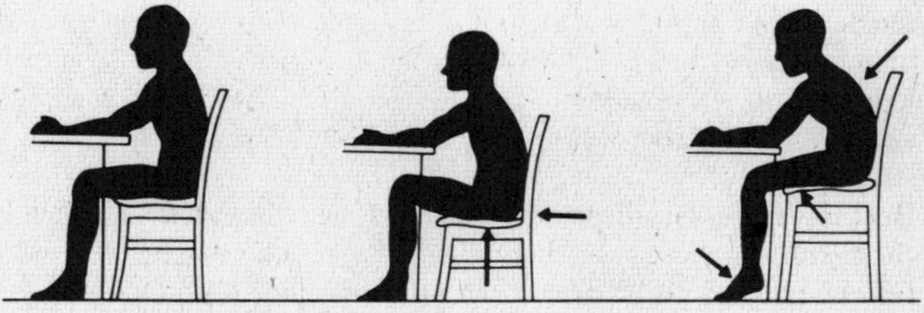

Bild 64: Sitzhaltung (a) gut, (b) (c) schlecht (Pfeile zeigen Spannungsstellen).

einer zu hoch sitzenden Tischplatte die Arme in die Schultern gedrängt werden.
Also ist das Lesen weitaus mehr, als nur Buchstaben zu erkennen und diese zusammenzusetzen, um dann Wörter und Sätze zu bilden. Man muß in der Lage sein, rascher vorzugehen, wo dies erforderlich ist, besser zu begreifen und sich an das Gelesene besser zu erinnern und den Stoff langfristig besser anzuwenden. Außerdem muß man darauf achten, wie und wo man liest, ebenso wie auf die Kunst des Lesens an sich, damit sich der Zeitaufwand auch lohnt und man vom gelesenen Stoff profitiert.

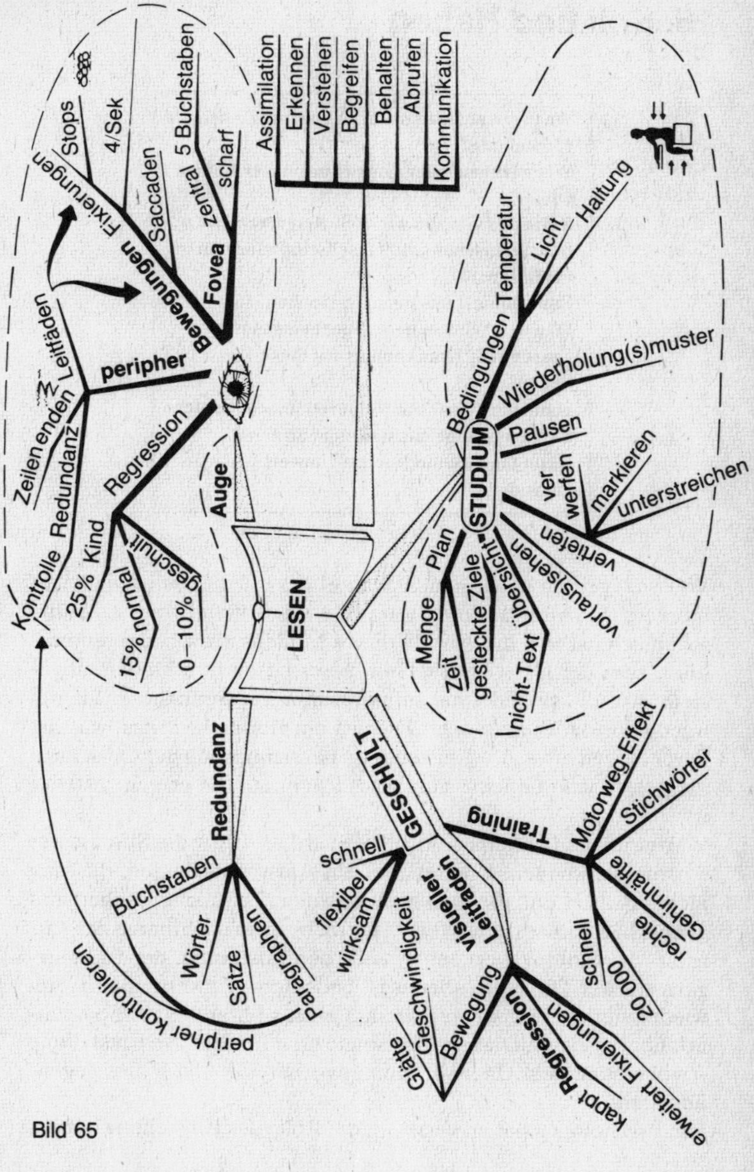
LESEN
Auge
peripher
Leitfäden
Zeilenenden
Redundanz
Kontrolle
Bewegungen
Fixierungen
Stops
4/Sek
Saccaden
Fovea
zentral
5 Buchstaben
scharf
Regression
25% Kind
15% normal
0–10% geschult
Assimilation
Erkennen
Verstehen
Begreifen
Behalten
Abrufen
Kommunikation
STUDIUM
Bedingungen
Temperatur
Licht
Haltung
Wiederholung(s)muster
Pausen
vertiefen
ver werfen
markieren
unterstreichen
vor(aus)sehen
Plan
Menge
Zeit
gesteckte Ziele
Übersicht
nicht-Text
GESCHULT
Training
Motorweg-Effekt
Stichwörter
rechte Gehirnhälfte
schnell
20 000
visueller Leitfaden
Bewegung
Geschwindigkeit
Glätte
kappt Regression
erweitert Fixierungen
schnell
flexibel
wirksam
Geschwindigkeit
Redundanz
Buchstaben
Wörter
Sätze
Paragraphen
peripher kontrollieren

Bild 65

15. Soll und Haben

Was versteht man unter »Satz« oder geistiger Einstellung?
Wie wirkt sich der Glaube auf unser Leben aus?
Kann der Glaube wirklich Berge versetzen (d.h. Menschen und Gesellschaftsformen verändern)?
Funktioniert das positive Denken?
Wie weit wird es beim Sport eingesetzt?
Lassen sich Krankheiten auf diese Weise heilen?
Kann man das Funktionieren seines Körpers durch »geistige Einstellung« ändern?
Kann man dadurch seine Umwelt verändern?

Wer sich gerade einen neuen Mantel gekauft hat, wird vielleicht merken, daß viele andere Leute ähnliche Mäntel tragen. Wahrscheinlich hat sich die Anzahl dieses Modells nicht bedeutend erhöht, aber der Geist hat sich auf dieses besondere Modell eingestellt, so daß man jedesmal aufmerksam wird, wenn dieser Mantel irgendwo wieder auftaucht. Dies ist ein Beispiel für das, was die Psychologen etwa als »Einstellung« bezeichnen, da der Geist dazu neigt, sich jene Objekte herauszusuchen, auf die er »eingestellt« ist.
Wartet jemand auf einen Anruf, so wird er sofort die Stimme des Anrufers erkennen. Kommt aber ein Anruf von Leuten, die man nicht erwartet und die man auch geraume Zeit nicht gesehen und gehört hat, kann es eine Weile dauern, bis man die Stimme des Anrufers erkennt. Wir erkennen auch den Postboten, der frühmorgens vor der Tür steht, aber es ist bedeutend schwerer, den Mann wiederzuerkennen, wenn man ihm etwa während eines Spanienurlaubs begegnet. Dies sind Beispiele für eine negative Einstellung – wobei man dem Unerwarteten unvorbereitet und hilflos gegenübersteht.
Die Psychologen haben versucht, die Rolle der Einstellung bei der

Wahrnehmung zu messen, wobei sie ihre Testpersonen aufforderten, Wörter zu erkennen, die vor ihren Augen kurz aufgeblendet wurden, nachdem man ihnen verschiedene Möglichkeiten angeboten hatte, was da auf sie zukommt. Bei einem dieser Experimente wurde kurz ein Tiername eingeblendet, wie z.B. *Pferd.* Dabei wurde der einen Gruppe gesagt, sie würden die Bezeichnung bzw. den Namen eines Tieres sehen, einer zweiten, es würde sich um eine Blume handeln und der dritten, daß sie lediglich ein X-beliebiges Wort erblicken würde. Diejenigen, die darauf vorbereitet waren, einen Tiernamen zu erblicken, erkannten das Wort am schnellsten und machten die wenigsten Fehler. Jene Gruppe, die irgendein beliebiges Wort erwartete, schnitt am zweitbesten ab. Die dritte Gruppe aber, die auf einen Blumennamen warteten, brachten die schlechtesten Resultate, reagierten bedeutend langsamer und machten die meisten Fehler.[1]
Bei einem ähnlichen Experiment, in dem einzelne Buchstaben verwendet wurden, wurde festgestellt, daß, selbst wenn die Buchstaben nur kurz aufgeblendet wurden, die Testperson immer noch sehr gut abschnitt, vorausgesetzt sie konnte unter zwei Buchstaben, z.B. *A* oder *B* wählen. Doch sie brachte immer dann Fehlleistungen, wenn die Wahl eins aus 26 erfolgen sollte.[2]
Demnach kann die jeweilige Einstellung darüber entscheiden, daß man sieht, was man sehen will oder möchte, selbst wenn der Gegenstand nicht vorhanden ist. Zauberkünstler machen sich diese Eigenschaft des Menschen zu eigen, indem sie den Zuschauer dazu bringen, daran zu glauben, daß sie etwas Bestimmtes sehen werden und daß der Künstler etwas vorführt oder zustande bringt – so etwa, daß er einen Zwanzigmarkschein verbrennt – obwohl er dabei etwas ganz anderes tut, da man wegen einer bestimmten Einstellung und Erwartung den Trick übersieht.
Die Einstellung bleibt nach der ursprünglichen Erwartung noch eine Zeitlang erhalten. Fordert man Leute auf, so viele Namen wie nur möglich zu nennen, die mit einem bestimmten Buchstaben – sagen wir *T* – beginnen, so werden sie noch Stunden nach dem Experiment auf Namen fixiert sein, die mit einem *T* beginnen. Die Aufgabe bleibt »unterschwellig« haften und ist sogar bei einer völlig anderen Einstellung immer noch deutlich zu registrieren.[3]
Dasselbe kann auch im täglichen Leben passieren. Man hat einen Namen auf der Zunge liegen, aber man kann ihn nicht nennen. Später fällt dann vielleicht der Name zufällig in einem Gespräch,

oder man bekommt ihn irgendwo zu lesen, wobei einem dann sofort klar wird, daß es sich um denselben Namen handelt, an den man sich nicht erinnern konnte. Selbst wenn man nicht bewußt nach diesem Namen gesucht hat, waren Geist und Gedächtnis auf diesen Namen gewissermaßen »eingestellt«.

Die jeweilige Einstellung beeinflußt so ziemlich alles, was wir tun, oder was wir erblicken. Jedes System dieser Art stellt eine Person darauf ein, Ereignisse und Fakten zu registrieren, die der jeweiligen Vorstellung entgegenkommen, während alles andere ausgeklammert wird. Das ist auch der Grund dafür, warum zwei Menschen so verschiedener Ansicht sein können, was Religion, Erziehung, Politik, wirtschaftliche Verhältnisse, den Geist und die Natur der Realität betrifft, wobei jeder *aus seiner Erfahrung heraus* davon ausgeht, daß die Welt so ist, wie er meint, daß sie sei. Jeder für sich hat unbewußt jene Beweise ausgewählt, die seine Meinung stützen und erhärten. Eine solche Einstellung mag ihre Vorteile haben, kann aber ebenso zu Bigotterie und Vorurteilen führen. Mark Brown legt in seinem Buch *Set Thinking – Why Dogs Look Like Their Owners* (etwa: Vorgefaßtes Denken – Warum sich Herr und Hund ähneln), daß man sich vor solcher Denkart am besten dadurch bewahrt, daß man versucht, sich an die oppositionelle Denkweise zu halten. Bei einer solchen Einstellung dürfte man einigermaßen sicher sein, daß man beide Seiten der Medaille möglichst objektiv betrachtet und nicht dazu neigt, Partei zu ergreifen.[4]

Auch der Umstand, daß Hunde ihren Herrchen gelegentlich ähnlich werden und umgekehrt, geht ebenfalls auf das Konto der jeweiligen Einstellung. Jede herausragende Qualität, die einer bestimmten »Einstellung« entspricht, läßt sich hier wie dort feststellen. Trifft man einen untersetzten Mann mit starker Leibesfülle, der einen Boxer an der Leine führt, wird man darauf achten, ob Herrchen selbst eine Stupsnase hat, oder ob der Hund an Übergewicht leidet. Man wird alle Merkmale feststellen, in denen sich die beiden ähnlich sind, wird aber wahrscheinlich kaum registrieren, auf welch hundertfache Art sich die beiden voneinander unterscheiden.

Oft spielt die Einstellung auch bei der Beurteilung anderer Leute eine Rolle. Wenn man gerade einen Streit mit jemandem gehabt hat, kann man vielleicht meinen, er sei der egoistischste und hartnäckigste Mensch auf der Welt, und wenn man ihn das nächstemal trifft, so ist man bereits dementsprechend »vorbelastet« oder voreingenommen und bereit, kein gutes Haar an ihm zu lassen und nur seine negativen Seiten zu sehen. Ist man andererseits etwa bis über beide Ohren verliebt, ist es der beste Mensch auf Erden, und alles, was er tut ist richtig und gut.

Doch damit nicht genug – die Einstellung kann einen Menschen auch zum Guten oder zum Schlechten bekehren. Bei einer Studie mit mehr als 100 Kindern wurde gemessen, inwiefern die Erwartungen, die Eltern in ihr Kind setzen, sich auf das Kind auswirken. Unter den Kindern, die von ihren Müttern unterdurchschnittlich eingestuft wurden und denen man gesagt hatte, sie würden es nie zu etwas bringen, wiesen nur 7,7% im Alter von 10 bis 11 Jahren keine emotionellen Störungen auf. Andere Kinder dagegen, die als überdurchschnittlich eingestuft worden waren, wiesen 46,2% keine solchen Symptome auf. Diese Beziehung war unabhängig von anderen Faktoren, wie etwa Bildungsstand, Beruf, Alter, Herkunft oder Größe der Familie, ein Umstand, der darauf hinweist, daß es sich hier tatsächlich um einen direkten Einfluß der »Einstellung« handelt.[5]

Auch in der Schule kann sich die Erwartung, die der Lehrer in die Fähigkeiten eines Schülers setzt, auf die tatsächlichen schulischen Leistungen des Kindes auswirken. Wird eine Gruppe von Kindern mit gleicher Begabung in zwei Gruppen eingeteilt und sagt man dem Lehrer, daß die Kinder der einen Gruppe einen hohen IQ aufweisen und voraussichtlich in der Schule brillieren werden, während die anderen wahrscheinlich in akademischer Hinsicht zu wünschen übrig lassen, wird die erste Gruppe bedeutend bessere Leistungen erbringen als die zweite. Dieser Effekt, der als Pygmalion-Effekt bekannt ist, ist die Ausgeburt zahlreicher Studien, die in Schulen, aber auch im Geschäftsleben, in der Psychiatrie, in der Medizin, in den sozialen Beziehungen und in anderen Situationen durchgeführt wurden.[6]

Ein Teil dieses Effekts ist eine Folge der jeweiligen Einstellung des Lehrers, der bei hellen Köpfen die Leistung, bei Schwächeren nur die Fehler sieht. Bei einem bereits legendären Experiment wurden Psychologiestudenten zwei Gruppen von Ratten präsentiert. Dabei wurde behauptet, die eine Gruppe sei intelligent und geschult, die andere beschränkt – obwohl hier, wie auch bei dem Experiment mit Kindern, beide Gruppen identisch waren. Das Ergebnis der Studentenversuche zeigte, daß die »intelligenten« Ratten im

Labyrinth bedeutend bessere Leistungen erbrachten als ihre »beschränkten« Artgenossen.
Bei Kindern kann sich der gleiche Effekt infolge ihrer Einstellung als Reaktion auf die Haltung des Lehrers einstellen. Ein »dummes« Kind kann auf diese oder jene Weise mitbekommen, daß man es nicht gerade für eine Leuchte hält und kann auf diese Tatsache fixiert werden. Dadurch ist es eher bereit, seine Fehler zu registrieren und seine Erfolge zu übersehen, wobei diese negative Einstellung verstärkt wird. Dabei sind auch die Leistungen bedeutend schwächer als die der sogenannten »hellen Köpfe«.
Auch allgemeine soziale Trends können dem Einfluß der jeweiligen Einstellung unterliegen. Wenn zum Beispiel die Mehrheit der Bevölkerung der Meinung ist, daß das Land am Rande des Zusammenbruchs steht, daß Extremisten die Macht übernehmen werden und daß eine ökologische Katastrophe vor der Tür steht, daß der Untergang naht, dann kann es tatsächlich zu einer Katastrophe kommen – insbesondere wenn diese Haltung durch die Medien verstärkt wird. In einer jüngsten Studie wurde festgestellt, daß selbst die Qualität von Zeitungsartikeln die Einstellung von Personengruppen gegeneinander beeinflussen kann. Menschen, die positive Artikel lesen und am Abend die positiven Ereignisse ins Gedächtnis zurückrufen, sind eher bereit, ihre Mitmenschen sympathisch zu finden als solche, die tagsüber nur Negatives erfahren haben.[7]
In einem Bericht von Willis Harman und Kollegen am Standford Research Institute ist man zu der Schlußfolgerung gelangt, daß die Gesellschaft dazu neigt, sich nach jenem dominanten Bild zu orientieren, das durch die Medien und durch das Erziehungssystem propagiert wird. Daraus ergibt sich, daß, wenn die Menschheit die nächsten Jahrzehnte überleben soll, eine Neubestätigung der positiven Seiten des menschlichen Potentials und eine »Einstellung« der Gesellschaft auf eine positive Zukunft unerläßlich sind.[8]

A) Geistige Einstellung und Studium

Im vorigen Kapitel wurde vorgeschlagen, als Teil für die Vorbereitung aufs Studium seine Kenntnisse über das jeweilige Gebiet kurz zu wiederholen und sich für die kommenden Studien bestimmte Ziele zu setzen. Hierdurch wird man auf das Thema eingestimmt,

wobei es dann leichter fällt, die relevanten Punkte zu erkennen, sie zu begreifen und wiederzugeben.
Eine solche Wiederholung läßt sich am besten mit Hilfe einer Geisteskarte durchführen. Dabei wird das jeweilige Thema in die Mitte der Karte gesetzt, wobei dann die Schlüsselwörter, die mit dem Thema verknüpft sind, in einer halben Minute schnell aufgezeichnet werden, um das Thema in skizzenhafter aber einleuchtender Weise zu umreißen. Selbst wenn es sich um Neuland handelt, wird man dennoch einige Assoziationen zum Thema finden, und indem man diese kurz notiert, schafft man sich die richtigen Ankerplätze, wo sich der Geist während der Studien festklammern kann.
Je klarer man seine Richtung und seine Ziele bestimmt, um so fester wird die geistige Einstellung. Auch in diesem Fall ist es besser, eine Schnellskizze zu fertigen und sämtliche Assoziationen einzutragen, die einen gerade im Augenblick überfallen. So mancher hat schon sein natürliches Bedürfnis unterdrückt, Fragen zu stellen, teilweise aus dem Grund, um nicht dumm zu erscheinen, teilweise, weil man ihm beigebracht hat, den Mund zu halten. Fragen sind aber nicht dazu angetan, die Unwissenheit einer Person deutlich zu machen, sie sind vielmehr notwendig, um sich dem Wissen und damit auch der Welt zu erschließen. Kinder stellen unermüdlich Fragen, und zwar die klassischen Fragen: Wer? Was? Warum? Wann? Wo? Wie?...
Ein weiterer Vorteil einer bestimmten geistigen Einstellung liegt darin, daß man sich dagegen wehrt, wissen zu müssen, was man nicht wissen kann, oder zu wissen, was irrelevant ist. Wie bereits erwähnt, dürfte man kaum etwas behalten, was man nicht erwartet, wenn man nicht auf alles vorbereitet ist, was auf einen zukommen könnte.

B) Die Einstellung beim Sport

Die Rolle, die die geistige Einstellung beim Sport spielt, ist mittlerweile in den Mittelpunkt des Interesses gerückt. Alan Richardson hat in Australien die Auswirkungen der geistigen Vorstellung bei Basketballspielern untersucht. Dazu benutzte er drei Studentengruppen. Die erste Gruppe übte den Ballwurf täglich etwa 20 Minuten. Die zweite dagegen verbrachte täglich 20 Minuten damit, sich vorzustellen, daß der Ball in den Korb geworfen wird. Wie bei der physikalischen Übung, versuchte diese Gruppe ihre Leistungen zu korrigieren, wenn sie »geistig« den Korb verfehlt hatte. Die dritte Gruppe schließlich wurde keinerlei Übungen unterzogen. Nach drei Wochen wurde festgestellt, daß die Gruppe, die nur »im Geiste« trainiert hatte, die gleichen Fortschritte aufwies wie die erste, die tatsächlich am Training teilnahm, – also etwa 24% – während die dritte Gruppe überhaupt keine Fortschritte verzeichnen konnte.[9]

Richardson stellte fest, nachdem er Gruppe 2 genauer unter die Lupe genommen hatte, daß die verbesserten Leistungen der einzelnen Gruppenmitglieder mit dessen Fähigkeit in Beziehung stand, sein geistiges Bild zu kontrollieren. Einer der Spieler beispielsweise stellte fest, daß er zwar das Spielfeld deutlich vor sich sah, trotzdem aber nicht in der Lage war, den Ball zu werfen, weil er irgendwie am Boden klebte. Diesem Sportler hatte das geistige Training nicht viel eingebracht. Andere Sportler jedoch, die den Ball »fühlen« und »sehen« konnten, waren bedeutend erfolgreicher. Diejenigen aber, die sogar den Aufprall des Balls »hören« konnten, konnten darüber hinaus weitere Erfolge verzeichnen.

Während einer anderen Versuchsreihe forderte Richardson eine Turnergruppe auf, ein geistiges Training für eine bestimmte Turnübung am Barren durchzuführen. Wie auch bei den Basketballspielern erwiesen sich diejenigen, die sich einem geistigen Training unterzogen hatten, den anderen überlegen. Auch diesmal wurden die Sportler in die Lage versetzt, mit Hilfe lebhafter Vorstellungsbilder und mit Hilfe der Kontrolle, die sie über solche Vorstellungen ausüben konnten, ihre physikalischen Übungen zu einem besseren Ergebnis zu führen.[10]

Ein solches geistiges Training schenkt einem Spieler nicht nur viel Selbstvertrauen und dient nicht nur zur Vorbereitung auf eine bestimmte Situation, sondern wirkt sich gleichzeitig direkt auf die Muskulatur aus. Es wurde nämlich festgestellt, daß, wenn sich eine Person eine Aktivität vorstellt, in der entsprechenden Muskulatur geringfügige elektrische Veränderungen nachgewiesen werden können, selbst wenn keine physischen Bewegungen stattfinden.[11]

Eine ähnliche Methode wurde auch beim Training für Skiläufer angewandt. Dabei wurden die Personen, samt und sonders erfahrene Läufer, in einen entspannten Zustand versetzt und dann aufgefordert, sich Wettlauftechniken, Slaloms, Pistenkonzentration usw. vorzustellen. Sooft dabei im Geiste ein Fehler begangen wurde,

wurde den Testpersonen geboten, sich zurückzuerinnern und ihre Fehler ebenfalls im Geiste zu korrigieren. Dieses Training war so wirksam, daß später bei der Auswahl einer Mannschaft ausschließlich auf diejenigen zurückgegriffen wurde, die sich solcher geistigen Vorstellungen bedienten.[12] Ähnliche Techniken wurden von dem Goldmedaillengewinner und Ski-As Jean-Claude Killy angewandt, der sich stets einem geistigen Training unterzog, wenn er keine Möglichkeiten für praktische Übungen hatte.

Tennis ist eine weitere Sportart, wo sich die geistige Einstellung ebenfalls positiv auswirkt. Billie Jean King bediente sich jeweils vor den Spielen dieses geistigen Trainings, wobei sie sich jede nur mögliche Situation vorstellte, um sich einzubilden, daß sie mit jeder Situation fertigwerden kann, während sie im Geiste alle nur möglichen Nachteile und brisanten Vorkommnisse Revue passieren ließ. Auch Virginia Wade »sah« sich mitten auf dem Tennisplatz in Wimbledon und »wußte«, daß sie dieses Ziel erreichen kann. In seinem Buch *The Inner Game of Tennis* macht Timothy Gallway, selbst professioneller Tennisspieler, den Vorschlag, daß man beim Training und beim Üben schwieriger Schläge jeden Schlag zuerst im Geiste durchführen sollte. Der Spieler sollte zunächst den Punkt anvisieren, wo er den Ball treffen will, dann die Augen schließen und sich vorstellen, wie der Ball vom Schläger abprallt und sein Ziel trifft. Nachdem er dies einige Male wiederholt und alle Fehlschläge korrigiert hat, sollte der Spieler die Augen öffnen, die Muskeln spannen und seinen Körper in Schwung bringen, ohne jede Kontrolle, *ohne den Versuch, das Ziel zu treffen* – gewissermaßen »das Servieren wie von selbst geschehen zu lassen«.[13]

Mohammed Alis ständiger Sparringspartner bescheinigte dem Boxer, daß dieser stark erfolgsorientiert sei. Er ließ den Gedanken an ein Versagen gar nicht erst aufkommen, indem er sich nicht nur selbst stets auf Sieg, sondern auch seinen Gegner auf Niederlage programmierte. Wenn die Voraussage richtig war, so war jeder Kampf, den Ali gewann, ein weiterer »Denkzettel« für seine Gegner, daß sie von vornherein auf verlorenem Posten standen.

Ähnliche Ergebnisse ließen sich auch beim Golfspiel, bei Motorradrennen und vielen anderen Sportarten feststellen.

Andererseits kann eine negative Einstellung im Sport außerordentlich hinderlich sein. Lange Zeit konnten etwa Gewichtheber die »Schallmauer« von 500 Pfund nicht durchbrechen. Die Lei-

stungen der Spitzensportler lagen stets in der Nähe der 400-Pfund-Marke, denn sie dachten bei sich: »Keiner hat bisher 500 Pfund geschafft, warum sollte es gerade mir gelingen?« Als es dann schließlich Valery Alexis gelang, 500 Pfund zu heben, so war dies nur dem Umstand zu verdanken, daß man ihn angeführt hatte. Dabei wurde das Maß auf 499,9 Pfund eingestellt, obwohl das Gewicht bereits 501,5 Pfund betrug. Er schaffte es, und nun, da endlich das Eis gebrochen war und jeder wußte, daß eine solche Leistung möglich ist, hatte Alexis plötzlich viele Nachfolger, weil sich ihre negative Einstellung in eine positive verwandelt hatte.[14]
Arnold Schwarzenegger, fünffacher Mister Universum, findet, daß Bodybuilding weitgehend im Geiste stattfindet: »Solange man sich einbildet, daß man ein bestimmtes Ziel erreichen kann, wird man es auch schaffen – aber nur so lange, wie man 100%ig daran glaubt.«[15]

C) Einstellung und Gesundheit

Einer der ersten, der die Macht des Geistes bei der Heilung von Krankheiten erkannt hat, war der Schweizer Arzt Paracelsus im 16. Jahrhundert. Er meinte, daß Einbildung Leute krank, aber auch gesund machen kann, und obwohl er so manche Theorie im Sinne guten oder bösen Geistes auslegte, beruhten seine Heilmethoden auf nichts weiter als auf der geistigen Einstellung, die man der Gesundheit gegenüber einnimmt.
Die meisten medizinischen Systeme haben erkannt, daß die Einstellung im kranken und gesunden Zustand eine bedeutende Rolle spielen kann. Ein Mensch, der überzeugt ist, für die Krankheit prädestiniert zu sein, wird viel eher krank als ein Mensch mit einer gesunden, optimistischen Einstellung. So manche Therapie kann durch den Optimismus des Patienten gefördert werden.
Dies war die Grundlage der Heilmethode von Emile Coué, die in den 20er Jahren sowohl in Europa als auch in Amerika äußerst populär war. Seine Therapie schloß die stetige Wiederholung des Satzes ein: »Tag für Tag geht es mir auf jede Weise besser«. Ein sehr einfacher, aber anscheinend äußerst effektiver Gedanke.
Da der Glaube bekanntlich Berge versetzt, reicht dieser Satz allein schon aus, um sich auf die Heilung auszuwirken. Patienten, denen ein Placebo verabreicht wird, das heißt eine einfache Chemikalie wie etwa Zucker oder Weißmehl als Medikament getarnt, erholen

sich ebenso schnell wie andere Patienten, die medikamentös behandelt werden, vorausgesetzt, daß der Patient daran glaubt, daß es sich um eine Art »Wunderdroge« handelt. Im Laufe einer Studie injizierte ein Arzt seinen Patienten destilliertes Wasser, die an blutendem *ulcus pepticum* litten. Er erzählte ihnen, er würde ein neues Medikament anwenden, das sie bestimmt heilen würde. Dabei zeigten 70% der Patienten ausgezeichnete Resultate, die übers Jahr anhielten.[16] Bei einem weiteren Experiment wurde dem Patienten Ipecac verabreicht, ein Mittel, das gewöhnlich Übelkeit und Erbrechen auslöst. Auch in diesem Fall wurde dem Patienten beigebracht, daß dieses Medikament Übelkeit und Erbrechen *verhindert,* woran der Patient litt. Und das war dann auch wirklich der Fall.[17]

Jerome Frank weist in seinem Buch *Persuasion and Healing* darauf hin, daß Medikamente, die von den Ärzten bis in die Mitte dieses Jahrhunderts verschrieben wurden, chemisch träge sind und von sich aus keine Bakterien oder Viren abtöten können. »Die Geschichte der medizinischen Behandlung war bis vor kurzem die Geschichte des Placeboeffekts.«[18]

Krebs ist eine Krankheit, bei der die jeweilige Einstellung wichtige Folgen haben kann. Die westliche Welt ist im allgemeinen darauf eingestellt, daß es sich bei Krebs um eine unheilbare Krankheit handelt, die mit Sicherheit zum Tode führt. Sobald bei einem Patienten Krebs festgestellt wird, wird die negative Einstellung zu einer ganz persönlichen Sache – insbesondere dann, wenn der Patient weiß, daß er nur noch etwa ein halbes Jahr zu leben hat.

Eine Vorhersage des Todes kann manchmal dazu beitragen, den Tod herbeizuwünschen. Bei den Murgins im nördlichen Australien etwa, kann der Häuptling einen Menschen einfach dadurch zu Tode bringen, daß er ihm sagt, er würde innerhalb von zwei Tagen sterben. Und der Betreffende wird sicher tot sein, bevor die 48-Stunden-Frist abgelaufen ist. Wissenschaftler, die solche Fälle untersuchten, konnten am Leichnam keine physischen Erkrankungen feststellen. Wenn man aber einem Sterbenden sagt, daß der Fluch von ihm genommen sei, wird er sich in kürzester Zeit erholen, ohne jede Anzeichen von Krankheit.[19]

Ähnliche Prinzipien wurden bei einigen vielversprechenden Methoden zur Krebsbehandlung angewandt. Carl und Stephanie Simonton haben versucht, ihren Patienten eine positive Einstellung zum Überleben zu vermitteln, indem sie ihnen eine Reihe spontaner Heilungsfälle vorführten und sie in der Anwendung des Heilungspotentials schulten, das dem Körper selbst innewohnt, wobei den Patienten beigebracht wurde, aktiv zu erkennen, wie der Körper sich wieder erholt. Danach zeigten etwa 30% Patienten eine komplette Genesung an, während weitere 45% auf dem Weg zur Genesung waren.[20] Obwohl sich diese Arbeit erst im Anfangsstadium befindet, sind die Erfolgsraten bedeutend höher als bei der herkömmlichen Krebsbehandlung.

Ein weiteres medizinisches Gebiet, wo die »Einstellung« zu besten Ergebnissen geführt hat, ist die Geburt. Dr. Grantly Dick-Read, ein leidenschaftlicher Verfechter der normalen Geburt, glaubt, daß es wichtig ist, der Mutter ein positives Bild über die Geburt zu vermitteln, wobei das Syndrom »Angst-Spannung-Schmerz« weitgehend ausgeschaltet wird.[21] In der westlichen Gesellschaft sind junge Frauen ständig der abschreckenden Vorstellung und der negativen Einstellung hinsichtlich Schmerz und Leiden bei der Geburt ausgesetzt. Die Angst führt dann zu resistenten Aktionen im Mutterleib, zu Muskelverspannungen, zur Drosselung der Blutzufuhr zur Gebärmutter, zum Aufbau unerwünschter Produkte im Gewebe und damit schließlich zu den Schmerzen, die durch all diese Umstände ausgelöst werden. In einem solchen Fall trägt die Angst vor Schmerzen tatsächlich dazu bei, Schmerzen zu erzeugen. In primitiven Gesellschaftsformen jedoch, wo die Schmerzen bei der Geburt nicht durch kulturelle Tradition festgelegt sind, messen die Gebärenden diesem Umstand keine große Bedeutung zu. Es scheint vielmehr, als würden sie bei der Geburt eine Art beglückendes transzendentales Erlebnis haben.

D) Die physiologische Kontrolle des Körpers

Es gibt viele Geschichten über indische Yogis und Fakire, die fähig waren, in ihrem Körper beachtliche Veränderungen zu produzieren, allein durch die geistige Einstellung. Einer zum Beispiel, ein Yogi, konnte die Temperatur an zwei Hautstreifen einer Hand so ändern, daß die eine Hautpartie abkühlte, während sich die andere gleichzeitig erhitzte. Obwohl die beiden Hautstellen nur wenige Zentimeter voneinander entfernt waren, betrug der Temperaturunterschied fast 4° C. Die heiße Hautpartie der Handfläche war hellrot, die kalte dagegen aschgrau.[22] Der Yogi erzielte dieses Ergebnis, indem er sich vorstellte, daß auf der einen Partie eine glühende Kohle, auf der anderen ein Stück Eis lag.

Der russische Mnemonist »S«, von dem bereits die Rede war, machte ebenfalls von seiner Vorstellungskraft Gebrauch, um ähnliche Resultate zu erzielen. Er konnte nicht nur die Temperatur seiner Hände regeln, sondern auch seinen Herzrhythmus beschleunigen oder dämpfen, indem er sich vorstellte, daß er einem Zug nachlief bzw. daß er flach ausgestreckt im Bett lag.[23] Er konnte auch seine Pupillenöffnung verstellen, indem er sich verschiedene Stufen von Lichtintensität vorstellte, ebenso auch das Strömungsbild der Alphastrahlen in seinem Gehirn durch die Annahme, ihn blende ein Lichtstrahl.[24]

Er konnte seine Vorstellungskraft auch bei der Schmerzkontrolle einsetzen, wie er dies bei einem Zahnarztbesuch beschreibt. »Sobald der Schmerz einsetzt, spüre ich ihn. Es ist ein kleiner, orangeroter Faden. Das macht mich kribbelig, weil ich weiß, daß, wenn dies andauert, der Faden sich immer weiter ausdehnt, bis er zu einer dichten Matte wird. Also schneide ich den Faden ab, mache ihn immer kürzer, bis nur noch ein winziger Punkt vorhanden ist, und der Schmerz verschwindet.«[25]

Im Westen hat man sich im Lauf der Zeit immer mehr für die biologische Rückkopplung interessiert, mit deren Hilfe eine Person ihre biologischen Parameter, wie Blutdruck, Hauttemperatur, Gehirntätigkeit und andere Faktoren regeln kann, von denen man früher annahm, daß sie außerhalb der individuellen Kontrolle liegen. Dabei wird nicht versucht, die physiologischen Parameter zu ändern, eher geht es darum, einen geistigen Zustand zu erreichen, der die erforderliche Änderung hervorruft, wobei man in der Lage ist, zu beobachten, ob die entsprechende Reaktion auch eintritt, und zwar mit Hilfe der Informations-»Rückkopplung« anhand von Überwachungsinstrumenten. Dabei wurde festgestellt, daß die Vorstellungskraft eine bedeutende Rolle in der biologischen Rückkopplung spielt. Die Hauttemperatur läßt sich dadurch ändern, daß man sich vorstellt, daß es zu warm oder zu kalt ist, und Blutdruck sowie Muskelspannungen lassen sich ändern bzw. beseitigen, indem man sich einen entspannten Zustand vor Augen führt. Weiter wurde erforscht, daß geistige Vorstellung und Glaube die Umwelt tatsächlich verändern können. Damit treten wir ins Reich der Wunder und der übermenschlichen Kräfte ein, wie etwa über Wasser wandeln oder Levitation. Solche Dinge sind weder unmöglich noch von vornherein auszuschließen,[26] doch bedarf es noch weiterer eingehender Studien, um zu begreifen, wie sie vor sich gehen.

E) Anwendung und Ratschläge

Das Bild, das man von sich selbst macht, ist eine Form der geistigen Einstellung. Eine Person, die wenig von sich hält, wie etwa jemand, der nie so richtig erfolgreich war, ist eher darauf eingestellt, seine Mißerfolge als seine Erfolge zu registrieren. Man merkt sich jene Aspekte, die jenes Bild erhärten, das man von sich selbst macht, nämlich, daß man eine Niete ist, wobei man dann immer weniger dazu beiträgt, auf irgendeine Weise doch noch Erfolge zu erzielen. Ein Mensch aber, der optimistisch eingestellt ist, wird eher auf seine Erfolge achten – und dies ist die Grundlage für zahlreiche Techniken, die das positive Denken fördern.
Über dieses Thema wurden zahlreiche Bücher geschrieben, wobei die Wirksamkeit des positiven Denkens im täglichen Leben immer häufiger betont wird.[27] Die Tatsachen wurden aber leider nur zu oft von den traditionellen Psychologen ignoriert, wahrscheinlich weil die meisten Fälle eher anekdotischen Charakter haben, und weil solche Bücher eher auf den Taschenbuchmarkt abzielen, als auf einen akademischen Leserkreis.
Im wesentlichen besteht ein solcher Prozeß darin, sich zunächst einmal ein Ziel zu setzen und sich dann vorzustellen, daß man dieses Ziel erreicht hat. Es geht also nicht nur darum, sich irgendwelche Ziele zu setzen, sondern darum, »im Geiste« zu erfahren, daß man diese Ziele auch erreicht. Die Bedeutung dieser Umstände kann man im Sinne der geistigen Einstellung deutlich ersehen. Wenn es sich bei einem Ziel lediglich um einen Wunschtraum handelt, der irgendwann in der Zukunft in Erfüllung gehen soll, dann bleibt die Einstellung stets negativ – weil man sein Ziel eben noch *nicht* erreicht hat –, und man wird unbewußt nach irgendwelchen Erfahrungen suchen, die eine solche Haltung rechtfertigen. Die Vorstellung, daß alle Träume bereits in Erfüllung gegangen sind, bringt eine positive Einstellung für all jene Ereignisse und Gelegenheiten, die dem jeweiligen Ziel entgegenkommen.
Die meisten Systeme besagen, daß man sich bei einer solchen Übung in einem möglichst entspannten Zustand befindet, das heißt, daß man sich in einen verträumten, friedlichen Zustand ver-

setzt, in ein Niemandsland zwischen gestern und morgen – also in eine Art hypnotischen Zustand. Dabei werden die tieferen Schichten des Unterbewußtseins berührt, soweit sie die geistige Aktivität betreffen, so daß man in diesem Zustand mehr Kontakt zu all diesen Bereichen pflegen kann. Obwohl man über die Mechanik solcher Vorgänge noch wenig weiß, dürften sie auf ähnliche Weise funktionieren, wie die posthypnotische Suggestion.

Diese unbewußte geistige Einstellung wirkt sich auf die tägliche Aktivität als eine Art Vorprogrammierung aus, wobei eine Person all jene Faktoren registriert, die sich positiv auf ihre Einstellung auswirken, so daß sie auch jene Gelegenheiten wahrnimmt, die die Verwirklichung ihrer Pläne positiv beeinflussen.

Eine allgemeine Regel bei allen positiven Denksystemen lautet, man sollte niemals »ich kann nicht« sagen, sondern sich alle Möglichkeiten überlegen. Selbst wenn man tatsächlich nicht weiß, wie man ein bestimmtes Ziel erreichen kann, ist eine positive Einstellung äußerst wertvoll. Dadurch werden die unbewußten Denkstufen für das jeweilige Ziel vorprogrammiert und zeigen oft Mittel und Wege auf, um ein Ziel zu erreichen, oft »aus heiterem Himmel«, Lösungen, auf die der eher rationale Geist von sich aus wahrscheinlich nie gekommen wäre.

Problemlösung: Die gleichen Prinzipien lassen sich auch bei Problemen, die sich der Lösung entziehen, oder bei schwierigen Entscheidungen anwenden. Zunächst sollte man versuchen, das Problem zu lösen, indem man alle relevanten Informationen einholt, die verfügbar sind. Wenn man dann keine Lösung findet, sollte man das Problem seinem Unterbewußtsein überlassen.

Dies geht am ehesten, wenn man das Problem im Sinn behält, sobald man sich zu Bett begibt. Dabei sollte man aber nicht über das Problem nachgrübeln oder versuchen, eine Lösung zu finden, sondern lediglich die Beschaffenheit des Problems sowie die relevanten Faktoren im Auge behalten und sich vorstellen, daß das Problem bereits gelöst wird. Man versuche sich auch vorzustellen, wie es ist, wenn das Problem gelöst ist und widme seine Aufmerksamkeit diesem Punkt, während man einschlummert. Unter Umständen wacht man dann am Morgen auf und hat die Lösung urplötzlich parat, oder man stolpert irgendwann im Laufe des Tages darüber.

Der Grund, warum die Lösung eines Problems »im Schlaf« selten vorkommt, liegt darin, daß man sich den Kopf darüber zerbricht, ob es überhaupt eine Lösung gibt und man in dem Bewußtsein zu Bett geht, daß man keine Lösung gefunden hat, ein Umstand, der die negative Einstellung fördert.

Wecken: Eine weitere einfache Methode zur praktischen Verwendung der Einstellung ist das Setzen eines geistigen Weckers, um am Morgen beizeiten aufzuwachen. Für diesen Zweck wurden bereits verschiedene Techniken vorgeschlagen, so etwa die, eine Vorrichtung zu benutzen, die am Morgen den Kopf z.B. siebenmal aufs Kissen schmettert, wenn man um sieben wach werden möchte. Eine weniger drastische Methode besteht darin, daß man bis kurz vor dem Einschlafen wartet und sich dann eine große Uhr vorstellt, die Mitternacht zeigt und deren Zeiger man dann auf die erforderliche Zeit einstellt, während man sich einredet, daß man zu einer bestimmten Zeit frisch und munter aufwachen wird. Eine solche Technik kann bemerkenswert genaue Resultate erzielen. Die meisten Menschen stellen dann fest, daß sie innerhalb von ein bis zwei Minuten um die »eingestellte« Zeit herum wach werden.

Der spezifisch geistige Mechanismus für diesen Vorgang ist noch nicht erforscht, aber man weiß, daß der Körper eine genaugehende biologische Uhr besitzt, bei der wahrscheinlich das Unterbewußtsein mit eingreift.

Eine solche Technik ist auch als Ausgangspunkt für die allgemeine »Selbsteinstellung« wertvoll. Die meisten Menschen finden, daß diese Technik leicht zu meistern ist, und die Tatsache, daß sie funktioniert, trägt zur allgemeinen (positiven erfolgsorientierten) Einstellung dem eigenen Potential gegenüber auf diesem Gebiet bei. Wenn man versucht, sich auf etwas anderes einzustellen, und wenn man etwas über die Wirksamkeit solcher Techniken weiß, so bezieht man von vornherein eine eher positive Stellung. Je weiter man kommt, um so mehr wird man sich bewußt, daß man bedeutend mehr Möglichkeiten zur Verfügung hat als man jemals ahnte.

Der Weg zum Nichtraucher: Ein wichtiger Faktor, um gewisse Gewohnheiten aufzugeben, ist der Glaube, daß man es fertigbringt, solche Gewohnheiten abzulegen. So wird es wohl kaum jemandem gelingen, das Rauchen aufzugeben, wenn irgendwo im Hinterkopf der Gedanke herumgeistert, daß dies nicht möglich ist. Man hat es bereits so oft versucht und ist gescheitert, warum sollte es also ausgerechnet diesmal klappen? Wie oft heißt es: »Ich möchte schon, aber ich kann's nun mal nicht lassen.«

Die meisten der verschiedenen Methoden, um das Rauchen aufzugeben, bieten einen gewissen Rahmen, in dem man das Rauchen einschränken oder ganz aufgeben kann nebst einem System, um an die jeweilige Methode zu glauben. »Versuch's, bei mir hat es gewirkt.« Oder »von Tausenden bestätigt«. Und je fester jemand an ein bestimmtes System glaubt, um so wirksamer ist es.

Um eine positive Einstellung zu finden, sind sympathisierende Freunde von unschätzbarem Wert – insbesondere solche, die selbst versucht haben, das Rauchen aufzugeben und die bestätigen können, daß dies möglich ist, ebenso Freunde, die einen während der verschiedenen Entziehungsphasen Mut machen, sobald die alte Sucht wieder die Überhand zu gewinnen droht. Selbst die positive Einbildung, daß man drauf und dran ist, das Rauchen aufzugeben, ist bereits eine beachtliche Hilfe.

Depressionen: Viele Menschen, die an Depressionen leiden, verwickeln sich immer mehr in die Schlingen negativen Denkens. Wegen ihrer depressiven Einstellung legen sie Worte und Taten anderer stets pessimistisch und mißtrauisch aus. Den ganzen Tag über scheinen auch die kleinsten Vorkommnisse nur zu bestätigen, daß sich alles und jedes gegen sie richtet, daß ihre Lage hoffnungslos ist usw., wodurch die negative Einstellung nur noch verstärkt wird.

Die meisten Standardbehandlungen zielen darauf hin, diesen Teufelskreis zu durchbrechen, wobei dem Patienten Medikamente verabreicht werden, die ihr Gemüt aufhellen, in der Hoffnung, daß bei einer anderen geistigen Perspektive die betreffende Person beginnt, die Dinge in einem besseren Licht zu sehen.

Eine weitere vielversprechende Methode ohne die Nebenwirkungen, die bei Antidepressiva oder Psychopharmaka zu beobachten sind, besteht darin, mit dem Patienten zu sprechen und ihn dazu zu bringen, daß er sich selbst nicht als Verlierer, sondern als Gewinner sieht. Dabei geht der Therapeut verschiedene Ereignisse im Leben des Patienten durch und zeigt ihm, daß die negativen Interpretationen des eigenen Ich jeder Grundlage entbehrt und daß eine positive Interpretation oft eher plausibel ist. Hierdurch wird die negative Rückkopplungsspirale unterbrochen und die Einstellung auf Versagen und Hoffnungslosigkeit überwunden.[28]

Persönliche Einstellung: Da nahezu alles, was wir wahrnehmen oder tun, in verschiedenem Maße von unserer persönlichen Einstellung abhängt, trifft auch der Umstand zu, daß wir die Prinzipien der positiven Einstellung nahezu in jeder Lebenslage anwenden können, indem wir mit dem rechten Fuß aufstehen, die guten

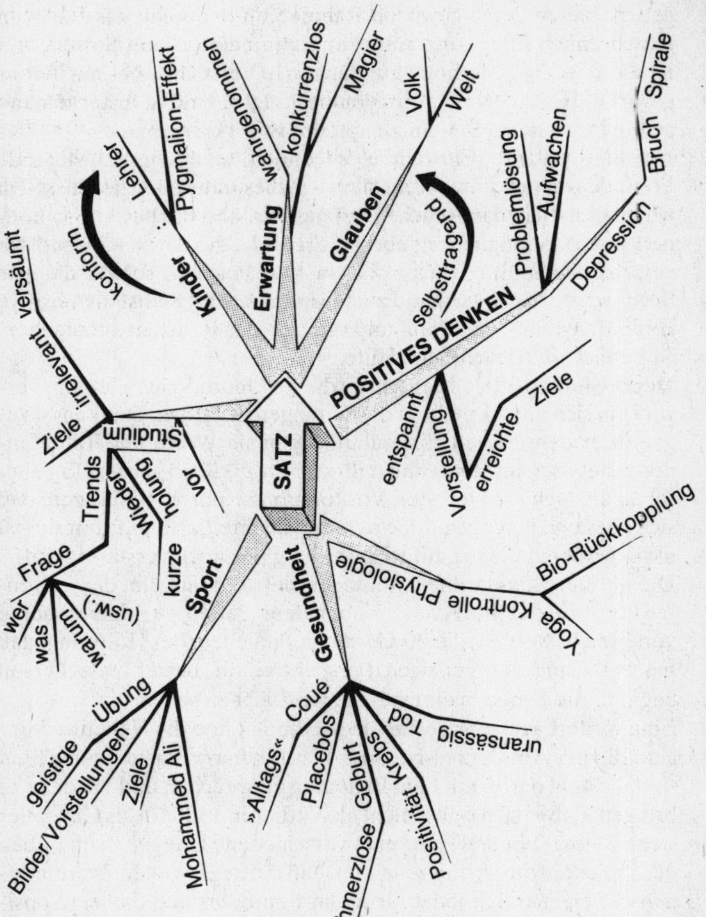

Bild 66

Seiten anderer Menschen sehen – was nicht nur zu einer positiveren Einstellung verhilft, sondern auch die persönliche positive Einstellung der Menschheit gegenüber neu bestätigt, indem wir eine Beförderung, eine Anerkennung, einen guten Job mit Freuden begrüßen oder neue, interessante Freundschaften schließen.

William James, einer der Väter der Psychologie des 20. Jahrhunderts, meinte, die größte Entdeckung des 19. Jahrhunderts läge nicht etwa auf dem Gebiet der Medizin, sondern auf dem Gebiet des Unterbewußtseins, dessen Kraft auf dem Glauben beruht. Die Fähigkeiten der Vorstellung und des Glaubens sind und bleiben die am wenigsten genutzten geistigen Fähigkeiten, obwohl sie zu den mächtigsten gehören. Vielleicht sind sie sogar der Schlüssel für unsere zukünftige Evolution, sowohl für den Menschen als Einzelwesen und Individuum wie auch als Gattung. Wenn das menschliche Gehirn den Gipfelpunkt der Evolution darstellt, so stellen diese seine Eigenschaften die Sitze alles Vorstellbaren dar.

16. Rückblick

> **Da die Wiederholung für das Gehirn mit das wertvollste Mittel darstellt, um sich an einen neuen Stoff zu erinnern bzw. diesen im Gedächtnis fest zu verankern, soll dieses letzte Kapitel dazu dienen, den Inhalt dieses Buches zusammenzufassen und zu überschauen. Dabei wird vorgeschlagen: Nehmen Sie ein paar Farbstifte und einen großen Bogen Papier und stellen Sie bei der Wiederholung Ihre eigenen Geisteskarten auf.**

Das menschliche Gehirn ist der komplizierteste und potentiellste Informationsprozessor, den der Mensch kennt.

Anders als ein Elektronenrechner kann das Gehirn gleichzeitig Tausende verschiedener Funktionen ausführen, während die neuen Informationen stets über Kreuz geprüft und integriert werden. Zwar ist das Gehirn bedeutend potentieller und flexibler als ein Computer, dennoch wiegt es nur etwa dreieinhalb Pfund. Seine Kompliziertheit überschreitet weitgehend die Komplexität der modernen Technologie. Ein transistorisiertes Gehirn würde die Carnegie Hall ausfüllen, und ein Gehirn, das auf mikroelektronischen Prinzipien aufgebaut ist, würde fast ebensoviel Platz beanspruchen.

Das menschliche Gehirn ist das höchstentwickelte System auf unserem Planeten – es ist der Gipfel der Evolution. Der Umfang, in dem wir seine Kräfte nutzen, ist das Maß dafür, inwiefern der Mensch als Einzelwesen oder als Rasse Fortschritte macht.

Während der letzten zwei Jahrzehnte haben wir in unserem Wissen über das Gehirn und seine Funktionen gewaltige Fortschritte erzielt. Die Gehirnstudien stehen nunmehr im Vordergrund der Wissenschaft, und diese Studien beschäftigen auch Wissenschaftler verschiedener anderer Disziplinen. Doch trotz aller Forschungen und Entdeckungen sind wir immer noch weit davon entfernt, das Gehirn und seine Funktionen zu begreifen.

Wir Menschen haben kaum damit angefangen, das volle Potential unseres Gehirns zu nutzen. In der Schule haben wir nicht gelernt, wie das Gehirn funktioniert, ebensowenig, wie man uns beigebracht hat, dieses Potential beim Studium, beim Lesen, bei der Erinnerung und bei sonstigen alltäglichen Anwendungen einzusetzen.

A) Entwicklung des Gehirns

Das Gehirn unterscheidet sich wesentlich von allen anderen Körperorganen wie folgt:

- Die innere Struktur ist als Resultat der Erfahrungen stets einer weiterführenden Veränderung und Entwicklung unterworfen, ein Umstand, durch den eine schier unbegrenzte Lernkapazität gegeben ist.
- Die Gehirnzellen sind nicht in der Lage, sich selbst zu reproduzieren oder zu erneuern, so daß dieselben Neuronen dem Menschen ein Leben lang erhalten bleiben.

Es gibt zwei Perioden des Gehirnwachstums:
1. Acht bis 14 Wochen nach der Empfängnis. Während dieser Zeit wird die Gesamtheit aller Zellen gebildet.
2. Zwei Wochen nach der Empfängnis bis zum Alter von 2 Jahren, in der die Neuronen ihre wichtigsten Verbindungen knüpfen. Während dieser Phase findet ein Großteil unseres Lernvorganges statt.

Das Kind im Mutterleib lernt schon so manches, was für sein späteres Leben wichtig ist, so etwa die Grundlaute und den Rhythmus der Sprache, die es sich bereits auf dieser Stufe aneignet.
Bei der Geburt ist das Kind ein intelligentes, empfindsames, perzeptives und fühlendes Wesen – weit davon entfernt, eine Art dummes Tier zu sein.
Das junge Gehirn knüpft Tag für Tag Millionen neuer Verbindungen, sowie das Kind seine Umgebung wahrnimmt und absorbiert. Eine reiche Umwelt, die zu einer raschen und kompletten Entwicklung verhilft, ist nahezu von unschätzbarem Wert. Studien mit begabten Kindern haben gezeigt, daß viele dieser Kinder von einer reichen Umwelt profitierten, egal, wie die Anregungen ausfielen. Wenn die Eltern von sich aus ihrem Kind eine abwechslungsreiche Umwelt boten, zeigten die heranwachsenden Kinder beachtens-

werte, geistige Fähigkeiten. Eine solche Entwicklung mag zwar die Norm sprengen, dennoch sollte sie als ausgesprochen »normal« betrachtet werden.

B) Neuronen

Das menschliche Gehirn besitzt etwa 10 Milliarden Neuronen, also mehr als die Anzahl der Menschen auf unserem Planeten. Von jedem Neuron gehen Hunderte, gelegentlich Tausende von Fasern aus, die die einzelnen Neuronen untereinander verbinden. Die Verbindungsstelle zweier solcher Fasern wird als *Synapse* bezeichnet. Schätzungsweise gibt es im menschlichen Gehirn etwa 10 Trillionen Synapsen. Die Wechselbeziehung zwischen den Neuronen und ihre Kommunikation erfolgt über eben diese Schaltstellen, und obwohl sie nur ein Tausendstel Bruchteile auseinanderliegen, bilden sie die wichtigsten und bedeutendsten Punkte im Nervensystem.
Einige der Fasern (die Axonen) übertragen nicht nur elektrische Impulse, sondern transportieren auch Proteine und andere Moleküle zur Synapse, wo sie deren Fähigkeit, Impulse zu übertragen, modifizieren. Diese Modifikation spielt im Gedächtnis möglicherweise eine wesentliche Rolle.
Außer den 10 Milliarden Neuronen enthält das Gehirn 100 Milliarden Gliazellen, die die einzelnen Neuronen umgeben und diese isolieren sowie ernähren.
Es sind auch Millionen von kleinen Blutgefäßen vorhanden, die das Gehirn mit dem lebenswichtigen Sauerstoff versorgen. Obwohl das Gehirn nur 2 bis 3% des Körpergewichts ausmacht, verbraucht es 20% des eingeatmeten Sauerstoffs. Ein Großteil dieser Energie geht in die Produktion von Proteinen und anderen Molekülen, die an der Synapse Verwendung finden.

C) Aufbau

Das Gehirn läßt sich in viele verschiedene Regionen aufteilen. Die Hauptteile, vom »ältesten« ausgehend, sind Rückenmark, Hirnstamm, Balken, Mittelhirn und Hirnrinde.
Die Hirnrinde, die den Großteil der Gehirnoberfläche bedeckt, zeichnet für die höheren geistigen Funktionen, wie Denken, Wahrnehmung, Entscheidungen und Willen.

D) Die beiden Gehirnhälften

Die Hirnrinde ist in zwei Hälften geteilt:

- Die linke Seite funktioniert eher linear und analytisch, wobei sie mehr für die verbalen Fähigkeiten und das logische Denken verantwortlich ist.
- Die rechte Seite arbeitet simultan und synthetisch und befaßt sich eher mit räumlichen Fähigkeiten und kreativem Denken.

Die meisten Menschen in westlichen Gesellschaftssystemen neigen dazu, sich eher der Funktionen der linken als derjenigen der rechten Hälfte zu bedienen. Doch diese Dominanz ist nicht angeboren, sondern möglicherweise ein Ergebnis der kulturellen und pädagogischen Systeme, die jene Fähigkeiten betonen, die der linken Hälfte zugeordnet werden.
Im Idealfall sollte man beide Hälften gleichmäßig benutzen, wie es anscheinend auch die großen Denker (etwa Einstein) getan haben. Die Integration der beiden Hälften wird durch Meditation und durch wohlüberlegte Nutzung der Fähigkeiten der rechten Hälfte beim Lesen, Schreiben usw. gefördert.
Zwar steuert die linke Hemisphäre die rechte Körperseite und umgekehrt. Aber es scheint nicht so, als würden Linkshänder die rechte Gehirnhälfte eher nutzen, noch daß ihre Gehirnhälften umgekehrt funktionieren.
Die Qualitäten, die der rechten und linken Gehirnhälfte zugeordnet sind, werden in den meisten Kulturen durch einen Symbolismus von rechts und links reflektiert – z.B. gut / böse, Materie / Geist.

E) Altern

Allgemein wird irrtümlich angenommen, daß die geistigen Fähigkeiten nach dem 20. Lebensjahr allmählich abnehmen. Vom Standpunkt des Neurologen aus gibt es hierfür keinen Grund. Im Gegenteil, diese Fähigkeiten werden ein Leben lang weiter ausgebaut und erweitert. Die scheinbare Verringerung dieser Fähigkeiten hat vielmehr zwei Gründe:

unzureichende Nutzung und
die Erwartung, daß eine Abnahme stattfindet.

Polymaten und andere, die ihr Gehirn ein Leben lang voll genutzt haben, zeigten mit zunehmendem Alter keine Anzeichen von geistigem Verfall.
Viele ältere Menschen klagen, daß ihr Gedächtnis für jüngste Ereignisse mit dem Alter nachläßt, jedoch gibt es hierfür kaum einen experimentellen Nachweis. Alte Leute erinnern sich wahrscheinlich deswegen eher an ihre Kindheit und Jugend, weil diese Zeit voller Überraschungen war und daher eher im Gedächtnis haften blieb. Erinnerungen an die jüngste Zeit lassen sich aber auffrischen und erhalten, und der scheinbare Verfall läßt sich bremsen, indem man den Ereignissen der Gegenwart mehr Interesse und Aufmerksamkeit widmet.

F) Wiederherstellung der Funktion

Man weiß bereits seit längerer Zeit, daß das junge Gehirn in der Lage ist, sich anzupassen und seine Struktur als Reaktion auf Verletzungen oder sonstige physikalischen Veränderungen zu modifizieren. Erst kürzlich wurde nachgewiesen, daß auch das Gehirn eines Erwachsenen über eine beachtliche Anpassungsfähigkeit verfügt.
Studien an Patienten, die ein schweres Trauma erlitten hatten, zeigten, daß das Gehirn mit der Zeit die Schäden ausgleicht, wobei dann schließlich zahlreiche zerstörte Funktionen wiederhergestellt werden. Eine solche Wiederherstellung wird durch folgende Maßnahmen gefördert:

spezifische Trainingsprogramme, und
eine Schulung, die so bald wie möglich nach der Verletzung einsetzt.

Wenn die Schäden nur stufenweise eintreten, wie dies bei manchen Gehirnerkrankungen der Fall ist, kann sich das Gehirn schrittweise der neuen Situation anpassen, so daß die Funktionen weitgehend erhalten bleiben.

G) Gehirnpflege

Das Gehirn sollte möglichst gesund und intakt erhalten werden, damit man das Beste aus ihm macht. Sowohl regelmäßige Übungen wie auch Ruhepausen sind von entscheidender Bedeutung, ebenso eine wohlausgewogene, gesunde Kost.

H) Gedächtnis

Unter allen unseren geistigen Fähigkeiten ist das Gedächtnis das wertvollste und wichtigste Gut, das bei so ziemlich allen unseren Unternehmungen eine Rolle spielt.
Obwohl die Erinnerung an ein bestimmtes Ereignis mit der Zeit schwinden mag, ist eine gewisse Steigerung für einige Minuten nach dem Lernprozeß möglich, ein Phänomen, das als Reminiszenz bezeichnet wird. (Bild 67a)
Bei jeder Lernsituation kann man sich an den Anfang und das Ende einer Session am besten erinnern.
Dasselbe gilt für herausragende Punkte (Bild 67b). Regelmäßige Pausen während des Studiums oder Lernvorgangs tragen zur Förderung der Wiedergabefähigkeit bei, wobei die drei Faktoren P, R und R (wie oben) maximale Vorteile bieten.
Daher sollte man mindestens alle 40 Minuten eine Pause von 5 bis 10 Minuten einlegen (Bild 67c).
Während der Pausen gilt es zu ruhen, sich zu entspannen, frische Luft zu schnappen usw.
Nach den Pausen sollte man den Stoff der vorigen Stunde kurz wiederholen. Dadurch wird der Geist angefeuert und der Mensch auf das jeweilige Thema geistig »eingestimmt«.
Selbst dann, wenn man so schön im Zuge ist, sollten Pausen eingelegt werden, weil man *Verstehen* nicht unbedingt mit *Erinnerung* gleichsetzen kann.

I) Unterteilung

Das prompte Gedächtnis ist auf etwa sieben »Einheiten« beschränkt. Die meisten Menschen können sich an sieben Ziffern in

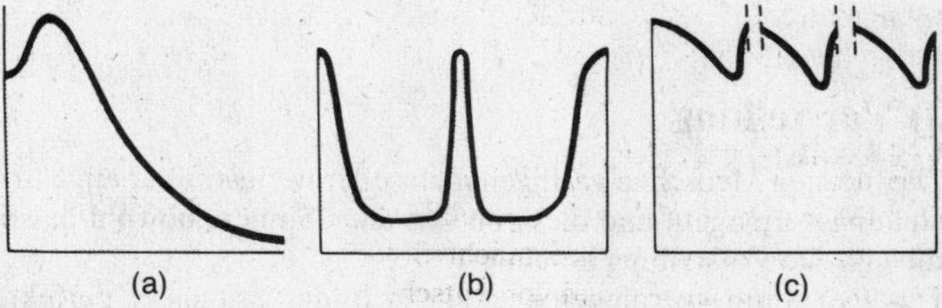

Bild 67

einer Reihe, an sieben Farben, sieben Formen oder sonstige sieben Punkte, Posten oder Gegenstände erinnern. Soll man sich also an mehr als sieben Punkte erinnern, so ist es ratsam, sie in kleinere Einheiten aufzuteilen.

Assoziation: Die Assoziation ist einer der wichtigsten Faktoren im menschlichen Gedächtnis. Die Erinnerungen sind durch Assoziationen miteinander verknüpft, wobei jeder Gedanke zahlreiche Ideen und Bilder mitbringt. Demnach werden Erinnerungen nicht linear aufgezeichnet, wie etwa auf einem Film. Es handelt sich vielmehr um ein riesiges Netz, in dem alle wesentlichen Punkte und Stellen fest miteinander verknotet sind.

Assoziationen gleichen Haken, an denen man zahlreiche Erinnerungen aufhängen kann. Das Gedächtnis wird also nicht gefüllt und wird niemals überfüllt, sondern eher *ausgeweitet,* je mehr Erinnerungen in ihm gespeichert werden.

Organisation: Auch die Organisation spielt im Gedächtnis eine wichtige Rolle. Der Geist ordnet jeden neuen Stoff unbewußt nach Gruppen und Mustern. Je größer die subjektive Organisation, um so besser das Gedächtnis.

Bewußtes Aufspüren und Aufsuchen von Schemata und Grundsätzen ist bedeutend wirksamer als Auswendiglernen; denn es ist die Ordnung des Stoffes, woran sich der Geist erinnert. Schachmeister zum Beispiel erinnern sich an die Konfiguration auf dem Schachbrett und nicht an die einzelnen Stellungen.

Je bewußter man sich einer Sache oder einem Stoff sowie dessen Sinn und Bedeutung widmet, um so besser gestalten sich Gedächtnis und Erinnerung.

Lernen im Schlaf: Ein Lernvorgang im Schlaf ist dazu angetan, eine Person zu wecken. Wird jedoch die Testperson durch modernere Methoden, wie etwa durch Suggestopädie, in einen *wachen,* aber entspannten Zustand versetzt, hat man weit wirksamere Erfolge.

J) Vorstellung

Die meisten Menschen verfügen mehr oder weniger über ein Vorstellungsvermögen, und dies von fast allen Sinnen, obwohl dabei die visuelle Vorstellung dominiert.

Das Erinnerungsvermögen an visuelle Bilder ist nahezu perfekt, wobei die Erkennungsrate 99,6 % beträgt.

Ein Grund dafür, daß das Potential des menschlichen Gedächtnisses in der Vergangenheit unterschätzt wurde, liegt darin, daß sich die Psychologen überwiegend des verbalen Gedächtnisses bedienten, dessen Potenz bedeutend geringer ist und alle übrigen natürlichen Gegebenheiten des Gedächtnisses, wie etwa Assoziation, Sinn und Organisation sorgfältig aussparten.
Durch einen häufigeren und größeren Einsatz der Vorstellungskraft kann jedoch jedermann sein Gedächtnis bedeutend fördern und verbessern. Wenn man zwei Bilder assoziiert, sollten diese so direkt und so lebhaft wie möglich verbunden sein und aufeinander wirken.
Viele Kinder besitzen die Fähigkeit der eidetischen Vorstellung. Sie sind in der Lage, eine Szene als farbiges Bild zu behalten und die Einzelheiten nach längerer Zeit, manchmal sogar nach Tagen, zu »sehen« und zu erkennen. Die meisten Kinder jedoch verlieren diese Fähigkeit, wenn sie heranwachsen, wahrscheinlich, weil unsere pädagogischen Systeme mehr auf die verbalen Fähigkeiten der linken als auf die visuellen Fähigkeiten der rechten Hemisphäre ausgerichtet sind. Die hypnotische Regression, wobei man das Subjekt in seine Kindheit zurückversetzt, haben gezeigt, daß so mancher Erwachsene immer noch über eine latente eidetische Fähigkeit und Vorstellungskraft verfügt.

K) Mnemonik

Als Mnemonik wird jede Technik bezeichnet, die zur Unterstützung des Gedächtnisses beiträgt. Solche Techniken wurden zuerst von den alten Griechen und Römern angewandt.
Das Grundprinzip jeder mnemonischen Technik liegt darin, mit dem jeweiligen Gegenstand, an den man sich erinnern soll, eine feste Assoziation zu knüpfen. So weit wie möglich sollten solche Assoziationen einmalig, übertrieben, sensorisch, einfach, kreativ und herausragend sein. Manchmal trägt etwas Vulgäres positiv zu einem solchen Komplex bei.
Ein einfaches System, um sich an Listen zu erinnern, ist das Zahlen/Reim-System, wobei den Zahlen ein Reimbild zugeordnet wird, wie etwa ein/Gans, zwei/Mai usw. (an sich schon eine leichte Gedächtnisstütze), wobei jedes Element der Liste jeweils mit einem bestimmten Bild assoziiert wird. Eine solche Technik ist

von unschätzbarem Wert, sich an merkwürdige Dinge zu erinnern, wenn man weder Papier noch Bleistift zur Hand hat.
Reime und Rhythmen sind eine wertvolle Hilfe, um sich an Tatsachen oder Ereignisse zu erinnern, weil sie einen schematischen Rahmen für die jeweiligen Wörter bilden. Zahlreiche Gedächtnisstützen, die an den Schulen Verwendung finden, beruhen auf Reimen. Auch manche Menschen bedienen sich scheinbar »unsinniger« Gedächtnisstützen, um sich an alltägliche Dinge zu erinnern.
Die mnemonischen Grundsätze dienen sowohl zum Erlernen des Wortschatzes und der Grammatik fremder Sprachen als auch dem Zweck, sich an Gesichter zu erinnern oder die Geistesabwesenheit zumindest teilweise zu eliminieren und zu kompensieren.
Gedächtnisstützen sind keineswegs eine Täuschung oder eine Vorspiegelung falscher Tatsachen. Sie tragen vielmehr dazu bei, die rechte Gehirnhälfte und damit die natürlichen Eigenschaften der Assoziation des menschlichen Gedächtnisses zu fördern. Demnach sind sie also weder primitiver, sondern eher eminent sensibler Natur.
Der Russe »S« legte ein nahezu perfektes Gedächtnis an den Tag, und die Studien, die sich mit diesem Phänomen befaßten, haben ergeben, daß »S« die Prinzipien der Mnemonik auch im alltäglichen Leben anzuwenden wußte, indem er feste und lebhafte Assoziationen zu allen Dingen und Ereignissen knüpfte, mit denen er Tag für Tag konfrontiert wurde. Dieser Umstand wurde durch seine natürliche Begabung für Synthesen jeder Art gefördert, die jeweils dazu beitrug, Empfindungen und Wahrnehmungen, wie etwa Geruch, Geschmack, Töne und Tastsinn, auch bildlich hervorzurufen, zu stimulieren und heraufzubeschwören. »S« konnte sich selbst 15 Jahre nach einem Experiment an lange, monotone Listen sinnloser Silben erinnern.

L) Gedächtnisspeicher

Versuche von der Übertragung der Erinnerungen von einem Tier zum anderen legen nahe, daß es für den Lernprozeß eine chemische Grundlage geben muß. In einigen Fällen wurden spezifische Proteine identifiziert, die jeweils einem besonderen Lernprozeß entsprechen. Skotophobin zum Beispiel wird bei Ratten synthetisiert, die darauf trainiert wurden, sich vor der Dunkelheit zu fürch-

ten. Wenn man dieses Mittel anderen Ratten injiziert, so läßt sich auch bei diesen eine Furcht vor der Dunkelheit registrieren.
Nun gibt es zwar Zillionen verschiedener Proteine, die synthetisiert werden können, doch ist das immer noch wenig im Vergleich zu den Zillionen und Aberzillionen von möglichen Dingen, an die wir uns erinnern können. *Denn Erinnerung ist etwas anderes als Lernen.*
Die Synapsen im Kreis der Neuronen spielen beim Gedächtnis eine fundamentale Rolle. Es ist so gut wie sicher, daß durch das Lernen einige der Trillionen Synapsen des Gedächtnisses ihre Fähigkeit zur Übertragung von Impulsen ändern und daß das Muster dieser Veränderungen im ganzen Gehirn das spezifische Gedächtnis bestimmt.

M) Holographie und Gedächtnis

Ein Hologramm unterscheidet sich von einem herkömmlichen Foto dadurch, daß jeder Teil des Bildes jeden Teil der Platte beeinflußt. Es handelt sich dabei um die Aufzeichnung der Muster, die durch die Interferenz eines Lichtstrahls aus kohärentem Licht, wie etwa einem Laserstrahl, entsteht, wenn derselbe Strahl von einem Objekt reflektiert wird.
Hologramme besitzen folgende besonderen Eigenschaften:

- Das ganze Bild läßt sich aus jedem Teil des Hologramms rekonstruieren.
- Die Bilder werden »hervorgerufen«, indem man die ursprünglichen Bedingungen wieder herstellt (Frequenz und Einfallswinkel des kohärenten Lichts)
- Wenn bei der Schaffung des Hologramms der Bezugsstrahl ebenfalls vom Objekt reflektiert wird, so werden die beiden Objekte permanent assoziiert, wobei das eine Bild stets das andere »hervorruft«.
- Im Lichte des vom Objekt reflektierten Strahls wird ein heller Punkt (oder Blitz) der Rekognition erzeugt.

Das Hologramm ist in seiner Funktion dem menschlichen Gedächtnis weitgehend ähnlich, und es ist sehr gut möglich, daß das Gedächtnis nach demselben Prinzip arbeitet. Im Gehirn wurden die gleichen mathematischen Transformationen entdeckt, und ein holographisches Modell liefert auch eine Erklärung für das schier unbegrenzte Potential des menschlichen Gedächtnisses. Tatsächlich dürfte nicht nur das Gedächtnis, sondern auch die Wahrnehmung und der Geist im allgemeinen auf holographischen Prinzipien beruhen.

N) Konsolidation und Wiederholung

Die ursprünglich kurzzeitige Erinnerung an ein Ereignis erstellt höchstwahrscheinlich kohärente Muster elektrischer Aktivität in Millionen von Pfaden, die das Gehirn als Ganzes überziehen, was dem Interferenzmuster in einem Hologramm entspricht. Diese elektrischen Veränderungen bewirken wahrscheinlich auch Veränderungen der Proteinsynthese in den Neuronen, und während diese Proteine zur Synapse transportiert werden, auch der Übertragungseigenschaften der Synapse. Mit der Zeit werden solche Veränderungen permanent, vor allem dann, wenn sie verstärkt werden, ein Vorgang, der als *Konsolidation* der Gedächtnisspur bekannt ist.

Die erste Konsolidation erfolgt vermutlich innerhalb von zehn Minuten. Eine weitere Konsolidation findet im Lauf des Tages, im Schlaf und während der nächsten paar Wochen statt, außerdem jedesmal, wenn die ursprüngliche Erfahrung wiederholt wird.

Für ein effizientes Gedächtnis ist daher die Wiederholung dringend notwendig. Es wird daher empfohlen, seinen Stoff etwa 10 Minuten nach dem ersten Studium, dann nach einem Tag, einer

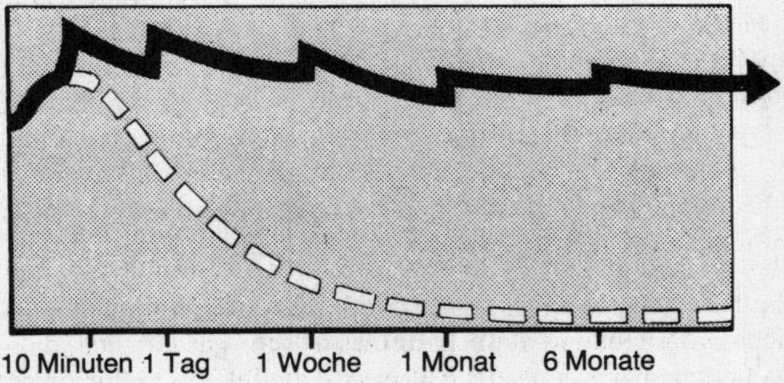

Bild 68

Woche, einem Monat und nach sechs Monaten kurz zu wiederholen. Dadurch wird die Konsolidation maximal genutzt, so daß die Erinnerung an das Subjekt im wesentlichen perfekt ist.

O) Kann man sich an alles erinnern?

Nachweise anhand einer Reihe von Quellen –

nahezu unbegrenzte Speicherkapazität,
ausgezeichnete Rekognition,
nahezu perfektes visuelles Gedächtnis,
Zungenspitzen-Effekt,
Potenz der Mnemonik,
erstaunliche Fülle zufälliger Erinnerungen,
Gedächtniskünstler, wie »S«,
hypnotische Regression in die Kindheit,
Erlebnisse angesichts des Todes,
Träume,
direkte Stimulation des Gehirns –

deuten darauf hin, daß das Gehirn in der Lage ist, jede Erfahrung und jedes Ereignis zu registrieren.
Es gibt zahlreiche Theorien, die zu erklären versuchen, warum wir scheinbar so manches vergessen: Repression, Verfall, Interferenz, verwirrende Stichwörter und Verlust der geistigen Einstellung. All diese Dinge zeichnen in einem gewissen Umfang für das Vergessen verantwortlich, lassen sich aber durch maximale Nutzung der Vorstellungskraft, der Organisation, der Assoziation und sonstiger natürlicher Attribute des Gedächtnisses ausgleichen bei allem, was wir tun.

P) Notizen

Richtig konzipierte Notizen dienen nicht nur als Speichersystem für Informationen. Sie machen es auch möglich, Informationen zu verkoden, zu organisieren, Assoziationen zu knüpfen und Schlußfolgerungen zu ziehen sowie bewußt darüber nachzudenken, was wichtig ist, wobei die Verarbeitung vertieft wird.
Die Schlüsselwörter in einem Satz haben den größten Informationsgehalt aufzuweisen. Das sind diejenigen Wörter, die im Ge-

dächtnis haften bleiben, an die man sich erinnert und die beim Wiederaufrufen den Sinn erneut »entschlüsseln«.
Bei Schlüsselwörtern handelt es sich gewöhnlich um Hauptwörter und Zeitwörter. Sie sind konkret und spezifisch und erzeugen fest umrissene Bilder.
Je mehr Schlüsselwörter in den Notizen vorhanden sind, um so wertvoller sind solche Notizen und um so besser kann man sich an sie erinnern. Im Idealfall sollten Notizen auf Schlüsselwörtern und Schlüsselbildern beruhen.
Herkömmliche Notizen, in sauberen linearen Sätzen verfaßt, verschwenden Raum und Zeit bei der Aufzeichnung wie auch bei der Wiederholung, wobei die Schlüsselwörter verschleiert und dissoziiert werden. Sie sind eher dazu angetan, den Stoff vergessen zu machen, als das Gedächtnis zu stützen.
Im allgemeinen arbeitet das Gehirn nicht linear und schrittweise, sondern verarbeitet gleichzeitig mehrere Informationsströme, wobei zahlreiche Assoziationen und Verbindungen geknüpft werden. Geisteskarten reflektieren diese Beschaffenheit des Gehirns und bilden daher eine ausgezeichnete Nahtstelle zwischen Gehirn und Außenwelt.

Regeln für das Erstellen von Geisteskarten:
Schlüsselwörter und Schlüsselbilder verwenden
Druckschrift anstatt Schreibschrift benutzen
Wörter *auf* die Zeilen setzen
pro Zeile jeweils ein Wort benutzen
Muster und Schema augenfällig gestalten
kreativ und originell sein
Farben, Dimensionen, Vorstellungs- und Einbildungskraft einsetzen
Zentren und Unterzentren genau definieren
Pfeile usw. verwenden, um Verbindungen aufzuzeigen
eigene Codes, Gedächtnisstützen und Assoziationen verwenden –
Entdecken Sie Freude und Spaß an Ihrem Muster.

Geisteskarten lassen sich in jeder Situation verwenden, wo immer man etwas festhalten will – und darüber hinaus nahezu unbegrenzt.
Vorteile von Geisteskarten im Vergleich zu herkömmlichen Notizen:

visuell und leicht zu behalten
flexibel und beliebig ergänzbar
thematisch und strukturell eindeutig,
auch hinsichtlich der relativen Bedeutung
einzigartig und herausragend
kompakt
schnell
organisch, wie das Gehirn
erfreulich
kreativ.

Q) Lesen

Es gibt zahlreiche verschiedene Systeme, um das Lesen zu lernen, doch haben sie allesamt den Nachteil, daß das Lesen im »stummen Lesen« seine Grenzen findet. Dadurch wird die rechte, »visuelle« Hälfte des Gehirns nicht hinzugezogen, so daß die Lesegeschwindigkeit nur etwa 200 Wörter pro Minute beträgt – ein Bruchteil der Leistung, die erbracht werden könnte. Dabei wird auch die Kunst der Komprehension, des Verstehens, die Wiedergabe der Retention und Kommunikation des Stoffes kaum vermittelt
Hier einige erweiterte Definitionen des Lesens:

1. Assimilation – wobei das Auge die Information aufnimmt
2. Rekognition – Wiedererkennen von Buchstaben, Wörtern und einfachen Sätzen
3. Verstehen – im unmittelbaren Kontext
4. Komprehension – im Gesamt-Kontext
5. Retention – im Gedächtnis behalten
6. Wiederholung / Wiedergabe – zu einem späteren Zeitpunkt
7. Kommunikation – Vermittlung an sich selbst oder an andere

Auge und Lesen: Die *Fovea* ist jener kleine Mittelpunkt der Netzhaut, wo die Wahrnehmung scharf und deutlich ist. Die *Fovea centralis retinae* umfaßt nur 1 Grad des Sehwinkels, das entspricht etwa einem Dutzend Buchstaben bei normaler Lesedistanz.
Das Auge kann nur dann etwas erkennen, wenn es unbeweglich ist in Bezug auf das betrachtete Objekt, also vollführt es beim Lesen eine Reihe von Sprüngen (sakkadische Bewegungen), wobei es immer wieder anhält (fixiert), damit weitere Abschnitte einer

Zeile ein Bild auf die Fovea werfen. Das Auge kann maximal etwa fünf solcher Sprünge pro Sekunde machen.
Der normale Leser nimmt etwa zwei bis drei Wörter pro Fixierung auf, während Lesekünstler oder geschulte Leser zwei oder drei Zeilen erfassen können.
Obwohl die Sicht in der Fovea am schärfsten ist, wird das übrige Gesichtsfeld ebenfalls in verschiedenen Abstufungen klar erfaßt, ein Vorgang, der als periphere Sicht bezeichnet wird. Diese Eigenschaft des Auges läßt sich wie folgt nutzbar machen:

> Beim Lesen von Zeilenanfängen und Zeilenenden, ohne diese tatsächlich zu fixieren (indem man von der Redundanz Gebrauch macht, die einem Text innewohnt),
> das Auge zum nächsten nützlichen Fixierungspunkt hinführen,
> geübten und geschulten Lesern anzudeuten, was in den nächsten Zeilen auf sie zukommt.

Die meisten Menschen kommen immer wieder auf Wörter zurück, die sie bereits gelesen haben, ein Vorgang, der als Regression bezeichnet wird. Bei Kindern sind gut 25 % solcher Augenbewegungen regressiv. Dabei stammt ein Großteil der Regression nicht von dem Umstand her, daß man irgendwas tatsächlich falsch gelesen oder nicht begriffen hat, vielmehr aus lauter Angst, etwas nicht richtig begriffen zu haben. Je geübter der Leser, um so geringer der Rücksprung.
Im Gegensatz zur allgemeinen Meinung ist eine visuelle Hilfe nicht dazu angetan, die Lesegeschwindigkeit zu reduzieren, wenn man ein solches Hilfsmittel langsam unter den Zeilen entlangführt. Im Gegenteil: ein solches Hilfsmittel kann dazu beitragen, die Lesegeschwindigkeit auf etwa 100 Wörter in der Minute zu beschleunigen, und zwar indem

> die Neigung zum Rücksprung eliminiert wird,
> die Augenbewegung beschleunigt wird, so daß bei jeder Fixierung immer mehr Stoff aufgenommen werden kann.

Beim Schnelltraining ist der Leser gehalten, mit einer Geschwindigkeit zu lesen, die weit über den Umfang dessen hinausgeht, was er bewußt absorbieren kann. Dadurch wird die rechte Gehirn-

hälfte, die »visuelle« Hemisphäre, ins Spiel gebracht und die Wahrnehmung von Schlüsselwörtern gefördert. Wenn man dann zur »normalen« Lesegeschwindigkeit zurückkehrt, so ist diese immer noch drei- bis viermal höher als üblich – wobei der Stoff ebensogut, wenn nicht sogar besser erfaßt wird.
Studium: Planen Sie Ihr Studium voraus und kontrollieren Sie Temperaturen, Beleuchtung und Sitzmöglichkeiten bzw. Arbeitsplatz. Stimmen Sie den Geist auf das Kommende durch eine kurze Wiederholung des bisherigen Stoffes ein:

Zielsetzung
Übersicht
Vorschau
Wenige Minuten praktisches Schnelltraining
Text als Ganzes behandeln
Wichtige Punkte unterstreichen und hervorheben
Alles ausscheiden, was bereits bekannt oder irrelevant ist
Falsche Argumente eliminieren
Regelmäßig Pausen einlegen
Geisteskarten fertigen
Wiederholen

R) Geistige Einstellung

Der Mensch neigt dazu, das zu sehen, was er erwartet und alles beiseite zu schieben, was er nicht sehen möchte. Ein solches Verhalten wird als »Einstellung« (set) bezeichnet.
Infolge der Einstellung sind Weltanschauung und Urteil über den Nächsten stark subjektiv gefärbt. Jeder behält nur das, was er glauben will.
Jeder Mensch ist automatisch geneigt, jenem Vorbild oder jenem Ziel gerecht zu werden, das er sich selbst gesetzt hat. Durch eine pessimistische Einstellung lassen sich anstehende Katastrophen tatsächlich heraufbeschwören, während eine optimistische Einstellung genau das Gegenteil bewirkt. Man sollte sich darum seine Ziele klar vor Augen halten und sich vorstellen, daß sie tatsächlich erreichbar sind, indem man fest an ihre Verwirklichung glaubt.
Zahlreiche Sportler bedienen sich der geistigen Übung, um ihre Leistungen zu steigern. Auch hier gilt, wie an anderer Stelle auch: Je lebhafter man sich die Praxis vorstellt, um so mehr hat man da-

von. Positives Denken hat sich bei der Behandlung von Depressionen als äußerst wertvoll erwiesen. Die negative Spirale der Depression läßt sich leicht durchbrechen, wenn man dem Patienten beibringt, die Welt und die Ereignisse optimistischer zu betrachten.

Der Glaube spielt bei der physischen Gesundheit eine bedeutende Rolle. Die meisten medizinischen Behandlungen funktionieren besser, wenn der Patient (und der Arzt) daran glaubt. Inerte Chemikalien (Placebos) können ebenso wirksam sein wie irgendwelche Medikamente oder Antibiotika – vorausgesetzt, daß der Patient von deren Wirksamkeit überzeugt ist.

Es gab und gibt viele Menschen, die ihre Physiologie kontrollieren können, indem sie beispielsweise in der Lage sind, die Temperatur einer bestimmten Hautpartie zu regeln oder zu ändern, ganz allein dadurch, daß sie das Bild solcher Veränderungen fest im Geiste behalten.

Glaube und Vorstellung, gelegentlich auch Einbildung, sind wahrscheinlich die höchsten und bedeutendsten aller menschlichen Fähigkeiten. Darin liegt das Potential unserer fortlaufenden Evolution und unseres ständigen Fortschritts – sie sind der Gipfelpunkt der Evolution.

Anmerkungen zu den einzelnen Kapiteln – Fußnoten

Der Gipfel der Evolution

1. Peter Russel, »Analysis of Accessions in Cambridge University Library«, unpublished report, 1976.
2. Lyall Watson, *Supernature* (London: Hodder & Stoughton, 1973).
3. Russel Targ and Harold Puthoff, *Mind Reach* (New York: Delacorte, 1977).
4. *Brain-Mind Bulletin* 2 (16):2.
5. Beatrice T. Gardner and Allan R. Gardner, »Teaching Sign Language to a Chimpanzee: 1. Methodology and Preliminary Results«, *Psychonomic Bulletin* 1 (2):36.
6. Ann J. Premack and David Premack, »Teaching Language to an Ape«, *Scientific American*, October 1972, ff. 92–99.
7. Carl Sagan, Harvard University, personal communication, October 1977.
8. Karl Witte, *The Education of Karl Witte, Or the Training of the Child*, trans. L. Wiener (London: Harrap, 1915).
9. P. Solomon, ed., *Sensory Deprivation: A Symposium* (Cambridge, Mass.: Harvard University Press, 1961).
10. Marcelle Gebber »Psychomotor Development of African Children in the First Year, and the Influence of Maternal Behaviour«, *Journal of Social Psychology* 147:185–195.
11. Winifred Stoner, *Natural Education* (London: John Lane and Bodley Head, 1923).
12. »The Edith Project«, *Sunday Times* (London), April 17, 1977.
13. Quoted in Marilyn Ferguson, *The Brain Revolution* (New York: Bantam, 1973), S. 266.
14. Daniel J. Davis, »Birth Order and Intellectual Development«, *Science* 196:1470–72.
15. *»Head Start Pays Off«, New Scientist*, March 3, 1977, ff. 508–509.
16. »Should Children Be Pushed into Early Learning?« *Psychology Today* (UK edition), September 1977, ff. 32–37.
17. Reported in *Times* (London), June 16, 1976.

Die Entwicklung des Gehirns

1. John Lilly, *The Mind of the Dolphin* (New York: Avon, 1969).
2. John Barratt, personal communication, 1972.

3. Robert L. Fantz, »The Origins of Form Perception«, *Scientific American*, May 1961.
4. Tom Bower, »The Object World of the Infant«, *Scientific American*, October 1971.
5. Tom Bower, »Competent Newborns«, *New Scientist*, March 14, 1974, ff. 672–75.
6. Quoted in Marilyn Ferguson, *The Brain Revolution* (New York: Bantam, 1973), S. 274.
7. Roger Lewin, »Developing brains«, *New Scientist*, June 13, 1974, ff. 686–89.
8. Mark Rosenzweig, »Environmental Complexity, Cerebral Change and Behaviour«, *American Psychologist* 21 (4):321–32.
9. William S. Condon and Louis W. Sander, »Neonate Movement Is Synchronised with Adult Speech«, *Science* 183:99–101.
10. Ronald Laing, *The Facts of Life* (London): Allen Lane and New York: Pantheon, 1976).
11. »A Gentle Entry into Life Has Its Advantages«, *New Scientist*, November 25, 1976, S. 449.
12. *Brain-Mind Bulletin* 2(23).
13. See *New Scientist*, October 24, 1974, S. 268.
14. Brian Cragg, »The Development of Cortical Synapses During Starvation in the Rat«, *Brain* 95:143–50.
15. Roger Lewin, »The Poverty of Undernourished Brains«, *New Scientist*, October 24, 1974, ff. 268–271.
16. »Stimulating Homes Cancel Brain Damage in Malnourished Children«, *New Scientist*, January 1, 1976, S. 108.
17. John Spudich and Dan Koshland, »Non-Genetic Individuality: Chance in the Single Chell«, *Nature* 262:467–71.
18. John J. Sherwood and Mark Nataupsky, »Predicting the Conclusion of Negro-White Intelligence Research from Biographical Characteristics of the Investigator«, *Journal of Personality and Social Psychology* 8:53–58.

Zehn Milliarden Neuronen

1. Irene Gore, »The Meaning of Ageing«, *New Scientist*, March 21, 1974, ff. 756–57.
2. Marian Diamond, »The Ageing Brain: Some Enlightening and Optimistic Results«, *American Scientist* 66:66–71.
3. K. Akert and K. Pfenninger, »Synaptic Fine Structure of Neural Dynamics«, in *Cellular Dynamics of the Neuron*, ed. S. H. Barondes (New York: Academic Press, 1969), ff. 245–60.
4. Robert O'Becker, *Genetic Psychological Monographs*, no. 2 (1971), ff. 177–235.

5. Paul Weiss, »Neuronal Dynamics«, in *Neurosciences Research Symposium Summaries*, ed. F. O. Schmidt et al., vol. 3 (Cambridge, Mass.: MIT Press, 1969), ff. 255–84.
6. S. H. Barondes, »Synaptic Plasticity of Axoplasmatic Transport«, in *Neurosciences Research Symposium Summaries*, ed. Smith et al., ff. 249–54.

Die beiden Seiten des Gehirns

1. K. U. Smith and A. J. Akelaitis, »Studies on the Corpus Callosum«, *Archives of Neurological Psychiatry* 47:519–43.
2. Michael S. Gazzaniga, J. E. Bogen, and Roger W. Sperry, »Observations on Visual Perception After Disconnection of the Cerebral Hemispheres in Man«, *Brain* 8:221–36.
3. Michael S. Gazzaniga, »The Split Brain in Man«, *Scientific American*, August 1967, ff. 24–29.
4. Dito.
5. Dito.
6. David Galen and Robert Ornstein, »Lateral Specialisation of Cognitive Mode: An EEG Study«, *Psychophysiology* 9 (4):412–18.
7. Doreen Kimura, »The Assymetry of the Human Brain«, *Scientific American*, March 1973, ff. 70–78.
8. Thomas G. Bever and Robert J. Chiarello, »Cerebral Dominance in Musicians and Non-musicians«, *Science* 185:537–39.
9. Hadyn D. Ellis and John W. Shepherd, »Recognition of Upright and Inverted Faces Presented in the Left and Right Visual Fields«, *Cortex* 11:3–7.
10. Gillian Cohen, »Hemispheric Differences in Serial versus Parallel Processing«, *Journal of Experimental Psychology* 97:349–56.
11. Stuart Dimond, *The Double Brain* (London: Churchill Livingstone, 1972), Kapitel 6 und 10.
12. M. L. Taylor, »A Measurement of Functional Communication in Aphasia«, *Archives of Physiological Medicine and Rehabilitation* 46 (1-A):101–107; and P. Marcie et al., »Les réalisations du langage chez les malades attients de lésions de l'hémisphère droit«, *Neuropsychologia* 3:217–45.
13. J. Wade and T. Rasmussen, »Intracarotid Injection of Sodium Amytal for the Lateralisation of Cerebral Speech Dominance«, *Journal of Neurosurgery* 17:266–82.
14. *Brain-Mind Bulletin* 2 (24).
15. »Why Children Should Draw«, *Saturday Review*, September 3, 1977, ff. 11–16.
16. Dito, S. 14.
17. Dimond, *Double Brain*, ff. 139–49.

18. C. Branch, B. Milner, and T. Rasmussen, »Intracarotid Injection of Sodium Amytal for the Lateralisation of Cerebral Speech Dominance: Observation in 123 Patients«, *Journal of Neurosurgery* 21:399–405.
19. Sandra F. Witelson, »Sex and Single Hemisphere; Specialisation of Right Hemisphere for Spatial Processing«, *Science* 193:425–26.
20. »Man's Sexist Brain«, *Sunday Times* (London), June 25, 1976.
21. Quoted in Daniel Goleman, »Specialist Abilities of the Sexes: Do They Begin in the Brain?« *Psychology Today,* November 1978, S. 59, from Diane McGuinness and Karl Pribram, in *Cognitive Growth and Development – Essays in Honor of Herbert G. Birch,* ed. Morton Bortner (New York: Brunner/Mazel, 1979).
22. Juhn Wada and Alan Davis, »Fundamental Nature of Human Infant's Brain Assymetry«, *Canadian Journal of Neurological Sciences* 4(3):203–207.
23. Arthur Deikman, »Bimodal Consciousness«, *Archives of General Psychiatry* 25:481–89.
24. Robert Ornstein, *The Psychology of Consciousness* (San Francisco: Freeman, 1972).
25. A. Werner, »Note on the Terms Used for ›Right Hand‹ and ›Left Hand‹ in the Bantu Languages«, *Journal of the African Society* 4:112–16.
26. Bernard C. Glueck and Charles F. Stroebel, »Biofeedback and Meditation in the Treatment of Psychiatric Illnesses«, *Comprehensive Psychiatry* 16:303–21.
27. David Orme-Johnson and John Farrow, eds., *Scientific Research on the Transcendental Meditation Program* (New York: MIU Press, 1977), ff. 187–207.

Das stets anpassungsfähige Gehirn

1. Quoted in Maya Pines, *The Brain Changers* (New York: Signet, 1975), S. 197.
2. C. Doyle Haynes et al., »The Improvement of Cognition and Personality after Carotid Endarterectomy, *Surgery* 80:699–704.
3. M. R. Rosenzweig, E. L. Bennett, and M. C. Diamond, »Brain Changes in Response to Experience«, *Scientific American,* February 1972.
4. Quoted in Marilyn Ferguson, *The Brain Revolution* (New York: Bantam, 1973), S. 198.
5. William R. Russell, *Explaining the Brain* (Oxford, England: Oxford University Press, 1975), S. 115.
6. E. K. Warrington and H. I. Sanders, »The Fate of Old Memories«, *Quarterly Journal of Experimental Psychology* 23:432–42.
7. Helen C. Franklin and Dennis M. Holding, »Personal Memories at

Different Ages«, *Quarterly Journal of Experimental Psychology* 29:527–32.
8. Stuart Dimond, *The Double Brain* (London: Churchill Livingstone, 1972), ff. 95–110.
9. R. E. Saul an R. W. Sperry, »Absence of Commissurotomy Symptoms with Agenesis of the Corpus Callosum«, *Neurology* 18:307.
10. H. L. Teuber, »Recovery of Function After Lesion of the Central Nervous System: History and Prospects«, *Neurosciences Research Program Bulletin* 12 (2):200.
11. Dito, Seite 205.
12. A. R. Luria, *The Man with a Shattered World* (London: Jonathan Cape, 1973).
13. J. H. Wepman, *Recovery from Aphasia* (New York: Ronald Press, 1951).
14. Teuber, »Recovery of Function After Lesions of Central Nervous System«, S. 204.
15. Dito.
16. Glen Doman, *What to Do About Your Brain Injured Child* (London: Jonathan Cape, 1974).
17. Glen Doman, *How to Teach Your Baby How to Read* (New York: Doubleday, 1975).
18. Moshe Feldenkreis, Demonstration at the May Lectures, London, 1974.
19. Paul Pietsch, »Shuffle Brain«, *Harpers* 244:44.
20. Quoted in Ferguson, *Brain Revolution,* S. 294.
21. G. E. Schneider, »Development and Regeneration in the Mammalian Visual System« in *The Genesis of Neuronal Patterns,* ed. M. V. Barkley, D. S. Famborough, and D. M. Farnborough, *Neurosciences Research Program Bulletin* 10:287–90.
22. Geoffrey Raisman, »The Reaction of Synaptogenesis in the Central and Peripheral Nervous System of the Adult Rat«, in *Neuronal Mechanisms of Learning and Memory,* ed. M. R. Rosenzweig and E. L. Bennet (Cambridge, Mass.: MIT Press, 1976), ff. 348–351.
23. Clarence D. Cone and Charlotte M. Cone, »Induction of Mitosis in Mature Neurons in Central Nervous System by Sustained Depolarisation«, *Science* 192:155–58.
24. Brian S. Scott, »Effect of Elevated Potassium on the Course of Neuron Survival in Cultures of Disassociated Dorsal Root Ganglia«, *Journal of Cellular Physiology* 91:305–16.
25. Quoted in Ferguson, *Brain Revolution,* S. 264.
26. M. R. Rosenzweig, P. A. Ferchmin, and E. L. Bennett, »Direct Contact with Enriched Enviroment Is Required to Alter Cerebral Weight in Rats«, *Journal of Comparative and Physiological Psychology* 88:360–67.

27. *New Age Journal,* November 1977, S. 24.
28. A. H. Ismail and L. E. Tratchman, »Jogging Your Personality into Shape«, *Psychology Today* (UK edition), August 1976, ff. 24–28.
29. Robert Shaw an David Kolb, »Reaction Time Following the Transcendental Meditation Technique«, in *Scientific Research on the Transcendental Meditation Program,* ed. David Orme-Johnson and John Farrow (New York: MIU Press, 1977), ff. 309–15.
30. Andrew Rimol, »The Transcendental Meditation Technique and Its Effects on Sensory-motor Performance«, in *Scientific Research on Transcendental Meditation Program,* ed. Orme-Johnson and Farrow, ff. 326–30.
31. Dito.

Die Psychologie des Gedächtnisses

1. Hermann Ebbinghaus, *Memory,* trans. D. H. Ruyer and C. E. Bussenius (New York: Teachers College Press, 1913).
2. B. P. Ballard, »Oblivescence and Reminiscence«, *Quarterly Journal of Experimental Psychologie* 16:265–92.
3. Lloyd R. Peterson, »Short-Term Memory«, *Scientific American,* July 1966, S. 95.
4. L. B. Ward, »Reminiscence and Rote-Learning«, *Psychological Monographs* 49 (220).
5. B. Milner, »Visual Recognition and Recall After Right Temporal-Lobe Excision in Man«, *Neuropsychologia* 6:191–209.
6. G. A. Kimble and B. R. Horenstein, »Reminiscence in Motor Learning As a Function of Length of Interpolated Rest«, *Journal of Experimental Psychology* 38:239–44.
7. Ballard, »Oblivescence and Reminiscence«.
8. J. Mohan, »Reminiscence: A Review«, *Psychologia (Kyoto)* 9:157–64.
9. Richard C. Atkinson and Richard M. Shiffrin, »The Control of Short-term Memory«, *Scientific American*, August 1971, ff. 82–90.
10. E. J. Thomas, »The Variation of Memory with Time for Information Appearing During a Lecture«, *Studies in Adult Education*, April 1972, ff. 57–62.
11. C. I. Hovland, »Experimental Studies in Rote-Learning Theory: Comparisons of Distribution of Practice in Serial and Paired-Associate Learning«, *Journal of Experimental Psychology* 25:622–33.
12. I. F. Thune, »Warm-up Effect As a Function of Level of Practice in Verbal Learning«, *Journal of Experimental Psychology* 42:250–56.
13. A. L. Irior, »Retention As a Function of Amount of Pre-recall Warming Up«, *American Psychologist* 4:219–20.
14. H. von Restorff, »Über die Wirkung von Bereichsbildungen im Spurenfeld«, *Psychologische Forschung* 18:299–342.

15. See Alan D. Baddeley, *The Psychology of Memory* (New York: Harper & Row, 1976), S. 269.
16. George A. Miller, »The Magical Number Seven, Plus or Minus Two: Some Limits in Our Capacity for Processing Information«, *Psychological Review* 63:81–97.
17. H. Pieron, »Recherches expérimentales sur les phénomènes de mémoire«, *L'Année Psychologique* 19:91–193.
18. B. Zeigarnik, »Das Behalten erledigter und unerledigter Handlungen«, *Psychologisch Forschung* 9:1–85.

Assoziation und Organisation im Gedächtnis

1. Francis Galton, »Psychometric Experiments«, *Brain* 2:148–62.
2. John Locke, *An Essay Concerning Human Understanding* (1960, reprint ed. London: Everyman's Library, Dent, 1961).
3. D. Goodwin et al., »Alcohol and Recall: State Dependent Effects in Man«, *Science* 163:1358.
4. Quoted in Marilyn Ferguson, *The Brain Revolution* (New York: Bantam, 1973), S. 64.
5. J. Greenspan and R. Raynard, »Stimulus Conditions and Retroactive Inhibition«, *Journal of Experimental Psychology* 53:55–59.
6. D. R. Godden and A. D. Baddeley, »Context-Dependent Memory in Two Natural Environments: On Land and Underwater«, *British Journal of Psychology* 66:325–32.
7. W. A. Bousfield, »The Occurence of Clustering in the Recall of Randomly Arranged Associates«, *Journal of General Psychology* 49:229–40.
8. W. A. Bousfield, B. H. Cohen, and G. A. Whitmarsh, »Associative Clustering in the Recall of Words of Different Taxonomic Frequencies of Occurence«, *Psychological Reports* 4:39–44.
9. Endel Tulving, »Subjective Organisation in Free Recall of Unrelated Words«, *Psychological Review* 69 (4):344–54.
10. George Mandler, »Organization and Memory«, in *The Psychology of Learning and Motivation*, vol. 1., ed. K. W. Spence and J. S. Spence (New York: Academic Press, 1967), ff. 327–72.
11. George Katona, *Organizing and Memorizing* (New York: Columbia University Press, 1940) ff. 188–90.
12. A. D. DeGroot, »Perception and Memory Versus Thougt; Some Old Ideas and Recent Findings«, in *Problem Solving*, ed. B. Kleinmuntz (New York: Wiley, 1966).
13. Arthur Koestler, *Heel of Achilles* (N. Y.: Random House, 1975), S. 230.
14. F. I. M. Craik and R. S. Lockhart, »Levels of Processing: A Framework für Memory Research«, *Journal of Experimental Psychology (General)* 104:268–94.

15. D. A. Norman and D. E. Rumelhart, *Explorations in Cognition* (San Francisco: Freeman, 1975), S. 374.
16. Quoted in Ferguson, *Brain Revolution*, S. 73.
17. Maralyn Ferguson, ed. »Suggestology to be explored in U.S.«, *Brain-Mind Bulletin* 1 (5):1–2.

Die Vorstellung und ihre Beziehung zum Gedächtnis

1. Francis Galton, *Inquiries in the Human Faculty and Its Development* (London: Macmillan, 1883).
2. P. McKellar, »The Investigation of Mental Images«, in *Penguin Science Survey*, ed. S. A. Barnett and A. McLaren (London: Penguin, 1965).
3. Quoted in Alan Baddeley, *The Psychology of Memory*, (New York and London: Harper & Row, 1976), S. 225.
4. Quoted in Gordon Bower, »Mental Imagery and Associative Learning«, in *Cognition in Learning and Memory*, ed. L. W. Gregg (London and New York: John Wiley, 1972), S. 67.
5. Dito, S. 69.
6. A. Paivio, »Mental Imagery in Associative Learning and Memory«, *Psychological Review* 76:241–63.
7. Bower, »Mental Imagery and Associative Learning«, S. 69.
8. Baddeley, *Psychology of Memory*, ff. 222–23.
9. A. G. Goldstein and J. E. Chance, »Visual Recognition Memory for Complex Configurations«, *Perception and Psychophysics* 9:237–41.
10. Ralph N. Haber, »How We Remember What We See«, *Scientific American*, May 1970, S. 105.
11. R. S. Nickerson, »Short-Term Memory for Complex Meaningful Visual Configurations: Demonstration of Capacity«, *Canadian Journal of Psychology* 19:155–60.
12. Lionel Standing, »Learning 10,000 Pictures«, *Quarterly Journal of Experimental Psychology* 25:207–22.
13. Quotet in A. Richardson, *Mental Imagery* (New York: Springer, 1952).
14. G. W. Allport, Eidetic Imagery«, *British Journal of Psychology* 15:99–120.
15. H. Kluver, »Studies on the Eidetic Type and on Eidetic Imagery«, *Psychological Bulletin* 25:69–104.
16. C. R. Gray and K. Gunnerman, »The Enigmatic Eidetic Image: An Initial Examination of Methods, Data and Theories«, *Psychological Bulletin* 82:383–407.
17. C. F. Stromeyer and J. Psotka, »The Detailed Texture of Eidetic Images«, *Nature* 225:346–49.
18. Baddeley, *Psychology of Memory*, ff. 222–23.

19. E. R. Jaensch, *Eidetic Imagery* (London:). Routledge and Kegan Paul, 1930.
20. Gray and Gunnerman, »The Enigmatic Eidetic Image«.
21. *Science News* 108:168.

Mnemonik

1. Tony Buzan, personal communication, 1976.
2. J. Ross and K. A. Lawrence, »Some Observations on a Memory Artifice«, *Psychometric Science* 13:107–108.
3. *New Scientist*, May 16, 1974, ff. 386–88.
4. Harry Lorayne, *The Memory Bood* (London: W. H. Allen, 1975), S. 57.
5. Buzan, *Use Both Sides of Your Brain* (New York: E. P. Dutton, 1977), ff. 59–80.
6. Gordon Bower, »Analysis of a Mnemonic Device«, *American Scientist* 58:504.
7. I. W. Pleydell-Pearce, personal communication, 1973.
8. *Archives of Neurology* 26:25.
9. O. Burešová and J. Bureš, »Piracetum Induced Facilitation of Interhemispheric Transfer of Visual Information in Rats«, *Psychopharmacologia* 46:93–102.
10. *Sunday Times* (London), March 21, 1976, S. 13.
11. A. R. Luria, *The Mind of a Mnemonist* (London: Jonathan Cape, 1969).
12. Dito, S. 51.
13. Dito, S. 12.
14. Dito, ff. 49–50.
15. Dito, S. 36.
16. Dito, S. 23.
17. Dito, S. 38.
18. Dito, ff. 59–60.

Registrierung von Erfahrungen im Gehirn

1. J. V. McConnell, R. Jacobson, and D. M. Maynard, »Apparent Retention of a Conditioned Response Following Total Regeneration in the Planarian«, *American Psychological Abstracts* 14:410.
2. J. V. McConnell, »Memory Transfer Through Cannibalism in Planaria«, *Journal of Neuropsychiatry* 3(supplement 1):42–48.
3. A. L. Harty, P. Keith-Lee, and W. D. Morton, »Planaria: Memory Transfer Through Cannibalism Reexamined«, *Science* 146:274–75.
4. Georges Chapouthier, »Behavioural Studies of the Molecular Basis of Memory«, in *The Physiological Basis of Memory*, ed. J. A. Deutsch

(New York and London: Academic Press, 1973), ff. 1–25.
5. J. V. McConnel, T. Shigehisha, and H. Salive, »Attempts to Transfer Approach and Avoidance Responses by RNA Injection in Rats«, *Journal of Biological Psychology* 10 (2):32–50.
6. G. Ungar, »Chemical Transfer of Learning; Its Stimulus Specificity«, *Federation Proceedings, Federation of American Societies for Experimental Biology* 25:109.
7. J. L. McGough and L. Petrinovitch, »Effects of Drugs on Learning and Memory«, *International Review of Neurobiology* 8:139–96.
8. Dito.
9. H. Hydén and H. Egyhazi, »Nuklear RNA Changes in Nerve Cells Duringd a Learning Experience in Rats«, *Proceedings of National Academy of Science* 48:1366–75.
10. G. Ungar, L. Galvan, and R. H. Clark, »Chemical Transfer of Learned Fear«, *Nature* 217:1259–61.
11. Reported in Marilyn Ferguson, *The Brain Revolution* (New York: Bantam, 1973), S. 291.
12. *Brain-Mind Bulletin* 1 (10):1.
13. Dito.
14. J. F. Flood and M. F. Jarvik, »Drug Influences on Learning and Memory«, in *Neural Mechanism of Learning and Memory*, ed. M. R. Rosenzweig and E. L. Bennett (Cambridge, Mass.: MIT Press, 1976), ff. 483–507.
15. J. Cronly-Dillon, D. Carden, and C. Birks, »The Possible Involvement of Brain Microtubules in Memory Fixation«, *Journal of Experimental Biology* 61:43–54.
16. Quoted in Maya Pines, *The Brain Changers* (New York: Signet, 1973), ff. 159–61.
17. J. A. Deutsch, »The Cholinergic Synapse and the Site of Memory«, in *The Physiological Basis of Memory*, ed. J. A. Deutsch, (New York and London: Academic Press, 1973), ff. 59–76.
18. K. Akert and K. Pfenninger, »Synaptic Fine Structure and Neural Dynamics«, in *Cellular Dynamics of the Neuron*, ed. S. H. Barondes (New York: Academic Press, 1969), ff. 245–60.
19. V. Bloch, »Brain Activation and Memory Consolidation«, in *Neural Mechanisms of Learning and Memory*, ed. Rosenzweig and Bennet, ff. 583–90.
20. P. H. Lindsay and D. A. Norman, *Human Information Processing* (New York: Academic Press, 1977), ff. 379–80.
21. Tony Buzan, *Make the Most of Your Mind*, (London: Encyclopaedia Britannica, 1977), ff. 46–48.
22. F. J. DiVesta and G. S. Gray, »Listening and Note-Taking«, *Journal of Educational Psychology* 63:8–14.

Die holographische Theorie des Geistes

1. Itzhak Bentov, *Stalking the Wild Pendulum* (New York: Dutton, 1977, and London: Wildwood House, 1978), ff. 11 und 14.
2. Karl Pribram, *Languages of the Brain* (Englewood Cliffs, N. J.: Prentice-Hall, 1971).
3. Karl Pribram, »The Neurophysiology of Remembering«, *Scientific American*, January 1969, ff. 73–86.
4. C. Blakemore and F. W. Campbell, »On the Existence of Neurons in the Human Visual System Selectively Sensitive to the Orientation and Size of Retinal Images«, *Journal of Physiology* 203:237–60.
5. Paul Greguis, ed., *Holography in Medicine* (Guildford, England: IPC Science and Technology Press, 1976).
6. Dito.
7. *Brain-Mind Bulletin* 2(16):1–3; and Robert M. Anderson, »A Holographic Model of Transpersonal Consciousness«, *Journal of Transpersonal Psychology* 9 (2):119–28.

Kann man sich an alles erinnern?

1. J. C. McGaugh and L. Petrinovitch, »Effects of Drugs on Learning and Memory«, *International Review of Neurobiology* 8:139–96.
2. E. Tulving, »The Effects of Presentation and Recall of Materials in Free-Recall Learning«, *Journal of Verbal Learning and Verbal Behaviour* 6:175–84.
3. R. Brown and D. McNeil, »The ›Tip-of-the-Tongue‹ Phenomenon«, *Journal of Verbal Learning and Verbal Behaviour* 5:325–37.
4. Tony Buzan, *Speed Memory* (Devon, England: Newton Abbott, 1977), ff. 86–123.
5. E. Hunt and T. Love, »How Good Can Memory Be? *Coding Processes in Human Memory,* ed. A. W. Melton and E. Martin (Washington, D. C.: Winston/Wiley, 1972, ff. 237–60.
6. Quoted in A. D. Baddeley, *The Psychology of Memory* (New York and London: Harper & Row, 1976), ff. 365–67.
7. J. H. Creighton, »A Prodigy of Memory«, *Knowledge* 11:275.
8. *World of Wonders* (London: Cassel, 1892), S. 4.
9. George M. Stratton, »The Mnemonic Feat of the ›Shass Pollak‹«, *Physiological Review* 24:244–47.
10. David Cheek, *American Journal of Clinical Hypnosis* 16:261–66.
11. Dito.
12. Quoted in John Pfeiffer, *The Human Brain* (London: Gollanz, 1955), S. 84.
13. *Brain-Mind Bulletin* 2 (23):1 und 3.
14. Ralph N. Haber, »How We Remember What We See«, *Scientific*

American, May 1970, S. 105.
15. Quoted in Marilyn Ferguson, *The Brain Revolution* (New York: Bantam, 1973), S. 161.
16. Dito.
17. Raymond Moody, *Life after Life* (New York: Bantam, 1976).
18. Russell Noyes and Roy Kletti, »Depersonalisation in the Face of Life-Threatening Danger: A. Description«, *Psychiatry* 39:19–27.
19. W. Penfield and L. Roberts, *Speech and Brain-Mechanism* (Princeton, N. J.: Princeton University Press, 1959).
20. W. Penfield and P. Perot, »The Brain's Record of Auditory and Visual Experience: A Final Summary and Discussion«, *Brain,* 86:595–702.

Notizen

1. Vernon Gregg, *Human Memory* (London: Methuen, 1975), S. 50.
2. M. J. A. Howe and J. Godfrey, *Student Note-Taking As an Aid to Learning* (Exeter, England: Exeter University Teaching Services, 1977).
3. M. J. A. Howe, »Using Students' Notes to Examine the Role of the Individual Learner in Acquiring Meaningful Subject Matter«, *Journal of Educational Research* 64:61–63.
4. P. Weiner, »Note-Taking and Student Verbalisation as Instrumental Learning Activities«, *Instructional Science* 3:51–74.
5. Tony Buzan, *Use Your Head* (London: BBC Publications, 1974), S. 25. In America, the book is entitled *Use Both Sides of Your Brain* (New York: E. P. Dutton, 1977).
6. M. A. Tinker, *Bases for Effective Reading* (Minneapolis: University of Minnesota Press, 1965).
7. J. Hartley and s. Marshall, »On Notes and Note-Taking«, *University Quarterly,* no.28, ff. 225–35.
8. Howe and Godfrey, *Student Note-Taking As an Aid to Learning.*
9. *Edward McCarthy, Ware College of Further Education, personal communication, 1978.*

Lesen

1. Tony Buzan, *Use Your Head* (London: BBC Publications, 1974), S. 25. In America, the book is entitled *Use Both Sides of Your Brain* (New York: E. P. Dutton, 1977).
2. Edmund Huey, *The Science and Pedagogy of Reading* (1908; reprint ed., Cambridge, Mass.: MIT Press, 1968).
3. E. A. Taylor, »The Spans: Perception, Apprehension and Recognition«, *American Journal of Opthalmology* 44:501–507.
4. G. Geffon, J. L. Bradshaw, and G. Wallace, »Interhemispheric Effects

on Reaction Time to Verbal and Non-verbal Visual Stimuli«, *Journal of Experimental Psychology* 87:415–22.

5. Martin Albert, »Cerebral Dominance and Reading Habits«, *Nature* 256:403.
6. G. A. Miller, »Decision Units in the Perception of Speech«, *Institute of Radio Engineering Transactions on Information Theory* 8:81–83.
7. E. E. Smith and K. T. Spoehr, »The Perception of Printed English: A Theoretical Perspective«, in *Human Information Processing,* ed. B. H. Kantowitz (Hillsdale, N. J.: Lawrence Eribaum Association, 1974), S. 235.
8. J. M. Cattell, »Time Taken Up by Cerebral Operations«, *Mind* 11:220–42.
9. Huey, *Science and Pedagogy of Reading,* S. 74.
10. Dito.
11. John J. Geyer, »An Eye Movement Measure of Reading Efficiency«, in *Reading: Process and Pedagogy,* ed. G. B. Schick and M. M. May (Milwaukee, Wisc.: National Reading Conference, 1970), ff. 168–71.
12. Tony Buzan, Encyclopaedia Britannica Annual Conference, Vienna, 1977.
13. B. Schmidt, »Changing Patterns of Eye Movements Among Students in Reading Classes and Composition-Literature Classe«, in *The Psychology of Reading Behavior,* ed. G. B. Schick and M. M. May (Milwaukee, Wisc.: National Reading Conference, 1969), ff. 38–41.
14. Florence C. Schale, »Two Gifted Readers – A Preliminary Study«, in *Psychology of Reading Behavior,* ed. Schick and May, ff. 282–89.
15. L. R. Peterson, »Short-term Verbal Memory and Learning«, *Psychological Review* 73:193–207.
16. D. J. Willmore »A Comparison of Four Methods of Studying a College Textbook« (Ph. D. dissertation, University of Minnesota, 1966).
17. E. K. Adams, »Underlining: The Graphical Aid to College Reading«, in *Reading: Process and Pedagogy,* ed. Schick and May, ff. 12–22.

Weiterführende Literatur

Der Gipfel der Evolution

Buzan, Tony. *The Evolving Brain.* Newton Abbot, England: David and Charles, and New York: Holt, Rienhart and Winston, 1978.

Doman, Glen, *How to Teach Baby How to Read.* New York: Doubleday, 1975.

Englelman, Therese. *Give Your Child a Superior Mind.* London: Leslie Frewin, 1966.

Rowlands, Peter. *Gifted Children.* London: J. M. Dent, 1974.

Die Entwicklung des Gehirns

Brierly, John. *The Growing Brain.* London: National Foundation for Educational Research, 1976.

Zehn Milliarden Neuronen

Pribram, Karl. *Languages of the Brain.* Englewood Cliffs, N. J.: Prentice-Hall, 1971.

Rose, Stephen. *The Conscious Brain.* New York: Knopf, and London: Penguin, 1973.

Die beiden Seiten des Gehirns

Brown, Mark. *Left Hand, Right Hand.* Newton Abbott, England: David and Charles, 1978.

Dimond, Stuart. *The Double Brain.* London: Churchill Livingstone, 1972.

Das stets anpassungsfähige Gehirn

Luria, A. R. *The Man with a Shattered World.* London: Jonathan Cape, 1973.

Stein, D. G., et al. *Plasticity and Recovery of Function in the Central Nervous Systems.* London: Academic Press, 1974.

Die Psychologie des Gedächtnisses

Baddeley, Alan. *The Psychology of Memory.* New York and London: Harper & Row, 1976.

Gregg, Vernon. *Human Memory.* London: Methuen, 1975.

Assoziation und Organisation im Gedächtnis

Brown, Mark. *Memory Matters.* New York: Crane-Russett, and Newton Abbot, England: David and Charles, 1978.
Katona, George. *Organizing and Memorizing.* New York: Columbia University Press, 1940.

Die Vorstellung und ihre Beziehung zum Gedächtnis

Jaensch, E. R. *Eidetic Imagery.* London: Routledge and Kegan Paul, 1930.
Richardson, A. *Mental Imagery.* New York: Springer, and London: Routledge and Kegan Paul, 1952.
Samuels, Mike, and Samuels, Nancy. *Seeing with the Mind's Eye.* New York: Random House, 1976.

Mnemonik

Lorayne, Harry. *The Memory Book.* London: W. H. Allen, 1975.
Luria, A. R. *The Mind of a Mnemonist.* London: Jonathan Cape, 1969.
Yates, F. A. *The Art of Memory.* London: Routledge and Kegan Paul, 1966.
Buzan, Tony. *Speed Memory.* Newton Abbott, England: David and Charles, 1977.

Die holographische Theorie des Geistes

Bentov, Itzhak. *Stalking the Wild Pendulum.* New York: Dutton, 1977, and London: Wildwood House, 1978.
Pribram, Karl. *Languages of the Brain.* Englewood Cliffs, N. J.: Prentice-Hall, 1971.

Kann man sich an alles erinnern?

Luria, A. R. *The Mind of a Mnemonist.* London: Jonathan Cape, 1969.
Moody, Raymond. *Life After Life.* New York: Bantam, 1976.

Notizen

Buzan, Tony. *Use Your Head.* London: BBC Publications, 1974; published in U.S.A. as *Use Both Sides of Your Brain.* New York: Dutton, 1977.
Howe, J. A. and Godfrey, J. *Student Note-Tading As an Aid to Learning.* Exeter, England: Exeter University Teaching Services, 1977.

Lesen

Buzan, Tony. *Speed Reading.* Newton Abbott, England: David and Charles, 1977.
Huey, Edmund. *The Psychology and Pedagogy of Reading.* London: MacMillan, 1908. Reprint. Cambridge, Mass.: MIT Press, 1968.
Smith, Frank. *Understanding Reading.* New York: Holt, Rinehart and Winston, 1971.
Rayner, K. »Eye Movements in Reading and Information Processing«, *Psychological Bulletin* 85 (3):618–60.
Tinker, M. A., »Recent Studies of Eye Movements in Reading«, *Psychological Bulletin* 55:215–31.

Soll und Haben

Brown, Mark. *Set Thingking – Why Dogs Look Like Their Owners.* In press.
Hill, Napoleon. *Think and Grow Rich.* North Hollywood, Calif.: Wilshire Books, 1966.

Zur Übersetzung benutzte Literatur

Beer, Stafford. *Kybernetische Führungslehre.* Herder/Herder.
Rothmann, Milton A. *Kybernetik / Wissen der Welt.* Union Verlag, Stuttgart.
Gregory. *Die Organisation des Denkens.* Herder/Herder.
Gurr, T. R. *Politometrie.* Herder/Herder.
Blough/Blough. *Psychologische Experimente mit Tieren.* Suhrkamp Wissen.

Register